Saggi

BOB WOODWARD

War

SOLFERINO

SOLFERINO

www.solferinolibri.it

Originally published by Simon & Schuster
Published by agreement with Berla & Griffini Literary Agency

Titolo originale:
War

Traduzione di Vincenzo Perna, Sara Puggioni, Federica Tuzzi

Realizzazione editoriale: Studio Leksis, Milano

ISBN 978-88-282-1592-9
Prima edizione: ottobre 2024

War

All'amico di una vita
e compagno di giornalismo
Carl Bernstein

«Le invenzioni meccaniche e scientifiche
dell'uomo moderno tendono a occultargli
la natura della sua umanità e a incoraggiarlo
verso ambizioni e illusioni prometeiche di ogni tipo.»

George Kennan, diplomatico americano
e padre della dottrina del *containment*,
secondo cui gli Stati Uniti dovevano bloccare
con fermezza l'espansione dell'Unione Sovietica

Nota personale dell'autore

«Vado avanti e non mollo» ripete di continuo Claire McMullen, la mia straordinaria assistente nella stesura di questo volume. Andare avanti e non mollare è il suo motto.

È stata questa brillante scrittrice e avvocata australiana di 30 anni a rendere possibile ciò che avete tra le mani. Senza di lei, non ci sarebbe mai stato nessun libro. Punto. È un genio. Sempre sorridente e di buon umore, Claire sa essere anche inflessibile. Mi spinge ad approfondire le storie importanti, a confermare e verificare le prove. Con la sua pressione gentile ma persistente, non smette mai di ricordarmi le nuove tracce d'indagine da seguire. Probabilmente capisce la guerra in Ucraina e in Medio Oriente molto meglio di me. Conosce alla perfezione i nostri archivi e la documentazione pubblica, e riesce a stabilire di continuo nuove connessioni. Quando le mie energie entrano in riserva, lei si presenta di primo mattino, lavora fino a tardi e si fa vedere anche nei fine settimana. È un cervello in ebollizione. Sempre sul pezzo. Claire è in grado di gestire le centinaia di file e trascrizioni di interviste che realizza di persona con la massima precisione e la velocità di una maratoneta.

Mi chiedo spesso, perché non sono come lei? La verità è che esiste un'unica Claire McMullen. Presto scriverà e pubblicherà i suoi libri. Il suo contributo a questo lavoro è stato fondamentale.

Con affetto, amicizia e immensa ammirazione.

STRISCIA DI GAZA
Aree edificate
0 MIGLIA 4
0 KM 4
Mar Mediterraneo
Gaza
Khan Yunis
Rafah
ISRAELE
EGITTO
VARCO DI RAFAH

SIRIA
CIPRO
LIBANO
Beirut
Mar Mediterraneo
Damasco
ALTURE DEL GOLAN
ISRAELE
CISGIORDANIA
Tel Aviv
Amman
Porto di Ashdod
Gerusalemme
Gaza
STRISCIA DI GAZA
Mar Morto
Khan Yunis
Rafah
Base aerea di Nevatim
GIORDANIA
EGITTO
ISRAELE
Controllati da Hamas
Controllati da Hezbollah
Controllati dall'Autorità palestinese
0 MIGLIA 60
0 KM 60
Penisola del Sinai
Golfo di Aqaba
ARABIA SAUDITA

UCRAINA
24 febbraio 2022
(prima dell'invasione russa)
Il Donbass e la Crimea
Occupati dalla Russia a febbraio/marzo 2014
0 MIGLIA 60
0 KM 60
FINLANDIA
Helsinki
Golfo di Finlandia
Tallinn
ESTONIA
Mar Baltico
Riga
LETTONIA
LITUANIA
KALININGRAD (Russia)
Vilnius
Mosca
RUSSIA
Minsk
POLONIA
BIELORUSSIA
Varsavia
Černobyl'
Buča
Kyiv
Leopoli
UCRAINA
Dnestr
Dnepr
SLOVACCHIA
Luhans'k
Avdiïvka
Donbass
Donec'k
UNGHERIA
MOLDAVIA
Mariupol'
Berdjans'k
Chişinău
Odessa
Cherson
Mar d'Azov
ROMANIA
Isola dei Serpenti
Crimea
Bucarest
Mar Nero
Sofia
BULGARIA
GRECIA
TURCHIA

Prologo

Una sera di febbraio del 1989, Carl Bernstein, il mio compagno d'indagini nello scandalo Watergate, incrociò per caso Donald Trump a New York durante un party.

«Perché non ci raggiungi?» mi chiese Carl al telefono dalla festa, che era organizzata da Ahmet Ertegün, imprenditore discografico e personaggio mondano di origini turche, nella sua abitazione dell'Upper East Side. «Ci stiamo divertendo un sacco» disse. «C'è anche Trump. Un tipo veramente interessante. Abbiamo chiacchierato un po'.»

Bernstein era rimasto affascinato dal libro di Trump *L'arte di fare affari*. Un po' di malavoglia decisi di raggiungerlo, soprattutto perché, come Carl mi ricorda più volte, mi servivano le chiavi del suo appartamento, in cui all'epoca vivevo.

«Sarò lì tra poco» dissi.

Erano passati diciassette anni da quando Carl e io avevamo collaborato per la prima volta nell'inchiesta giornalistica sul furto con scasso compiuto nel complesso del Watergate il 17 giugno 1972.

Trump ci vide insieme (allora avevamo 45 anni) e si avvicinò. «Non sarebbe magnifico se Woodward e Bernstein intervistassero Donald Trump?» chiese.

Carl e io ci guardammo negli occhi.

«Certo» disse Carl. «Facciamo domani?»

«Perfetto» rispose Trump. «Vi aspetto nel mio ufficio nella Trump Tower.»

«Un tipo interessante» ripeté Carl dopo che Trump si fu allontanato.

«Ma non in politica» replicai.

Fui immediatamente incuriosito da Trump, dalla sua attività di imprenditore d'assalto e dal suo personaggio costruito e coltivato ad arte, già allora concepito per manipolare il prossimo con precisione e un pizzico di crudeltà.

L'intervista a Trump,[1] registrata su microcassetta e trascritta con una macchina da scrivere, finì in una busta marrone insieme a una copia del suo libro, e a un certo punto si perse tra pile e pile di documenti, note di interviste e ritagli di giornale. Sono un accumulatore compulsivo. Carl e io abbiamo cercato quell'intervista per oltre trent'anni.

Scherzai con il presidente Trump sull'«intervista scomparsa» quando nel dicembre 2019 lo incontrai nello Studio Ovale per *Rage*, il secondo dei miei tre libri dedicati alla sua presidenza.

«Eravamo seduti a un tavolo e parlavamo»[2] ricordò Trump. «Me lo ricordo bene.» Disse che avrei dovuto cercare di trovarla perché secondo lui era un'ottima intervista.

Nel 2023 andai nel locale in cui conservo i documenti e passai al setaccio centinaia di contenitori di vecchie carte. In una scatola piena di ritagli di giornale degli anni Ottanta mi cadde l'occhio su una busta insignificante e un po' malandata: era l'intervista.

È un ritratto del giovane Trump a 42 anni, in cui si parla soltanto dei suoi affari nel settore immobiliare, dei suoi guadagni e del suo status di celebrità. Ma l'imprenditore rimane piuttosto vago riguardo al futuro.

«M'interessa soprattutto creare grandi hotel» raccontava Trump nel 1989. «Ecco perché costruisco suite agli ultimi piani. Produco suite di alto livello.»

«Mi chiedete in che direzione vado, ma non penso di essere in grado di dirvelo» continuava Trump. «Se la situazione rimanesse come oggi, forse potrei rivelarvi senza problemi quello che farò.» Ma «Il mondo cambia» aggiunse. Era convinto che quella fosse l'unica cosa certa.

Ci raccontò anche che si comportava in modo diverso a seconda delle persone che aveva davanti. «Se sono con dei colleghi – vale a dire imprenditori e roba del genere – reagisco in un certo modo» disse Trump, poi indicò noi. «Se so di avere di fronte due superprofessionisti con il registratore acceso, uno è naturalmente portato ad agire in modo diverso.»

«La versione reale è molto più interessante della facciata» dichiarò Trump parlando di sé. Mi domandai quale mai fosse questa «versione reale».

«È molto più interessante. È una versione che nessuno ha ancora colto» aggiunse.

Recitava di continuo, e quel giorno il suo sforzo di seduzione era tutto puntato su di noi.

«Non è la stessa cosa quando te ne stai seduto al tavolo con qualcuno che continua a prendere appunti. Voi adesso siete nella vostra modalità "buona condotta", e francamente la cosa è molto meno interessante di quando uno urla e strepita sul serio.»

Trump appariva anche ansioso di apparire duro, forte.

«La cosa peggiore in televisione è quando ti mettono tutto quel trucco» disse. «Stamattina sono andato in uno studio e mi hanno coperto la faccia di trucco, e poi te ne vai e cosa fai? Ti butti sotto la doccia per togliertelo oppure lo lasci? Nel settore delle costruzioni nessuno si mette il trucco. Se ti trucchi vai incontro a problemi.»

Chiedemmo a Trump di raccontarci i vari passaggi di uno dei suoi affari immobiliari. Come si comportava?

«In modo istintivo» rispose immediatamente. «Non vi posso dire come funziona, capite? Perché l'istinto è molto più importante di qualsiasi altro ingrediente, se hai l'istinto giusto. Gli affari peggiori della mia vita sono stati quelli in cui non ho seguito l'istinto. E gli affari migliori sono stati quelli in cui l'ho seguito, senza ascoltare tutti quelli che dicevano: "Non può funzionare".»

«Pochissime persone hanno l'istinto giusto» aggiunse. «Ma ho visto gente con l'istinto giusto fare cose che gli altri semplicemente non erano in grado di fare.»

Aveva un piano generale?

«Non credo di poter definire quale sia il mio grande piano complessivo» disse riferendosi alla propria vita. «Capite? Però in qualche maniera si costruisce da sé in modo istintivo. Anzi, sapete cosa vi dico? Se lo scoprite fatemelo sapere. La cosa mi interesserebbe. Potrebbe davvero interessarmi.»

Gli chiesi della sua coscienza sociale. Era possibile che «lo conducesse in politica o a un qualche tipo di ruolo pubblico?».

«Be', per me è tutto molto interessante, sapete?» rispose. «La settimana scorsa assistevo a un incontro di boxe ad Atlantic City e vedevo quei tipi duri, capito, tipi fisicamente tosti, e in un certo modo anche mentalmente. Voglio dire che magari non si metteranno a scrivere dei libri, ma in un certo senso sono tosti pure dal punto di vista mentale.»

«Poi il campione ha perso ed è stato sconfitto da un tizio che era un ottimo pugile, ma non certo il favorito. Dopo l'incontro lo hanno intervistato e gli hanno chiesto: "Come hai fatto? Come sei riuscito a vincere?".

«E lui ha risposto: "Ho sopportato i colpi, amico. Ho solo sopportato i colpi". Mi è sembrata una magnifica espressione» spiegò Trump, «perché si applica alla vita come alla boxe e a qualsiasi altra cosa. Sopportare i colpi.»

Se riesaminiamo oggi la vita di Trump – i suoi affari immobiliari, la sua presidenza, gli impeachment, le indagini, i processi civili e penali, una condanna, il tentativo di assassinio, la sua campagna per la rielezione – è esattamente ciò che ha fatto. Ha continuato a sopportare i colpi.

«Chi dice di sapere cosa farà tra dieci anni è un imbecille» aggiunse poi. «Il mondo cambia. Ci sono depressioni, recessioni, boom, crisi. Ci sono guerre. Cose che sono fuori dal tuo controllo, o nella maggior parte dei casi al di fuori del controllo di chiunque. Per cui non puoi far altro che sopportare i colpi, ed è inutile cercare di prevedere con troppo anticipo cosa farai più in là, no?»

All'epoca Trump era quasi ossessionato dai titoli di giornale che lo descrivevano come un imprenditore in difficoltà.

«Si fanno più soldi vendendo che comprando» spiegò. «Invece ho scoperto che oggi vendere significa essere un fallito. A livello psicologico. Ed è sbagliato.

«Vi dico una cosa. Ho massacrato un tizio che si chiama Merv Griffin» disse Trump. Griffin era un conduttore televisivo e magnate dei media. «L'ho semplicemente massacrato. È arrivato... insomma, a proposito di trucco... È arrivato nel mio ufficio con la faccia piena di trucco della televisione. Mi ha fatto un'offerta per comprare tutto ciò che non m'interessava di Resorts International» raccontò Trump. «Io continuavo a rispondergli no, no, no, e lui continuava ad alzare il prezzo, su, su, su. All'improvviso si è rivelato un affare incredibile per me. Un affare pazzesco.

«E per di più sono diventato proprietario del Taj Mahal, la più bella gemma della corona di tutto il pianeta.» Trump si riferiva al casinò Taj Mahal di Atlantic City, non al celebre mausoleo indiano.

«Ma il fatto è che la gente era convinta che ci avessi rimesso» disse. «È successo che negli ultimi cinque anni, nel mondo, si sono messi a pensare che quando vendi sei un fallito, anche se vendi realizzando un enorme profitto.»

Domandai a Trump che cosa leggesse quando si svegliava al mattino. Con chi parlava? Su quali fonti d'informazione faceva affidamento?

«La maggior parte di quest'informazione è molto semplice» rispose Trump. «Leggo il "Wall Street Journal" e il "New York Times". Leggo anche il "New York Post" e il "News", non tanto per gli affari, ma solo per il fatto che vivo in questa città e loro ne parlano, insomma.» Il «Post» era un tabloid che si occupava quasi ossessivamente di Trump.

«Più che sulle persone, faccio affidamento su quel genere di flusso d'informazione di carattere generale» disse. «E parlo anche con i tassisti. Quando arrivo in una città gli chiedo, cosa pensate di questo? È così che ho comprato Mar-a-Lago. Parlando con un tassista e chiedendogli: "Qual è l'ultima novità della Florida? Qual è la casa più bella di Palm Beach?".

«"Oh, la casa più bella sta a Mar-a-Lago" mi ha risposto il tassista.

«Gli ho chiesto: "Dov'è? Portami laggiù".»

Poi Trump aggiunse: «Mi trovavo a Palm Beach, stavo al Breakers e mi annoiavo a morte».

Alla fine Trump acquistò Mar-a-Lago per sette milioni di dollari.

«Io parlo con tutti» disse. «Lo definisco sempre il mio sondaggio personale. La gente scherza e mi dice: "Sai che Trump parla con chiunque". Ed è proprio così: parlo con gli operai edili e con i tassisti, e per molti aspetti quelle sono le persone con cui vado più d'accordo. Parlo davvero con tutti.»

Trump sostenne di aver comprato il 9,9 per cento di una società proprietaria di casinò, la Bally Manufacturing, e di aver guadagnato in pochissimo tempo trentadue milioni di dollari.

Poi raccontò di aver speso «quasi cento milioni per comprare azioni» di Bally, operazione che scatenò un'azione legale contro di lui. Gli avvocati della parte avversa volevano i documenti di Trump.

«Cercavano di dimostrare che avevo fatto un sacco di ricerche sulla società, che avevo passato settimane e mesi ad analizzare l'azienda» disse Trump. «E immaginavano avessi pile di documenti alte fino al soffitto. Così chiesero al giudice di emettere un ordine per costringermi a produrre tutti i documenti, ma io non gli consegnai niente. Non esistevano quasi documenti. Per cui mi ritrovai messo sotto torchio da uno dei loro costosissimi avvocati.»

Trump si mise a imitare l'avvocato: «"Per quanto tempo è stato a conoscenza della situazione, Mr Trump? E da quando?".

«In altre parole, cercavano di sostenere qualcosa del tipo: "Qui c'è un enorme complotto". Io risposi che non ne avevo idea, avevo cominciato a pensarci il giorno in cui avevo comprato la mia quota.»

L'avvocato era incredulo. «"Bene, quanti report ha commissionato?"» continuò Trump.

«Be', in realtà nessuno, mi sono basato soltanto su una sensazione.

«Non riuscivano a credere che qualcuno avesse buttato cento milioni di dollari in una società senza fare nessuna vera ricerca. Certo, avevo fatto delle ricerche nella mia testa, ma a parte quello, insomma, loro non pensavano che una cosa del genere potesse accadere. Il modo di ragionare e la mentalità aziendale non concepiscono che cose del genere possano succedere. E quelli sono i miei affari migliori.»

Carl chiese a Trump se si immaginasse mai in qualche ruolo pubblico.

«Non credo, ma non ne sono certo» rispose Trump. «Sono giovane. In teoria, a livello statistico, ho ancora un sacco di tempo a disposizione. Ho visto gente dar via così tanto da ritrovarsi poi senza un soldo nei periodi difficili.»

Disse che stava creando la Donald J. Trump Foundation. «Quando tirerò le cuoia, come si dice, voglio lasciare un'enorme quantità di soldi alla mia fondazione. Parte alla mia famiglia e parte alla fondazione. Abbiamo tutti degli obblighi nei confronti della famiglia.»

Trump parlava dei «tempi duri» come se fossero inevitabili. «Mi piace sempre cercare di prepararmi al peggio. Ed è un'idea che non suona particolarmente piacevole» disse. «So che i tempi duri arriveranno. Bisogna soltanto capire quando.»

A un certo punto parlò dello yacht da 85 metri che aveva acquistato dal ricchissimo uomo d'affari e trafficante d'armi saudita Adnan Khashoggi. Trump l'aveva ribattezzato *Trump Princess*. «Per costruirlo oggi servirebbero centocinquanta o duecento milioni di dollari. Se v'interessa possiamo farci un giro insieme... È fenomenale. Secondo la rivista "Time" non faccio altro che navigare tutto il tempo con quella barca. Ma non funziona così.»

Gli domandai chi era il suo miglior amico.

Fece una lista di nomi di uomini d'affari e investitori, gente che lavorava per lui e che né io né Carl conoscevamo, e citò suo fratello Robert. «In ogni caso, gente del mondo degli affari» disse. «Solo perché quella è la gente che frequento.

«Ma l'amicizia è una cosa strana. È una cosa che mi preoccupa di continuo. A volte ti viene la tentazione di mettere alla prova la gente, anche perché oggi tutti vogliono essere miei amici per qualche motivo. Ok, per ovvi motivi...

«A volte vorresti metterli alla prova, dicevo, e qualche volta diffondere per una settimana la voce che Trump è rovinato, poi tornare, telefonare agli amici e invitarli a cena, e capire se si fanno vedere. Mi è spesso venuta la tentazione di farlo. Sparire per un mese e lasciar credere a tutti che sono rovinato, solo per vedere se gli amici sono o non sono amici.

«Sono una persona molto leale. Credo nella lealtà della gente. Credo che devi avere grandi amici e grandi nemici. Ho visto persone che stavano in cima e non ci sono rimaste, e all'improvviso... la stessa gente che gli baciava il culo è sparita. Volatilizzata.

«C'è l'esempio del dirigente di quella banca. Un personaggio molto importante, che lavorava per uno dei grandi istituti, la Citibank. E che si occupava di enormi finanziamenti per gente molto ma molto facoltosa.

«Ha fatto ricche un sacco di persone con i suoi prestiti, e poi mi ha telefonato due anni dopo il fatto. Ha detto: "È incredibile, sai, gli stessi individui che erano i miei migliori amici, che mi chiamavano di continuo e mi baciavano il culo in tutti i modi, oggi non riesco nemmeno a farmeli passare al telefono...". Dopo che ha lasciato la banca quelle persone non gli rispondevano più al telefono.

«Io gli avrei risposto.»

Trump descrisse la sua strategia di rifiutarsi di pagare le multe per le violazioni edilizie comminate dagli ispettori nei vari cantieri, finché questi non scomparivano o lasciavano perdere.

«Fin dal primo giorno, li ho invitati ad andare a farsi fottere» disse Trump degli ispettori.

«Quand'ero a Brooklyn, gli ispettori passavano di lì e mi appioppavano multe per violazioni edilizie che riguardavano edifici assolutamente perfetti» ricordò Trump. «E io dicevo: "Va' a farti fottere". E quelli mi mollavano altre multe. E altre ancora. Per un mese fu un tormento. Avevo un mucchio di multe, e si trattava sempre di sanzioni ingiustificate. Ma loro te le appioppavano comunque, perché se per caso pagavi sarebbero tornati ancora e ancora. A me, però, non è successo. Dopo un mese hanno detto: "Quel tizio vada a farsi fottere, è soltanto un pezzo di merda". E se ne sono andati da qualcun altro.

«Il fatto è che se cedi avrai molte più grane del necessario» aggiunse Trump.

«Potresti dire la stessa cosa della mafia. Se accetti di fare affari con loro, non te li togli più di dosso. Se li mandi subito a farsi fottere – in quel caso magari in una maniera un po' più gentile –, se gli dici lascia perdere, amico, lascia perdere, non ne vale la pena, magari all'inizio ci provano e ti mettono pressione, ma alla fine vanno a cercarsi una vittima più abbordabile, perché per loro è troppo difficile. Ispettori. Mafiosi. Sindacati. Giusto?»

Quella era la filosofia di base di Trump.

Carl gli chiese: «Quali sono i suoi nemici più grandi?».

«Be', detesto parlare di loro, perché poi voi prendete su e andate immediatamente a intervistarli. Odio recitare la parte del criticone.»

In realtà, Trump adorava quella parte. «Il più ovvio è Ed Koch» disse. «Ed Koch è stato il peggior sindaco della città di New York.»

Trentacinque anni dopo, Trump attacca ancora i suoi avversari con la stessa veemenza. «Joe Biden è il peggior presidente della storia degli Stati Uniti» ha detto a luglio 2024 dopo che il presidente Biden ha annunciato che non si sarebbe ricandidato.

Già nel 1989, il personaggio Trump era completamente focalizzato sull'obiettivo di vincere, lottare e sopravvivere. «E l'unico modo per riuscirci» disse «è l'istinto.

«Se la gente scopre che sei un tipo che passa la mano, se scopre che ti dimostrerai debole, ti faranno a pezzi.»

Trump sosteneva che era «tutta una rappresentazione. Un modo di presentarsi».

«Devi conoscere il tuo pubblico, e a questo proposito, per certa gente devi essere un killer, per altra tutto miele. Per alcuni devi essere diverso. E per altri ancora entrambe le cose.»

Killer, tutto miele, o entrambe le cose. Ecco Donald Trump.

Quell'intervista era davvero un'incredibile capsula del tempo piovuta dal 1989, l'analisi dettagliata della psicologia di un uomo di 42 anni che era allora uno dei re del mercato immobiliare di Manhattan. Non avrei mai pensato che Donald Trump potesse diventare presidente degli Stati Uniti o una figura determinante nella politica della nostra epoca. Gli stessi istinti di cui ho scritto durante la sua presidenza costituivano già allora un tratto caratteristico del personaggio. Qui, in un'intervista realizzata ben trentacinque anni or sono, si possono ammirare le origini del trumpismo nelle parole dello stesso Trump.[1]

1
Trentacinque anni dopo

Il 6 gennaio 2021, mentre i rivoltosi assaltavano il Campidoglio, il presidente Donald Trump seguiva gli eventi in televisione nella sua sala da pranzo privata a fianco dello Studio Ovale. I sostenitori di Trump scalavano le mura dello storico fabbricato, fracassavano le finestre e cercavano di farsi largo nell'edificio sfondando i portoni d'ingresso con un ariete.

Qualcuno eresse una forca nel prato di fronte al Parlamento. «A morte Mike Pence. A morte Mike Pence» urlavano i sostenitori di Trump invocando il vicepresidente, che si era rifiutato di bloccare il processo di certificazione della vittoria elettorale di Biden.

«Dov'è il presidente?»[1] Kevin McCarthy, il *minority leader* repubblicano della Camera dei Rappresentanti, telefonò alla Casa Bianca chiedendo agli assistenti di metterlo in comunicazione con Trump. Stavano vandalizzando l'ufficio di McCarthy. E facendo a pezzi quello di Nancy Pelosi, speaker della Camera dei Rappresentanti. I rivoltosi scattarono foto con i piedi sulla scrivania. Poi lasciarono un biglietto sulla tastiera del suo computer: NON CI ARRENDEREMO.

I leader del Congresso, compresi McCarthy e Pelosi, erano stati fatti uscire in fretta e furia dall'edificio dagli agenti di sicurezza del Campidoglio e spostati in auto nella località protetta di Fort McNair, una base dell'esercito americano che sorge a pochi isolati di distanza dallo stadio di baseball dei Washington

Nationals. Ma il personale di servizio era ancora chiuso dentro il Campidoglio, asserragliato in vari uffici con la luce spenta e le scrivanie contro la porta.

Alla fine il presidente Trump rispose alla chiamata.

«Devi uscire e dire a quella gente di FERMARSI! Ci hanno sopraffatti» disse McCarthy. «Hanno sparato a qualcuno.»

Alle 14.44, la veterana dell'Aviazione Ashli Babbitt venne uccisa da un colpo di pistola esploso da un poliziotto all'interno del Campidoglio, mentre insieme ad altri tentava di sfondare una porta per raggiungere i parlamentari. Tra i rivoltosi c'erano leader dei gruppi paramilitari pro-Trump di estrema destra degli Oath Keepers e dei Proud Boys, oltre a teorici cospirazionisti esponenti di gruppi quali QAnon. Quello che era cominciato come un raduno di seguaci di Trump si era trasformato in un assalto violento all'ordine costituzionale americano.

«Posterò un tweet o qualcosa del genere» rispose Trump.

«Sono entrati nel Campidoglio!» gridò McCarthy esasperato. «Devi dirgli di fermarsi. Devi dirgli di uscire da qui. Falli uscire da qui. Subito.»

Il presidente non sembrava cogliere la gravità della situazione. «Be', Kevin, immagino che quella gente sia più sconvolta dalle elezioni di quanto non lo sia tu» disse Trump.

L'FBI in seguito calcolò che il 6 gennaio 2021 nel Campidoglio erano penetrate più di duemila persone. Cinque individui morirono, 172 poliziotti furono feriti, e vennero effettuati più di 500 arresti. Il costo dei danni arrecati allo storico palazzo del Campidoglio arrivò a quasi tre milioni di dollari.

Il presidente Trump ci mise *187 minuti* a postare un tweet in cui diceva ai suoi sostenitori di «tornare a casa».[2]

Due mesi prima, Donald Trump aveva perso le elezioni del 2020 contro Joe Biden, ma non aveva accettato la sconfitta. Aveva sostenuto che le elezioni erano «truccate», «una truffa ai danni del pubblico americano» e che erano state «rubate».

Ancora oggi, trentacinque anni dopo quell'intervista, Trump

era convinto che qualsiasi sconfitta – persino la sconfitta in un'elezione presidenziale – potesse essere ignorata semplicemente *evitando di cedere.*

Durante il comizio del 6 gennaio intitolato «Save America» incitò i suoi sostenitori a «combattere con tutte le forze».[3]

«Abbiamo vinto queste elezioni, e le abbiamo vinte in modo schiacciante.

«Non ci arrenderemo mai. Non ammetteremo mai la sconfitta.

«Andiamo al Campidoglio.»

La commissione della Camera dei Rappresentanti incaricata di investigare sull'attacco del 6 gennaio stabilì in seguito che Trump «aveva intrapreso uno sforzo riuscito ma fraudolento per persuadere decine di milioni di americani che le elezioni erano state rubate».[4]

Garret Miller, un sostenitore di Trump che il 6 gennaio si era introdotto nel Campidoglio con una pistola, dichiarò: «Ero convinto di seguire gli ordini dell'ex presidente Trump».[5]

Lewis Cantwell, un altro sostenitore, testimoniò che aveva visto in tv il presidente Trump «dichiarare al mondo» che le elezioni erano state rubate. «In qualità di patriota americano che aveva votato per lui, a chi altro avrei dovuto credere?»

Stephen Ayres, che quel giorno aveva assaltato anche lui il Campidoglio, disse di «pendere da qualsiasi parola [che Trump] diceva». Ayres aveva lanciato sui social media un post in cui affermava che «ci sarebbe stata la Guerra Civile» se Trump non fosse rimasto al potere per un secondo mandato.

«Devi chiamare Joe Biden e devi farlo oggi»[6] disse a Trump il *minority leader* della Camera Kevin McCarthy poco dopo l'attacco.

«No» replicò Trump. Sosteneva che Biden aveva vinto solo grazie ai brogli.

«Basta con questi discorsi» replicò McCarthy. «Basta. Devi lasciare a Joe Biden una lettera sulla scrivania.»

Una tradizione del passaggio di consegne.

«Be', non ho ancora deciso» disse Trump.

McCarthy era scosso ed esausto. Le violenze del 6 gennaio rappresentavano per lui un fardello pesante e un vero e proprio trauma.

«L'eredità che lasci oggi sarà diversa a causa di quel giorno» lo ammonì McCarthy. «Telefona a Joe Biden.»

«No» disse Trump.

McCarthy gli spiegò che per il Paese era importante che si tenesse un qualche tipo di conversazione tra il leader uscente e quello che gli subentrava.

«Ok, ok, ok» rispose alla fine Trump. Voleva chiudere la conversazione, ma McCarthy non mollava la presa.

«Cosa credi che penseranno un giorno i tuoi nipoti se non accetti di farlo?» gli disse McCarthy.

«Ok, ok» ripeté Trump.

La telefonata con Biden non ebbe mai luogo.

Ma nella sua ultima notte nello Studio Ovale, il 19 gennaio 2021, Trump scrisse a mano una lettera di due pagine indirizzata a Joe Biden. La terminò alle dieci di sera, appose la firma «Donald J. Trump» e la lasciò all'interno della scrivania presidenziale.[7] Biden avrebbe in seguito confidato a Jen Psaki, la portavoce della Casa Bianca, che si trattava di una lettera «inaspettatamente garbata».

Trump, accompagnato dalla first lady Melania, lasciò la Casa Bianca nella mattinata del 20 gennaio 2021 per raggiungere la sua tenuta di Mar-a-Lago a Palm Beach. A bordo dell'Air Force One, Trump ricevette una telefonata da Ronna McDaniel, presidente del Republican National Committee. Era un messaggio di commiato da parte del comitato.

«Ho chiuso» disse Trump interrompendola. «Metterò in piedi il mio partito.»[8]

McDaniel esitò.

«Non puoi fare una cosa del genere»[9] disse supplicando Trump. «Se lo fai, non vinceremo mai.»

«Questo non è più il loro Partito repubblicano. Questo è il Partito repubblicano di Donald Trump»[10] aveva dichiarato il 6 gennaio il figlio maggiore Don Trump jr dal palco del comizio di «Save America».

«Esatto. Senza di me perderete sempre» Trump replicò sgarbatamente a McDaniel. «È quello che meritano i repubblicani per non avermi sostenuto.» Voleva smantellare il partito.

In seguito, i dirigenti del Republican National Committee spiegarono ai consiglieri di Trump che la sete di vendetta dell'ex presidente non avrebbe danneggiato solo la sua eredità politica, ma anche le sue finanze. Il Partito repubblicano minacciò di smettere di pagare le spese legali di Trump e di distruggere il valore della mailing list della sua campagna elettorale, che conteneva i dati di 40 milioni di suoi elettori. Trump aveva continuato a vendere la lista ad altri candidati repubblicani. Se avesse cercato di utilizzarla ancora, il partito l'avrebbe distribuita gratuitamente.

Trump fece marcia indietro. In un secondo momento, intervistato dal giornalista Jonathan Karl per ABC News, negò di aver mai pensato di mettere in piedi un proprio partito. «Oh, sono tutte cazzate. Non è mai successo» dichiarò. In seguito Karl pubblicò la registrazione di un'intervista di McDaniel in cui questa riferiva la minaccia di Trump.

Sull'Air Force One, la famiglia Trump sedeva nella sezione anteriore del velivolo, mentre la parte posteriore era occupata da un gruppo dei membri più fidati del suo staff.

«Non sono mai venuti dietro» raccontò un assistente di Trump. Né il presidente né alcun membro della sua famiglia. Anche tra gli assistenti più vicini al presidente aleggiava una sensazione assolutamente traumatica. Molti di loro non avevano alcun piano su ciò che avrebbero fatto nell'immediato futuro. Altri non avevano idea di dove sarebbero andati a vivere. Normalmente, per organizzare la vita dopo la Casa Bianca, lo staff del presidente uscente ha a disposizione circa due mesi e mezzo, dalla data delle elezioni al 20 gennaio.

«Per molti di noi quel tempo si è ridotto a 13 giorni» raccontò un assistente, perché fino all'indomani del 6 gennaio non avevano chiaro se Trump avrebbe lasciato la Casa Bianca.

Alle 11.59 del 20 gennaio Trump era nel suo tetro e sfarzoso appartamento di Mar-a-Lago. Nessun tweet, nessun discorso. Alle 12.01, mentre Biden prestava giuramento come 46° presidente degli Stati Uniti, gli agenti dei servizi segreti iniziarono a smobilitare i dispositivi di sicurezza organizzati intorno alla proprietà Trump.

Trump non gradì. Rimase asserragliato in casa per il resto del giorno.

«Ehi, parla il tuo presidente preferito» disse Trump qualche giorno dopo chiamando al telefono il leader repubblicano della Camera dei Rappresentanti Kevin McCarthy. «Ascolta, voglio parlarti» disse. «Mi trovo giù in Florida.»

Il 13 gennaio McCarthy aveva dichiarato alla Camera dei Rappresentanti che Trump «aveva delle responsabilità» per i disordini del Campidoglio e si era appellato perché «accettasse la sua parte di responsabilità». Quando Trump aveva ascoltato le sue dichiarazioni in tv era esploso di rabbia, ma ora sembrava essersi calmato.

«Faccio un salto da te» disse McCarthy. Non parlò a nessuno del viaggio, neppure al suo staff. McCarthy sapeva che di recente Trump non si era incontrato con molti repubblicani. Era piuttosto abbattuto. L'attenzione dei media per Mar-a-Lago si era affievolita.

Lo stratega repubblicano Ed Rollins una volta aveva detto di Trump: «C'è solo una cosa che bisogna sapere di lui. Guarda tutto il giorno la televisione, e poi la sera va in tv».

Trump stava cercando di riguadagnare attenzione. Non aveva più gli account su Twitter e Facebook, da cui era stato cacciato per il fiume di menzogne scritte riguardo alle elezioni. Iniziò a fare comparsate a sorpresa ai ricevimenti nuziali di Mar-a-Lago.

Il 28 gennaio Trump, in abito scuro e cravatta gialla, accolse McCarthy a Mar-a-Lago con un sorriso a trentadue denti. «Sai che Melania ha detto che per quest'incontro c'è più stampa di quando ho incontrato Putin?» dichiarò. «Lì fuori ci sono quattro elicotteri della tv!»[11]

L'invito a pranzo del massimo esponente del gruppo repubblicano alla Camera dimostrava che Trump aveva ancora il pieno controllo del partito.

«Sai che si tratta di una cosa positiva per te e per me, giusto?»

«D'accordo» disse McCarthy. «Come ti pare.»

McCarthy era arrivato in Florida con la speranza di riuscire a mantenere Trump legato al gruppo repubblicano della Camera, in modo che i repubblicani potessero riconquistare la maggioranza nel 2022. Aveva bisogno d'impedire a Trump di alimentare inutili competizioni per le primarie e di convincerlo a prestare il suo nome per conquistare seggi facilmente alla loro portata. Si sedettero a tavola.

«Sai, il fatto di non avere più Twitter in un certo senso mi ha avvantaggiato» disse Trump.

«Sul serio?»

«Sì, un sacco di gente ha detto di apprezzare la mia politica, ma non i miei tweet.»

«Certo, come tutti.»

«I miei numeri sono aumentati.»

Trump chiese dell'imminente procedimento di impeachment al Senato. Era accusato di incitamento all'insurrezione.

«Penso che finirà con un nulla di fatto» disse McCarthy.

E così avvenne. Il 13 febbraio 2021 Trump venne prosciolto dalle accuse. Una maggioranza di senatori, compresi sette repubblicani, votò a favore della richiesta di condanna dell'ex presidente, ma il Senato non raggiunse la maggioranza di due terzi necessaria alla condanna. Fu un atto puramente simbolico, visto che Trump ormai non era più presidente.

Ron Klain, 59 anni, capelli neri e modi energici e amichevoli, era il capo dello staff del presidente Biden e lavorava come suo consigliere da più di vent'anni. All'inizio del marzo 2019, quando aveva deciso di candidarsi alle presidenziali, Biden aveva convocato Klain nella sua casa di Wilmington.

«Sento di doverlo fare» disse Biden. «Trump incarna qualcosa di essenzialmente estraneo e sbagliato in politica.»

Poi aveva pronunciato alcune parole che Klain non avrebbe dimenticato: «*Quel tipo non è davvero un presidente americano*».

Durante la campagna elettorale, Biden aveva attaccato senza sosta il personaggio e le politiche di Trump. Dal giorno del suo insediamento alla Casa Bianca, il nuovo presidente aveva pronunciato raramente il suo nome, riferendosi a lui in pubblico come al «mio predecessore» e definendolo spesso in privato come «quella testa di cazzo».

Biden aveva detto ai suoi consiglieri che intendeva dare avvio a una presidenza diversa. I quattro anni di Trump, la sua gestione della pandemia di coronavirus e l'insurrezione del 6 gennaio erano stati uno shock per l'immagine presidenziale.

Ora, secondo Klain, la missione era sanare quanto Trump aveva distrutto e far ripartire il Paese.

«Come Paese avremo ancora bisogno di tempo per elaborare a fondo il periodo di Trump» disse Klain. «Lo faremo mostrando al popolo americano che la presidenza è di nuovo in grado di funzionare. Che possono avere di nuovo un individuo presentabile alla Casa Bianca.

«Alla fine Donald Trump ha perso perché non è stato in grado di controllare la pandemia e l'economia. Nonostante il mercato azionario, nell'economia reale, sotto la sua guida la vita delle persone è peggiorata.

«Naturalmente esistono fanatici sostenitori di Trump che sono quello che sono e che non si dissolveranno nel nulla, e questa è una cosa che fa parte del nostro Paese» disse Klain. Ma Biden «è stato eletto per far ripartire il Paese dopo Trump, ed è quello che sta facendo. Questa è la sua missione».

«Donald Trump può protestare in tutte le arene che vuole e urlare e strepitare finché vuole» osservò Klain. Era convinto che i tentativi iniziali di Trump di mettere in piedi una presidenza-ombra si sarebbero arenati entro l'autunno del 2021.

«Donald Trump diventerà una figura marginale» dichiarò Klain convinto.[1]

2

«La pistola di Čechov» pensò immediatamente il consigliere per la sicurezza nazionale Jake Sullivan mentre esaminava le foto scattate dal satellite che mostravano 110.000 soldati russi ammassati ai confini dell'Ucraina.

Se una pistola compare nel primo atto di un dramma, sta lì per un motivo preciso e a un certo punto sparerà, aveva scritto nell'Ottocento il famoso drammaturgo Anton Čechov.

Era l'aprile del 2021,[1] il terzo mese della presidenza Biden. Sullivan si era insediato da poco nel suo nuovo ufficio nell'Ala Ovest della Casa Bianca.

A soli 44 anni, il biondo ed esile Sullivan era diventato il più giovane consigliere per la sicurezza nazionale dai tempi di Henry Kissinger. Dotato della disciplina ferrea di un ex maratoneta, Sullivan era il coordinatore operativo della politica estera del presidente. Quando Biden lo designò, definì questo brillante ex studente di legge di Oxford e Yale «il genere di mente che s'incontra una sola volta nella vita» e gli affidò un incarico operativo di straordinaria rilevanza.

I servizi segreti avevano dimostrato che anche le forze navali russe si stavano dispiegando attivamente nel Mar Nero, il vasto mare interno su cui affacciano Russia e Ucraina. Si vedevano camion con pianali carichi di grandi lanciamissili e vecchi mezzi corazzati sovietici. Altre foto satellitari mostravano carri armati russi, artiglieria, missili e mezzi da sbarco spostati in Crimea, sulla costa settentrionale del Mar Nero, e lungo i quasi duemila chilometri del confine terrestre tra Russia e Ucraina.

Secondo il più recente profilo psicologico tracciato dalla CIA, l'autocratico leader russo Vladimir Putin denotava estrema insicurezza e ambizioni imperiali. Putin era convinto di essere l'unico individuo in grado di riportare la Russia ai fasti dell'antico impero russo. Era ossessionato dall'Ucraina.

Qual è l'obiettivo di Putin?, si chiedeva Sullivan. Si trattava solo di un'esercitazione militare, di una simulazione bellica? Di un mezzo puramente coercitivo per aumentare l'influenza sull'Ucraina, o per spingere Stati Uniti ed Europa a rinunciare a qualsiasi discorso su un possibile futuro ingresso dell'Ucraina nella NATO, la più potente alleanza militare e diplomatica del pianeta?

Ma c'era anche la possibilità, pensò Sullivan, che Putin progettasse di utilizzare le sue truppe per occupare altre porzioni di territorio nel Donbass.

Russia e Ucraina combattevano in quella regione, situata nella parte orientale del Paese e ricca di notevoli riserve di carbone, sin dal 2014, quando la Russia aveva occupato la vicina Crimea e guadagnato il controllo di circa un terzo del Donbass. Quasi 14.000 persone erano morte su entrambi i fronti. I ventinove cessate il fuoco dichiarati in quell'arco di tempo erano tutti falliti, a testimonianza della crescente instabilità.[2]

Sullivan operava in preda a uno stato di ansietà intellettuale semipermanente. Eppure non poteva fare a meno di notare la cosa più ovvia: non muovi quella quantità di uomini e mezzi militari alle frontiere di un altro Paese se non hai almeno una mezza intenzione di utilizzarli.

Putin aveva messo la pistola ben in vista sul tavolo?

Il presidente Biden aveva discusso con Sullivan di quali sarebbero dovute essere le linee politiche dell'amministrazione riguardo alla Russia. Biden era stato chiaro.

«Non m'interessa resettare i rapporti» disse il presidente durante le prime settimane di mandato. «Non m'interessa stabilire buoni rapporti, ma voglio trovare una soluzione stabile e prevedibile insieme a Putin.»

Fino a quel momento però i rapporti con la Russia erano stati tutt'altro che buoni, stabili o prevedibili. Fin dai primi giorni dopo l'insediamento, Biden e Sullivan avevano dovuto prendere posizione su varie operazioni aggressive russe. L'avvelenamento quasi mortale del leader dell'opposizione russa Aleksej Naval'nyj, le interferenze russe nelle elezioni americane del 2020, i sospetti che i russi probabilmente avevano finanziato i talebani per uccidere degli americani in Afghanistan, e il grande cyber-assalto SolarWinds, che nello stesso 2020 aveva attaccato più di 16.000 sistemi informatici di tutto il mondo, inclusi quelli di vari dipartimenti governativi e importanti aziende private negli Stati Uniti. Era stata una delle peggiori violazioni di dati di tutta la storia americana.

Il 16 marzo anche Biden aveva fomentato la tensione in un'intervista per la rete televisiva ABC, dove gli avevano chiesto se pensava che Putin fosse un «assassino».[3]

«Sì» aveva risposto.

Il Cremlino aveva bollato le sue parole come un insulto «senza precedenti».[4] Putin aveva richiamato l'ambasciatore russo da Washington in segno di disapprovazione.

Adesso Putin stava predisponendo grandiosi movimenti di truppe.

«Esiste davvero la possibilità di costruire un rapporto stabile e prevedibile con la Russia?» domandò Sullivan in tono esasperato al viceconsigliere per la sicurezza nazionale Jon Finer nell'angusta suite che li ospitava.

Finer, 45 anni, capelli castano chiaro e barba e baffi corti, non figurava molto in alto nella gerarchia della visibilità di Washington, ma rappresentava un elemento fondamentale nella strategia per la sicurezza nazionale della Casa Bianca. Aveva lavorato come capo dello staff del segretario di Stato John Kerry, e in precedenza era stato inviato per tre anni in qualità di giornalista del «Washington Post» a seguito dell'esercito americano durante l'invasione e occupazione dell'Iraq del 2003. Come Sullivan, anche Finer aveva studiato a Oxford e si era laureato alla Yale Law School.

Le possibilità erano scarse, rispose Finer con franchezza, ma concordò sul fatto che era necessario continuare a provarci. I servizi segreti americani indicavano che la Russia non aveva ancora segnalato l'intenzione di utilizzare l'esercito per invadere l'Ucraina. Ma l'obiettivo russo rimaneva poco chiaro. Anche se poteva essere semplicemente una tattica per esercitare pressione, i due non ne erano del tutto sicuri.

«Putin dà grande peso alla dignità e al rispetto» ipotizzò Sullivan.

Un incontro al vertice sarebbe stato perfetto per Biden, che attribuiva la massima importanza alle relazioni personali.

Sullivan imboccò il corridoio verso lo Studio Ovale per discutere dell'idea con il presidente.

«Vuole recitare il ruolo del grande personaggio sul grande palcoscenico» disse Biden di Putin. «Quello è fatto così.»

Sullivan suggerì a Biden d'incontrare Putin di persona. Sapeva che il presidente di regola preferiva vedere le persone faccia a faccia, specialmente i leader mondiali.

Biden si dichiarò subito d'accordo. «So che qualcuno mi criticherà, sostenendo che se incontro Putin lo renderò più importante, lo legittimerò» disse. «Ma quell'individuo è da vent'anni una figura centrale dello scenario globale. Il fatto che io lo incontri non lo trasformerà in qualcosa che non è.

«Non cercherò di adularlo su questo o quel tema, ma forse è possibile modificare la dinamica della situazione» aggiunse Biden.

Ma quando incontrarlo?

«Se gli proponiamo di vederci a giugno» vale a dire a due mesi di distanza, disse Biden, «ciò spingerà Putin a chiedersi, ehi, che intenzioni hanno gli americani? Giusto? Potrebbe indurlo a ridurre la pressione sul confine ucraino e scoraggiare la probabilità di un'operazione militare in primavera.»

L'Ucraina ha giocato un ruolo centrale, persino esagerato, nella politica americana. A settembre 2019, durante una telefonata con Volodymyr Zelensky, l'allora presidente Trump chiese al presidente ucraino appena eletto di mettere sotto indagine Joe Biden e suo figlio Hunter, allora membro del consiglio d'amministrazione di una società energetica ucraina, in cambio di alcuni aiuti militari da parte degli Stati Uniti. La trascrizione della telefonata venne pubblicata e Trump fu messo sotto impeachment dalla Camera dei Rappresentanti.[5] In seguito il Senato lo assolse.[6] Nonostante ciò, i repubblicani continuarono a fare pressione perché venisse messo sotto inchiesta Biden, che durante l'amministrazione Obama era responsabile del dossier ucraino ed era stato particolarmente coinvolto.

Colin Kahl, docente universitario e sottosegretario del segretario della Difesa Lloyd Austin per la politica di difesa presso il Pentagono, era stato consigliere per la sicurezza nazionale del vicepresidente Biden dal 2014 al 2017. Personaggio piuttosto cerebrale, esibiva un suo caratteristico tipo di eleganza intellettuale, e accompagnava spesso l'anonimo abito quotidiano con un paio di occhiali dalla montatura rosso vivo, una cravatta vivace o calzini colorati. Kahl ricordava che Biden aveva lavorato con impegno sul dossier ucraino per conto dell'amministrazione Obama, e durante la sua vicepresidenza si era recato quattro volte in visita nella capitale Kyiv.

«Ehi Petro» aveva detto Biden durante una conversazione con l'allora presidente Petro Porošenko. La neonata democrazia ucraina era particolarmente fragile, e ampie porzioni del sistema di governo del Paese rimanevano profondamente corrotte.

«So che la vostra è una situazione difficile» disse Biden in tono amichevole. «Capisco che la vostra politica è un covo di vipere, me ne rendo conto. Ma devo dirti che sarà davvero difficile per noi mantenere la fiducia dell'Occidente, che non vuole concedervi il beneficio del dubbio.»

«Dovete consentirci di aiutarvi compiendo i passi giusti» disse Biden a Porošenko, insistendo perché affrontasse il problema della corruzione. «Potrebbe voler dire riforme degli appalti, riforme del sistema bancario, potrebbe voler dire la creazione di nuove entità anticorruzione, o tentare di convincere il procuratore generale a mostrarsi più aggressivo.

«Se non fate queste cose» sottolineò Biden, «potreste avere difficoltà a mantenere il sostegno del nostro Congresso, del presidente, degli europei, e i russi vi mangeranno in un solo boccone.»

«Passavo ogni singolo giorno nella stessa stanza di Biden, e nel suo ruolo di vicepresidente telefonava agli ucraini probabilmente una o due volte a settimana» ricorda Kahl. «Anche solo per svolgere il ruolo di consulente matrimoniale tra [il presidente] Porošenko e [il primo ministro Arsenij] Jacenjuk o chiunque altro fosse primo ministro a quell'epoca, e non gli ho mai sentito fare una telefonata in cui non mettesse alle strette gli ucraini sulle questioni anticorruzione.»

L'approccio di Biden con l'Ucraina si fondava su «grandi abbracci e piccoli pugni» raccontò Kahl.

Il 13 aprile 2021 il neoeletto presidente Biden telefonò al presidente Putin.[7]

«Sono irritato perché mi ha chiamato assassino» Putin gli disse quasi immediatamente.

«Mi hanno fatto una domanda. Ho risposto. Era un'intervista su un argomento completamente diverso. E non era un'affermazione premeditata» rispose Biden, come se ciò negasse le sue affermazioni in tv.

Gli analisti dei servizi di sicurezza americani che avevano elaborato il profilo di Putin avevano elencato tra i caratteri principali del leader russo il fatto che fosse un individuo «permaloso», «estremamente insicuro» e persino «sadico».

Nel corso della conversazione telefonica, Putin negò nel modo più assoluto l'accusa di interferenza nelle elezioni, di avvelenamento di Naval'nyj e la responsabilità russa nei cyber-attacchi.

Biden ricordò a Putin il risoluto impegno degli Stati Uniti in difesa della sovranità ucraina, e lo ammonì a non lanciarsi in una nuova invasione militare dell'Ucraina.

«Sbaglia su tutta la linea» disse Putin in tono distaccato. «Non avete alcuna prova. Non abbiamo interferito nelle vostre elezioni. Non abbiamo fatto niente di tutto ciò.»

Biden respinse le smentite di Putin. «Vi avverto che scateneremo una serie di reazioni contro di voi.»

Quindi gli descrisse i costi che la Russia avrebbe dovuto sostenere, compreso quello di ritrovarsi con il Servizio informazioni estero russo (SVR) formalmente classificato come responsabile dei cyber-attacchi dell'operazione SolarWinds.[8] Gli Stati Uniti avrebbero anche espulso da Washington dieci diplomatici e imposto alla Russia una serie di sanzioni economiche per le interferenze nelle elezioni del 2020 e la perdurante occupazione della Crimea.

«Queste misure verranno prese nel corso della settimana e volevo che ne veniste a conoscenza direttamente da me. E saranno adottate a causa delle specifiche azioni che avete compiuto. Ho detto che avrei reagito, e questa è la mia reazione.»

Poi Biden cambiò registro. «Incontriamoci» disse cercando di scacciare l'atmosfera tesa e modificando il tono di voce.

«Incontriamoci e discutiamone. Lei porterà i vostri motivi di preoccupazione e io porterò i nostri» disse Biden. Riguardo a qualsiasi argomento. «Ci siederemo uno di fronte all'altro e affronteremo tutte le questioni.»

«Solo per essere chiari» disse Putin con una nota di stupore nella voce. «Vuole che ci incontriamo per discutere dei problemi dei nostri rapporti? Di tutti i problemi?»

Sullivan, che ascoltava la conversazione, pensò che il sempre sospettoso Putin volesse sincerarsi che non si trattasse di una specie di trappola.

Biden assicurò al presidente russo che avrebbero avuto un dialogo aperto. Sapeva che Putin capiva che un incontro sulla scena globale avrebbe mostrato che il leader russo godeva del rispetto del presidente americano.

Si erano già incontrati una volta di persona dieci anni prima, nel 2011, quando Biden era vicepresidente e Putin ricopriva temporaneamente il ruolo di primo ministro.

Biden in seguito aveva sostenuto di aver detto a Putin in quell'incontro: «La guardo negli occhi e penso che non abbia un'anima».[9] Putin aveva sorriso, e attraverso un interprete aveva risposto: «Ci capiamo al volo».

Per Biden era normale che un presidente americano incontrasse un leader russo come avevano fatto i suoi predecessori. Nonostante il declino della sua potenza economica, con un PIL che ammontava a meno del 10 per cento di quello degli Stati Uniti, la Russia possedeva più di 4400 testate nucleari, il maggiore arsenale atomico del mondo.[10]

«D'accordo» disse alla fine Putin, «anche a me piacerebbe organizzare l'incontro. Mettiamo al lavoro le nostre squadre.»[11]

Biden sapeva di doversi preparare. Vladimir Putin, un'ex spia del KGB che aveva guidato la Russia come presidente e primo ministro per oltre vent'anni, era abilissimo nello sfruttare i grandi eventi pubblici come palcoscenico per prendersi gioco del prossimo e avere la meglio sui leader dei Paesi occidentali.

Nel 2007, durante un incontro bilaterale con la cancelliera tedesca Angela Merkel nella sua residenza regale a Soči sul Mar Nero, il presidente russo aveva fatto entrare in sala il suo grande labrador nero Konni sotto lo sguardo dei giornalisti e delle telecamere.[12] Merkel era notoriamente terrorizzata dai cani.

Mentre il cane gironzolava per la sala annusando la donna, la cancelliera tedesca sedeva paralizzata con le labbra serrate e le gambe strette sotto il sedile. Contemplando il disagio della sua interlocutrice, Putin si era rilassato sullo schienale della poltrona e aveva steso comodamente le gambe.

«Sono certo che si comporterà bene» aveva detto con un sorriso.

«Be', non mangia i giornalisti, dopotutto»[13] aveva ribattuto Merkel senza esitazione.

La cancelliera aveva discusso in seguito l'evento con i giornalisti. «Capisco perché sente la necessità di comportarsi così, perché deve provare di essere un uomo» disse. «È spaventato dalla propria debolezza. La Russia non ha niente, né una politica né un'economia funzionanti. Non hanno nient'altro che questo.»

Anche i presidenti americani erano stati vittime delle trovate teatrali di Putin. Nel 2018, una settimana prima del summit dell'allora presidente Trump con Putin a Helsinki, dodici agenti dei servizi segreti militari russi erano stati incriminati negli Stati Uniti per avere hackerato la campagna presidenziale della candidata democratica Hillary Clinton durante la sua competizione elettorale con Trump.[14]

Nel corso della conferenza stampa comune tenuta dopo il summit, Putin aveva solleticato l'ego di Trump per mezzo dell'adulazione.[15] Quando i giornalisti chiesero a Trump dell'interferenza russa nelle elezioni del 2016, Putin si vide servire su un piatto d'argento una delle più straordinarie dichiarazioni a suo favore mai rilasciate da un presidente americano.

«Ha detto semplicemente che non è stata la Russia» dichiarò Trump. «Non vedo alcuna ragione perché non debba essere così.»

In piedi a fianco di Putin, Trump mostrò di difendere con convinzione il presidente russo e di respingere le conclusioni dei servizi segreti americani, del tutto concordi nello stabilire che la Russia aveva interferito nelle elezioni. Il giudizio di condanna fu immediato. Alcuni dei consiglieri più esperti di Trump sobbalzano ancora al pensiero del presidente che prende le parti di Putin contro i servizi segreti americani. Putin aveva messo a segno un'altra vittoria. La superficialità di Trump era sotto gli occhi di tutti.

Al suo ritorno negli Stati Uniti, Trump aveva cercato di mettere una pezza alla sua cantonata e aveva twittato: «Ho GRANDE fiducia nella gente dei MIEI servizi segreti».[16]

La riluttanza di Trump nel criticare Putin non era un incidente isolato, ma un suo costante tratto caratteriale.

«Voglio che Putin rispetti il nostro Paese, ok?»[17] mi disse Trump durante un'intervista prima delle elezioni del 2016.

«Che rispetti cosa?» gli domandai.

«Be', innanzitutto, è una cosa abbastanza interessante. Ha detto cose molto lusinghiere su di me» rispose Trump. «Ha detto, Trump è brillante, ed è destinato a diventare il nuovo leader e cose del genere. E alcuni di quei pagliacci hanno detto: "Dovresti ripudiare Putin". E io ho risposto, perché dovrei ripudiarlo?»[1]

3

Nessun consigliere prese Helsinki peggio della dottoressa Fiona Hill,[1] ex analista di intelligence specializzata in affari russi per i presidenti Bush e Obama. Coautrice del libro *Mr. Putin: Operative in the Kremlin*, aveva lavorato nel Consiglio per la sicurezza nazionale (NSC) sotto il presidente Trump ed era la sua principale esperta sulla Russia.

Dietro le quinte a Helsinki, Hill aveva osservato con sgomento Trump cadere dritto nella trappola di Putin.[2] Aveva perfino contemplato l'idea di far scattare l'allarme antincendio nel luogo dove si svolgeva l'incontro. In seguito, Hill avrebbe testimoniato contro Trump nel suo primo processo di impeachment.

Sostenne che non c'erano dubbi sul fatto che la Russia avesse interferito nelle elezioni del 2016. «Il presidente Putin e i servizi di sicurezza russi» testimoniò «agiscono come un super PAC. Spendono milioni di dollari per utilizzare a scopi offensivi false narrazioni e la nostra stessa opposizione politica.»[3]

Hill era convinta che Trump idolatrasse Putin e che ciò lo rendesse estremamente esposto alla manipolazione.[4] «Aveva un ego fragilissimo» ha detto di Trump. «Quando si è il presidente degli Stati Uniti, diventa un difetto letale, perché il presidente Trump non riusciva a prendere le distanze da molti dei problemi che era fondamentale affrontare. Perciò, quando venivano sollevati dei dubbi sull'influenza russa nelle elezioni americane, riusciva solo a pensare a come la cosa lo riguardasse personalmente.»

Hill stava portando il cane a passeggio nel parco quando il presidente Biden la chiamò senza preavviso. Rimase stupita da quell'approccio informale.

Il presidente le disse che voleva parlare di Putin e farsi un'idea del modo di pensare dei russi.

Poco tempo dopo la telefonata, il presidente riunì un gruppo di esperti di Russia, fra cui Hill, nella Roosevelt Room della Casa Bianca.

Biden aveva fatto ingresso nell'ufficio presidenziale dopo aver accumulato oltre trent'anni di esperienza in politica estera, visto che era stato a capo della commissione per le relazioni estere del Senato dal 2001 al 2003 e poi di nuovo dal 2007 al 2009. Aveva incontrato tre leader sovietici e due presidenti russi. Da vicepresidente, aveva parlato con Putin di persona e al telefono. Riteneva di avergli preso le misure in modo abbastanza preciso, ma desiderava mettere alla prova le sue impressioni e discutere di ciò che pensava delle intenzioni di Putin.

Chiese ai presenti: ho capito male? È da un po' che non lo vedo. La valutazione che ho fatto di lui è ancora valida? Che cosa mi sfugge?

Se c'era qualcosa di sbagliato nella valutazione che aveva fatto di Putin, il presidente voleva saperlo. A Hill l'approccio di Biden fece l'effetto di una boccata d'aria fresca. Per la maggior parte dei presidenti in genere consultare un esperto era un esercizio meccanico: una formalità senza altro scopo che permettere loro di dire che avevano parlato con gli esperti.

Hill lo aveva visto succedere un mucchio di volte: il presidente che diceva: «Lo terrò presente» quando in realtà aveva già deciso. Ma in quel caso, Biden aveva messo insieme un gruppo di esperti con visioni molto diverse della Russia. Desiderava davvero un dibattito.

L'ultima volta che era stato nella Roosevelt Room, il presidente Trump aveva trascorso l'intera riunione a guardare in cagnesco una foto di Teddy Roosevelt che riceveva il Nobel per la pace, incapace di concentrarsi. «Trump lo detesta» pensò Hill. Credeva che non fosse giusto? Pensava di meritarselo anche lui?

Biden pose altre domande al gruppo: di cosa avrebbero dovuto parlare in quel summit? Dei rapporti bilaterali degli Stati Uniti con la Russia, della stabilità strategica e del controllo degli armamenti? O c'era qualcos'altro in ballo? Perché Putin aveva ammassato 110.000 soldati al confine ucraino?

«Ha intenzione di ritirarsi?» chiese Biden. «No, vero?»

«Putin sta sondando» disse Hill. «Sta sondando per vedere se può negoziare con lei. Vuole che lei ceda sull'Ucraina. In sostanza, ritirare il sostegno occidentale all'Ucraina in modo che la Russia possa impadronirsene.»

Putin, era convinta Hill, stava osservando Biden da vicino – i problemi interni degli Stati Uniti e i piani per il ritiro degli americani dall'Afghanistan negoziati da Trump – e cercava di capire se il nuovo presidente avrebbe messo da parte l'Ucraina.

Diversi degli esperti presenti concordavano.

Il leader russo voleva un negoziato strategico sull'Ucraina e sul futuro della sicurezza in Europa. Da anni era fissato con l'Ucraina, che sosteneva facesse parte della Russia.

Ma Biden disse agli esperti che non aveva intenzione di lasciare che la Russia si annettesse una nazione indipendente.

Si chiese anche a voce alta se le profonde divisioni politiche degli Stati Uniti non significassero che in quel momento c'era poco consenso su qualunque cosa, incluse le questioni di politica estera. In passato, un presidente poteva andare in un altro Paese e incontrare i suoi nemici sapendo che il partito politico avversario lo avrebbe sostenuto e che il suo predecessore non avrebbe interferito. Adesso non era più così. Putin lo sapeva e lo avrebbe usato a vantaggio della Russia per respingere le critiche. Parte del suo gioco di disinformazione consisteva nell'alimentare le divisioni interne negli Stati Uniti.

Viste le truppe al confine ucraino, Hill rimase colpita dal fatto che la preoccupazione maggiore di Biden non fosse che la Russia potesse invadere l'Ucraina, ma che le divisioni interne indebolissero la sua presa su Putin. Putin avrebbe cercato di sfruttare quella situazione a proprio vantaggio.

Hill concordò: era esattamente ciò che avrebbe fatto.

I soldati russi continuarono a muoversi in piena vista coprendo enormi distanze dalla Siberia e dagli Urali a occidente, diretti verso il confine ucraino.[5] Sistemi antiaerei, vagoni carichi di veicoli militari e artiglieria pesante si inoltrarono in Crimea. Vennero eretti ospedali da campo.

Di notte i droni russi solcavano i cieli ucraini lanciando mine terrestri. I russi stavano scavando nuove trincee e lungo la costa furono viste imbarcazioni da assalto anfibie.

4

Il 21 aprile 2021 Putin fece il suo discorso annuale alla nazione.[1] Migliaia di russi si erano radunati lungo la Tverskaja, una delle vie principali che portano al Cremlino, urlando slogan: «Libertà per Naval'nyj» e «Putin è un ladro».

Nell'agosto del 2020 l'ex leader dell'opposizione Aleksej Naval'nyj era stato avvelenato in stile sovietico con l'agente nervino novichok.[2] Naval'nyj accusava Putin di aver cercato di assassinarlo. Dopo che gli avevano salvato la vita a Berlino, era tornato in Russia solo per essere arrestato. Mentre Putin si rivolgeva alla nazione, era alla terza settimana di sciopero della fame.

In politica estera Putin era aggressivo. «Alcuni Paesi hanno preso la strana abitudine di puntare il dito contro la Russia per qualunque motivo, e la maggior parte delle volte senza alcun motivo»[3] disse. «Noi ci comportiamo in maniera estremamente moderata, oserei dire addirittura umile, e lo affermo senza ironia.

«Come ho detto, ogni tanto puntano il dito contro la Russia senza motivo. E ovviamente sono circondati da gretti sciacalli di ogni genere, proprio come Tabaqui girava attorno a Shere Khan» proseguì riferendosi al *Libro della giungla* di Rudyard Kipling, in cui Tabaqui si nutre degli avanzi della tigre... in questo caso, gli Stati Uniti.

«È tutto come nel libro di Kipling» spiegò Putin, «ululano per far contento il sovrano.

«Coloro che stanno dietro queste provocazioni che minacciano gli interessi fondamentali della nostra sicurezza rimpiangeranno ciò che hanno fatto come non rimpiangevano qualcosa da molto tempo» ammonì.

«Ma spero che a nessuno venga in mente di oltrepassare la "linea rossa" per quel che riguarda la Russia» disse. «Noi stessi stabiliremo in ogni caso specifico dove verrà tracciata.»

Il giorno successivo, una settimana dopo la telefonata tra Biden e Putin, il ministro della Difesa Sergej Šojgu annunciò che le truppe russe si sarebbero ritirate dal confine ucraino il 1° maggio.[4] I media russi, però, scrissero che armi ed equipaggiamento, compresi carri armati, artiglieria, camionette e blindati, sarebbero rimasti dov'erano in vista dell'esercitazione congiunta russo-bielorussa prevista per l'autunno.

La Russia trasferì anche numerose unità dell'esercito in Crimea in pianta stabile, il che significava che decine di migliaia di soldati non si sarebbero ritirati affatto.

A metà maggio, lungo il confine c'erano ancora almeno 80.000 uomini.[5] Il ministro degli Affari esteri ucraino Dmytro Kuleba disse apertamente che il cosiddetto ritiro della Russia non era ciò che sembrava.

«Quello cui assistiamo oggi è il ritiro delle truppe senza un ritiro delle truppe»[6] dichiarò senza mezzi termini. La minaccia non era passata.

Anche il consigliere delle operazioni speciali della NATO per l'Ucraina, il maggior generale Michael Repass, nutriva dei dubbi in merito al presunto ritiro.[7]

«Hanno mantenuto nella regione una forza piuttosto letale e hanno ritirato solo alcune unità» affermò. «Questo mi dice che potrebbero tornare in seguito, quando il tempismo e le circostanze saranno più vantaggiose per la Russia. Succederà di nuovo.»

Il presidente ucraino Zelensky invitò Putin nella regione del Donbass per parlare di pace. Putin rispose che Zelensky sarebbe dovuto andare a Mosca, una minaccia neanche troppo velata.

5

Il tenente generale in congedo Keith Kellogg, leale collaboratore di Trump e consigliere per la sicurezza nazionale per il vicepresidente Mike Pence, aveva lasciato la Casa Bianca il 20 gennaio 2021 senza aver perso nemmeno un minuto di sonno riguardo all'Ucraina.

«Quando abbiamo lasciato l'amministrazione, l'Ucraina non era nell'elenco dei problemi reali» disse Kellogg. «C'era l'Iran, su quell'elenco. La Corea del Nord. La Cina, per via di ciò che era successo col Covid. Ma l'Ucraina no.»

Putin, credeva Kellogg, era stato troppo spaventato dal coronavirus:[1] temeva che lui o qualcuno della sua cerchia ristretta di consiglieri fidati potesse contrarlo.

Quando il virus aveva iniziato a diffondersi rapidamente in Russia, il presidente Trump aveva spedito in segreto a Putin un po' di apparecchi per l'autodiagnostica della Abbott.

«Per favore, non dica a nessuno che me li ha mandati» si raccomandò Putin con Trump.

«Non m'importa» ribatté Trump. «Va bene così.»

«No, no» disse Putin. «Non voglio che lo dica a qualcuno perché la gente se la prenderà con lei, non con me. Di me non gliene frega un accidente.»

«L'Ucraina non era per niente in cima al suo elenco di priorità» ripeté Kellogg. I consiglieri per la sicurezza nazionale di Trump non avevano colto alcun segno del fatto che la Russia stesse preparandosi a invadere l'Ucraina.

Zelensky, che era stato eletto presidente nel 2019, era un tizio venuto dal nulla che non sapeva niente di politica. Trump stava ancora cercando di inquadrarlo. E così anche Putin, era convinto Kellogg.

«Per Putin Trump era un'incognita» disse Kellogg. «Che diamine, a volte neanche noi sapevamo come avrebbe reagito.

«In sostanza, Trump era una specie di dottor Jekyll e Mr Hyde.»

6

Il presidente Biden e il presidente Putin si incontrarono a Villa La Grange, una magione del Settecento sulle rive del lago Lemano, in Svizzera, il 16 giugno 2021.[1]

«Signor presidente, vorrei ringraziarla per la sua iniziativa di incontrarci oggi» disse Putin a Biden mentre prendevano posto nella biblioteca davanti a scaffali alti fino al soffitto pieni di libri rilegati in pelle. Fra loro c'era un grande mappamondo.

«È sempre meglio vedersi di persona» disse Biden. L'aveva piacevolmente stupito che Putin, il quale aveva l'abitudine di far aspettare i leader mondiali, fosse arrivato puntuale. Nel primo incontro formale con Trump si era presentato con 45 minuti di ritardo.[2]

Insieme a loro c'erano il segretario di Stato Antony Blinken e il ministro degli Esteri Sergej Lavrov.[3] Trump non aveva ammesso consiglieri all'incontro con Putin a Helsinki, solo gli interpreti. In un'altra occasione Trump si era perfino fatto consegnare gli appunti del suo interprete dopo aver parlato con Putin in Germania.

A differenza delle discussioni segrete e a ruota libera di Trump con il presidente russo, l'incontro fra Biden e Putin seguì un copione preciso.

In cima all'agenda di Biden c'era la cyber-sicurezza.[4] Un recente attacco di criminali informatici russi alla Colonial Pipeline aveva interrotto la fornitura di carburante a quasi la metà della Costa Est. Un altro aveva temporaneamente messo in ginocchio il colosso brasiliano JBS, il più grande fornitore di carne dell'America, finché l'azienda non aveva pagato un riscatto di 11 milioni di dollari.

«Si metta nei miei panni» disse Biden. «Voglio dire, con gli attacchi alla nostra infrastruttura. Immagini se succedesse qualcosa alla sua infrastruttura petrolifera...»

«Sarebbe un problema» replicò Putin.

«Perché ve ne siete andati dall'Afghanistan?»[5] chiese Putin, la cintura nera di karate, nel tentativo di spiazzare Biden. Trump aveva promesso ai talebani che tutti i soldati americani si sarebbero ritirati entro il 1° maggio.

«Voi perché ve ne siete andati?»[6] ribatté Biden, riferendosi all'imbarazzante ritiro sovietico dall'Afghanistan nel 1989, dopo dieci anni di occupazione.

L'Afghanistan, disse Biden, è «la tomba degli imperi».

Stranamente, l'Ucraina fu a stento una nota a margine del colloquio. In seguito, qualcuno si sarebbe chiesto se non approfondire quell'argomento non fosse stato un grave errore.

La conversazione sull'Ucraina andò com'erano andate decine di conversazioni precedenti: un mero scambio di punti di vista.

I due presidenti avevano concordato di tenere conferenze stampa separate dopo l'incontro, come avevano suggerito i consiglieri per la sicurezza nazionale e gli esperti statunitensi in materia di affari russi, i quali volevano vedere cosa aveva da dire Putin prima della replica di Biden.[7] I consiglieri di Trump avevano fatto una raccomandazione analoga, ma lui l'aveva ignorata.

Il segretario Blinken e il portavoce del dipartimento di Stato Ned Price guardarono la conferenza stampa di Putin dalla suite di Blinken all'Intercontinental di Ginevra. Price, ex analista della CIA, aveva lasciato l'agenzia nel 2017 perché non voleva lavorare per Trump.

Putin, che di rado usciva dai confini della Russia, specialmente dallo scoppio della pandemia, era in piedi dietro un leggio su cui campeggiava lo stemma russo in un'anonima sala conferenze. Erano trascorsi diciassette mesi dal suo ultimo viaggio internazionale, nel gennaio del 2020. Cosa ancora più insolita, il presidente russo compariva davanti a un pubblico di giornalisti occidentali.

Seduti ben distanziati da Putin e fra loro, quasi tutti portavano la mascherina, chiara indicazione del fatto che il coronavirus era ancora in cima alla lista delle preoccupazioni del presidente russo.

«Nel summit si è impegnato a smettere di minacciare l'Ucraina?» chiese uno dei giornalisti.

Putin rispose con un'accusa, definendo i 100.000 uomini ammassati al confine «normali esercitazioni militari».

«Noi non portiamo equipaggiamento e uomini vicino ai confini degli Stati Uniti d'America quando svolgiamo le nostre esercitazioni. Purtroppo, è ciò che stanno facendo i nostri partner statunitensi. Perciò, sono i russi che dovrebbero preoccuparsi, non gli americani» disse Putin.

In maggio la NATO aveva condotto esercitazioni militari annuali che avevano coinvolto 28.000 persone provenienti da 26 Paesi, interessando una decina di nazioni europee.[8]

Poi sferrò un altro colpo. «Ogni giorno nelle città americane viene ammazzata della gente, compresi i leader di varie organizzazioni»[9] disse. «Non si può aprir bocca senza che ti sparino in faccia o alle spalle, senza curarsi di chi c'è attorno, bambini o altre persone.

«Le prigioni della CIA aperte in molti Paesi, compresa l'Europa, dove la gente viene torturata... di cosa stiamo parlando? È rispetto dei diritti umani, questo? Io non credo, e voi?

«Le preoccupazioni americane riguardo alla militarizzazione sono prive di qualunque fondamento» disse.

Era la classica tattica evasiva che Biden aveva sospettato.

Quando gli fu chiesto del presidente americano, Putin si lanciò in un tentativo accuratamente calibrato di accattivarsi simpatie.

«Ha raccontato alcune cose della sua famiglia» disse di Biden. Poi affondò il coltello con garbo: «Non sembrano legate direttamente all'argomento, eppure dimostrano il livello e la qualità dei suoi valori morali. È stato tenero, e ho avuto l'impressione che in generale fossimo sulla stessa lunghezza d'onda.

«Ciò non significa che dobbiamo aprirci il cuore, guardarci negli occhi e giurarci eterna amicizia... assolutamente no. Difendiamo gli interessi dei nostri Paesi, dei nostri popoli, e i nostri rapporti rimangono sempre di natura pragmatica.»

Un altro giornalista chiese: «Ritiene possibile a questo stadio giungere a una nuova fase nei rapporti bilaterali?».

«Sa» rispose Putin, «una volta Lev Tolstoj ha detto che nella vita non c'è felicità, solo brevi momenti... apprezziamoli. Credo non possa esserci fiducia totale in questa situazione, ma penso che ne abbiamo intravisto dei barlumi.»[10]

La conferenza stampa del presidente russo era durata quasi un'ora.

Blinken e Ned Price erano stupiti che Putin non avesse mostrato un piglio aggressivo. Aveva toccato tutte le corde giuste, le cose che Biden voleva sentirsi dire. Era stato calmo, rilassato, eloquente, ed era sembrato sorprendentemente sicuro di sé.

Aveva dato l'impressione che forse i russi «stanno cercando di fare quello che stiamo cercando di fare noi» disse Price, ovvero costruire una relazione stabile e prevedibile.

«Vediamo come va» commentò Blinken. «Si tratta di metterlo alla prova dei fatti. Conosceremo l'esito del test solo fra sei mesi o un anno, perché a fare la differenza non è tanto ciò che si è detto in questo momento ma il modo in cui si agirà.

«Troppo presto per dirlo» concluse Blinken, citando, come faceva spesso, ciò che il premier cinese Zhou Enlai aveva detto a Henry Kissinger parlando della Rivoluzione francese.

Biden tenne la sua conferenza stampa all'esterno, sullo sfondo del lago illuminato dal sole.[11]

«Ho comunicato l'incrollabile impegno degli Stati Uniti nei confronti della sovranità e dell'integrità territoriale dell'Ucraina» disse.

«Credo che l'ultima cosa che vuole in questo momento sia una guerra fredda» disse di Putin. «È ancora preoccupato, credo, di essere "accerchiato". Teme ancora che in realtà vogliamo abbatterlo eccetera. Nutre ancora questi timori, ma non penso che siano la forza trainante riguardo al tipo di rapporto che vuole avere con gli Stati Uniti.»

Sull'aereo, Biden disse a Blinken che adesso capiva meglio Putin. Era un uomo che il presidente conosceva da tempo, da lontano, ma con cui non aveva mai passato molto tempo a tu per tu. Le impressioni erano misurate. Non credeva che Putin avrebbe cambiato atteggiamento, né che lo avrebbe fatto la Russia. «Non sarà una passeggiata» concluse Biden.

A Fox News, Trump dichiarò che il summit di Biden con Putin era stato «una buona occasione per la Russia».[12]

«Non capisco cosa ci abbiamo ricavato» disse Trump al conduttore di Fox News Sean Hannity. «Non abbiamo ottenuto niente. Abbiamo offerto un palco grandioso alla Russia, e non ci abbiamo guadagnato niente.»

Alla Casa Bianca l'atmosfera si era rasserenata. Si aveva la sensazione di aver schivato un proiettile russo diretto all'Ucraina.

«Qualunque cosa pensasse Putin in aprile, almeno per il momento l'ha messo da parte» disse Sullivan.

Mentre la retorica aggressiva dei russi si smorzava, Sullivan e il suo vice Finer rivolsero la loro attenzione ad altre questioni, ossia il ritiro dall'Afghanistan.

Ma per Sullivan rimaneva una domanda fondamentale: la pistola di Čechov era ancora sul tavolo?

7

Biden era presidente da quasi sei mesi e Trump continuava a dichiarare che le elezioni del 2020 erano state truccate a suo sfavore. Non c'era uno straccio di prova a sostegno di quanto affermava, ma l'unica cosa di cui Trump aveva bisogno era che la gente gli credesse.

I sondaggi mostravano che il 53 per cento dei repubblicani era convinto che Trump fosse il «vero presidente» anche se nello Studio Ovale sedeva Biden.[1]

Durante un'intervista che gli feci prima delle elezioni del 2016, Trump mi aveva detto: «Il vero potere, non voglio nemmeno usare la parola, è la *paura*».[2]

Adesso sfruttava un altro vero potere: instillare dubbi.

«Non mi stupirebbe se trovassero migliaia e migliaia di voti» urlò alla folla a Mar-a-Lago, la sua tenuta di lusso a Palm Beach, in Florida. «Sono state elezioni truccate, lo sanno tutti!»[3]

Una volta che avessero finito di ricontare i voti in Stati chiave come la Georgia, il Wisconsin e l'Arizona quell'estate, Trump disse che sarebbe tornato a occupare lo Studio Ovale. Credeva che se fosse riuscito a fare in modo che uno Stato in bilico scoprisse che aveva davvero vinto lui, tutti gli altri dove aveva perso avrebbero dovuto mettersi a ricontare i voti.

«Se un ladro rapina una gioielleria portandosi via tutti i diamanti, i diamanti devono essere restituiti» dichiarò in maggio riferendosi alle elezioni del 2020.

Ma oltre sessanta processi, decine di indagini, controlli e riconteggi in numerosi Stati non trovarono alcuna prova di brogli diffusi.[4] La validità dei risultati delle presidenziali del 2020 fu ribadita in più occasioni.

Trump ignorò gli esiti e dichiarò che sarebbe saltata fuori una gigantesca frode.

Il noto avvocato repubblicano Benjamin Ginsberg, un esperto in materia di elezioni, in seguito testimoniò davanti alla commissione della Camera incaricata di indagare sull'attacco al Campidoglio del 6 gennaio che i tribunali non avevano trovato «alcuna prova» a sostegno delle accuse di brogli avanzate da Trump.[5]

Il senatore Lindsey Graham disse che l'incapacità di Trump di lasciarsi alle spalle gli esiti elettorali del 2020 era colpa di Mar-a-Lago.

«È quella cultura» disse ai colleghi. «È l'atteggiamento di tutte le persone che orbitano lì attorno. Avete presente, la gente che frequenta laggiù. Non fanno altro che dargli ragione.

«Continua a parlare dell'Arizona» disse Graham mentre era ancora in corso un controllo dei voti. «Lo sapete, ha perso l'Arizona perché se l'era presa con John McCain e si è spinto troppo oltre.» Il senatore John McCain dell'Arizona era stato un prigioniero di guerra in Vietnam e il candidato repubblicano alle elezioni del 2008.

«È convinto di aver perso a causa di tutti quei complotti strampalati» disse Graham. «Non è così.

«Biden ha vinto in modo leale e corretto» aggiunse Graham. «A Trump non piace sentirselo dire.»

Graham era concentrato sulle sfide politiche del 2022, in cui i repubblicani dovevano nominare i loro candidati migliori per riprendersi la maggioranza alla Camera e al Senato.

«In questo momento ci sono pochissimi repubblicani in grado di tirarsi fuori dal caos di gestire Trump per poter guardare al futuro» disse Graham. «Desiderare che Donald Trump se ne vada non è una strategia praticabile. Donald Trump non se ne andrà. Milioni di repubblicani credono in lui, e l'obiettivo è cercare di prendere la magia che esercita sulla nostra base elettorale e farne un "Trump Plus".

«Quando si arriva a un'elezione generale, ripetere alcune delle cose che dice il presidente non ti dà uno straccio di possibilità» disse Graham. «I nostri candidati devono prendere le distanze da Trump su certi temi per riuscire a ottenere il "plus" di cui parlavo.»

Graham respingeva la visione secondo cui nel Partito repubblicano Trump era una ferita che non riusciva a rimarginarsi.

«Trump rappresenta una parte reale degli americani» osservò. «Non è una ferita. È parte di ciò che siamo.»

Ma Trump non voleva, o non poteva, rinunciare al suo mantra delle «elezioni rubate».[6] Nel giugno del 2021, l'ex presidente spinse i repubblicani a sostenere il suo reinsediamento alla Casa Bianca.[7] Disse ai suoi assistenti che sarebbe tornato nello Studio Ovale entro agosto, una data ripresa dai teorici del complotto di QAnon nei forum online.

«Aveva un esercito. Un esercito per Trump. Rivoleva indietro la presidenza» mi disse a luglio in privato Brad Parscale, il suo ex manager elettorale. «Non penso che lo veda come un ritorno. Lo vede come una vendetta.»

Trump chiamò il rappresentante repubblicano per l'Alabama Mo Brooks, un suo leale sostenitore, e gli chiese di domandare pubblicamente elezioni speciali per reinsediarlo come presidente.[8]

Brooks, che aveva appoggiato il piano di Trump e dell'avvocato conservatore John Eastman per mettere in discussione la validità della vittoria di Biden, gli fece notare che il presidente era Joe Biden. La sua vittoria era stata provata e non esisteva una via legale per metterla in discussione. La Costituzione non prevedeva alcun meccanismo per reinsediare un presidente.

Trump era furibondo. In seguito gli ritirò il suo appoggio nella corsa per il Senato dell'Alabama e alle primarie repubblicane Brooks perse.

Alle elezioni del 2020 Trump ricevette 74 milioni di voti, più di ogni candidato presidenziale della storia con l'eccezione di Joe Biden, che ne ottenne 81 milioni. Biden si assicurò il Collegio elettorale con 306 voti contro i 232 di Trump.

Biden vinse le elezioni del 2020, ma dopo sei mesi stava ancora lottando per tenersi il posto.

8

Un mese dopo il summit di Ginevra, Putin mise un'altra pistola sul tavolo.

In un saggio di 5000 parole decisamente personale e bellicoso pubblicato il 12 luglio 2021, Putin argomentò che l'Ucraina non era mai esistita come nazione indipendente.[1]

Il consigliere per la sicurezza nazionale Jake Sullivan lesse il manifesto del presidente russo come una dichiarazione del vero Putin, di chi era e di cosa voleva fare.

«Russi e ucraini sono un solo popolo, un tutto» esordiva Putin. «Russi, ucraini e bielorussi sono tutti discendenti dell'antica Rus' di Kyiv, che era lo Stato più grande d'Europa.» E fin dal Nono secolo, continuava, Kyiv era considerata «la madre di tutte le città russe».

«La formazione di uno Stato ucraino etnicamente puro» affermava «ha conseguenze paragonabili a quelle dell'uso di armi di distruzione di massa contro di noi.»

Con un tono moralistico e accademico, Putin cancellava l'esistenza dell'Ucraina come un Paese separato, un popolo con storia, credenze, cultura e lingua proprie.

«Perciò la moderna Ucraina è un prodotto dell'era sovietica. Sappiamo e ricordiamo bene che fu formata – per una sua parte significativa – sui territori della Russia storica» disse Putin. «La Russia è stata depredata.»

Quando Sullivan lesse quel saggio il suo primo pensiero fu: «Covid».

I rapporti dell'intelligence statunitense mostravano che durante la pandemia Putin era cambiato a causa di un isolamento severo e prolungato. Si era circondato di una cricca ristretta di persone fidate con visioni nazionaliste simili alle sue che era diventata quasi un circolo chiuso. Quelli che volevano vederlo di persona dovevano stare in quarantena per settimane. Era rimasto fisicamente e metaforicamente separato dalla società russa per quasi tre anni.

Una delle figure centrali della cerchia ristretta di Putin era Jurij Koval'čuk, un miliardario russo che si riteneva fosse il banchiere personale del presidente. Lo conosceva dagli anni Novanta e sembrava condividere la visione del mondo messianica che Putin sposava nel proprio manifesto.

Un altro dei confidenti del presidente russo era padre Tikhon, un prete ortodosso con un'analoga visione imperialista della Russia. Poi c'erano i fratelli Rotenberg, Arkadij e Boris, miliardari e proprietari della più grande impresa di costruzione di gasdotti della Russia.

Durante la quarantena alcune persone avevano imparato a ballare la danza irlandese, scherzò Jake Sullivan, ma Putin si era immerso nella storia russa.

Sullivan aveva sentito che, in una telefonata fra Putin e la cancelliera tedesca Angela Merkel, il presidente russo aveva detto: «Non crederà a quello che sto trovando negli archivi di Stato».

A Merkel era chiaro che Putin aveva trascorso molto del tempo in isolamento a spulciare negli archivi, a tirar fuori cose, a studiare cartine del passato.

Impadronirsi dell'Ucraina era diventato una specie di sogno febbrile durante l'isolamento causato dal Covid. Ma la febbre non passava. Non si abbassava.

Sullivan e il suo vice Jon Finer presero seriamente il manifesto, però non lo considerarono un campanello d'allarme né una dichiarazione di guerra. Più che altro lo vedevano come tipico di Putin. Il leader russo era noto per le tirate filosofiche, le menzogne storiche e il reciso rifiuto di riconoscere l'esistenza indipendente dell'Ucraina. Eppure la veemenza del saggio era sconcertante e suscitava una certa preoccupazione. Era oggetto di curiosità e perfino disgusto.

Sullivan aveva passato l'anno precedente a studiare la storia russa e a cercare di comprendere l'ossessione quasi nevrotica di Putin per l'Ucraina. La formazione della Russia, le lamentele profondamente radicate, il dente avvelenato, i rapporti con l'Europa, con la NATO, l'impressione di aver bisogno di un controllo centralizzato, i mongoli che prendevano Mosca a metà del Tredicesimo secolo, il desiderio di Putin di essere un messia come lo erano stati Pietro il Grande, Caterina la Grande. Tutto quanto.

Dopo aver letto il saggio di Putin, l'esperto di Russia del Consiglio per la sicurezza nazionale Eric Green pensò che era insolito per un presidente in carica andare tanto a fondo. Si stava solo sfogando? Era una specie di esercizio o un modo per spiegare la visione russa delle cose? Oppure quel saggio avrebbe davvero guidato le azioni del Paese?

«Credo che parli della delusione di Putin verso il governo ucraino e del suo tentativo di iniziare a delegittimarlo» disse Green. «Putin vuole che la sua profezia secondo cui l'Ucraina è uno "Stato fallito" si avveri.»

«L'Ucraina aveva un grande potenziale» diceva Putin nel saggio. «A poco a poco, è stata trascinata in un pericoloso gioco geopolitico che ha lo scopo di trasformarla in una barriera fra l'Europa e la Russia, un trampolino di lancio contro la Russia.»

Oltre a essere il secondo Paese più grande d'Europa, l'Ucraina era anche un importante cuscinetto fra Russia ed Europa.

Putin definiva i leader ucraini «neonazisti» – il presidente Zelensky è ebreo – e indirizzava contro di loro e contro l'Occidente una lunga lista di rimostranze, accusandoli di perseguire un «progetto antirusso».[2]

«Non permetteremo mai che i nostri territori storici e il popolo affine che ci vive vengano usati contro la Russia» avvertiva Putin. «E a coloro che intraprenderanno un tentativo del genere, vorrei dire che in questo modo distruggeranno il loro stesso Paese.»

Al direttore della CIA Bill Burns, che aveva prestato servizio come ambasciatore a Mosca dal 2005 al 2008, il manifesto ricordava molte delle conversazioni che aveva avuto con Putin nel corso degli anni. «Non c'era nulla di nuovo in esso» asserì Burns. Alcune cose sono soltanto la nuova veste di una convinzione che in sostanza riguarda il potere e ciò che la Russia è convinta di avere il diritto di fare, osservò. Dopodiché lo abbellisci con un bel po' di storia... scelta con cura.

Al Pentagono, il sottosegretario della Difesa Colin Kahl aveva letto dei rapporti di intelligence secondo cui Putin credeva sul serio alle cose che aveva scritto: che l'Ucraina non è una vera nazione e che gli ucraini sono tutti russi.

«Putin non era un fan dell'Unione Sovietica» disse Kahl, «ma considerava comunque il crollo dell'URSS come il crimine più grave del Ventesimo secolo, ed era convinto che da allora i russi venissero costantemente pugnalati alle spalle.»

Kahl riteneva il saggio l'ennesima esibizione delle ambizioni imperialiste di Putin. «Sogna di ricostruire un impero russo, e non esiste un impero russo che non comprenda l'Ucraina» osservò.

«Per un americano è sempre strano leggere cose come quelle» aggiunse Kahl, «perché la nostra storia non risale molto indietro nel tempo. Perciò l'idea che ai Paesi freghi qualcosa di quello che è successo novemila anni fa o, per dire, duemila o anche mille ci è estranea. Gli americani non ragionano in questo modo.»

9

A Washington, Biden era preoccupato anche dal ritiro sempre più rallentato delle truppe americane dall'Afghanistan, l'adempimento della promessa che aveva fatto in campagna elettorale di porre fine a una guerra ormai ventennale.

Il fatto che la presenza americana in Afghanistan fosse un classico caso di escalation fuori controllo della missione iniziale era un pilastro delle convinzioni di Biden in materia di politica estera. Troppi soldati per uno scopo poco chiaro.

Dieci anni prima, quando era vicepresidente, nonostante le pressioni dei militari aveva consigliato a Obama di non mandare altri 30.000 soldati in Afghanistan.

Biden era rientrato prima del tempo dalle sue vacanze con la famiglia a Nantucket per perorare il suo caso di persona. «Mi stia a sentire, capo» aveva detto.[1] «Può darsi che io frequenti questo ambiente da troppo tempo, ma una delle cose che so riconoscere è quando i generali cercano di mettere con le spalle al muro un nuovo presidente.» Si sporse verso Obama e sussurrò: «Non si lasci incastrare».

I generali avevano intortato Obama rifilandogli «stronzate», in quello che agli occhi di Biden era un tragico tentativo di controllo nei confronti di un presidente giovane e inesperto.

L'invasione iniziale dell'Afghanistan, nel 2001, mirava a distruggere il gruppo terroristico di Osama bin Laden responsabile degli attacchi dell'11 settembre a New York e Washington. Ma dopo aver scacciato al-Qaida dal Paese, la missione si era allargata alla ricostruzione della nazione. Da lì, l'opinione di Biden: si era trattato di un'escalation della missione, e «fottutamente insensata».

L'argomentazione principale di Biden sosteneva che la missione si era scostata dal suo intento originario, e a quel punto non era chiaro cosa fosse diventata.

Un'altra spada di Damocle sulla testa del presidente era un accordo che Trump aveva firmato con i talebani nel febbraio del 2020, con cui prometteva di ritirare le truppe americane entro il maggio dell'anno successivo.[2] I talebani avevano accettato di non attaccare le forze statunitensi a patto che si ritirassero entro il 1° maggio 2021.

Nei primi mesi della sua presidenza Biden incaricò Sullivan di condurre un completo riesame interagenzie sul ritiro dall'Afghanistan.

«Voglio sentire argomenti contrari» disse a Sullivan, «e ho intenzione di tenere la mente aperta al riguardo, perché se c'è un motivo convincente per rimanere, senz'altro lo ascolterò e lo prenderò in considerazione.» Una promessa presidenziale di apertura mentale veniva spesso vanificata dalla volontà presidenziale.

Le opzioni presentate a Biden erano di intraprendere il ritiro completo e ordinato di tutti i soldati rimasti nel modo più rapido e sicuro possibile; un ritiro lento e blindato in tre o quattro fasi per consentire lo svolgersi di negoziati politici; oppure una presenza americana in Afghanistan a tempo indeterminato.[3]

Se gli Stati Uniti fossero rimasti, le previsioni dell'intelligence dicevano che i talebani avrebbero ripreso gli attacchi. Se fosse successo, ragionò Biden, inevitabilmente le alte gerarchie militari gli avrebbero chiesto di mandare altri contingenti.

«Se abbiamo laggiù 3000 soldati e vengono attaccati, voialtri» indicò il segretario della Difesa Austin e il capo di Stato maggiore Mark Milley «verrete da me a dirmi, okay, ce ne servono altri 5000.» E si sarebbero trovati punto a capo.

Biden sapeva che la presenza di truppe diventava una calamita per l'invio di altri soldati, perché i capi militari ovviamente volevano proteggere le loro forze.

Il presidente fu chiaro: voleva che se ne andassero.

«Non paragonarmi all'Onnipotente» disse a Blinken, «paragonami all'alternativa.»

Blinken non pensava che Biden fosse combattuto in merito alla sua decisione, anzi, sembrava piuttosto tranquillo.

Il presidente Biden aveva rivolto un discorso alla nazione il 14 aprile.[4] Al posto della teatralità di un discorso serale tenuto dallo Studio Ovale, aveva parlato nel pomeriggio dalla Treaty Room, la stessa stanza scelta nel 2001 dal presidente George W. Bush per lanciare l'operazione militare in Afghanistan.

«Sono il quarto presidente degli Stati Uniti a sovrintendere alla presenza delle truppe americane in Afghanistan: due repubblicani, due democratici» disse. «Non lascerò questa responsabilità a un quinto.

«Negli ultimi dodici anni, da quando sono diventato vicepresidente, ho portato con me un elenco che mi ricorda il numero esatto di soldati americani uccisi in Iraq e Afghanistan.

«A oggi, nei nostri combattimenti in Afghanistan ci sono stati 2448 morti fra soldati e personale, e 20.722 feriti.

«È venuto il momento di porre fine alla guerra eterna» disse.

In un'insolita manifestazione pubblica, Biden andò poi a visitare il cimitero di Arlington e camminò da solo nella sezione 60, dove sono sepolti i morti dell'Iraq e dell'Afghanistan.[5]

«In questi giorni ho difficoltà ad andare in un cimitero e non pensare a mio figlio Beau» disse Biden parlando del figlio maggiore, morto di un tumore al cervello nel 2015 all'età di 46 anni. Beau, ufficiale dell'esercito e avvocato, era stato insignito della Bronze Star per il servizio militare prestato in Iraq e aveva ricoperto la carica di procuratore generale del Delaware per due mandati. Il figlio che seguiva le orme politiche del padre. Biden si girò verso le centinaia di lapidi bianche, allargò le braccia e disse: «Guardateli».

Biden venne immediatamente messo sulla graticola per la decisione di ritirarsi. Non aveva previsto di ricevere così tante critiche dalla tv e dalla carta stampata. Gente che aveva chiesto a gran voce di porre fine alla guerra più lunga adesso si era fissata sul futuro del popolo afghano, fra cui donne e bambini.

«Mi aspetto una guerra civile che sarà feroce, sanguinosa e manifesterà tutte le terribili caratteristiche di una guerra incivile» disse pubblicamente il generale in congedo David Petraeus. Petraeus aveva comandato le forze americane in Afghanistan ed era stato l'architetto della strategia della controguerriglia che Biden detestava. «Abbiamo un'amministrazione che parla di ritirare il nostro sostegno alla democrazia e ai diritti umani. Bella roba» disse Petraeus.

L'ex presidente George W. Bush, in un raro commento pubblico, disse che la decisione di Biden di ritirarsi era un errore. «Temo che le donne e le bambine afghane saranno vittime di sofferenze indicibili.»[6]

Biden era in piedi accanto alla Resolute Desk a prendersi la valanga di critiche. Blinken si accorse che il presidente ci era rimasto male.

Biden tamburellò sulla scrivania. «Già» disse, «e la responsabilità è mia.»

Il ritiro delle truppe era uno dei pochi punti di accordo fra Biden e il suo predecessore, Donald Trump, il quale continuava a sostenere che le elezioni gli erano state rubate. Il 26 giugno 2021 a Wellington, in Ohio, in occasione del suo primo comizio della campagna elettorale da quando aveva lasciato la Casa Bianca, Trump si vantò di essere il responsabile del ritorno a casa delle truppe americane perché Biden non era riuscito a fermare il processo che aveva messo in moto lui firmando l'accordo coi talebani.

«Tutti i soldati stanno tornando a casa» disse.[7] «Loro [l'amministrazione Biden] non possono fermare il processo. Ventun anni sono abbastanza, non credete? Ventun anni.»

«È una vergogna» proseguì, «ventun anni, per un governo che non durerebbe. L'unico modo in cui potrebbe durare è se ci fossimo noi. Cosa diremo? Rimaniamo altri ventun anni, poi altri cinquanta. È una faccenda assurda... Stiamo portando a casa dall'Afghanistan i soldati americani.»

Malgrado più di cinquanta riunioni di pianificazione, il ritiro dall'Afghanistan dell'amministrazione Biden precipitò in un caos spaventoso.[8] Non avevano pensato a un piano per affrontare gli imprevisti e gli scenari peggiori. Quando lo fecero, ormai era troppo tardi.

Il 6 luglio i soldati rimasti si ritirarono di notte in segreto da Bagram, a un'ora da Kabul, la base aerea più grande dell'Afghanistan.[9] A un certo punto Bagram aveva ospitato fino a 100.000 soldati americani. Questo significava che l'ambasciata americana a Kabul lavorava ancora, con oltre 1400 cittadini statunitensi protetti solo da 650 fra marines e soldati.

Se Kabul fosse caduta in mano ai talebani, il ritiro da Bagram avrebbe chiuso l'unica strada per la possibile evacuazione dei non combattenti, a molti dei quali gli Stati Uniti avevano promesso protezione dopo anni di collaborazione.

Il 23 luglio Biden parlò con il presidente Ashraf Ghani della situazione che si stava deteriorando rapidamente e gli fece pressioni perché cambiasse la percezione globale che la lotta contro i talebani stesse dando scarsi risultati.[10]

«Chiaramente il vostro esercito è più forte, avete 300.000 soldati ben armati contro 70-80.000 [talebani], ed è chiaro che sono ben addestrati a combattere» disse Biden.

«Signor presidente» replicò Ghani, «siamo alle prese con un'invasione su larga scala, composta da talebani, pianificazione e pieno supporto logistico pakistano, e almeno 10-15.000 terroristi internazionali.»

L'ondata dei talebani spazzò il Paese come un maremoto: i distretti caddero uno dopo l'altro a una velocità sconvolgente, cogliendo di sorpresa Biden e la sua amministrazione. L'esercito afghano offrì poca resistenza e in certi casi si limitò ad arrendersi.

Mentre i talebani convergevano su Kabul, il 14 agosto il segretario di Stato Blinken parlò al telefono con il presidente Ghani, il quale affermò sprezzante che avrebbe difeso l'Afghanistan fino alla fine. Il giorno successivo era negli Emirati Arabi Uniti. Era scappato.

Kabul cadde in fretta e in maniera spettacolare. I combattenti talebani occuparono il palazzo presidenziale e si misero in posa per farsi fotografare attorno alla scrivania di Ghani imbracciando i fucili.

Migliaia di civili afghani disperati si precipitarono sulla pista dell'aeroporto internazionale di Kabul. La gente si arrampicò sulle ali degli aerei americani per l'evacuazione mentre decollavano, e qualcuno cadde rimanendo ucciso.

Con un voltafaccia, Trump chiese a Biden di «dimettersi per disonore a causa di ciò che aveva lasciato accadere in Afghanistan»[11] e lo criticò per come aveva gestito il Covid, il confine meridionale e l'economia. «Non dovrebbe essere un gran problema, visto che tanto per cominciare non è stato eletto legittimamente» aggiunse, insistendo col suo mantra indimostrato secondo cui gli avevano rubato le elezioni.

Il presidente Biden diede la colpa della situazione al governo afghano. In un discorso del 16 agosto dalla East Room, disse: «Non mi pento della decisione di porre fine alla guerra dell'America in Afghanistan.

«Il fatto è che le cose si sono mosse più in fretta di quanto avessimo previsto. Cos'è successo, quindi? I leader politici afghani hanno rinunciato e sono fuggiti dal Paese. L'esercito afghano si è sbandato, a volte senza neanche combattere.

«Semmai, gli sviluppi della scorsa settimana ribadiscono che porre fine adesso al coinvolgimento militare americano in Afghanistan è stata la decisione giusta»[12] aggiunse Biden.

Dieci giorni dopo, il 26 agosto, un attentato suicida dello Stato islamico (ISIS) ad Abbey Gate, ai margini dell'aeroporto, uccise più di 170 persone, fra cui 13 americani facenti parte delle forze armate, il peggior attacco alle forze americane dell'ultimo decennio di quella guerra ventennale.[13]

Il 29 agosto gli Stati Uniti condussero un attacco coi droni a Kabul contro un sospetto membro dell'ISIS al volante di un'auto carica di esplosivo. In un altro tragico errore, però, uccisero dieci civili, fra cui il membro di lunga data di un'organizzazione umanitaria americana e sette bambini.[14]

Dopo aver evacuato oltre 120.000 persone negli ultimi giorni, il 31 agosto 2021 Biden annunciò la fine della «guerra più lunga della storia americana».

Il suo discorso, che salutava lo «straordinario successo della nostra missione»,[15] cadde nel vuoto. Nessuna scelta di parole avrebbe potuto mascherare o abbellire il fallimento del ritiro. Kabul era caduta in mano ai talebani in 11 giorni. Tredici soldati americani erano stati uccisi.

«C'è chi dice che saremmo dovuti rimanere a tempo indefinito» disse Biden. «Perché non abbiamo semplicemente continuato a fare quello che stavamo facendo? Perché avremmo dovuto cambiare qualcosa?»

Biden diede la colpa a Trump.

«La verità è che era cambiato tutto. Il mio predecessore aveva stretto un accordo coi talebani. Quando ho preso il suo posto, avevamo una scadenza: 1° maggio. Il massacro talebano stava arrivando.

«A coloro che chiedono un terzo decennio di guerra in Afghanistan, io ribatto: qual è l'interesse vitale della nazione? Per come la vedo io, ne abbiamo uno soltanto: assicurarci che l'Afghanistan non possa mai più essere usato per lanciare un attacco alla nostra madrepatria.

«L'obbligo fondamentale di un presidente, ai miei occhi, è difendere e proteggere l'America… non contro le minacce del 2001, ma contro quelle del 2021 e del futuro.

«Vi do la mia parola» concluse. «Io credo con tutto il cuore che questa sia la decisione giusta, una decisione saggia, e la miglior decisione per l'America.»[16]

Il ritiro disastroso si abbatté su Biden e sui suoi principali consiglieri come un maglio. Voci critiche sui quotidiani e in tv addossarono la colpa al consigliere per la sicurezza nazionale Sullivan, chiedendone le dimissioni. E questa volta non venivano solo dai repubblicani.

«Il consigliere per la sicurezza nazionale ha due compiti. Come suggerisce il nome, è il consigliere idealmente più vicino al presidente nella Situation Room» scrisse su «USA Today» l'ex consigliere di Obama Brett Bruen.[17]

«Il suo secondo dovere è tradurre le decisioni e le istruzioni del comandante in capo in politiche pratiche. A volte ciò richiede di dire la verità al potere. In tutti questi campi, la persona che attualmente occupa quella posizione sembra aver fallito.

«Il presidente Biden deve licenziare il suo consigliere per la sicurezza nazionale e diverse altre persone in ruoli chiave che hanno sovrinteso all'esecuzione abborracciata del nostro ritiro dall'Afghanistan» concludeva Bruen.

Sullivan, abituato alle recensioni positive della sua competenza e del suo operato, era sotto shock. «Ogni nostro singolo nervo era stato esposto alla luce del sole, sfilacciato, scorticato e bruciato» disse, soprattutto i suoi.

Il capo di Stato maggiore Mark Milley e il viceammiraglio Frank Whitworth, un ufficiale a tre stelle dell'intelligence della Marina nonché J2 di Milley – il consigliere di intelligence militare di più alto grado al Pentagono –, esaminarono gli effetti di secondo e terzo ordine del ritiro per capire quali minacce potessero essere in agguato.

Milley e Whitworth erano amici. Avevano prestato servizio insieme in Afghanistan. Quando Trump aveva nominato il generale Milley capo di Stato maggiore, l'ammiraglio Whitworth aveva trascorso ogni giorno a istruire Milley in preparazione del suo nuovo ruolo.

Quando l'ammiraglio Whitworth fu sul punto di essere promosso da due a tre stelle, Milley intervenne e chiese personalmente al Pentagono di rendere la posizione J2 un ruolo da tre stelle per potersi tenere accanto Whitworth.

Adesso a entrambi bruciava la rapida caduta di Kabul. Per mesi avevano fatto simulazioni di situazioni d'emergenza, mettendo a punto i preparativi, e avevano ascoltato gli ultimissimi rapporti dell'intelligence.

Si erano accorti che la capacità degli afghani di difendersi da soli era peggiorata, ma non avevano immaginato quanto in fretta avrebbero ceduto.

«Per me è stato un evento a cascata molto più veloce di quanto avessi previsto» disse Whitworth con franchezza. Era in vacanza alle Hawaii con la famiglia quando i talebani avevano conquistato la prima provincia, per poi prenderne un'altra un'ora dopo, e quindi una terza.

«Capivo perfettamente ciò che stava succedendo» disse. Non si trovava in una SCIF, una struttura per informazioni sensibili compartimentate, ma inviò una nota al Pentagono: «Mettete al sicuro i nostri». Dovevano accelerare il ritiro.

La vacanza era finita. L'ammiraglio Whitworth era tornato a Washington, ed era accanto a Milley e al segretario della Difesa Austin quando l'ultimo aereo lasciò l'Afghanistan. Tre persone che avevano prestato servizio in Afghanistan molti anni prima.

«Non dimenticherò mai il fatto che fossimo insieme quando finalmente riuscimmo a portar fuori le ultime persone» disse l'ammiraglio Whitworth. «La rapidità era ciò che avrebbe tenuto vivi gli americani, ed è così che ci muovemmo: con rapidità.»

Era convinto che l'esercito avesse fatto il meglio che poteva nello scenario peggiore.

«Credo che nessuno che indossa un'uniforme o appartiene all'intelligence possa dire che sapessimo che l'Afghanistan sarebbe caduto in dieci o quattordici giorni» si lamentò l'ammiraglio Whitworth. «Personalmente ritengo che i due fattori decisivi siano stati la corruzione e il potere dei social media.»

Il vero colpevole era stato il desiderio impulsivo e incontrollato di mandare i soldati americani in un Paese straniero convinti che fosse la soluzione, ignorando le lezioni del Vietnam.

10

In piazza Maidan, nel cuore della capitale Ucraina, Kyiv, l'ammiraglio della Marina britannica Tim Woods sollevò la figlia di due anni per farle vedere i jet ucraini volare bassi sopra di loro. Era il 24 agosto 2021, il trentesimo anniversario dell'indipendenza dall'Unione Sovietica. Il presidente Zelensky, che in passato era stato critico verso le parate militari, aveva deciso che era venuto il momento di mandare un messaggio a Putin.

La parata esibiva la crescente potenza militare dell'Ucraina.[1] Carri armati, missili e sistemi di difesa antiaerea moderni sfilavano per la via principale. Quasi in coda compariva il pezzo forte, il loro nuovo Bayraktar TB2 – un sofisticato drone da attacco con un'apertura alare che copriva quattro carreggiate come non se n'erano mai visti nell'arsenale russo – acquistato di recente dalla Turchia. I soldati ucraini marciavano in uniforme. Alla parata partecipavano anche rappresentanti di Paesi amici come gli Stati Uniti, la Gran Bretagna e la Polonia.

Il presidente Zelensky, emozionato e con le lacrime agli occhi, rivolse alla folla un discorso che celebrava la forza dell'indipendenza dell'Ucraina e prometteva un futuro indipendente.

«Quest'anno vengono costruiti per l'esercito nuovi carri armati ed elicotteri con le pale ucraine»[2] disse. Spiegò che l'Ucraina stava «rinnovando la flotta e le basi navali» e aveva adottato «un programma missilistico per dieci anni.

«Un Paese del genere diventa partner della NATO con migliori opportunità» promise Zelensky al suo popolo. Il legame dell'Ucraina – e dei suoi quasi duemila chilometri di confini terrestri – con la NATO era una linea rossa invalicabile per la Russia.

Mentre l'Ucraina festeggiava la sua indipendenza e il rafforzamento del proprio esercito, Woods credeva che Putin vedesse una nazione che si allontanava ulteriormente dalle grinfie dell'imperialismo russo.

«Putin sa fare i suoi conti» disse Woods. «Ha visto chiudersi una finestra.»

L'ammiraglio Woods, che parlava perfettamente russo, faceva parte della missione britannica di addestramento militare in Ucraina dal 2018. Lo scopo dell'operazione era contribuire alla trasformazione dell'esercito in una forza adeguata agli standard NATO e lottare contro la corruzione del ministero della Difesa ucraino. Viveva a Kyiv con la moglie, una funzionaria dell'intelligence britannica che lavorava per rafforzare la capacità ucraina di difendersi contro la guerra ibrida e la zona grigia, che comprendevano attacchi informatici, disinformazione, corruzione da parte dei russi e guerra psicologica.

La famiglia di Woods conosceva bene i giochetti psicologici dei servizi segreti russi.[3] In diverse occasioni avevano avuto ospiti non invitati nel loro appartamento di Kyiv. Una sera, la figlia piccola aveva disseminato sul pavimento della stanza dei giochi i grossi pezzi di un puzzle per bambini. La moglie, esausta, li aveva lasciati dov'erano ed era andata a letto. La mattina dopo aveva scoperto che il puzzle, composto da circa trenta pezzi, era stato completato.

«Tipico dei servizi segreti russi» disse Woods. «Cercano di spaventarti, della serie: possiamo farlo tutte le volte che vogliamo.» In altre occasioni avevano trovato i candelabri capovolti.

«La cosa non ci turbava» disse Woods. «Anzi, la trovavamo piuttosto divertente.»

Una sera un loro amico aveva lasciato fuori dalla porta gli scarponi e il mattino dopo le stringhe erano state infilate al contrario, sicché le estremità dei lacci erano in fondo.

«Eravamo anche sicuri che nell'appartamento ci fossero apparecchiature di sorveglianza, e che qualunque conversazione venisse registrata» spiegò Woods.

Nel marzo del 2021 Woods era andato al confine insieme a dei colleghi ucraini per vedere lo spiegamento russo. Anche se il ministro della Difesa russo Šojgu aveva ritirato i soldati, l'equipaggiamento, «il kit», era rimasto lì.

Adesso, alla fine di agosto, Woods notò che il kit stava espandendosi di nuovo.

11

«Generale, non crederà ai suoi occhi» disse l'ammiraglio Frank Whitworth facendo irruzione nell'ufficio del capo di Stato maggiore Milley un mattino, poche settimane dopo il ritiro dall'Afghanistan.

«Credo che ci siano degli elementi che potrebbero dare una svolta alla sua gestione» dichiarò.

Avevano ricevuto nuove informazioni di intelligence secondo le quali la Russia stava programmando un attacco militare di enorme portata contro l'Ucraina. E non si trattava di un allarme isolato, ma plurisfaccettato.

Milley e Whitworth erano entrambi esterrefatti.

«Da parte di un Paese con armi nucleari, per di più» aggiunse l'ammiraglio Whitworth. «Stiamo parlando di testate nucleari. Una campagna di conquista da un Paese che possiede armi nucleari.»

Ogni mattina, nel President's Daily Brief, Biden riceveva puntualmente un rapporto completo di intelligence non solo su quello che i russi stavano facendo con le proprie forze armate alla luce del sole, ma anche su ciò che i russi stavano pensando e progettando di fare con quelle forze.

Su quali fossero le intenzioni definitive di Putin c'era poca chiarezza.[1] Nell'aria, però, aleggiava una spiacevole sensazione di déjà vu. Nel 2014, quando Biden era vicepresidente e Blinken il suo consigliere per la sicurezza nazionale durante la presidenza Obama, le forze russe avevano improvvisamente annesso la Crimea, nel Sud dell'Ucraina, impadronendosi anche di parte del Donbass.[2] Obama e la sua squadra non erano stati in grado di riconoscere lo spudorato furto di territorio da parte di Putin per quello che era, né di opporvisi in maniera adeguata. Per la Russia era stata una vittoria facile, priva di conseguenze negative.

Da oltre vent'anni Tony Blinken,[3] un metro e settantotto e dotato di un'elegante capigliatura ordinata ma ingrigita che un tempo era stata castana, era un fidato consigliere sugli affari esteri per Biden, nonché un caro amico. Che fosse al Senato, nei tanti viaggi internazionali, nell'ufficio del vicepresidente, nella Situation Room della Casa Bianca o nelle cene di famiglia, i due avevano trascorso ore e ore assieme a lavorare sulla politica estera, e tra loro si era creato un legame autentico.

Blinken si rifiutava di credere che i russi stessero pianificando qualcosa di serio. Ma Biden non voleva farsi trovare impreparato da Putin una seconda volta. Essere colti alla sprovvista significava regalare all'aggressore un'arma che gli dava un vantaggio immediato sul campo di battaglia. E questa volta il presidente non sarebbe stato sulla difensiva.

Biden dichiarò alla sua squadra, tra cui figuravano Sullivan, Blinken, Austin e Milley, che evitare un conflitto diretto con la Russia doveva essere considerata una priorità. La loro strategia, aggiunse, avrebbe seguito due stelle polari: lavorare a testa bassa per *prevenire* un'invasione russa dell'Ucraina e lavorare altrettanto duramente per *prepararsi* a quell'eventualità.

Disse anche che il loro compito era preparare gli Stati Uniti, preparare l'Ucraina e preparare gli alleati. Di cosa aveva bisogno l'Ucraina per difendersi? Non aveva alcuna intenzione di assistere a una replica del disastro in Afghanistan.

Qualsiasi cosa avessero fatto gli USA per l'Ucraina, sarebbe stato sotto forma di scambio bilaterale, non tramite la NATO: su questo Biden fu estremamente chiaro. Per Putin la NATO era una minaccia assoluta e diretta alla Russia. E il proposito dell'Ucraina di entrare a farvi parte, sancito dalla sua stessa Costituzione, era una minaccia costante a Putin. Quindi le mosse degli Stati Uniti dovevano tenere conto di queste tensioni, in modo da evitare di accelerare i preparativi dell'attacco russo.

Il 27 agosto, a meno di due settimane dalla caduta di Kabul, Biden autorizzò un pacchetto di ulteriori sessanta milioni di dollari per la difesa dell'Ucraina. Biden, Sullivan e Blinken desideravano consegnare le armi il più rapidamente possibile e senza causare clamore.[4]

Non c'era bisogno di farne un caso di Stato. Non volevano che i titoloni dei giornali alimentassero la macchina della propaganda di Putin, il quale continuava a diffamare il presidente ucraino Zelensky, tacciandolo di essere un nazista, e ad affermare che la NATO stava minacciando la Russia.

Il pacchetto includeva dei Javelin, i migliori missili anticarro spalleggiabili al mondo, in quanto dotati di un sistema di guida automatica dopo il lancio, che permette all'operatore di cercare immediatamente copertura. Denominati armi «lancia e dimentica», possono essere operati da una sola persona e sono in grado di distruggere carri armati e altri bersagli corazzati.

Grazie all'esplosivo ad alto potenziale controcarri (High Explosive Anti-Tank, HEAT), i Javelin hanno una gittata che supera i 3 chilometri e agiscono innalzandosi di quota al di sopra del bersaglio per poi scendere in picchiata e colpire nel punto più debole.

Il sistema di lancio di ciascun missile costa circa 200.000 dollari, che, come il Pentagono ha voluto opportunamente segnalare, è suppergiù lo stesso prezzo di una Ferrari Roma.

L'amministrazione Biden comunicò, con una breve nota al Congresso, che il pacchetto di assistenza per la sicurezza dell'Ucraina era una misura necessaria, a causa «dell'incremento rilevante di attività militare russa lungo i suoi confini», nonché per attacchi di mortaio, violazioni del cessate il fuoco e altre provocazioni.[5]

12

Il 1° settembre 2021 il presidente Biden accolse il presidente ucraino Volodymyr Zelensky alla Casa Bianca per la prima volta.[1] Zelensky, ex attore e comico, aveva trionfato nelle elezioni presidenziali in Ucraina nel 2019, superando con una vittoria storica e schiacciante il presidente in carica, il miliardario Petro Porošenko, con cui Biden si era già confrontato quando ricopriva la carica di vicepresidente. Zelensky aveva ottenuto il 73,17 per cento dei consensi, contro il magro 24,5 per cento di Porošenko.[2]

Zelensky approdò alla carica all'età di 41 anni, senza precedenti esperienze politiche: l'antitesi di Joe Biden. Zelensky era stato proprietario di una casa di produzione televisiva, la Kvartal 95, ed era diventato una celebrità nel Paese interpretando il ruolo del presidente dell'Ucraina nella serie tv di satira politica *Servitore del popolo*, andata in onda con enorme successo dal 2015 al 2019.

Il ruolo l'aveva visto indossare i panni di un professore di storia del liceo che viene inaspettatamente eletto presidente in seguito a un video virale caricato su Internet, in cui inveisce contro la corruzione del governo.[3] Nella primavera del 2021, tuttavia, i sondaggi di gradimento del vero Zelensky lo davano solo al 38 per cento.

Sotto molti aspetti l'ingresso a sorpresa di Zelensky sul palcoscenico politico rispecchiò quello del suo personaggio. Era un outsider, privo di competenze politiche, ma incarnava l'essenza dell'uomo comune.

Il 20 maggio 2019 Zelensky, con indosso un elegante completo scuro e scarpe ben lucidate, si era recato a piedi alla Rada, il palazzo del Parlamento ucraino a Kyiv, per prestare giuramento, immerso in un bagno di folla, tra strette di mani e selfie con i sostenitori.[4]

«Cari ucraini»[5] aveva esordito nel suo discorso inaugurale, «dopo la mia vittoria, mio figlio di 6 anni mi ha detto: "Papà, alla tv dicono che Zelensky è il presidente... vuol dire che sono presidente anch'io?". Sul momento mi è sembrato buffo, ma poi mi sono reso conto che è proprio così. Perché ognuno di noi è il presidente.

«D'ora in avanti, ciascuno di noi sarà responsabile del Paese che lasceremo ai nostri figli» aveva detto Zelensky. «Ciascuno di noi, con il proprio ruolo, può fare di tutto affinché l'Ucraina prosperi.»

Aveva poi evidenziato la sua massima priorità: un cessate il fuoco nel Donbass, insanguinato dagli scontri tra i separatisti sostenuti dalla Russia e le forze ucraine sin dall'invasione di Putin nel 2014. «Mi è stato chiesto: quale prezzo sei pronto a pagare per la tregua? La trovo una domanda strana» aveva continuato Zelensky. «Quale prezzo sei pronto a pagare per la vita delle persone che ami? Posso assicurarvi che sono pronto a pagare qualunque prezzo per porre fine alla strage dei nostri eroi. Non ho paura di prendere decisioni difficili e sono pronto a rinunciare alla fama, al consenso e, se necessario, senza alcuna esitazione, alla mia carica, pur di portare la pace, purché non si cedano i nostri territori.

«La storia è ingiusta» aveva aggiunto. «Non siamo stati noi a iniziare questa guerra. Ma siamo noi a doverla concludere.

«Non desidero che appendiate il mio ritratto nei vostri uffici. Un presidente non è un'icona, né tantomeno un idolo. Un presidente non è un ritratto. Appendete le fotografie dei vostri bambini. E, prima di prendere qualsiasi decisione, guardateli negli occhi.»

Poi aveva chiosato: «Ho passato tutta la vita a tentare di portare un po' di risate nelle case degli ucraini. Era la mia missione. Ora farò di tutto affinché gli ucraini, almeno, non piangano più».

Tuttavia, a Washington, il nome di Zelensky non era tanto associato alla star televisiva che era diventata presidente, quanto al suo coinvolgimento nello scandalo che aveva portato al primo processo per impeachment del presidente Trump.

Nel corso di una telefonata avvenuta il 25 luglio 2019, il presidente Zelensky aveva espresso il desiderio di acquistare altri missili Javelin dagli Stati Uniti. Trump aveva risposto: «Vorrei però che ci facesse un favore, perché il nostro Paese ne ha passate tante».[6]

Trump aveva poi chiesto a Zelensky di indagare su Joe Biden e suo figlio Hunter, dicendo: «Qualsiasi cosa possa fare, assieme al mio procuratore generale, sarà molto importante».

Quando intervistai Trump a Mar-a-Lago, in Florida, il 30 dicembre 2019, di fronte alle mie domande riguardo all'impeachment lui rispose: «Non c'è nessuno più tosto di me. Nessuno. Mi ha chiesto dell'impeachment. Sono sotto indagine per impeachment e, come lei mi ha fatto notare, mi comporto come se avessi appena vinto una gara. All'epoca Nixon si è raggomitolato in un angolo a ciucciarsi il pollice. Bill Clinton l'ha presa male, molto male. Io faccio le cose, okay? Faccio quello che voglio».[7]

Gli chiesi se riteneva che, con la telefonata a Zelensky, avesse consegnato un'arma alla sua opposizione politica.

«È una telefonata impeccabile!» replicò Trump. «Non ho consegnato nessun'arma.»

La telefonata, disse Trump, «parlava di *noi*. Parlava di come aiutare *noi*, ergo, il Paese. Il nostro Paese. E poi gli ho parlato di contattare il procuratore generale.

«Lasci che le dica una cosa di Zelensky» aggiunse. «Numero uno, non si sarebbe mai immaginato che avrei reso pubblica la telefonata. Numero due, non si sarebbe mai immaginato che l'avessimo trascritta. Voglio che le mie telefonate siano trascritte.»

In seguito Zelensky disse a Simon Shuster, giornalista della rivista «Time», che Trump lo aveva davvero colto di sorpresa con la pubblicazione della trascrizione e che questo aveva distrutto la sua fiducia negli alleati dell'Ucraina. «Per rispondere alla sua domanda: di chi mi fido? Onestamente, di nessuno»[8] dichiarò Zelensky a Shuster per il suo libro *The Showman*.

Aggiunse poi che si sentiva come un semplice pedone che tentava di impedire che l'Ucraina venisse schiacciata dai poteri forti.

«Non voglio che l'Ucraina si riduca a una porzione di mappa sulla scacchiera dei grandi giocatori globali, che qualcuno possa sbatterci di qua e di là, usarci come copertura, come merce di scambio»[9] disse Zelensky.

L'affermazione, più volte reiterata da Trump, che l'Ucraina era corrotta, era stata uno schiaffo alla reputazione e all'economia del Paese, risultato in un abbandono da parte degli investitori.

«Quando offriamo grosse somme di denaro a un Paese, credo che si debba dire se è corrotto, e da dove viene questo denaro»[10] mi disse Trump durante l'intervista nel dicembre 2019 riguardo agli aiuti statunitensi all'Ucraina. «Perché c'è tutta questa corruzione quando siamo noi a finanziarli? E, lasci che glielo dica, c'è un'altra cosa di cui vorrei parlare. Intendo, perché non lo fanno la Germania, la Francia, le nazioni europee che sono molto più influenzate di noi dall'Ucraina, perché per loro è come un muro enorme. La immagini come un muro tra Russia ed Europa, mi segue?»

Poi aggiunse: «Dico, perché non lo fa la Germania? O la Francia? Perché questi altri Paesi non offrono denaro? Perché sono sempre gli sciocchi Stati Uniti a farlo?».

Non c'è da sorprendersi che Zelensky non sia stato invitato alla Casa Bianca nel corso del mandato di Trump.

In occasione della visita a Biden alla Casa Bianca, Zelensky fece pressione affinché aiutasse l'Ucraina a entrare nella NATO, una richiesta che Biden non era preparato a esaudire nel breve termine.[11]

Bill Burns, direttore della CIA durante l'amministrazione Biden, si era impegnato attivamente per anni nell'affossare qualsiasi azione da parte degli USA che potesse favorire l'ingresso dell'Ucraina nella NATO.

Quando Burns era ambasciatore americano a Mosca, nel 2008, aveva inviato all'allora segretario di Stato Condoleezza Rice una lunga email personale attraverso canali sicuri.[12]

«La partecipazione alla NATO dell'Ucraina è un confine invalicabile per tutta l'élite russa (non solo Putin). In oltre due anni e mezzo di conversazioni con esponenti importanti del Paese, dai peggiori scimmioni che si annidano nelle viscere del Cremlino ai più vivaci critici liberali di Putin, devo ancora incappare in qualcuno che non ritenga che l'Ucraina nella NATO sia una sfida aperta agli interessi della Russia.»

Persino dei semplici passi preliminari sarebbero stati considerati come «un lancio del guanto di sfida, dal punto di vista strategico» aveva detto Burns. «Allo stato attuale, scatenerebbe una reazione da parte della Russia. Le relazioni russo-ucraine si congelerebbero.

«Non sono in grado di immaginare che esista alcuna generosa offerta che garantirebbe che i russi ingoiassero il rospo senza protestare» aveva concluso Burns.

13

Nell'ottobre del 2021, la direttrice della National Intelligence Avril Haines e il direttore della CIA Bill Burns presentarono al presidente Biden, alla vicepresidente Kamala Harris e ai loro principali consiglieri di Gabinetto informazioni d'intelligence top secret ottenute dagli USA che dimostravano, in modo decisivo, che il presidente Putin aveva predisposto un piano di guerra e un dispiegamento di 175.000 truppe per invadere l'Ucraina. Era un lavoro magistrale da parte dei fiori all'occhiello dell'intelligence statunitense, che si era anche avvalsa di una fonte interna al Cremlino.

La comunità dell'intelligence ha concluso, all'unanimità, che Putin intende invadere l'Ucraina, aveva sentenziato il direttore Burns.

Burns e Haines condivisero nei minimi dettagli come la Russia avesse pianificato la conquista di determinate città e la successiva suddivisione delle competenze tra i propri servizi militari e di sicurezza per mantenerne il controllo. Era come se si fossero introdotti di nascosto nella tenda del comandante nemico e avessero studiato le mappe, esaminando il numero e gli spostamenti dei reparti e l'intera sequenza pianificata di un'invasione su più fronti.

Il segretario di Stato Tony Blinken era sbalordito dalla quantità e dal dettaglio delle informazioni in loro possesso. La portata e specificità del piano di guerra della Russia per la conquista di nuovi territori era allarmante. Un evento che avrebbe rotto tutti gli equilibri, a livello globale.

La Russia intendeva impadronirsi di tutta l'Ucraina, eliminare il presidente Zelensky e assumere il controllo della capitale Kyiv.

E loro erano in grado di osservare il disegno, la preparazione delle forze russe e come sarebbero state utilizzate per attaccare e conquistare l'Ucraina. Soprattutto, disponevano di informazioni dall'interno del Cremlino sull'effettiva decisione di Putin di procedere.

«Qui non stiamo parlando di un piano di emergenza dettato da un eccesso di zelo» pensò Jon Finer, viceconsigliere per la sicurezza nazionale. «Siamo di fronte a un'azione che la Russia ha intenzione di intraprendere.»

Nonostante le prove inconfutabili, era uno scenario sconcertante. Se Putin avesse perseguito quella che sarebbe diventata la più audace campagna di conquista territoriale dai tempi della Seconda guerra mondiale, avrebbe compromesso irreparabilmente le relazioni economiche e diplomatiche della Russia con gli Stati Uniti e l'Europa, e forse anche con la Cina e l'India. La squadra di Biden presente nella stanza faticava a capire la logica di Putin. Perché avrebbe voluto farlo?

«Nulla di quanto è accaduto prima di ottobre, a eccezione del saggio di Putin, poteva farci rizzare le orecchie e pensare che il vento fosse davvero cambiato» disse Sullivan.

I piani militari non rispecchiavano la retorica o l'atteggiamento pubblico della Russia. Non c'era stata alcuna preparazione alla guerra per il popolo russo.

Eppure qualcosa era cambiato eccome, e in modo radicale, si rese conto Sullivan.

«Però tutto tace» disse. «Tutto tace.» Il che era più strano che rassicurante.

Putin si apprestava a conquistare con la forza un altro Stato sovrano per annetterlo alla Russia. «Se lo inquadriamo dal nostro punto di vista, secondo la nostra logica, sembra una follia» disse Blinken a Biden.

«Se invece lo guardi dalla prospettiva di Putin, le cose cambiano: è piuttosto coerente» continuò. «Basta leggerlo e interpretare alla lettera alcuni dei suoi discorsi. È sua profonda convinzione filosofica, o anche teologica, che l'Ucraina vada cancellata da qualsiasi mappa e inglobata nella Russia» aggiunse Blinken, riflettendo sul saggio di Putin.

Biden era d'accordo. «Se leggi queste cose, te lo dice eccome cosa sta facendo e perché» disse.

Da parte sua, Jon Finer si domandava se Putin fosse consapevole delle difficoltà che avrebbe incontrato.

Tanto per cominciare, l'Ucraina non avrebbe mai rinunciato alla propria sovranità senza opporre resistenza, permettendo a Putin di assumere il controllo. Poco ma sicuro. L'Ucraina aveva dichiarato la sua indipendenza dall'Unione Sovietica nel 1991. L'invasione della Crimea da parte di Putin nel 2014 aveva inasprito gli animi del popolo ucraino nei confronti della Russia, cementandone ancora di più l'identità nazionale.[1]

Prima del 2014 solo tra il 20 e il 30 per cento degli ucraini era favorevole all'adesione alla NATO.[2] Nel 2019, un emendamento alla Costituzione ucraina aveva sancito l'impegno del Paese a entrare a farne parte. Nel 2021, prima ancora del primo ammassamento di truppe russe avvenuto nel corso della primavera, il consenso alla questione dell'ingresso nella NATO era arrivato al 56 per cento. Putin si stava creando un problema con le sue stesse mani.

Ipotizziamo che Putin vinca facilmente, a un costo che ritiene accettabile, rifletté Finer. Si ritroverebbe a occupare questo Paese enorme con un numero relativamente piccolo di truppe per quel territorio. L'Ucraina, che ha un'estensione quasi pari a quella del Texas, è il secondo Paese più vasto d'Europa dopo la Russia, con una popolazione di 44 milioni di persone, 14 milioni in più del Texas.

Crede che gli ucraini accetterebbero passivamente? Che non ci sarà una sorta di insurrezione?

Ci saranno ribellioni violente, seguiranno anni di conflitti ininterrotti, sentenziò Finer.

Da un lato le informazioni in loro possesso lasciavano presagire un terremoto, dall'altro erano del tutto prive di logica.

Nonostante le incertezze, era opinione unanime del presidente e del suo Gabinetto che il piano di guerra della Russia fosse «tremendamente serio».

«È estremamente dettagliato, la decisione non è ancora stata presa, ma sono pronti a premere il grilletto» disse Blinken.

Tuttavia, un piano resta un piano, non una decisione. Ai loro occhi la Russia lo stava prendendo seriamente in considerazione, ma ancora non aveva deciso di agire. Era un importante distinguo.

Era anche perfettamente nello stile di Putin, osservò il direttore della CIA Burns. «Gli piace tenersi più strade aperte.»

«Ci sono spiegazioni alternative per tutte queste informazioni, oltre all'interpretazione più logica?» chiese il presidente Biden.

«Sta giocando alla guerra? È possibile? Forse vogliono che noi vediamo tutto questo per spaventarci e indurci a fare qualcosa.»

Secondo Burns non c'erano altre spiegazioni. Le prove erano schiaccianti.

Avril Haines, che in qualità di direttrice dell'intelligence nazionale sovrintendeva a tutte le agenzie statunitensi, CIA compresa, ed era in possesso di una raccolta notevole di informazioni sulla logica di Putin, li aggiornò sui nuovi dati raccolti.[3]

Quando parliamo di Putin, insicurezza e disinvoltura sono due facce della stessa medaglia, sosteneva Haines. «Pur lasciando trasparire incertezza in certe occasioni, è anche convinto di essere l'*unica* persona in grado di riportare la Russia ai suoi antichi fasti.»

Spesso Putin aveva espresso rammarico per lo sfaldamento dell'Unione Sovietica, che aveva definito la peggior catastrofe del Ventesimo secolo. Le terre dell'Ucraina, secondo lui, erano «la culla della Russia».[4]

«È convinto che l'Ucraina debba tornare alla Russia e per questo sarebbe disposto a calpestare tutto» aggiunse Haines. Da parte di Putin c'era l'assoluta certezza che l'Ucraina gli appartenesse.

Al tempo stesso, l'Ucraina stava prendendo le distanze dalla Russia, approfondendo i suoi rapporti con l'Occidente e la NATO. L'esercito ucraino diventava sempre più forte e meglio equipaggiato grazie agli aiuti da ovest. Più Putin tentennava, maggiore sarebbe stata la resistenza ucraina.

Putin era giunto alla conclusione che un'azione militare sarebbe stata la mossa migliore per impedire all'Ucraina di integrarsi sempre più con l'Occidente. Il presidente russo riteneva che quell'eventualità andasse bloccata a tutti i costi. «Per Putin perdere l'Ucraina è, a tutti gli effetti, una minaccia esistenziale» disse Haines.

Secondo i suoi calcoli, l'invasione si sarebbe svolta in tempi rapidi e con esito positivo, e avrebbe riportato nuovamente l'Ucraina sotto il controllo della Russia.

Haines spiegò tutto questo ai presenti con estrema franchezza e intensità.

Il piano di guerra del presidente russo sembra una follia se si considera il bene del suo stesso popolo, sentenziò Haines, ma Putin antepone le *sue* idee alla salute e alla prosperità dei russi.

Secondo lui la maggior parte degli ucraini avrebbe accolto positivamente un rientro sotto la Russia, concluse la direttrice Haines. Ritiene che gli ucraini siano un popolo inferiore ai russi. «È uno dei leader più razzisti con cui abbiamo a che fare.»

Il presidente russo era altresì convinto che qualsiasi conseguenza per il proprio Paese avrebbe avuto durata limitata. Il ricco bilancio nazionale della Russia e le previsioni economiche favorevoli per gli anni seguenti avrebbero mitigato gli effetti delle sanzioni economiche dell'Occidente prima che Putin avesse dovuto affrontare le prossime elezioni. I prezzi elevati dell'energia avrebbero scoraggiato l'Europa dall'unirsi agli USA nell'imporre sanzioni economiche ingenti che avrebbero invece danneggiato l'economia interna europea.

Col tempo la determinazione di Europa e Stati Uniti si sarebbe indebolita, anche a causa dell'aggravarsi dell'inflazione, della crisi alimentare e della carenza di energia. La Russia, dal canto suo, non si sarebbe mossa di un millimetro e, secondo Putin, il tempo era dalla sua parte. Quantomeno, questo era ciò che emergeva dalle informazioni americane.

«Queste sono le intenzioni di Putin» ripeté Burns. Era piuttosto inconsueto che le agenzie di intelligence si esprimessero in modo così lapidario.

«Sarebbe una follia» disse Biden. «Conosco i capi di Stato. Tutti tendono a concentrarsi molto di più a prevenire i danni che a raccogliere profitti, e Putin sarà anche un opportunista, ma è poco incline ai rischi. Il suo livello di accettazione del rischio è piuttosto basso. Tutto questo è in netto contrasto con quello che so di lui. Inoltre, che un capo di Stato decida di intraprendere un piano del genere senza un evento che abbia acceso la miccia... ripeto, sarebbe una follia.»

Biden aggiunse: «Con questo non intendo screditare l'intelligence».

Un velo di incredulità e ineluttabilità calò sulla stanza.

«Cristo santo!» sbottò infine Biden. «Adesso devo vedermela anche con la Russia che vuole fagocitare l'Ucraina?» Aveva a malapena digerito quella terribile faccenda in Afghanistan. Ora questo?

A Finer parve chiaro che questi eventi avrebbero rivoluzionato la presidenza di Biden e gli obiettivi dell'amministrazione, per non parlare della stabilità globale.

«Questo sarà l'ordine del giorno per il prossimo anno della nostra vita, se non per il resto del mandato» sentenziò Finer. «Non parleremo d'altro.»

Biden ordinò di continuare a esaminare la situazione a trecentosessanta gradi, prendendo in considerazione qualsiasi possibilità.

«La priorità è prevenire.» Questo era il suo mantra.

«Tuttavia, le nostre capacità di prevenire l'attacco sono limitate» aggiunse con decisione. Un aggressore, se del tutto intenzionato a intraprendere un'invasione, era avvantaggiato, almeno all'inizio. Non potevano ignorare la realtà della crisi globale a cui rischiavano di andare incontro.

Nonostante ciò, la linea di Biden era: «Proviamoci. Giochiamocela e vediamo che succede».

In secondo luogo, preparazione: «Se la situazione precipita» disse Biden «dobbiamo trovarci in una posizione per cui qualsiasi nostra reazione avanzi i nostri interessi invece che danneggiarli». Era importante evitare di ritrovarsi con scartoffie e mesi di ritardi e intoppi burocratici nel reperire i fondi e inviare armi dopo l'invasione di Putin.

Sullivan vedeva chiaramente come Biden stesse mettendo in pratica la sua decennale esperienza nella politica estera. Il presidente aveva trascorso molto tempo a riflettere sulle alleanze, la NATO, le relazioni Russia - Stati Uniti e le grandi potenze politiche.

Sullivan intratteneva una corrispondenza assidua con Fred Kagan,[5] un esperto di storia e strategie militari che spesso scriveva per l'Institute for the Study of War, un gruppo indipendente di studiosi ritenuti i massimi esperti in analisi imparziali del panorama strategico dei conflitti in tutto il mondo.

«Non lancerà un'invasione su larga scala» sentenziò Kagan, interpellato da Sullivan. Ne sembrava certo. L'ISW teneva sotto controllo le armate russe, monitorandone gli ammassamenti.

«Prima di andare in guerra devi preparare l'opinione pubblica, è proprio l'ABC» aggiunse Kagan. «E qui non c'è niente di tutto questo. Neanche l'ombra.»

Le sue osservazioni fecero riflettere Sullivan.

Nel corso delle loro lunghe conversazioni, Sullivan e Finer ipotizzarono che forse Putin stesse cercando di intraprendere una sorta di esperimento mentale.

Forse era sua intenzione allertarli per un'invasione di proporzioni catastrofiche in modo che, di fronte a un'azione di minore entità, la reazione degli Stati Uniti e dell'Europa sarebbe stata più moderata. «Spaventi le persone mostrando i muscoli, così puoi negoziare per ottenere qualcosa di più piccolo» disse Finer.

Peccato che quella teoria non fosse sostenuta dalle informazioni d'intelligence, dalle quali si evinceva che Putin intendeva andare fino in fondo con i suoi piani.

A gravare ancor più sull'intelligence erano le ripercussioni della *débâcle* del recente ritiro dall'Afghanistan.[6] Se si dava retta ad altre soffiate di fonti interne al Cremlino, Putin riteneva che in quella faccenda Biden e la sua amministrazione si fossero dimostrati deboli. Ergo, secondo lui, Biden non avrebbe saputo come reagire a un'azione militare contro l'Ucraina.

L'ex presidente George W. Bush, che nel 2003 aveva ordinato l'invasione dell'Iraq, in parte perché la CIA sosteneva di avere «prove schiaccianti» che il Paese era in possesso di armi di distruzione di massa, aveva espresso la sua comprensione per il fiasco in Afghanistan.

Nel corso di una telefonata poco dopo il ritiro, Bush aveva detto a Biden: «Accidenti, capisco quello che stai passando. Anch'io sono rimasto fottuto da quelli dei servizi segreti».

«Dobbiamo analizzare la questione dal punto di vista psicologico» disse Colin Kahl, il consigliere più fidato del segretario della Difesa Austin. La sua squadra al Pentagono stava seguendo passo dopo passo il notevole aumento di attività militari lungo il confine ucraino. «Non è solo un bluff» aggiunse. Più esaminavano le informazioni di intelligence e più gli sembravano incredibilmente dettagliate, ma le implicazioni erano folli. «Non possiamo permetterci di complicare ulteriormente quanto successo in Afghanistan dimostrandoci impreparati anche in questa crisi» si raccomandò Kahl.

Inoltre, visto che l'Afghanistan era stata una missione NATO, e non solo di competenza statunitense, il ritiro aveva generato non poche tensioni tra gli alleati, che avevano criticato l'operato degli Stati Uniti. «Dobbiamo impegnarci a riportare gli alleati dalla nostra parte» spiegò Kahl. «È importante che si fidino dell'intelligence, che vedano le cose alla nostra maniera e che si preparino a rispondere.

«Questa è *la crème de la crème* dell'intelligence statunitense» concluse. Andava condivisa con gli alleati.

Blinken si attivò immediatamente per costituire una coalizione internazionale a sostegno dell'Ucraina, che imponesse alla Russia sanzioni e controlli sulle esportazioni.

Riteneva infatti che le implicazioni politiche andassero ben oltre la semplice sovranità dell'Ucraina. Se Putin l'avesse fatta franca con la sua campagna di conquista e fosse riuscito a ridefinire i confini di un'altra nazione con la forza, avrebbero potuto dire addio alla pace e alla stabilità in Europa e nel resto del mondo costruite dalle ceneri della Seconda guerra mondiale.

Temeva cosa avrebbe potuto scatenarsi nell'area indopacifica, dove la Cina stava già minacciando Taiwan. Se la Russia avesse ottenuto ciò che voleva senza incontrare resistenza, anche altre grandi potenze si sarebbero sentite autorizzate a ridisegnare i propri confini con atti di aggressione.

In seguito ai primi contatti, Blinken fece rapporto al presidente Biden e a Sullivan: la maggior parte degli alleati riteneva che il tutto fosse alquanto improbabile. Lo scetticismo era palpabile. Alcuni arrivarono a rifiutare in toto l'analisi degli Stati Uniti.

Anche Sullivan e Finer iniziarono a confrontarsi con gli alleati, ucraini compresi, per sondare le loro reazioni all'ipotesi che la Russia si stesse davvero preparando a invadere l'Ucraina.

«Prima di poterci credere del tutto, era necessario mettere sotto torchio la teoria» disse Finer.

«Voglio dire, persino noi, che eravamo quelli che gridavano "al lupo, al lupo" – i più convinti anche all'interno del nostro governo e tra i nostri collaboratori –, in fondo in fondo, almeno in parte, abbiamo pensato che Putin non sarebbe andato avanti. Era da pazzi, anche se le informazioni erano proprio sotto i nostri occhi.

«Fin dall'inizio dell'autunno abbiamo lavorato senza tregua. Ma la cosa continuava a non avere alcun senso.»

14

A margine del G20 di Roma del 30 e 31 ottobre, Biden presiedette un incontro privato con un gruppo ristretto di leader mondiali.[1]

Il primo ministro del Regno Unito Boris Johnson, il presidente francese Emmanuel Macron e la cancelliera tedesca Angela Merkel sedettero attorno a un piccolo tavolo assieme al presidente Biden, all'interno di una sala riunioni. Merkel aveva portato con sé anche il suo futuro successore Olaf Scholz. Alle spalle di ciascuno dei partecipanti erano presenti anche i loro ministri degli Esteri e consiglieri per la sicurezza nazionale. Biden era accompagnato da Blinken e Sullivan. La stanza venne preventivamente passata al setaccio per assicurarsi che a nessuno dei dodici partecipanti fosse stata impiantata una cimice.

«Tutti abbiamo visto che i russi hanno condotto un ulteriore ammassamento di truppe al confine, proprio come è accaduto ad aprile» esordì Biden. «Adesso siamo in possesso di informazioni che ci permettono di comprendere cosa stanno pensando e progettando. Quello che non sappiamo è se abbiano effettivamente deciso di procedere» disse Biden. «Certo è che la pistola è puntata.»

Questa era la prima volta che Biden coinvolgeva direttamente i suoi principali alleati europei su quanto la Russia stava pensando di fare in Ucraina.

Il presidente francese e i due leader tedeschi espressero scetticismo. Putin non era così folle. Forse era solo un espediente per fare pressione sull'Occidente.

Boris Johnson, invece, riteneva che l'idea che Putin avrebbe invaso l'Ucraina fosse del tutto credibile. L'MI6 e il ministro della Difesa Ben Wallace gli avevano già dipinto un'ipotesi altrettanto preoccupante. Forse era solo un bluff, ma secondo Johnson anche solo progettare una tale azione di guerra era mostruoso da parte di Putin.

Johnson aveva affrontato la questione con il leader russo in una telefonata.

«Lei non ha motivo di invadere l'Ucraina» disse Johnson. «È impossibile che entri a far parte della NATO in tempi brevi.»

«Boris» interloquì Putin, «cosa significa "in tempi brevi"? Il mese prossimo?»

«No» rispose Johnson. «Intendo dire che la realtà delle cose è che non è previsto un ingresso dell'Ucraina nella NATO nel futuro prossimo.»

Johnson credeva che Putin lo sapesse. Secondo Johnson era un'assurdità, nient'altro che la sua solita paranoia sulla NATO.

Ma per Putin era anche un gioco. La sua intenzione era spingere Johnson e gli altri leader europei a dichiarare pubblicamente che l'adesione dell'Ucraina alla NATO era impossibile.

«Ci ha in pugno» pensò Johnson con un moto di frustrazione. Ma non poteva dirlo pubblicamente, perché sarebbe stato in contraddizione con la politica di apertura della NATO e, ancor peggio, avrebbe dato l'impressione che Putin poteva imporre un veto russo all'adesione di un altro Paese sovrano alla NATO.

«Sarebbe una concessione inaudita, sarebbe come ammettere la nostra sconfitta e arrenderci di fronte alle pressioni di Putin. Un errore su tutti i fronti» riteneva Johnson.

Il primo ministro del Regno Unito, membro del Partito conservatore britannico, diplomato a Eton e laureato a Oxford, descrisse la sua conversazione con Putin come «piuttosto inquietante», e più tardi non mancò di confidare a un collaboratore che l'autarca russo era un «piccolo e meschino farabutto».

15

Nel corso della seconda metà di ottobre, Biden, Sullivan e Burns tennero una serie di incontri riservati in cui soppesarono in che modo sottoporre a Putin le informazioni di intelligence di cui gli USA erano in possesso. Volevano inviargli un messaggio forte e chiaro: «Sappiamo». E, in termini altrettanto perentori, illustrargli le conseguenze a cui la Russia sarebbe andata incontro.

Inizialmente pensarono di tenere il presidente nelle retrovie. Se Biden si fosse recato personalmente in Russia per discutere con Putin e tentare di dissuaderlo, e quello avesse comunque fatto di testa sua, Biden ne sarebbe uscito come un perdente e un debole.

D'altra parte, però, di fronte alla minaccia di una guerra in grado di compromettere l'intero ordine mondiale, l'unica figura che avrebbe potuto dimostrarsi all'altezza della situazione e recapitare il messaggio di persona al presidente Putin era quella del presidente Biden. L'autarca russo pretendeva rispetto dai leader internazionali, e l'unico ambasciatore degli Stati Uniti abbastanza autorevole da poter fermare Putin era il presidente. Chiunque altro sarebbe stato trattato come un burocrate, niente più che un portaborse.

Quando Reagan ritenne che era giunto il momento di affrontare il discorso del Muro di Berlino, non inviò un suo sottoposto a parlare con il presidente russo Gorbačëv. Andò di persona, nonostante il parere contrario di alcuni suoi collaboratori i quali sostenevano che sarebbe stata una mossa troppo provocatoria.

Il 12 giugno 1987, di fronte alla porta di Brandeburgo, Reagan pronunciò il suo celebre discorso: «Signor Gorbačëv, butti giù quel muro». Due anni dopo il Muro di Berlino cadde.

Apparire deboli è un rischio che i leader devono affrontare, specialmente se la posta in gioco è la guerra. Spesso queste scelte passano alla storia come grandi azioni di forza. Forse Putin si sarebbe dimostrato irremovibile, ma valeva la pena tentare. Un ruolo di comando comporta mosse rischiose.

Alla fine, però, il presidente Biden decise di inviare la persona che, più di chiunque altro all'interno del governo statunitense, aveva esperienza con Putin.[1] Biden aveva soprannominato Bill Burns il suo «Putinologo»: ai suoi occhi era la scelta più sensata per quella missione.

Burns, un uomo di 65 anni, curato e rigoroso, dai capelli e baffi ormai canuti, aveva intrapreso la carriera diplomatica da ben trentadue anni ed era stato ambasciatore a Mosca. Conosceva Putin. Quando Biden l'aveva chiamato, offrendogli la posizione di direttore della CIA, era presidente del Carnegie Endowment for International Peace da sette anni. L'opportunità di tornare al governo, specialmente in una posizione così ambita e di alto profilo, l'aveva colto di sorpresa, ma al tempo stesso entusiasmato. Prima di allora nessun diplomatico era stato nominato direttore della CIA.

Il presidente disse che avrebbe inviato Burns a Mosca per parlare con Putin. Ma Biden non aveva intenzione di farsi completamente da parte: Burns avrebbe portato con sé una sua lettera privata indirizzata a Putin. Il contenuto non differiva da quanto Burns gli avrebbe detto a voce. Ciascun punto era stato redatto con cura dal Consiglio per la sicurezza nazionale in collaborazione con le agenzie di intelligence: lo scopo era comunicare che sapevano, ma senza lasciar trapelare tutti i dettagli, né il modo in cui ne erano effettivamente venuti a conoscenza.

Il direttore della CIA era ben conscio di quanto fosse importante proteggere le loro fonti e i metodi utilizzati per ottenere le informazioni, a maggior ragione dopo che si erano rivelati così efficaci nel carpire i segreti di Putin.[2] Dopotutto, aveva in mano non solo un quadro dettagliato dei piani militari della Russia, ma anche i progetti futuri per il controllo politico dell'Ucraina.

Martedì 2 novembre Burns decollò verso Mosca dalla Joint Base Andrews a bordo di un 737 dell'aviazione militare. Lo accompagnavano Eric Green, il responsabile della Russia dell'NSC, e Karen Donfried del dipartimento di Stato, oltre a una piccola squadra della CIA.

Quando raggiunsero Mosca, dodici ore dopo, una densa nebbia era calata sulla città e il loro aereo perse altre due ore a sorvolare i tre principali aeroporti tentando, senza successo, di ottenere l'autorizzazione all'atterraggio.

Alle due del mattino atterrarono a Riga, in Lettonia, a oltre ottocento chilometri da Mosca. Burns riuscì a rimediare un paio d'ore di sonno prima che l'aereo partisse nuovamente, raggiungendo Mosca più tardi quel mattino.

Burns si recò immediatamente al Cremlino per incontrarsi con il segretario del Consiglio per la sicurezza, Nikolaj Patrušev, fedele alleato di Putin sin dai tempi del KGB a San Pietroburgo.[3] L'uomo era anche il direttore uscente dell'FSB, il servizio di sicurezza interna e controspionaggio russo.

Patrušev, rigido e dai modi rapaci, aveva l'aspetto di uno stempiato uomo d'affari europeo, ma era uno degli ufficiali dei servizi segreti più potenti della cerchia intima di Putin. Per motivi pratici e data l'importanza attribuita all'intelligence nella Russia di Putin, era l'equivalente del consigliere per la sicurezza nazionale, uno che tirava le file della strategia politica. A Burns sembrò un tipo piuttosto arcigno.

Il direttore della CIA andò subito al sodo, affrontando il discorso dei progetti di guerra della Russia.

La reazione del suo interlocutore fu tanto sorpresa quanto irritata. Burns non aveva avvertito i russi del suo messaggio per

Putin. Patrušev si aspettava che la visita riguardasse dei preparativi preliminari per un incontro futuro tra Biden e Putin.

Patrušev non offrì giustificazioni né apparve sulla difensiva, e non tentò in alcun modo di respingere le osservazioni di Burns. Aveva un atteggiamento sprezzante, ma di fatto non smentì nulla.

Stando alle loro informazioni, le persone coinvolte da Putin nel processo decisionale in situazioni belliche erano molto poche. Burns sapeva che Patrušev entrava a pieno titolo tra gli intimi.

«Be', forse noi russi non possiamo competere economicamente con gli Stati Uniti» disse Patrušev, «ma fossi in lei non sottovaluterei i nostri progressi in campo militare. Negli ultimi vent'anni ci siamo modernizzati a dovere, e siamo diventati molto competitivi.»

«Fossi in lei non sottovaluterei la serietà del messaggio che porto» replicò Burns. Non aveva alcuna intenzione di mettersi a fare a gara su chi avesse l'esercito più forte.

Mosca era appena stata colpita da una nuova ondata di coronavirus ed era in pieno lockdown. Secondo alcuni informatori la preoccupazione di Putin di contrarre il virus era sfociata in paranoia e il presidente si era barricato nel suo palazzo ad alta sicurezza a Soči, sulla costa del Mar Nero, circa 1600 chilometri a sud di Mosca. Il presidente avrebbe parlato con lui al telefono, gli dissero.

Yuri Ushakov, il consigliere capo per le politiche estere di Putin, accolse Burns nel suo ufficio accanto al Cremlino, poi lo lasciò solo nella stanza. Il telefono squillò.

Burns riconobbe la voce di Putin all'istante. Il presidente spese qualche minuto a ricordare i tempi in cui Burns era stato ambasciatore a Mosca, quattordici anni prima, poi si interruppe, in attesa che Burns gli consegnasse il suo messaggio. Di sicuro Patrušev gli aveva anticipato qualcosa.

Burns volle essere franco con il presidente russo.

«Siamo estremamente preoccupati dal fatto che lei stia prendendo in seria considerazione l'idea di invadere l'Ucraina» esordì. «Sarebbe un errore. Se lo farà, noi reagiremo come le spiegherò» continuò Burns, e poi passò a elencare, come il suo presidente gli aveva richiesto, le informazioni in loro possesso e le severe contromisure che Biden avrebbe adottato.

Putin lo lasciò parlare, ascoltando attentamente le conseguenze che Burns illustrava.

«Faremo appello al resto dell'Occidente, imporremo severe misure economiche, sanzioni drastiche e penalizzanti» dichiarò Burns. L'Ucraina è uno Stato sovrano e noi continueremo a sostenerlo. Adegueremo la nostra presenza militare in Europa.

«Non la sto minacciando, le sto semplicemente spiegando quale sarà la nostra reazione, e ritengo sia suo interesse saperlo» aggiunse. «Le conseguenze che la Russia ha affrontato nel 2014 non sono nulla a confronto con quanto siamo preparati a fare ora.» Quando Putin aveva invaso la Crimea nel 2014, la reazione dell'Occidente era stata lenta, debole e disomogenea. Tutto lasciava intendere che Putin si aspettava che le cose non sarebbero cambiate.

Gli Stati Uniti avrebbero fatto in modo che l'intero sistema bancario russo fosse rimosso dallo SWIFT, continuò Burns.

Ogni giorno lo SWIFT – la rete di comunicazione globale utilizzata dalle banche per garantire trasferimenti di denaro rapidi e sicuri – gestisce circa quaranta milioni di messaggi, con una movimentazione di miliardi di dollari tra migliaia di banche. L'estromissione dal sistema SWIFT[4] avrebbe danneggiato gravemente gli istituti russi, che si sarebbero ritrovati costretti a sviluppare un proprio sistema di comunicazione bancario – un compito oneroso e quasi impossibile.

«Congeleremo i rapporti diplomatici, vi faremo terra bruciata intorno e aiuteremo l'Ucraina a difendersi» rincarò Burns.

La replica di Putin fu piuttosto prolissa e a Burns parve una ripetizione trita e ritrita delle convinzioni del presidente riguardo all'Ucraina, oltre che un'ostentazione presuntuosa di come la Russia fosse capace di imporre il proprio volere su di essa.

«L'Ucraina è debole e frammentata» sostenne Putin. «Non è una vera nazione. Gli interessi della Russia ci impongono di assumere il controllo delle scelte dell'Ucraina.»

Poi passò a screditare Zelensky e le sue capacità politiche, reiterando le solite lamentele riguardo l'illegittimità del governo ucraino e le mire espansionistiche della NATO. Aggiunse anche che i cittadini di etnia russa in Ucraina erano soggetti a discriminazioni e persecuzioni.

Il suo tono era tranquillo e il presidente russo non offrì alcuna scusa. Non tentò neanche di smentire la descrizione che il direttore della CIA aveva fatto dei preparativi della Russia al conflitto. Burns ebbe l'impressione che Putin credesse davvero a tutto quello che aveva detto sull'Ucraina e che la sua propensione al rischio fosse aumentata.

Allora gli chiese: «Come pensa di controllare un Paese di 44 milioni di persone che non vuole essere controllato dalla Russia con un esercito di soli 180.000 o 190.000 uomini? Come intende gestire la cosa?».

Putin non rispose.

A Burns era sempre sembrato che Putin fosse fissato con l'idea di controllare l'Ucraina, come se pensasse di non poter essere considerato un grande leader russo finché non l'avesse inglobata.

A Mosca, Burns incontrò anche Aleksandr Bortnikov, il direttore dell'FSB, il quale, sempre stando all'intelligence, faceva parte del Gabinetto di guerra di Putin. Anche lui restò indifferente di fronte alle informazioni in possesso degli Stati Uniti.

Altre figure incontrate da Burns, come Sergej Naryškin, direttore del servizio di intelligence internazionale russo, sembravano completamente all'oscuro dei piani di invasione della Russia.

Eric Green e Karen Donfried, dopo aver partecipato ad alcune delle riunioni di Burns, ebbero l'impressione che i russi facessero i gradassi per via del ritiro degli USA dall'Afghanistan.

«Credo che quegli eventi abbiano rafforzato l'idea di Putin che il suo piano sarà un gioco da ragazzi» rifletté Green. Il suo atteggiamento sprezzante si poggiava proprio sulla figuraccia causata dal ritiro statunitense. «Del resto, una forza militare che è stata a lungo sostenuta dagli USA è appena collassata, e gli americani non l'hanno aiutata.»

Burns si fermò per una notte a Spaso House, l'ampia residenza di colore giallo dell'ambasciatore statunitense a Mosca, dove lui stesso aveva abitato per tre anni. Lasciò la Russia il giorno dopo, con il cuore più pesante di quando era arrivato. Una volta in volo inviò un telegramma altamente riservato al presidente Biden.

«Rientro con la forte sensazione che Putin si sia appena deciso ad andare in guerra» riferì Burns.

Il direttore della CIA motivò la sua affermazione sia in virtù di quanto l'intelligence aveva fornito nero su bianco riguardo ai preparativi russi, sia perché era sua impressione che Putin fosse convinto che, senza il controllo dell'Ucraina, la Russia non potesse essere una grande potenza.

Secondo Burns, Putin era giunto alla conclusione che, dal punto di vista strategico, la sua occasione per assumere il controllo sull'Ucraina aveva le ore contate.[5] L'inverno tra il 2021 e il 2022 era un momento favorevole. L'Europa era distratta: le elezioni francesi erano previste all'inizio del 2022 e la cancelliera Merkel stava per consegnare le redini della Germania a Olaf Scholz.

Inoltre Putin sembrava convinto di aver modernizzato l'esercito russo al punto che non avrebbe incontrato grosse difficoltà in Ucraina. Ai suoi occhi Zelensky era un debole e gli ucraini si sarebbero arresi.

Putin aveva la presunzione di credere di avere diritto al dominio dell'Ucraina, disse Burns.

«Niente di nuovo» aggiunse, «ma ho colto un tale zelo, una volontà per certi versi brutale in quello che diceva, che le sue intenzioni mi sono parse inequivocabili.»

Niente di ciò che Burns aveva ascoltato da parte di Putin e degli uomini della sua cerchia suggeriva che i russi stessero davvero cercando una via alternativa alla guerra.

Il direttore della CIA concluse: «Si preannuncia come la più grande battaglia campale in Europa dai tempi della Seconda guerra mondiale».

Burns poi telefonò a Jake Sullivan utilizzando una linea sicura e gli riassunse il telegramma che aveva appena inviato al presidente. Chiamò anche il presidente Zelensky, esponendogli quanto aveva riferito a Putin e le risposte del leader russo.

Le azioni di Burns erano guidate dalla convinzione che gli ucraini dovessero capire al più presto ciò che stava per accadere loro.

Mentre Burns era in missione a Mosca, il segretario di Stato Tony Blinken e il suo vicecapo dello staff per la politica Tom Sullivan, fratello di Jake Sullivan, si trovavano a Glasgow, in Scozia. A margine della Conferenza sul clima delle Nazioni Unite, Blinken organizzò un incontro con Zelensky per portargli un messaggio di avvertimento da parte di Biden.

«Il presidente mi ha chiesto di condividere questo con lei» esordì, mentre si trovavano seduti faccia a faccia.

Zelensky non sembrava avere idea di ciò che il segretario di Stato statunitense stava per dirgli.

«Come tutti sappiamo, e di certo lei lo sa meglio di chiunque altro, i russi hanno riammassato le loro forze lungo i vostri confini» spiegò Blinken. «Ma noi siamo in possesso di informazioni estremamente dettagliate su cosa intendano fare con quelle forze. Conosciamo i piani, i preparativi, tutto quello che tengono nascosto, e crediamo che il rischio che i russi invadano il suo Paese sia molto elevato.»

Zelensky ascoltava con attenzione.

«La metteremo in contatto con i nostri servizi segreti» continuò Blinken. «Le spiegheranno per filo e per segno ciò che sappiamo e ciò che non sappiamo. Ma volevo che venisse a saperlo da me, in rappresentanza del presidente. Questo è quanto ci preoccupa al momento.»

Zelensky, però, era scettico.

Il presidente ucraino mandò a chiamare alcuni dei suoi consiglieri più esperti e chiese a Blinken di ripetere il messaggio davanti a loro.

Un incremento della presenza dell'esercito russo non significava necessariamente che i russi li avrebbero invasi, sentenziarono gli ucraini. Lo stesso Zelensky nutriva seri dubbi che i russi avrebbero premuto il grilletto.

«Mi ascolti» lo esortò Blinken. «Nessuno di noi vuole credere che procederanno con questa follia, ma dal nostro punto di vista la situazione è critica. È quantomeno probabile, se non certo» concluse.

«Dovete essere preparati. Noi lo stiamo già facendo» aggiunse ancora. Secondo i calcoli più pessimistici del Pentagono, se Putin avesse invaso l'Ucraina con il suo esercito, ben più grande e meglio armato, il territorio ucraino sarebbe caduto in mano ai russi in tempi brevi.

«Saremo al vostro fianco» disse Blinken. «Saremo accanto a voi nei prossimi mesi, qualunque cosa accada. Faremo tutto il possibile per impedire questa azione e vi sosterremo in tutti i modi.»

«Grazie per avermi informato» rispose Zelensky.

Da Mosca Eric Green e Karen Donfried si recarono direttamente a Kyiv per condividere le informazioni con il capo dell'ufficio del presidente Zelensky, Andrij Jermak, e il ministro degli Affari esteri, Dmytro Kuleba.

La loro accoglienza fu cortese ma fredda. A Green gli ucraini parvero sospettosi, come se pensassero: «Salve, sì, i russi vogliono la nostra pelle. Lo sappiamo già. Ci conviviamo da tempo. C'è altro?».

Poi fu il turno del segretario della Difesa Lloyd Austin di far rullare i tamburi. Austin, 68 anni, generale dell'esercito in pensione, era il primo segretario della Difesa afroamericano degli Stati Uniti.[6] Si era laureato a West Point nel 1975 sulla scia dell'umiliante ritiro degli USA dal Vietnam e aveva servito nell'esercito per oltre quarant'anni, accumulando un'esperienza sul campo senza pari per un segretario della Difesa.

Era l'unico segretario della Difesa ad aver ricoperto ruoli di comando operativi nelle guerre americane in Afghanistan e Iraq ai gradi di una, due, tre e quattro stelle. Suscitava genuina ammirazione nei suoi sottoposti e conosceva Biden da oltre un decennio. Durante il mandato di Obama era stato direttore dello Stato maggiore congiunto, uno dei più importanti trampolini di lancio per la carriera militare, e dopo era stato inviato in Iraq come comandante generale delle forze statunitensi. Il figlio più grande di Biden, il compianto più grande Beau Biden, era uno degli avvocati della squadra di Austin, e tra i due si era formata una forte amicizia.

Austin incontrò il ministro della Difesa ucraino Oleksij Reznikov a Washington per esaminare gli ultimi movimenti delle truppe russe lungo i confini dell'Ucraina.

Al pari di Zelensky, Reznikov era scettico che la Russia li avrebbe invasi.[7] Ricordò ad Austin come Putin avesse già inviato altrettante truppe al loro confine nella primavera precedente.

«E cos'ha ottenuto?» chiese Reznikov. «Un paio di telefonate con Biden e un vertice a tu per tu a Ginevra.» Il ministro della Difesa ucraino era convinto che Putin fosse semplicemente alla ricerca di attenzioni e concessioni da parte di Biden e della NATO.

Il piano di battaglia di Austin prevedeva una serie di riunioni alle otto del mattino diverse volte a settimana. Il Pentagono doveva essere pronto all'invasione, anche se Putin stava bluffando. Si trovavano in una fase di allerta ambigua.

«Questo è uno dei dilemmi che il presidente e i suoi consiglieri principali si sono trovati ad affrontare» spiegò il sottosegretario della Difesa per la politica Colin Kahl. «Se Putin non si è ancora deciso, rischiamo inavvertitamente di provocarlo in qualche modo?»

Era un classico della politica estera e delle tattiche militari. Talvolta, nel tentativo di scongiurare un evento negativo, si istigava, senza volerlo, una reazione avversa, finendo per causare proprio quello che ci si era tanto impegnati a evitare.

Kahl paragonò quelle riunioni quotidiane al vecchio programma televisivo *Il gioco dei 9*. Sul tabellone virtuale, a occupare le varie caselle, c'erano le massime autorità militari e civili del Pentagono, oltre ai suoi comandanti sparsi in tutto il mondo.

Austin inaugurava ciascuna riunione riesaminando le «stelle polari», i loro obiettivi principali: sostenere la difesa dell'Ucraina; essere preparati, con reparti in stato d'allerta; rinforzare la NATO in modo da assicurarsi che la crisi non si espanda; mantenere l'unità tra gli alleati ed evitare qualunque mossa che possa portare a un conflitto diretto con la Russia. E se ciò dovesse accadere, evitare che lo scontro militare si trasformi nella Terza guerra mondiale.

16

La vicepresidente Kamala Harris volò a Parigi per mettere una pezza alle relazioni tra la Casa Bianca e il presidente francese Emmanuel Macron, ancora furioso dopo che l'accordo degli americani con il governo australiano aveva sottratto alla Francia un contratto da 60 miliardi di dollari per la fornitura di sottomarini alla stessa Australia.[1] In un drammatico segno d'irritazione, Macron aveva richiamato l'ambasciatore francese da Washington. Il ministro degli Esteri francese dichiarò pubblicamente che la Francia era stata «pugnalata alle spalle».

Biden assegnò alla vicepresidente anche un secondo incarico: aggiornare Macron sulle informazioni più recenti dei Servizi americani riguardo ai piani di guerra russi.

«Spiega chiaramente a Macron che la cosa è imminente» le disse Biden. «Abbiamo bisogno di un piano e di tutta la solidarietà dell'Alleanza.»

«Abbiamo la quasi assoluta certezza che la Russia interverrà» disse la vicepresidente Harris al presidente Macron nel corso dell'incontro di due ore tenutosi all'Eliseo il 10 novembre.

Macron era scettico sul fatto che Putin volesse davvero scatenare l'invasione, ma accolse seriamente la notizia della minaccia. Le informazioni che provenivano dai suoi consiglieri erano:

Putin sta pianificando, lancia minacce e muove le sue truppe. Ma ciò non significa che agirà per davvero.

Se vogliamo avere una qualsiasi possibilità di deterrenza, è importante far sapere a Putin che gli europei faranno la loro parte, disse Harris.

I Servizi americani hanno analizzato la concezione di Putin, disse. Il presidente russo considera gli europei «deboli». Pensa che l'Europa non voglia essere coinvolta in un conflitto, sia divisa, e non si fidi della leadership degli Stati Uniti. Putin è convinto che l'Europa «ingoierà il rospo».

Harris chiese a Macron di guidare l'iniziativa europea. Putin vedeva la Francia in maniera diversa rispetto agli altri alleati europei, disse, perché i francesi non erano sempre allineati agli Stati Uniti sulle questioni che riguardavano la politica transatlantica e la NATO.

È necessario condurre gli altri Paesi europei dalla nostra parte, insisté Harris, mostrando a Putin che la NATO è unita e che in caso d'invasione ci saranno gravi conseguenze economiche per la Russia.

Ora che la cancelliera tedesca Angela Merkel era ormai prossima al ritiro dalla politica, non era un mistero che il presidente francese ambisse al ruolo di nuovo grande leader europeo, propulsore dei processi decisionali e della politica estera del continente. Si trattava di un'opportunità estremamente allettante.

Macron accettò la sfida. Avrebbe ordinato alle forze armate francesi di rafforzare gli alleati dell'Est Europa, inviando truppe d'assalto in Romania e rinforzando le difese della Polonia.

«La Francia è pronta a imporre sanzioni» Macron assicurò a Harris. «Siamo dalla vostra parte.»

Avrebbe anche affrontato Putin di persona.

Se c'era un Paese che poteva costituire un rischio per l'unità dell'Alleanza, sostenne Macron in termini categorici, questo non era la Francia. Indicò il progetto tedesco del gasdotto Nord Stream 2 e sottolineò la dipendenza della Germania dal petrolio e dal gas russi. L'anello debole non era certo la Francia, sottolineò.

«Se ne esiste uno, è rappresentato dalla Germania» concluse.

Nonostante la gravità della discussione, i toni dell'incontro tra i due si mantennero cordiali. In serata il presidente francese accompagnò la vicepresidente a una cena in cui l'americana occupò il posto d'onore. Quando il giorno dopo Harris tenne un discorso al Forum della Pace di Parigi, Macron era seduto in prima fila.[2] Si trattava di un chiaro segnale pubblico che, anche se Stati Uniti e Francia potevano avere divergenze importanti, i due Paesi mantenevano con la massima convinzione il loro impegno di alleati.

Durante i suoi viaggi all'estero, la vicepresidente mandava regolarmente rapporti al presidente Biden, spesso condividendoli anche con Sullivan e Blinken sul canale email protetto della Casa Bianca. Partendo da Parigi, Harris riferì di avere una buona sensazione riguardo al meeting con Macron. Non c'erano stati «residui di tensione riguardo all'accordo sui sottomarini dell'alleanza AUKUS». Il presidente francese non vi aveva neppure accennato.

17

Il 2 dicembre 2021, Blinken volò a Stoccolma, in Svezia, per l'incontro dell'OSCE, l'Organizzazione per la sicurezza e la cooperazione in Europa.[1] L'Organizzazione era il più grande forum mondiale per la cooperazione sulla sicurezza regionale, e comprendeva tra i suoi membri Stati Uniti e Russia.

Blinken ascoltò il discorso rivolto dal ministro degli Esteri russo Sergej Lavrov,[2] che conosceva da anni, al Consiglio dei ministri nell'auditorium decorato da bandiere. Al fianco di Blinken sedeva Ned Price, il suo assistente principale.

Lavrov è un tipo piuttosto intelligente, disse Blinken a Price. «Possiede una gran vena polemica. È molto abile nello schivare le critiche contrattaccando con altre critiche, come quando tu segui una linea di ragionamento e lui ti fa, bene, e allora quando voi avete fatto questo e quello?»

«Sergej» come lo chiamava Blinken, era un diplomatico di carriera di 71 anni alto quasi un metro e novanta, nonché il più longevo ministro degli Esteri russo dalla caduta dell'Unione Sovietica. Putin l'aveva nominato di persona nel 2004. Lavrov parlava con disinvoltura diverse lingue, tra cui inglese, francese e cingalese, ed era stato per un decennio ambasciatore russo presso le Nazioni Unite. Con abiti di taglio perfetto e occhiali senza montatura che accentuavano il suo sguardo severo e inquisitorio, Lavrov si curava di proiettare un'immagine pubblica assolutamente gradita a Putin. Fumava regolarmente e sapeva essere piuttosto astuto.

«Oggi l'OSCE è in condizioni desolanti»[3] dichiarò Lavrov di fronte al Consiglio dei ministri dell'organizzazione. «È diventata ostaggio della disciplina dei blocchi contrapposti all'interno dell'Unione europea e della NATO, invischiata in questioni di scarsissima importanza.

«I nostri partner occidentali mirano a sostituire il diritto internazionale con il *Ruled-Based Order*, un ordine unipolare che vogliono imporre attraverso il loro eccezionalismo» sostenne Lavrov. «I valori liberali vengono strumentalizzati per esercitare una vergognosa interferenza nelle politiche interne degli Stati sovrani.»

Le accuse della Russia erano familiari a Blinken, ma ora che più di 100.000 soldati russi erano ammassati ai confini dell'Ucraina, la tattica di Lavrov di presentare la Russia come vittima suonava più fasulla del solito. Ciononostante, Blinken ascoltava con attenzione per cogliere qualunque segnale di un reale problema di sicurezza o di una disponibilità a veri negoziati.

«La caduta del Muro di Berlino ha segnato la fine della Guerra fredda e la conclusione della lotta tra due sistemi»[4] proseguì Lavrov in tono teatrale. «Oggi vediamo nascere nuovi muri eretti da quelle che si proclamano "democrazie civilizzate" e che considerano come una loro missione arginare i "regimi autoritari".»

Accusò quindi senza mezzi termini la NATO di minacciare la Russia. «In questo momento l'infrastruttura militare dell'Alleanza viene spostata irresponsabilmente vicino ai confini della Russia, e sistemi di difesa antimissile che potrebbero essere utilizzati per attacchi missilistici contro la Russia vengono dispiegati in Romania e Polonia. I missili a medio raggio degli Stati Uniti oggi possono comparire in qualsiasi momento in territorio europeo.» Blinken sapeva che non era vero.

«L'Europa rimane in silenzio. L'Ucraina è stata imbottita di aiuti militari, che alimentano il desiderio del governo ucraino di sabotare gli accordi di Minsk» vale a dire gli accordi negoziali firmati da Russia, Ucraina e OSCE dopo l'invasione russa del

2014 «e alimenta l'illusione che quel conflitto possa essere risolto con la forza.»

Gli accordi di Minsk non erano riusciti a portare alla cessazione dei continui scontri militari tra Russia e Ucraina sul territorio del Donbass dopo il 2014.[5] Russia e Ucraina si accusavano reciprocamente della responsabilità del fallimento degli accordi.

«La decisione adottata nel corso del summit NATO di Bucarest dell'aprile 2008, secondo cui Georgia e Ucraina diventeranno membri della NATO, ha rappresentato una mina piazzata sotto le fondamenta stesse dell'architettura della sicurezza europea»[6] disse Lavrov. «È già esplosa una volta nell'agosto 2008, quando Mikheil Saak'ashvili, esaltato dalla prospettiva dell'ingresso nella NATO, ha compiuto un passo che ha avuto gravi conseguenze per la Georgia e ha messo a gravissimo rischio la sicurezza europea.»

Blinken impallidì. Si trattava di un riferimento appena velato al fatto che la Russia nel 2008 aveva invaso la Georgia per impedirle di avviare il processo che l'avrebbe condotta a entrare nella NATO. E Saak'ashvili, l'ex presidente georgiano che aveva inaugurato una politica di riforme democratiche che guardavano all'Unione europea e all'ingresso nella NATO, oggi marciva nella cella di un carcere georgiano.

«I Paesi terzi» cioè gli Stati Uniti «non hanno il diritto di esprimere posizioni sul tema dell'allargamento della NATO e scherzano col fuoco» ammonì Lavrov. «Sono convinto che ne siano ben consapevoli.»

Quando fu il suo turno di prendere la parola, Blinken replicò all'aggressione verbale russa in un freddo tono diplomatico.

«L'invasione della Crimea ha condotto a continui abusi a danni dei tatari, dei cittadini di etnia ucraina e di altri individui della Crimea che si oppongono pacificamente all'occupazione»[7] disse Blinken. «E come ho dichiarato ieri nell'incontro dei ministri degli Esteri della NATO, siamo profondamente turbati dall'evidenza che la Russia ha pianificato ulteriori aggressioni all'Ucraina, e pertanto chiediamo alla Russia di rispettare la sovranità e l'integrità territoriale ucraina, di avviare una de-escalation, di riportare le sue forze militari alle normali posizioni in tempo di pace e di implementare gli impegni assunti con gli accordi di Minsk.»

Blinken bloccò Lavrov per un colloquio privato a margine del forum.

«Tony» disse il ministro degli Esteri russo, «sei davvero convinto che invaderemo l'Ucraina? Era davvero un discorso serio?

«Non abbiamo alcun progetto di invadere l'Ucraina e non intendiamo minacciare Kyiv» disse Lavrov.

La NATO continuava a rappresentare una minaccia di sicurezza per la Russia, aggiunse. La minaccia reale era quella diretta alla Russia, non all'Ucraina.

«Kyiv sta dispiegando armamenti avanzati in prossimità del confine russo, armamenti che possono essere utilizzati per attaccare la Russia in profondità nel giro di pochi minuti» disse.

«Non è vero, Sergej» replicò Blinken, «e lo sai benissimo. A meno di non essere stato disinformato dai tuoi stessi uomini, sai benissimo che non è vero.» Il presidente Zelensky aveva voluto evitare l'installazione di armi in prossimità del confine, temendo che potesse fornire ai russi un pretesto per attaccare l'Ucraina.

Lavrov proseguì denunciando le persecuzioni dei gruppi di etnia e lingua russa all'interno dell'Ucraina.

«Da quanto mi risulta» disse Blinken, «i diritti dei gruppi di etnia e lingua russa in Ucraina sono maggiori di quelli dei gruppi di etnia e lingua russa in Russia.»

Blinken vide che Lavrov non aveva gradito il commento. «Tony» disse Lavrov in tono di scherno, «sai benissimo che non è vero.»

Continuarono a discutere sui dettagli degli accordi di Minsk.

Tutta la narrazione russa riguardo al Protocollo di Minsk, pensava Blinken, in pratica equivaleva ad *Alice nel paese delle meraviglie*. Una totale illusione.

Blinken riferì a Lavrov il messaggio di deterrenza del presidente Biden, ricordandogli che gli Stati Uniti e i loro alleati avrebbero imposto gravi costi e conseguenze alla Russia se avesse perseverato nella sua azione di aggressione contro l'Ucraina, «comprese misure economiche ad alto impatto che in passato abbiamo preferito non adottare».

La strategia americana teneva ancora di riserva la carta del presidente Biden. Lavrov replicò reiterando le minacce della Russia. «Trascinare l'Ucraina nei giochi geopolitici degli Stati Uniti» disse «avrà conseguenze molto gravi.»

Blinken lasciò l'incontro convinto che la sua controparte russa non fosse pienamente consapevole dell'entità dei piani di guerra di Putin. Provò un moto di commiserazione pensando a quanto Lavrov fosse distante dalla cerchia più ristretta degli uomini fidati di Putin.

«Innanzitutto, penso avessimo ottime informazioni sul fatto che di questo» ossia del piano d'invasione, «fossero a conoscenza soltanto Putin e un gruppo ristrettissimo di persone, tre o quattro» commentò in seguito Blinken, «che non comprendeva Lavrov.»

«In secondo luogo» aggiunse, «in una certa misura le sue dichiarazioni nel corso di quei meeting erano più che altro spavalderie verbali, ma è realmente possibile che noi conoscessimo i piani di guerra russi meglio di lui. Sono convinto che fosse così.»

Alla cena ufficiale di quella sera, i 57 ministri degli Esteri e segretari di Stato erano seduti a una delle più grandi tavolate che si fossero mai viste. Blinken sedeva a fianco del ministro degli Esteri ucraino Dmytro Kuleba, esattamente di fronte a Lavrov.

Lavrov si lanciò immediatamente in una diatriba sulle cause degli eventi del 2014, sostenendo che un colpo di Stato perpetrato in Ucraina dagli Stati Uniti e altri aveva causato la deposizione del legittimo presidente ucraino Viktor Janukovič.

Visto che aveva vissuto quel periodo da vicino, Blinken avvertì la necessità di rettificare il nuovo tentativo di Lavrov di sostituire la storia con una narrazione gradita a Putin.

«Non è andata affatto così» s'intromise Blinken, «lo sai benissimo, come lo sanno tutti quelli che sono seduti intorno a questo tavolo.»

Blinken elencò ancora una volta ciò che era effettivamente successo nel 2014.

Lavrov, impassibile, tirò in ballo il Protocollo di Minsk.

Blinken intervenne di nuovo. «Sergej, se vuoi possiamo parlare anche del Protocollo di Minsk.»

«Guarda» disse Blinken mostrandogli un foglio di carta che aveva in mano. «Ecco gli impegni che spettavano alla Russia in base al Protocollo.

«Immediato e totale cessate il fuoco in determinate zone degli oblast' del Donec'k e del Luhans'k dell'Ucraina a partire dalla mezzanotte, ora di Kyiv, del 15 febbraio 2015.

«Non l'avete fatto» disse Blinken.

«Ritiro di tutte le armi pesanti.

«Non l'avete fatto» disse Blinken.

«Accesso agli osservatori OSCE.

«Non l'avete consentito» disse Blinken.

«Scambio integrale di tutti i prigionieri politici.

«Non l'avete fatto.

«Garantire la consegna di assistenza umanitaria.

«Non l'avete fatto.

«Consentire al governo ucraino di riprendere il controllo dei confini di Stato in tutta la zona di conflitto.

«Non l'avete fatto» disse Blinken. «Potrei andare avanti ancora. Penso che il messaggio sia chiaro.»

Lavrov replicò in tono canzonatorio e condiscendente, negando completamente l'evidenza. Però il suo tono era convincente. Quello era il problema con Lavrov in quel tipo di grandi riunioni. Era un ottimo attore, e catturava l'attenzione del pubblico.

«Parla con la massima sicurezza» disse in seguito Blinken a Ned Price. «Se non conosci i fatti o non sei direttamente coinvolto, può davvero succedere che pensi, oh, magari questa è la verità.»

A Stoccolma il segretario di Stato incontrò anche i funzionari dei servizi segreti svedesi per informarli dell'allarme americano rispetto alla situazione in Ucraina. A quel punto Blinken aveva ripetuto il suo argomento tante di quelle volte che ormai l'aveva imparato a memoria.

«Disponiamo di informazioni risalenti a parecchie settimane fa che indicano che il presidente Putin intende lanciare un'invasione dell'Ucraina» disse. «Sta mobilitando le sue forze in modo da posizionarle per scatenare un'invasione dell'Ucraina su larga scala sotto il suo comando. Non sappiamo esattamente quando ciò si verificherà, ma i nostri Servizi sono certi che stia operando in modo da poter attaccare entro un arco di tempo relativamente breve.»

Il capo dei servizi segreti svedesi era perplesso. «Non abbiamo notato niente che confermi questo tipo di informazioni. Sapete che tra noi ci sono rapporti stretti, ma non disponiamo di nulla che avvalori le vostre preoccupazioni.»

Blinken capiva lo scetticismo della controparte. Il piano di Putin non era logico, e dentro di sé persino il segretario di Stato nutriva una certa sensazione d'incredulità.

«Sentite» disse Blinken, «dobbiamo fare in modo che voi vediate le stesse cose che vediamo noi e abbiate le nostre stesse informazioni.

«Abbiamo piena fiducia nelle valutazioni fornite dagli uomini dei nostri Servizi» aggiunse, «ma dobbiamo garantire che tutti i nostri Servizi siano collegati, in modo da assicurarci di disporre dello stesso livello di informazioni.»

Parte della diplomazia si era trasformata in una velata forma di arte della vendita.

18

«Dobbiamo portare gli alleati dalla nostra parte, perché tutto questo non possiamo farlo da soli» insisté Biden con i suoi consiglieri più fidati e la vicepresidente durante la riunione quotidiana con il presidente. Nonostante tutti gli sforzi per allertarli sulle intenzioni russe, gli alleati restavano profondamente scettici riguardo agli allarmi e ai giudizi espressi dai servizi segreti americani.

«Abbiamo già avuto prova della capacità di mentire di Putin, di mentire spudoratamente ai presidenti» disse la direttrice della National Intelligence Haines.

«Mente alle persone in modo sistematico» aggiunse. «È dura da accettare per i leader occidentali.»

Sullivan e il suo vice Jon Finer suggerirono di adottare un approccio più sensazionalistico alla condivisione di informazioni, quasi una campagna di marketing degna di Madison Avenue.

Condividere le informazioni mantenendo un basso profilo non si stava dimostrando una modalità persuasiva, e questo era un fatto pericoloso di fronte a un avversario come la Russia, abilissimo nell'arte della disinformazione. Dava a Putin la possibilità di dividere l'opinione pubblica attraverso l'utilizzo di una serie di menzogne e argomenti pretestuosi, convincendola dell'improbabilità di un'invasione. I media russi ormai traboccavano di propaganda che affermava che l'Ucraina era uno Stato neonazista e che la NATO la utilizzava per minacciare la Russia. Il dubbio seminato tra gli alleati, l'opinione pubblica e gli ucraini garantiva a Putin un tempo e uno spazio di manovra preziosi.

Consentire a qualcuno di accedere a informazioni private o addirittura top secret ci permetterà di catturare l'attenzione, osservò Jon Finer basandosi sulla sua precedente esperienza di giornalista del «Washington Post».[1]

«La gente è molto più interessata al racconto di cose di cui normalmente è a conoscenza solo chi siede dentro certe stanze» aggiunse. Propose allora di declassificare una parte delle informazioni americane sui preparativi di guerra russi condividendole in maniera strategica. In altre parole, di controllare lo spazio informativo in modo che Putin perdesse l'elemento sorpresa.

All'inizio la comunità dei servizi di informazione si mostrò riluttante e incredibilmente cauta, secondo i resoconti di Sullivan.[2] Dopo una fitta serie di incontri con il direttore della CIA Burns e il suo vice e con la direttrice della National Intelligence e la sua vice, misero a punto un nuovo approccio che denominarono «downgrade strategico».

La scelta del termine non era molto felice. «Downgrade» faceva pensare che l'informazione fosse di basso livello, quasi di scarto. In realtà era tutt'altro che così.

Biden chiese a Haines di iniziare a condividere quel tipo d'informazione con gli alleati e i partner su base settimanale e a volte addirittura quotidiana, un ritmo mai visto nella diffusione di notizie riservate tra Servizi. Haines volò parecchie volte a Bruxelles per informare il North Atlantic Council della NATO. Le agenzie elaborarono una tecnologia che rendeva più semplice condividere in modo rapido l'informazione. Si trattava di un bollettino provocatoriamente focalizzato interamente sulla Russia.

Il passo successivo fu quello di preallarmare l'opinione pubblica.[3]

Il «Washington Post» del 3 dicembre 2021 titolava: *La Russia prepara un massiccio attacco militare all'Ucraina con 175.000 uomini, dicono i Servizi statunitensi*. La prima pagina del giornale riportava una grande cartina di Russia e Ucraina sovrapposta a foto satellitari che mostravano l'ammasso di truppe russe ai confini dell'Ucraina. Era il primo downgrade pubblico del Consiglio per la sicurezza nazionale.[4]

Invece di utilizzare immagini satellitari governative top secret, Maher Bitar, il responsabile dei programmi informativi dell'NSC, recuperò foto satellitari commerciali che mostravano le formazioni militari di 70.000 soldati russi ammassati in quattro località vicino al confine tra Russia e Ucraina, nonché le ultime consegne di carri armati e artiglieria in Crimea.

Putin continuava a sostenere pubblicamente che la Russia non aveva alcuna intenzione di invadere l'Ucraina con le truppe che aveva dispiegato lungo i confini.[5] Ma c'erano pochi segni di un ritiro di quelle stesse truppe. L'articolo osservava che i preparativi militari russi indicavano che i 70.000 uomini fotografati il 9 novembre 2021 sarebbero potuti diventare 175.000 entro l'inizio del 2022, segnalando agli alleati e ai mass media di tutto il mondo che bisognava aspettarsi un ulteriore allargamento della mobilitazione.

La mossa americana rievocava quanto era successo durante la crisi dei missili di Cuba nel 1962, quando l'ambasciatore americano alle Nazioni Unite Adlai Stevenson, con una scioccante presentazione visiva, aveva mostrato che i sovietici mentivano quando affermavano di non avere installato missili nucleari a Cuba. In una seduta delle Nazioni Unite ripresa dalle telecamere, Stevenson aveva piazzato le foto satellitari dei missili su cavalletti e le aveva mostrate a milioni di persone.

I russi snobbarono l'articolo del «Washington Post» bollandolo come un'assurdità, e sostennero che le truppe si trovavano lì per esercitazioni militari di routine.

Nei circoli della Casa Bianca e dei servizi di sicurezza americani, però, vi furono mute manifestazioni di esultanza. Avevano seppellito le antiquate e rigide procedure di condivisione dell'informazione e adottato un nuovo tipo di guerriglia informativa che puntava a battere i russi sul loro stesso terreno.

Ma rendere pubblico ciò che Putin ormai sapeva benissimo non l'avrebbe fermato.

19

«Se lo farete ci saranno enormi costi per la Russia»[1] disse il presidente Biden a Putin durante una videoconferenza nella mattinata del 7 dicembre 2021. «Ci assicureremo che sia così.»

Putin negò recisamente che la Russia avesse qualsiasi piano per invadere l'Ucraina. Chiese garanzie di sicurezza che escludessero la possibilità di un'espansione NATO verso est.[2]

«Abbiamo messo insieme una squadra» disse Biden. «Hanno preparato i documenti. Siamo pronti a discuterli con voi. Riguardano anche problemi più ampi relativi alla sicurezza europea, non soltanto all'Ucraina.» Biden cercava di capire se esistessero problemi reali russi in materia di sicurezza su cui era possibile negoziare, oppure se si trattasse semplicemente di un pretesto.

«Avete fatto richieste che non pensiamo siano del tutto inaccettabili» disse Biden. «Come impedire che i sistemi di armamento a lungo raggio vengano installati in Ucraina. Pensiamo che si tratti di cose sulle quali è possibile negoziare e discutere.»

«Dite di essere preoccupati della presenza militare della NATO in Ucraina. Non esiste *nessun* piano che preveda la presenza di personale militare NATO o americano in Ucraina» sottolineò Biden. «Stiamo compiendo una missione di addestramento. Si svolge nell'estremo Ovest del Paese, non vicino ai vostri confini, e non rappresenta alcuna minaccia per voi» aggiunse.

Come aveva fatto nella sua conversazione con il primo ministro britannico Boris Johnson, Putin chiedeva che gli Stati Uniti bloccassero un'ulteriore espansione della NATO e mettessero fine alla sua politica delle «porte aperte». In altre parole, che garantissero che l'Ucraina non sarebbe mai entrata a far parte della NATO.

Le richieste di Putin erano improntate al massimalismo, e il leader russo non mostrava alcun interesse a negoziare accordi di sicurezza di tipo pratico come quelli riguardanti il dispiegamento di armamenti.

A quel punto Biden tentò la carta della storia dei rapporti tra i due Paesi, ricordando a Putin che durante la Guerra fredda Stati Uniti e Unione Sovietica avevano sostenuto una responsabilità speciale, quella di garantire la sicurezza nel mondo. I loro predecessori avevano scongiurato lo scoppio di conflitti diretti tra i due Paesi.

Sullivan e Finer ascoltarono la telefonata.

Finer, da sempre convinto che Putin fosse un criminale, fu sorpreso dal fatto che con Biden il presidente russo aveva mantenuto un atteggiamento calmo. Aveva mostrato piuttosto i modi di un avvocato che argomentava perché la Russia era la parte offesa e perché Stati Uniti ed Europa dovevano prendere in considerazione le sue rimostranze.

«Il suo discorso non è enfatico. È pacato» disse Finer. «Non urla. Non utilizza un linguaggio aspro. È molto diretto.»

La conversazione era sembrata molto normale. «A livello sonoro, non era un tipo di conversazione che avresti pensato adatto a un momento così cruciale» spiegò Finer. «Al tempo stesso era chiarissimo che non stava affatto arretrando, che non era interessato a una soluzione di tipo diplomatico, e che aveva colto benissimo il senso delle parole del presidente.»

Biden chiuse la conversazione ormai convinto che l'invasione fosse imminente. Una soluzione diplomatica non esercitava il minimo richiamo su Putin. Ormai era sul sentiero di guerra. Fatto curioso, quelle posizioni non erano emerse tanto da ciò che Putin aveva detto, ma da ciò che non aveva detto. A volte c'erano più verità nei silenzi di Putin che nella sua retorica.

Durante un'intervista registrata a Mar-a-Lago l'anno precedente, il presidente Trump aveva parlato del suo rapporto con il presidente russo.[3]

«Andare d'accordo con la Russia è una cosa positiva, non negativa, giusto? Specialmente perché hanno 1332 fottute testate nucleari» disse Trump. «E tutte funzionanti!»

«Nessuno è mai stato più duro di me con la Russia» aggiunse. «Putin mi rispetta. E io rispetto Putin. Credo di piacergli. E credo che lui mi piaccia.

«Mi piace» concluse.

Robert O'Brien, il consigliere per la sicurezza nazionale di Trump, aveva dato una valutazione diversa. Dissi a Trump: «O'Brien dice che non possiamo avere buoni rapporti con la Russia se invadono i Paesi confinanti, come l'Ucraina e la Georgia».

«Be', questo non mi piace. No» disse Trump. «Ma considera che grazie a noi hanno appena fatto un grande scambio di prigionieri con l'Ucraina. Stanno succedendo un mucchio di cose, Bob. Un mucchio di cose.

«Considera tutto ciò che ho fatto» dichiarò Trump. «Obama gli ha mandato dei cuscini, io gli ho mandato delle armi anticarro.»

Il presidente Obama aveva fornito all'Ucraina più di 120 milioni di dollari di aiuti per la sicurezza, ma aveva rifiutato di inviare armamenti letali.[4] Trump era stato il primo presidente ad approvare la vendita di armi letali americane all'Ucraina, tra cui anche i missili anticarro Javelin.

20

«Non manderò truppe americane in Ucraina» dichiarò Biden a Sullivan mentre i due erano chiusi nello Studio Ovale. Quella era la sua posizione convinta, la linea rossa che non voleva oltrepassare: niente truppe americane.

L'invio di truppe in Vietnam aveva condotto alla catastrofe. Lo stesso problema si era posto in Afghanistan quando Biden, allora vicepresidente, aveva tentato senza successo di opporsi all'invio di ulteriori 30.000 soldati.

Biden e Sullivan avevano allora deciso di chiedere ai capi dei servizi segreti cosa ne pensassero: il presidente doveva lasciare aperta la possibilità che gli Stati Uniti inviassero delle truppe?

«In pratica, la comunità dei Servizi» riferì Sullivan «dichiarò che quell'idea era una pazzia. Se minacci d'inviare truppe americane in Ucraina, Putin agirà in anticipo e in grande stile, non farà certo marcia indietro.» Putin avrebbe attaccato prima che gli Stati Uniti fossero stati in grado di dispiegare le proprie forze.

Il direttore della CIA Bill Burns sottoscrisse completamente quella valutazione. «L'opinione di Burns» spiegò Sullivan «era che dichiarare che gli Stati Uniti avrebbero inviato truppe in Ucraina per difenderla avrebbe accelerato l'invasione anziché bloccarla. Perché Putin avrebbe cercato di attaccare prima che noi fossimo pronti a mobilitarci.»

Burns disse che una simile tattica avrebbe anche complicato

lo sforzo americano per costruire una coalizione di Paesi in supporto dell'Ucraina, perché molti di loro si sarebbero trovati in difficoltà se gli Stati Uniti avessero iniziato a discutere l'invio di soldati sul terreno.

Biden sapeva che era solo questione di tempo prima che qualche giornalista glielo chiedesse, e voleva discutere della risposta da fornire con Sullivan.

Da anni Biden ripeteva: «Le grandi potenze non bluffano». Sullivan aveva sentito quella frase un'infinità di volte. Biden voleva che la sua posizione in merito fosse chiara, non ambigua.

Cerchiamo di guardare la questione da un altro punto di vista, disse Sullivan al presidente. Bluffare poteva avere un qualche valore strategico? Bluffare poteva portare dei risultati? Churchill, tanto per citare un caso, bluffava di continuo.

«Se disponi di una pila di fiche ti resta un ampio margine per bluffare» disse Sullivan. Esattamente come nel poker, il predominio militare ed economico degli Stati Uniti assegnava loro la maggior quantità di fiche. «Se hai la maggior pila di fiche puoi permetterti di perderne qualcuna senza uscire dal gioco. Puoi continuare a bluffare.»

Sullivan pensava che non rivelare la possibilità di un eventuale coinvolgimento delle truppe americane avrebbe potuto avere un valore deterrente.

Ma un bluff, che venisse scoperto o meno, sosteneva Biden, si sarebbe ripercosso sulla credibilità complessiva degli Stati Uniti.

«Se sei una grande potenza che ha interessi in tutto il mondo e bluffi in questa circostanza» disse Biden, «la cosa potrebbe avere un impatto sul modo in cui i giapponesi ti vedono rispetto alla Cina.» La perdita di credibilità non si sarebbe limitata a un'unica circostanza.

La possibilità di bluffare era da escludersi, disse Biden. Visto che sapeva che non avrebbe mandato truppe americane in Ucraina, pensava che sarebbe stato opportuno dichiararlo pubblicamente.

Per Sullivan si trattava di una decisione difficile, se fosse davvero il caso di dichiarare in modo categorico in pubblico che gli

Stati Uniti non avrebbero mandato truppe a combattere in Ucraina. Sullivan propendeva ancora per l'idea di utilizzare la pila di fiche di cui disponevano. Il bluff era uno degli strumenti possibili nel ventaglio delle scelte in tema di sicurezza nazionale. Perché non provare?

Biden ribadì il suo no.

Quella decisione sull'opportunità di bluffare o meno, anche riguardo all'invio di truppe americane, rappresentava il maggior disaccordo strategico tra Sullivan e il presidente.

Durante le crisi che riguardano la sicurezza nazionale o in circostanze particolari, i presidenti dichiarano spesso pubblicamente, anzi quasi di routine, che «tutte le opzioni restano sul tavolo». Era una posa che appariva decisa e persino minacciosa. E che dava loro maggior flessibilità.

Ma non era una decisione che spettava a Sullivan. Biden voleva chiarezza.

L'8 dicembre, il giorno dopo la tesa videocall di due ore con Putin, Biden rispose alle domande dei giornalisti mentre attraversava il prato della Casa Bianca in direzione dell'elicottero presidenziale.

«Ho detto molto chiaramente che se la Russia invade l'Ucraina ci saranno conseguenze gravi» riferì Biden a proposito del suo colloquio con Putin.

Poi ripeté ai giornalisti ciò che aveva detto in privato a Sullivan: non avrebbe mandato truppe americane in Ucraina.

«Quell'opzione non è sul tavolo»[1] dichiarò categoricamente Biden. «Abbiamo un obbligo morale e legale nei confronti dei nostri alleati NATO se questi vengono attaccati in base all'articolo 5, ed è un obbligo solenne. Quest'obbligo non si estende... all'Ucraina» che non faceva parte della NATO.

Fred Kagan,[2] che monitorava la concentrazione di truppe russe per l'Institute for the Study of War, telefonò a Sullivan sbigottito.

«Non potete cancellare dallo scenario la possibilità d'inviare truppe» disse. L'ambiguità può essere un deterrente. Perché rispondere a una domanda ipotetica?

La dottrina standard nelle situazioni di crisi delle relazioni diplomatiche e militari prevede di mantenere aperte tutte le opzioni per il confronto e la negoziazione.

«Abbiamo avuto esattamente la stessa discussione» disse Sullivan, «ed è una posizione legittima.»

«Il problema» aggiunse Sullivan «è che se manteniamo aperta l'opzione "manderete truppe americane? Be', vedremo", e poi – se la guerra comincia e la pressione per mandare truppe americane sale – non le mandiamo, in pratica significa abbandonare il Paese nel momento del bisogno.

«Per cui il fatto di essere chiari in anticipo su ciò che sei disposto a fare oppure no» continuò Sullivan «fa la differenza tra "Biden ha toppato" e "Wow, Biden ha dato una bella risposta energica".»

Jon Finer, il vice di Sullivan, rimase sorpreso dal modo diretto con cui Biden aveva risposto alla domanda, ma disse in seguito di essere convinto che il presidente avesse fatto la scelta giusta.

«Ho provato una sensazione di sollievo e mi è sembrata la cosa giusta da fare» disse Finer. «Ha fatto capire agli ucraini che avrebbero dovuto difendersi da soli» disse, «con tonnellate di aiuti ma senza la cavalleria che corre in loro soccorso.»

L'altra domanda rimasta senza risposta era: la dichiarazione in cui Biden affermava «niente truppe americane» aveva incoraggiato o addirittura dato la luce verde a Putin, convincendolo che non avrebbe dovuto affrontare direttamente o indirettamente il più grande e rodato esercito del pianeta?

Biden, in ogni caso, disse a Sullivan e Finer che avrebbe inviato armi americane all'Ucraina.[3] Avrebbe sostenuto l'esercito ucraino in modo che si difendesse da solo. A partire dal 2014, gli Stati Uniti avevano destinato all'Ucraina più di 2 miliardi e mezzo di dollari per l'assistenza nel campo della sicurezza, che comprendeva anche l'addestramento specializzato da parte delle forze americane e britanniche.

Ma Biden mise un limite al tipo di armamenti che intendeva

inviare. Non avrebbero dovuto essere troppo grandi o potenti. Se la Russia invadeva l'Ucraina e questa cadeva nel giro di pochi giorni, il presidente non voleva che tecnologie militari americane di punta cadessero nelle mani dei russi. Dopo il ritiro dall'Afghanistan, le immagini dei talebani esultanti che impugnavano armi ed equipaggiamenti americani forniti all'esercito afghano bruciavano ancora.

A dicembre l'ex presidente Trump telefonò al tenente generale Kellogg, un militare in pensione che era stato suo consigliere per la sicurezza nazionale.

Si parlava molto del fatto che Putin potesse attaccare, disse Trump. «Perché dovrebbe farlo?»

«Se vuole la verità, signore» disse Kellogg, «è perché vede segni di debolezza. Vede la debolezza presidenziale nel prendere decisioni come risultato di quanto è successo in Afghanistan.»

«Un fottuto fiasco» disse Trump riferendosi al caotico ritiro dall'Afghanistan dell'amministrazione Biden. «Hanno mandato tutto a puttane.»

«E renderà più baldanzosi altri leader in giro per il mondo» disse Kellogg.

«Sì, hanno mandato sul serio tutto a puttane» disse Trump. «Biden ci ha mandato a puttane. È un leader debole.

«Pensa che invaderà?» chiese Trump di Putin.

«No, non lo farà» rispose Kellogg. «Non penso che abbia l'intenzione o le truppe necessarie per farlo. Non sono posizionate correttamente. Dovrebbero fare un enorme sforzo.» Kellogg era convinto che i russi non fossero ancora pronti per invadere l'Ucraina.

«Ok, Ok» disse Trump.

21

Il 30 dicembre Biden, mentre si trovava nella sua abitazione di Wilmington in Delaware, aveva sollevato il telefono e aveva avuto un altro scambio di colpi con Putin.[1] Era stata una conversazione animata di cinquanta minuti, una delle più aspre con il presidente russo. Putin era furioso per le sanzioni economiche minacciate da Biden, e lo aveva ammonito che avrebbero potuto condurre alla completa rottura delle relazioni tra Stati Uniti e Russia.[2] Continuava a sostenere di non avere alcun piano di attacco dell'Ucraina, e di essere pienamente in diritto di muovere le sue truppe in territorio russo come voleva.

Accusò gli Stati Uniti e la NATO di aver intenzione di installare armi nucleari in prossimità delle frontiere della Russia. Biden lo assicurò che quei piani non esistevano. La conversazione s'infiammò a tal punto che a un certo momento Putin menzionò in tono minaccioso il rischio di una guerra nucleare. Biden rispose ricordando al leader russo che una guerra nucleare «è impossibile da vincere».

«Nel 2014 hanno fatto una cazzata»[3] confidò Biden a un amico intimo, sfogando la sua esasperazione per l'inadeguata reazione dell'amministrazione Obama alla precedente invasione di Putin dell'Ucraina.

«Ecco perché oggi siamo in questa situazione. Abbiamo fatto una cazzata» disse Biden. «Barack non ha mai preso sul serio Putin.»

Nel 2014 Putin aveva invaso la Crimea con la massima rapidità e precisione. I suoi «omini verdi» – soldati privi di insegne che potessero identificarli come russi – si erano impadroniti con la forza degli edifici del Parlamento ucraino, avevano issato le bandiere russe e annesso la Crimea con un cosiddetto atto di autodeterminazione. Putin aveva occupato la Crimea e una parte del Donbass in meno di un mese, e con pochissime conseguenze per la Russia.

«Capisci, non avremmo mai dovuto lasciare che Putin entrasse e si prendesse il Donbass nel 2014. Non abbiamo fatto niente» disse Biden. «Abbiamo dato a Putin l'autorizzazione a continuare!»

Biden era arrabbiatissimo, cosa che evitava con cura di mostrare in pubblico.

«Be', gli revocherò quella dannata autorizzazione!» disse.

L'amico di Biden percepì l'intenzione del presidente d'impedire a ogni costo a Putin di ripetere l'esperienza. Stavolta non avrebbe lasciato correre. «L'Ucraina è l'evento chiave della sua presidenza.»

22

A metà gennaio 2022, Biden mandò Burns a incontrare segretamente il presidente ucraino Zelensky.[1]

«Convinca Zelensky che succederà» disse Biden. I Servizi ora avevano un quadro più chiaro di ciò che i russi avrebbero tentato di fare a livello militare.

Burns si incontrò con Zelensky a Kyiv.

«Ci sarà una grossa invasione militare del vostro Paese, e anche della vostra capitale» disse il direttore della CIA al presidente. «Le forze speciali russe cercheranno di assassinarla. Le daranno la caccia personalmente.

«Le forze russe arriveranno direttamente dalla frontiera bielorussa e cercheranno di occupare Kyiv, decapitando il suo governo e mettendo in piedi un governo filorusso» disse. Quello costituiva il punto cruciale dell'attacco.

La Russia intendeva occupare Hostomel', continuò Burns, riferendosi al principale aeroporto cargo a nordovest di Kyiv, per poi utilizzarlo come base per le forze aeree incaricate di prendere il controllo della capitale ucraina.

Dalle informazioni che avevano ricevuto dai servizi segreti, quell'operazione sarebbe avvenuta nel giro di poche settimane, disse Burns, avvisando Zelensky di mettere in atto rigide misure di sicurezza personale. C'era anche la possibilità di una penetrazione russa nei servizi segreti ucraini.

«La ringrazio delle informazioni» disse Zelensky. «Ma vi chiedo di non discutere più questi argomenti in pubblico perché danneggiano la nostra economia.»

Zelensky continuava a dubitare che la Russia progettasse davvero l'occupazione di un Paese di 44 milioni di abitanti.[2] Gli Stati Uniti avevano fissato la loro attenzione sull'opzione più aggressiva e meno probabile, disse. I leader europei gli avevano assicurato che le previsioni americane erano esagerate e che Putin aveva dichiarato, tanto pubblicamente quanto nelle conversazioni private tenute con loro, di non avere la minima intenzione di invadere l'Ucraina.

Nonostante tutto, però, Zelensky mostrò di prendere sul serio l'allarme di Burns riguardo al fatto che l'invasione si sarebbe verificata. Burns capì che il presidente ucraino era restio a proclamare la mobilitazione dei suoi militari, temendo che Putin potesse sfruttare quella mossa per accusare l'Ucraina di provocazione. Zelensky sostenne che Putin avrebbe dichiarato: «Guardate, gli ucraini si preparano alla guerra. Noi ci limitiamo a reagire».

Burns era anche convinto che i servizi segreti ucraini svolgessero un ottimo lavoro e tenessero sotto attento controllo l'enorme numero di soldati russi stazionati ai confini dell'Ucraina.

Fu una conversazione dura, ebbe l'impressione Burns, dal punto di vista emotivo quanto personale. Si trattava di una notizia sconvolgente per il giovane leader ucraino, che l'aveva ascoltata senza esserne completamente convinto, e ora si trovava di fronte a una crisi politica e strategica inimmaginabile.

Una delle sfide più insolite che il direttore della CIA Burns e la direttrice della National Intelligence Avril Haines si trovarono ad affrontare fu rappresentata dalle operazioni sotto falsa bandiera organizzate da Putin, vale a dire da eventi fasulli costruiti in modo tale da far credere che quelli che sembravano individui di etnia russa erano stati uccisi dagli ucraini, creando così un pretesto per il conflitto.[3] Sapevano che Putin e il suo entourage preparavano queste operazioni nel Donbass, nella parte orientale dell'Ucraina.

Burns, Haines e Sullivan discussero a lungo su come declassificare e condividere parte di tali informazioni, sperando di fregare i russi.

Alla Casa Bianca, il responsabile dei programmi informativi dell'NSC Maher Bitar esaminò vari rapporti dei Servizi secondo i quali la Russia intendeva mettere in scena un'esplosione nell'Ucraina orientale attribuendo la responsabilità agli ucraini. I russi avrebbero detto che il governo ucraino aveva ucciso degli individui di etnia russa, poi sarebbero entrati in Ucraina con il falso pretesto di tutelare le persone di quell'etnia. Il piano russo prevedeva persino di servirsi di attori che avrebbero dovuto recitare la parte dei parenti in lutto al funerale.

I media russi continuavano a pubblicare articoli sul deterioramento della situazione dei diritti umani in Ucraina e a ritrarre i leader ucraini come una giunta violenta.

«Senza entrare troppo nei dettagli»[4] dichiarò il portavoce del Pentagono John Kirby nel corso di una riunione pubblica il 14 gennaio, «disponiamo di informazioni che indicano che la Russia sta già attivamente operando per costruire un pretesto che giustifichi una potenziale invasione.

«Abbiamo già visto in precedenza questo genere di comportamento da parte della Russia» aggiunse Kirby. «Quando non c'è una crisi reale che risponde alle loro necessità, ne inventano una.»

23

Il 19 gennaio 2022 Biden, nel corso di una caotica conferenza stampa, dichiarò che Putin era con tutta probabilità prossimo a «entrare» in Ucraina.[1]

«Non sono sicuro che sappia con certezza che cosa farà» disse Biden. «La mia opinione è che attaccherà.»

Poi fu la volta del lato più grezzo e meno sofisticato di Biden.

«Penso che ciò che vedrete è che se la Russia invaderà sarà considerata responsabile delle sue azioni. E questo dipende da ciò che farà»[2] disse Biden. «Un conto è se si tratta di una piccola scorreria e poi ci ritroviamo a discutere su cosa fare e cosa non fare eccetera. Ma se fanno realmente ciò che sono in grado di fare con le forze che hanno ammassato al confine, questo si rivelerà un disastro per la Russia.

«Se assistiamo a cose come le forze russe che attraversano il confine, uccidono i soldati ucraini e così via, penso che la situazione cambi completamente» disse Biden. «Ma ciò dipende da quello che lui fa, dalla nostra capacità di riuscire a ottenere totale unità sul fronte NATO.»

Quel messaggio non veniva dagli appunti del presidente. Senza che in apparenza se ne rendesse conto, Biden aveva compromesso del tutto l'impressione che gli Stati Uniti fossero seriamente impegnati nella difesa della sovranità ucraina. Il suo intervento dava invece spazio all'idea che, come nel 2014, qualsiasi reazione americana e dei loro alleati a un'invasione russa dell'Ucraina sarebbe stata ostacolata da polemiche e divisioni. Era una cantonata che riecheggiava la lunga storia delle gaffe di Biden.

Il presidente Zelensky rispose con un tweet: «Vogliamo ricordare alle grandi potenze che non esistono piccole scorrerie e piccole nazioni. Così come non esistono vittime secondarie e piccoli lutti per la perdita dei nostri cari. Affermo questo come presidente di una grande nazione».[3]

Gli Stati Uniti stavano forse modificando le loro posizioni sull'Ucraina? I commenti estemporanei di Biden portarono sconcerto fra gli alleati e disagio riguardo alla capacità del presidente di articolare delle inequivocabili linee rosse nei confronti della Russia.

Sullivan ebbe varie conversazioni telefoniche con le sue controparti di nove Paesi dell'Est europeo, come pure del Giappone, per cercare di limitare il danno e rassicurare gli alleati che le posizioni degli Stati Uniti non erano cambiate.

Biden fu costretto a chiarire che se forze militari russe di qualsiasi tipo avessero attraversato il confine, ciò avrebbe costituito un'invasione.[4]

«Se esiste l'1 per cento di possibilità, o anche solo lo 0,1 per cento di possibilità di evitarlo» disse il presidente a Blinken, «varrebbe la pena di provarci.» Di scoprire se la Russia aveva dei problemi di sicurezza che gli Stati Uniti avrebbero potuto affrontare. Biden stava ancora cercando un compromesso.

Il 21 gennaio 2022 su Ginevra splendeva il sole, ma la giornata era particolarmente ventosa. Le acque del lago erano un vortice di creste spumeggianti.

«Non so se hai guardato il lago oggi, ma le acque sono piene di turbolenze» disse Blinken al ministro degli Esteri russo Lavrov. «È nostro dovere capire se possiamo riportare un po' di calma e vedere se è possibile evitare quello che alla fine sarebbe un disastro.»

Siamo convinti che vi state preparando a mettere in atto un'invasione totale dell'Ucraina, disse Blinken. Avete detto di avere delle preoccupazioni riguardo alla sicurezza. Siamo pronti a lavorarci su insieme a voi.

L'Ucraina era la zona cuscinetto che separava la Russia dalla NATO, che nel corso degli ultimi tre decenni si era espansa fino a includere più di una decina di Repubbliche ex sovietiche ed ex satelliti dell'Unione Sovietica.

Michail Gorbačëv, l'ultimo leader dell'Unione Sovietica prima del suo collasso e dissoluzione nel 1991, aveva dichiarato anni dopo che gli Stati Uniti avevano una «pericolosa mentalità da vincitori».

I russi, pensava Blinken, erano giustamente preoccupati del dispiegamento di armi offensive nucleari o a lungo raggio vicino al confine russo. Blinken cercava di abbassare la temperatura evitando di esibire un'aria compiaciuta o l'arroganza del vincitore.

Come Putin, Lavrov aveva sempre avuto una passione per la platealità. In pubblico, era anche disposto a esibire un atteggiamento sprezzante o ad abbandonare la scena per protesta di fronte a una controparte occidentale. In privato però, sperava Blinken, Lavrov avrebbe lasciato da parte i suoi atteggiamenti teatrali.

«Senti, detto tra noi» disse a Lavrov nel chiuso della sala. «Cosa sta succedendo? Spiegamelo.»

Lavrov rimase in silenzio.

«Ci sono delle ragioni concrete? In altre parole, questa situazione riguarda le vostre attuali preoccupazioni per la sicurezza della Russia? Se è così, ne possiamo parlare. Possiamo discutere del posizionamento dei missili offensivi. Possiamo discutere di meccanismi di stabilità e di misure di costruzione della fiducia che potrebbero alleviare i vostri legittimi dubbi sulla sicurezza. Non è nostra intenzione rappresentare una minaccia per voi» lo rassicurò Blinken. «La NATO non è una minaccia per voi, perciò se questo rappresenta un problema concreto lavoriamoci sopra.

«Ma se si tratta di un problema teologico che nasce dalla convinzione che l'Ucraina non possa esistere come Stato sovrano indipendente, che si basa sull'idea che l'Ucraina e il suo popolo appartengono alla Madre Russia, allora non abbiamo nulla da dirci.»

Lavrov negò che vi fosse alcun piano d'invasione.

I servizi segreti americani scoprirono in seguito che Lavrov non conosceva fino in fondo le intenzioni di Putin.[5]

Biden provò quasi compassione per Lavrov. Era diventato un semplice burattino. Faceva tristezza che un uomo così esperto e di tale longevità politica venisse tenuto all'oscuro, rendendo così completamente inutile qualsiasi tentativo di usare la diplomazia.

24

Alla fine di gennaio, Trump aveva cominciato a lanciare l'idea di tornare a competere per la presidenza.[1]

«Sai che Jack Nicklaus era famoso per lasciare che i suoi avversari crollassero e poi restarsene lì ad aspettare» Trump borbottò tra sé e sé riferendosi al leggendario golfista americano mentre pranzava con il senatore Lindsey Graham a Mar-a-Lago. Trump disse che la sua strategia con Biden doveva essere quella. «Quando Nicklaus era in difficoltà durante un torneo, diceva sempre, bene, cosa pensi di fare? Io ho intenzione di starmene qui ad aspettare e vedere cosa succede. È così che ha vinto il Masters del 1986. Capito, hai soltanto due buche buone e la gente comincia a crollare.

«Bene» disse Trump, «io ho intenzione di starmene qui ad aspettare.»

25

Lungo i confini dell'Ucraina si vedevano i russi costruire ospedali da campo, trasportare banche del sangue, più altre attrezzature militari e obitori mobili per ospitare i probabili morti. I servizi di informazione americani riferirono alla Casa Bianca che l'ordine di Putin di invadere l'Ucraina sarebbe potuto arrivare nel giro di «settimane, giorni, o anche ore».

Ancora memore della crisi degli ostaggi iraniani del 1979, quando 53 ostaggi americani furono tenuti prigionieri per 444 giorni durante la presidenza di Jimmy Carter, l'11 febbraio Sullivan salì sul podio della sala stampa della Casa Bianca.[1] Esibiva modi sicuri e accomodanti, trattando ogni domanda come plausibile.

«Stiamo continuando a ridurre le dimensioni dell'impronta della nostra ambasciata a Kyiv» disse. «Invitiamo tutti i cittadini americani che si trovano in Ucraina a lasciare immediatamente il Paese. Qualsiasi americano che si trovi là deve andarsene il più in fretta possibile, e in ogni caso entro le prossime 24 o 48 ore.

«Il presidente non metterà a rischio le vite dei nostri uomini e delle nostre donne in uniforme per mandarli in una zona di guerra a recuperare persone che avrebbero potuto andarsene ma hanno deciso di non farlo» aggiunse Sullivan. Non volevano una ripetizione dell'Afghanistan.

«Non abbiamo intenzione di combattere in Ucraina» precisò

Sullivan. Le forze armate americane «non scenderanno in guerra contro la Russia».

In quel periodo il presidente francese Emmanuel Macron chiamava Putin quasi tutti i giorni.[2] Era convinto di essere in grado di riportare alla ragione il leader russo. Macron telefonava al presidente Biden prima e dopo molte delle sue conversazioni con Putin.

«Penso sia stata un'ottima conversazione» riferì Macron a Biden a proposito di uno dei suoi colloqui. Disse che Putin gli aveva dato la sua parola che non avrebbe invaso l'Ucraina.

«Queste conversazioni sono un'ottima cosa» disse Biden. Sono del tutto favorevole ad altre conversazioni con Putin se ritieni che abbiamo la possibilità di dissuaderlo.

«Personalmente» aggiunse poi, «penso che abbia già deciso di attaccare.»

Il presidente del comitato dei capi di Stato maggiore Mark Milley e il segretario della Difesa Lloyd Austin contestavano vivacemente la pretesa della Russia che si trattasse di una pura esercitazione militare. Le truppe russe avevano continuato ad ammassarsi ai confini dell'Ucraina dal settembre 2021. «Nessuna esercitazione dura così a lungo»[3] disse Milley. «Di che tipo di esercitazioni si tratta?»

Il 18 febbraio, mentre il suo corteo di automobili attraversava la Polonia, Austin chiamò al telefono il ministro della Difesa russo Sergej Šojgu. Nei suoi viaggi all'estero il segretario di Stato americano utilizzava un corteo di automobili piuttosto importante. Non era imponente quanto quello presidenziale, ma a seconda dei Paesi che visitava poteva andarci abbastanza vicino.

«So esattamente che cosa state facendo» disse Austin a Šojgu. «Capisco qual è il motivo per cui ammassate truppe al confine.»

«Si tratta di una semplice esercitazione» disse Šojgu. «Una semplice esercitazione militare.»

Il corteo di Austin aveva raggiunto la sua prossima destinazione, ma continuava a girare in tondo intorno alla città in modo da permettere al segretario di terminare la sua chiamata.

«Bene, se si tratta di un'esercitazione, quando dovrebbe finire?» insistette Austin.

Šojgu cercò di scansare la domanda facendo il gradasso.

«Sappiamo esattamente che cosa state facendo» lo interruppe Austin. «Non fatelo.»

Il giorno seguente Austin raggiunse Vilnius, in Lituania, per rassicurare gli alleati baltici che gli Stati Uniti e la NATO li avrebbero sostenuti e difesi. Paesi dotati di minuscoli eserciti come l'Estonia erano estremamente preoccupati. Nel caso l'Ucraina fosse finita nelle mani della Russia, pensavano, il loro Paese sarebbe stato il prossimo nella lista di Putin. Nessuno si aspettava che l'Ucraina resistesse molto a lungo contro l'esercito russo.

I principali consiglieri del segretario che viaggiavano con lui e avevano partecipato a molti dei suoi meeting riferirono di un tema comune: le minacce riguardo all'articolo 5 fatte dal presidente Trump durante il suo mandato avevano spinto molti alleati NATO a chiedersi se gli Stati Uniti sarebbero effettivamente intervenuti in caso di necessità. Nella sala aleggiava un palpabile nervosismo.

«Il giorno in cui succederà, saremo pronti a difendervi» disse Austin al ministro della Difesa estone Hanno Pevkur. «Aprirete le finestre e sentirete l'odore del kerosene dei jet.» L'esercito americano sarebbe intervenuto immediatamente.

Austin, una figura imponente con il suo metro e ottanta per quasi 115 chili di peso, rassicurò l'interlocutore in tono calmo e concreto. «Noi ci saremo» disse. «Terremo fede all'articolo 5.»

«La gente non prende decisioni sagge quand'è nervosa e impaurita» spiegò in seguito Austin ai suoi consiglieri. «Se Putin attacca, può innescare il più grande conflitto terrestre in Europa dalla fine della Seconda guerra mondiale.» Bisognava riportare la calma lungo il fianco orientale della NATO.

Come ultimo sforzo diplomatico a favore della deterrenza, il presidente Biden inviò la vicepresidente Kamala Harris in Germania per la Conferenza per la sicurezza di Monaco, che si sarebbe tenuta il 19 gennaio 2022. Voleva che gli Stati Uniti vi fossero rappresentati al massimo livello, e la presenza del vicepresidente costituiva una tradizione. Lo stesso Biden vi aveva preso parte quand'era vicepresidente, e persino l'amministrazione Trump aveva rispettato la tradizione.

Per cui toccò a Harris.

Biden disse che doveva convincere Zelensky che ormai mancavano giorni o forse anche ore all'invasione del suo Paese da parte della Russia. Le ipotesi dei Servizi si erano concretizzate. Zelensky doveva accettare la realtà di ciò che stava succedendo.

Harris aveva anche un'altra missione. Dopo lo svarione di Biden riguardo alle «piccole scorrerie» doveva mostrare il supporto unanime degli Stati Uniti e della NATO a favore della sovranità ucraina.

«È dalla fine della Seconda guerra mondiale che questo consesso non si riunisce in circostanze così drammatiche» disse la vicepresidente alla platea dei leader mondiali riuniti nell'Hotel Bayerischer Hof di Monaco. «Oggi, ne siamo tutti ben consapevoli, il fondamento della sicurezza europea è sotto minaccia diretta in Ucraina.»

In quello che molti considerano il miglior discorso della sua vicepresidenza, Harris riuscì a mostrare l'impegno degli Stati Uniti nei confronti dell'Ucraina, dell'articolo 5 della NATO e della pace. Invece di ammonire Putin come faceva Biden, Harris chiamò in causa la Russia per il fatto di sbandierare continuamente la propria «ignoranza e ingenuità».

«Come abbiamo sempre visto, esiste un protocollo dell'aggressione russa» disse. «Vediamo la Russia diffondere disinformazione, menzogne e propaganda.»

«Colpiremo i suoi complici e chi sostiene e spalleggia quest'invasione immotivata» ammonì. «Credetemi.»

Poi fece una distinzione netta tra la visione del ruolo della leadership americana nel mondo e nella NATO da parte di Biden e Harris e l'approccio isolazionista dell'«America First» dell'amministrazione Trump.

«Due anni fa il tema di questa conferenza ha messo in discussione la capacità di resistenza dell'Occidente» disse, «il fatto o meno che la comunità transatlantica stesse perdendo coesione, influenza, attrattiva.

«Perciò risponderò agli scettici e a coloro che vogliono metterci alla prova: oggi gli Stati Uniti, i nostri alleati e i nostri partner sono più uniti che mai. Oggi abbiamo assolutamente chiara la nostra missione.

«La nostra forza non dev'essere sottovalutata» disse. «Come abbiamo sempre dimostrato, è necessaria molta più forza per costruire qualcosa di quella che serve per distruggerla.»

Dopo il suo discorso, in una saletta privata della Commerzbank di fronte al Bayerischer Hof, la vicepresidente Harris prese una sedia e si accomodò davanti al presidente ucraino Zelensky. Accanto a lei sedeva il consigliere per la sicurezza nazionale degli Stati Uniti Philip Gordon. Zelensky aveva portato il suo consigliere principale, Andrij Jermak, e il ministro della Difesa, Oleksij Reznikov.

In Germania c'erano dei protocolli per il Covid, perciò Harris e Gordon portavano la mascherina. Non strinsero la mano agli ucraini, cosa che irritò Zelensky:[4] aveva la sensazione che stessero per fargli la ramanzina. Due parti, che in teoria avrebbero dovuto giocare nella stessa squadra, che si fronteggiavano.

«Deve prendere sul serio la possibilità che la Russia invada il suo Paese da un momento all'altro» gli disse Harris in tono energico.

Spesso criticavano i suoi modi e il suo stile comunicativo come eccessivamente antagonistici. Era un aspetto quasi inscritto nel suo DNA dagli anni passati a lavorare come pubblica accusa e procuratrice generale della California.

«Non crediamo che ci invaderanno» ribatté Zelensky. «È vero, ci minacciano e fanno i prepotenti. Ecco quello che fanno.»

Harris si mise a leggere ad alta voce gli ultimi numeri relativi alle forze in campo.

«I russi hanno 200.000 uomini dedicati a quest'operazione, fra cui circa 40.000 in Bielorussia.»

«Ci sono meno di 10.000 soldati in Bielorussia» si intromise il ministro della Difesa Reznikov.

«Non coincide con le informazioni che abbiamo noi» obiettò Harris.

«I bielorussi non li sosterranno» disse Reznikov, «non parteciperanno ai combattimenti.»

Il consigliere per la sicurezza nazionale Philip Gordon gli disse che le informazioni americane erano attendibili. Non erano frutto di analisi o di valutazioni incerte. Erano dati concreti. Fotografie satellitari. Gordon non avrebbe saputo dire chi pensavano di prendere in giro gli ucraini negando la minaccia russa.

«Senta» disse Harris a Zelensky, «i nostri vi passeranno informazioni più specifiche, ma vi stiamo dicendo che i vostri numeri sono sbagliati. Siete davvero di fronte a un'invasione potenzialmente imminente.»

Zelensky continuava a negare. Harris sembrava sempre più la pubblica accusa. Non stavano facendo alcun passo avanti. Zelensky ripeté che prendeva seriamente la situazione al confine.

«Capiamo benissimo cosa sta succedendo» disse. «Questa è la nostra terra e l'unica cosa che vogliamo è la pace, riportare la pace nel nostro Paese.» Porre fine ai combattimenti nell'Ucraina orientale.

La dinamica psicologica era che Zelensky non voleva ammettere che ci sarebbe stata un'invasione russa perché questo avrebbe creato una profezia che si autoavverava riguardo al collasso dell'economia ucraina e potenzialmente anche del governo.

Alla fine Zelensky guardò Harris dritto negli occhi e disse: «Che cosa vuole che faccia?».

Il silenzio si protrasse mettendo tutti a disagio.

«Che cosa otterreste?»[5] chiese Zelensky. «Se lo ammetto durante questa conversazione, imporrete delle sanzioni?» Chiuderete i porti alle navi russe? Ci fornirete missili Stinger e Javelin, aerei da guerra?

Harris rispose che gli Stati Uniti non avrebbero imposto sanzioni alla Russia, non ancora.[6] «La punizione può avvenire solo dopo il crimine.»

Agli ucraini sembrava un pretesto. Era dal 2014 che la Russia stava «commettendo crimini» contro l'Ucraina nel Donbass.

Reznikov si chiedeva: gli americani cosa pensavano dovesse fare l'Ucraina? Arrendersi? Riconoscere che non avrebbe vinto nel caso Putin avesse lanciato un'invasione in piena regola? Fare altre concessioni alle richieste del Cremlino? Firmare altri accordi di pace che la Russia avrebbe violato?

«Inizi a pensare a cose come un piano per la successione alla guida del Paese nel caso venga catturato o ucciso o non sia in grado di governare» suggerì Harris. Prepari un piano di fuga per non essere catturato o ucciso. Mobiliti più soldati. Pensi a un modo per dare continuità al governo.

«Ma non può prendere le decisioni giuste se finge che non stia succedendo» lo incalzò Harris. «Se lo fanno, arriveranno a Kyiv.

«Noi siamo dalla sua parte» aggiunse, cercando di ammorbidire i toni. Gli assicurò che la Russia avrebbe dovuto affrontare delle conseguenze. Ma mentre guardava Zelensky, Harris dovette chiedersi se gli Stati Uniti avessero fatto abbastanza.

Dopo l'incontro, Gordon si rivolse alla vicepresidente. «Sono pazzi a non avere un piano per fuggire e nascondersi da qualche parte» disse. Zelensky aveva chiarito senza mezzi termini che sarebbe rimasto a Kyiv.

Harris rispose che avrebbero potuto non rivederlo mai più.

26

Lunedì 21 febbraio il presidente Putin mise ufficialmente la Russia sul piede di guerra.[1] In una lunga riunione del Consiglio per la sicurezza russo al Cremlino trasmessa in tv, Putin sondò in modo aggressivo i suoi funzionari di grado più elevato sulla questione se riconoscere o meno l'indipendenza delle due regioni separatiste sostenute dalla Russia nell'Est dell'Ucraina, Donec'k e Luhans'k.

Il leader russo sedeva da solo a una scrivania in un'enorme sala ovale sorretta da colonne bianche davanti ai suoi consiglieri, appollaiati nervosamente su sedie pieghevoli ad almeno nove metri da lui. Putin li chiamò uno per uno a un leggio perché esprimessero la loro opinione, tamburellando le dita con fare impaziente.

Il ministro degli Esteri Lavrov, l'ex presidente russo Dmitrij Medvedev, il segretario del Consiglio per la sicurezza Nikolaj Patrušev e il presidente della Duma Vjačeslav Volodin diedero doverosamente a Putin il sostegno che voleva sentire.

Il direttore del servizio di intelligence nazionale Sergej Naryškin esitò, inciampando sulle frasi che si era preparato. Putin serrò la mascella. «Parla chiaro» gli intimò con inequivocabile piacere mentre Naryškin si agitava.

Riprovò a trovare le parole che il presidente desiderava sentire.[2] «Sosterrei la proposta di riconoscimento...»

«La sosterresti o la sostieni?» scattò Putin, adesso visibilmente seccato. «Parla chiaro, Sergej.»

«Sostengo la proposta di riconoscimento...» disse Naryškin con tutta la fermezza che riuscì a racimolare, ma incapace di nascondere l'umiliazione.

«Limitati a dire sì o no» disse Putin gelido.

«Sì. Appoggio la proposta di ammettere le Repubbliche popolari di Donec'k e Luhans'k nella Federazione Russa» disse.

Putin scoppiò a ridere scuotendo la testa. «Non è di questo che stiamo parlando. Stiamo discutendo se riconoscere la loro indipendenza o meno.»

A Naryškin tremavano le mani mentre guardava con aria quasi implorante Putin, che si era sporto verso il microfono sulla scrivania con le mani intrecciate davanti a sé come se si stesse divertendo un mondo.

«Sì» disse Naryškin. «Appoggio la proposta di riconoscere la loro indipendenza.»

«Puoi tornare a sederti» disse Putin in tono sprezzante, prima di rimettersi comodo.

Il presidente Biden emanò immediatamente un ordine esecutivo che bloccava tutte le attività economiche nel Donec'k e a Luhans'k.[3] La Germania annunciò che il progetto da 11 milioni di dollari per il gasdotto Nord Stream 2 con la Russia non sarebbe andato avanti.

Le forze russe presero posizioni tattiche al confine. I separatisti appoggiati dai russi in Ucraina orientale avevano iniziato a costringere i civili a lasciare le loro case e ad arruolare uomini e ragazzi ucraini nell'esercito russo.

«Geniale»[4] disse Trump nel corso di un'intervista rilasciata a un programma radio conservatore il giorno dopo, il 22 febbraio, a Mar-a-Lago, elogiando la decisione di Putin di dichiarare indipendenti alcune regioni ucraine.

«Perciò Putin adesso, parlando di un grosso pezzo dell'Ucraina, dice: "È indipendente". Io dico: "Un colpo di genio". Dopodiché andrà a fare da paciere. Questa è la forza di pace più forte di tutte. Potremmo usarla sul nostro confine meridionale. È la forza di pace più formidabile che io abbia mai visto. C'erano più carri armati di quanti ne avessi mai contati. Andranno come forza di pace. No, ma pensateci. Il tizio è furbo come una volpe, io lo conosco bene. Molto molto bene» disse Trump tutto allegro.

«Lo sapevo che aveva sempre voluto l'Ucraina» proseguì. «Ne ho parlato spesso con lui. Gli ho detto: "Non puoi farlo. Non lo farai". Ma lo capivo che la voleva.»

27

Alle nove e un quarto di mattina del 23 febbraio Sullivan stava tenendo la riunione sull'Ucraina nel suo ufficio dell'Ala Ovest quando la porta si aprì ed entrò il direttore della CIA Bill Burns con in mano un pezzo di carta.

«Ehi, Bill» lo salutò Sullivan.

Burns si guardò attorno come per controllare chi c'era nella stanza. Disse che stava andando allo Studio Ovale.

«Sta succedendo?» chiese a Burns Amanda Sloat, responsabile per l'Europa al Consiglio per la sicurezza nazionale. Erano tutti nervosi, in attesa della conferma che Putin avesse dato all'esercito russo l'ordine di invadere.

«Sta succedendo» rispose Burns.

Giovedì 24 febbraio, prima dell'alba, Putin comparve in tv.[1] Era seduto da solo a una scrivania al Cremlino fiancheggiato da bandiere russe.

«Ho deciso di condurre un'operazione militare speciale in Ucraina»[2] disse.

«Chiunque tenti di ostacolarci, e ancor più di creare minacce per il nostro Paese, per il nostro popolo, deve sapere che la risposta della Russia arriverà immediatamente e porterà a conseguenze che non avete mai visto nella storia.

«La Russia resta uno dei Paesi con l'arsenale nucleare più potente» minacciò.

Furono riferite fragorose esplosioni a Kyiv, la capitale, e a Char'kiv, la seconda città più grande. Il ministro degli Interni ucraino disse che truppe russe erano sbarcate a Odessa a sud e stavano attraversando il confine. Il sole non era ancora sorto.

Il presidente Zelensky attraversò le strade di Kyiv passando accanto ad auto piene di gente che scappava nella direzione opposta.[3] Era ancora buio. Pensò ai razzi che volavano diretti verso i suoi figli, verso i figli di tutta l'Ucraina, e si sforzò di venire a patti con l'ampiezza scioccante dell'attacco russo. Tutto quello che riusciva a pensare era: un numero enorme di morti.

Gli suonò il telefono.[4] Era il suo ministro degli Affari interni, Denys Monastyrs'kyj, che gestiva la polizia statale e la guardia di frontiera.

Da dove vengono i russi? gli chiese Zelensky. Da che direzione? Nord, est o sud? Voleva sapere esattamente quale asse avesse scelto Putin per invadere l'Ucraina.

«Da tutte quante»[5] rispose Monastyrs'kyj.

Bruno Kahl, capo del BND, il servizio federale di intelligence tedesco, era a Kyiv la mattina dell'invasione. Finché non vennero lanciati i primi missili russi, era convinto che non sarebbe successo, malgrado le valutazioni dei servizi segreti americani e britannici.

I polacchi, rivali della Germania, si divertivano a raccontare che avevano dovuto portar via dall'Ucraina il capo del BND servendosi di forze speciali, perché una volta iniziata l'invasione russa non aveva potuto prendere l'aereo.

A Washington, otto ore indietro rispetto a Mosca, erano appena passate le nove e mezzo di sera del 23 febbraio.[6] I direttori di Biden si riunirono nello Studio Ovale. Il presidente era collegato tramite una linea sicura dalla Executive Residence.

Il capo di Stato maggiore Milley e il segretario della Difesa

Austin dissero che Putin aveva mobilitato 123 gruppi tattici di battaglione, con un numero di soldati compreso fra 175.000 e 190.000. Le forze russe arrivavano da più direzioni: Bielorussia da nord, Donbass occupato dai russi da est e Crimea da sud. C'erano due colonne russe dirette a Kyiv per decapitare il governo e installarne uno loro.

Alcune valutazioni del Pentagono prevedevano che Kyiv sarebbe caduta nelle prime 72-96 ore. Altre stime dell'intelligence parlavano di diverse settimane. La Russia aveva una forza militare di gran lunga superiore sotto ogni aspetto misurabile.

Biden autorizzò Austin e Milley a spostare forze di terra americane già presenti sul suolo europeo in Estonia, Lettonia, Lituania, Polonia e Romania – vicino al confine ucraino –, per ricordare a Putin che gli Stati Uniti avrebbero difeso ogni centimetro del territorio NATO.

È «piuttosto sveglio»[7] disse Trump di Putin durante una raccolta fondi quella sera, valutando l'invasione come avrebbe fatto un agente immobiliare anziché un ex presidente.

«Si è preso un Paese in cambio di due dollari di sanzioni» commentò Trump, «un posto davvero enorme, una magnifica estensione di terreno con un sacco di persone... gli è bastato andare lì.»

Nella sua residenza di Kyiv, Zelensky fece quello che sapeva fare meglio: comunicare. Chiamò il primo ministro britannico Boris Johnson, uno dei suoi sostenitori più convinti.

«Combatteremo, Boris»[8] gli disse. «Non abbiamo intenzione di arrenderci.»

Telefonò anche al presidente francese Emmanuel Macron, il quale si era fatto personalmente in quattro con Putin per scongiurare l'invasione.

«È molto importante che parli con Putin, Emmanuel»[9] disse Zelensky. «Siamo sicuri che i leader europei e Biden possano fare fronte comune. Se lo chiamano e gli dicono di fermarsi, lo farà. Li ascolterà.»

«Voglio parlare col presidente Zelensky» disse Biden a Sullivan e Joe Finer. A Washington era tardo pomeriggio. Biden era preoccupatissimo per l'incolumità personale di Zelensky.

«Cosa posso fare per te? Come posso aiutarti?» gli chiese Biden.

«Riunisci i leader del mondo» rispose Zelensky. «Chiedi loro di sostenere l'Ucraina.»

Sullivan e Finer, che stavano ascoltando la telefonata, intuirono che Zelensky era spaventato. La consueta retorica da cowboy che il presidente ucraino adottava parlando con Biden era sparita.

«Ti sosterremo» disse Biden. «Dovresti dirci sempre che cosa ti serve.» Si offrì di portarlo fuori dal Paese e di formare un governo in esilio in Polonia.

Zelensky rifiutò. Sarebbe rimasto. Chiese a Biden di istituire una zona d'interdizione al volo attorno all'Ucraina. Dobbiamo chiudere i cieli, spiegò. L'Ucraina veniva martellata dall'alto.

Biden disse di no. Far rispettare una no-fly zone avrebbe richiesto che gli aerei americani o della NATO abbattessero i velivoli russi: un'escalation impossibile per Biden.

«Non so quando riuscirò a parlarti di nuovo»[10] disse Zelensky alla fine della telefonata.

Quel commento sembrò restare sospeso nell'aria.

«Quando vuoi, in qualsiasi momento, sono qui»[11] lo rassicurò Biden.

Qualche ora dopo, attorno alle undici e venti di mattina, Zelensky si rivolse al Paese in video da Kyiv, dicendo che chiunque voleva un fucile da assalto poteva prenderne uno nei centri di distribuzione che stavano mettendo in piedi in città.[12] Immagini potenti condivise sui social media mostravano gli ucraini che prendevano in mano un fucile, molti per la prima volta. Mentre l'esercito russo avanzava verso Kyiv, gli ucraini scesero in strada e si misero a urlare alle truppe in avvicinamento di «andarsene affanculo» e levarsi di torno. Qualcuno di loro aiutò a guidare l'esercito ucraino in direzione di bersagli nemici.

All'isola dei Serpenti, un minuscolo avamposto ucraino nel

Mar Nero, due navi da guerra russe intimarono alle tredici guardie di frontiera ucraine di arrendersi.[13] Uno di loro prese la radio e rispose: «Nave da guerra russa, vattene affanculo». La Russia catturò l'isola dei Serpenti, ma l'atteggiamento di sfida degli ucraini fece il giro dei mezzi d'informazione di tutto il mondo, e divenne il simbolo della resistenza ucraina.

Più tardi quello stesso giorno circolarono voci secondo cui Zelensky e i suoi collaboratori più stretti erano fuggiti dall'Ucraina.[14] Così il presidente girò un video di se stesso che camminava per le vie di Kyiv con la sua squadra di consiglieri, compreso il capo di Stato maggiore, Andrij Jermak.

«Siamo tutti qui» dichiarò Zelensky, «a difendere la nostra indipendenza e il nostro Stato, e qui resteremo. Gloria alle donne che ci difendono. Gloria all'Ucraina!»

Quando lo vide, il generale Mark Milley, capo dello Stato maggiore congiunto, disse: «Zelensky era un mago dell'etere, e continua a esserlo».[15]

Anche il direttore della CIA Burns rimase colpito dalla leadership di Zelensky. «In quelle 48-72 ore è rimasto. Ha incassato il colpo peggiore che i russi potevano infliggergli. È ancora in piedi, e credo che porterà con sé tutto il Paese.»

Nelle prime ore del conflitto, come previsto dall'intelligence americana, le forze russe cercarono di impadronirsi dell'aeroporto di Hostomel':[16] un grosso scalo merci a circa quindici chilometri da Kyiv. L'aereo più grande del mondo, il Mriya, si trovava proprio in un hangar di Hostomel'.

L'aeroporto rivestiva un enorme valore strategico per i russi, che avevano in mente di usarlo come ponte aereo per i grossi velivoli da trasporto militari Il-76 carichi di blindati e battaglioni aviotrasportati per prendere il controllo di Kyiv.[17] I russi avevano già numerosi Il-76 in volo, pronti ad atterrare.

Gli ucraini avevano commesso un errore tattico mandando le loro brigate migliori verso est. Ma l'attacco all'aeroporto non andò come la Russia aveva previsto. I soldati ucraini circondarono le forze russe all'interno dell'aeroporto prima che avessero la possibilità di chiamare rinforzi. Fu la prima grande battaglia della guerra.

Gli ucraini si batterono con tale accanimento che la Russia non poté far atterrare i suoi aerei.[18] Anche se alla fine i russi presero il controllo dell'aeroporto, gli ucraini avevano provocato così tanti danni con le bombe e l'artiglieria che i nemici non furono in grado di utilizzarlo per i rifornimenti.

«La teoria militare non tiene conto dei tizi normali con i pantaloni della tuta e i fucili da caccia»[19] disse il generale Valerij Zalužnyj, soprannominato Generale di ferro, comandante in capo dell'esercito ucraino.

Nella prima ondata, le forze russe si impadronirono anche della centrale nucleare di Černobyl', ma commisero di nuovo errori fatali, attraversando coi carri armati e i blindati la «Foresta rossa», l'area più contaminata.[20] I dipendenti di Černobyl' riferirono che i russi dicevano che era stato un suicidio per quelli che avevano respirato la polvere radioattiva.

Burns aveva visto nelle informazioni dell'intelligence che «la direttrice dell'invasione russa andava dritta dalla Bielorussia a sud e mirava all'Ucraina, che con poco traffico è un tragitto di due ore e mezzo. L'obiettivo era di colpire rapidamente Kyiv. Di decapitare il regime».

Un'altra sorpresa fu che ai piloti di elicottero russi non piaceva volare di notte, il momento preferito dai piloti americani. Durante il giorno erano bersagli facili per il fuoco ucraino. L'esercito ucraino stava anche eseguendo complesse operazioni di terra sfruttando il favore delle tenebre per ricacciare indietro i nemici.

Il quinto giorno dell'invasione, il 28 febbraio, un convoglio russo lungo quasi sessantacinque chilometri di soldati, carri armati, camion di rifornimenti, armamenti e artiglieria era bloccato in un gigantesco ingorgo: un evidente errore tattico.[21]

«Quello che hanno fatto gli ucraini non era scienza missilistica» disse Burns. «Colpivano metodicamente il primo e l'ultimo veicolo del convoglio e poi cercavano i camion di combustibile. Non c'è voluto molto prima che si ritrovassero fermi.»

I carri armati russi erano impantanati nel fango, senza carburante, e alcuni vennero semplicemente mandati fuori strada dopo che gli ucraini avevano scambiato i cartelli stradali. Un cecchino ucraino uccise un maggior generale che si era avventurato fuori da uno dei veicoli bloccati.

Il convoglio russo aveva cibo e acqua solo per tre giorni. Registrazioni video di carri armati e veicoli bruciati mostravano altresì che i soldati avevano portato le uniformi da parata aspettandosi di celebrare la vittoria.

«Credevano che avrebbero guidato senza problemi dalla Bielorussia a Kyiv e si stavano preparando tutti alla parata vittoriosa» disse l'ambasciatrice ucraina negli Stati Uniti Oksana Markarova mentre guardava la colonna dirigersi verso la sua città natale, Vorzel'.

«L'assoluta incompetenza dell'operazione militare russa era ormai chiara» disse convinto Burns. «In parte era accaduto perché il circolo di decisori era così ristretto che l'esercito veniva a sapere le cose mentre l'operazione era in corso.

«I comandanti delle unità non avevano capito davvero quali fossero i loro obiettivi» spiegò Burns. «La logistica e le alte gerarchie avevano fatto un bel casino.»

L'esercito russo, a differenza di quello americano, era un sistema molto verticistico. Gli ufficiali di rango più basso sul campo non prendevano l'iniziativa, perciò i soldati russi aspettavano istruzioni dal quartier generale anziché adattarsi alla situazione e improvvisare.

Burns aveva previsto che l'esercito russo avrebbe fatto la mossa ovvia in accordo alla dottrina militare.

«Ci aspettavamo che facessero esattamente quello che avrebbero fatto i militari americani, ovvero usare le prime ventiquattr'ore per mettere fuori uso il sistema di comando e controllo e la difesa antiaerea. E invece non lo fecero.»

Il direttore della CIA si consultò coi suoi analisti di intelligence. Perché la Russia non aveva fatto la cosa più ovvia? In parte era arroganza. «Erano convinti che gli ucraini si sarebbero fatti da parte. Perché distruggere tutti quei sistemi per poi doverli ricostruire?»

La battaglia per Kyiv durò meno di cinque settimane.[22] Il ministro della Difesa russo – non Putin – annunciò che stava ritirando le truppe dalla capitale. Almeno 35.000 soldati russi avevano partecipato alla fallita marcia su Kyiv. Secondo i calcoli della NATO, almeno 10.000 di loro erano stati uccisi.

Gli ucraini avevano costretto la seconda potenza militare mondiale a ritirarsi, infrangendo l'immagine della Russia come una forza militare di altissimo livello.

Al Pentagono, il segretario della Difesa Austin monitorava costantemente il campo di battaglia in Ucraina.

«Credo che abbia preso la decisione finale [di invadere] solo all'ultimo momento» disse Austin ai suoi più stretti collaboratori parlando di Putin. «Le sue truppe non erano preparate come avrebbero dovuto.

«In combattimento i soldati faranno esattamente ciò che sono stati addestrati a fare, e se credono nei loro capi, se si fidano dei loro capi, andranno oltre ogni aspettativa. Se non è così, è difficile ottenere qualcosa» commentò Austin.

Quando i russi si ritirarono dalla battaglia di Kyiv, si lasciarono dietro prove di orribili crimini di guerra.[23] Fosse comuni con centinaia di civili, corpi mutilati dalle torture e altri vittime di violenza sessuale.

L'intelligence americana dimostrò che la Russia aveva in mente di creare campi di concentramento nelle città e nei paesi ucraini occupati per «selezionare» i civili non disposti ad assoggettarsi al dominio russo.

All'interno del Consiglio per la sicurezza nazionale, Sullivan, Finer e il loro staff si lasciarono andare a riflessioni su tutto ciò che era accaduto fino a quel momento.

«Una cosa l'abbiamo azzeccata, ovvero ciò che stavano per fare, dove intendevano andare e quando» disse il direttore della pianificazione strategica del Consiglio per la sicurezza nazionale Alex Bick.

«Tutto il resto no» continuò. «Abbiamo sottovalutato la reazione europea.» Per mesi era sembrato che si trascinassero dietro i partner europei come una pesante slitta su una salita ripida. Ma dopo che la Russia aveva invaso l'Ucraina, gli europei si erano mossi in fretta e con decisione.

«Abbiamo sottovalutato moltissimo la determinazione degli ucraini e sopravvalutato l'esercito russo» spiegò.

«Tutte e tre queste cose hanno giocato a nostro favore» concluse Bick.

«Abbiamo messo in campo la miglior strategia che avevamo a disposizione» disse Jon Finer. «Ma se guardi al risultato, è difficile rallegrarsi. Resta comunque una guerra orribile.»

28

Steve Bannon, il trasandato stratega di estrema destra dai capelli grigi nonché consigliere di vecchia data di Trump, aveva seguito quello che stava succedendo fra Russia e Ucraina con fervore.

«Putin non è certo un woke»[1] disse Bannon nel suo podcast, «War Room». «È un gangster della vecchia guardia.

«L'Ucraina» proseguiva Bannon «è... tipo, un concetto. Non è neppure una nazione.»

Non appena la Russia invase il Paese, Bannon chiese l'impeachment di Biden, sostenendo che il presidente era più interessato a proteggere i confini dell'Ucraina che la frontiera meridionale degli Stati Uniti.[2] «Verrà sottoposto a impeachment. E saremo noi a farlo!

«Hunter Biden è laggiù coi suoi soci in affari? È là a sventolare la bandiera ucraina? Dov'è Hunter? Nella sua galleria d'arte? Con altre spogliarelliste? A fumare crack?»[3] lo punzecchiò Bannon.

Anche il conduttore di Fox News Tucker Carlson stava alimentando il fuoco della guerra culturale e chiedeva agli americani di ripensare alle critiche a Putin.[4] Considerava il suo brutale tentativo di conquista territoriale come un mero «contenzioso di confine» con l'Ucraina. Disse agli spettatori di chiedersi: «Perché odio così tanto Putin? Mi ha mai dato del razzista? Ha minacciato di licenziarmi perché non sono d'accordo con lui? Sta cercando di affossare il cristianesimo?».

29

«Quel cazzo di Putin» disse il presidente Biden, inferocito, ai suoi consiglieri nella privacy dello Studio Ovale. Era imbestialito col presidente russo. «Ve lo immaginate se non avessimo fatto quello che abbiamo fatto? Cristo santo!» urlò.

«Voglio dire, potrebbe invadere l'Estonia, prendersi gli Stati baltici. È l'essere umano più sconcertato sulla faccia della Terra per via dell'opposizione con cui adesso deve fare i conti. Sta lottando per la sua sopravvivenza» disse Biden.

Biden era disgustato dai resoconti e dalle immagini che gli venivano sottoposti quotidianamente sul tentativo russo di «papparsi l'Ucraina».

«Putin è il male. Abbiamo a che fare con l'incarnazione del male» disse Biden con fervore quasi religioso.

Biden osservò che Putin era controllato dalla sua brama di essere visto e ricordato nella storia russa come un uomo di grande potere... un leader globale alla pari con il presidente cinese Xi Jinping e il presidente degli Stati Uniti.

È una «fantasia» disse Biden. «Dobbiamo fermarlo.»

Putin non si sarebbe accontentato dell'Ucraina, Biden ne era convinto. La guerra in Ucraina era diventata una guerra per le nazioni libere e amanti della libertà di tutto il mondo.

La Russia aveva dato prova di un'inettitudine sconvolgente

nei primi giorni del conflitto, mandando in pezzi il mito secondo cui l'esercito russo era una forza formidabile e superefficace.[1]

L'Ucraina aveva combattuto una battaglia in stile Davide e Golia e aveva tenuto a bada la Russia contro tutte le aspettative. Ma i rapporti dell'intelligence americana mostravano che Putin era convinto che il tempo e le dimensioni dell'esercito russo fossero dalla sua parte.

Il presidente Biden disse di voler fare in modo che l'invasione di Putin si rivelasse un enorme fallimento strategico. Voleva sferrare un colpo chiaro e inequivocabile al presidente russo.

Un tardo pomeriggio, il presidente convocò alla residenza della Casa Bianca i suoi esperti di Russia facenti parte del Consiglio per la sicurezza nazionale per uno scambio di idee.

Sullivan e Finer, che guidavano la discussione, sottolinearono che l'invasione di Putin, almeno in parte, mirava a tener fuori dalla NATO un Paese, l'Ucraina, e a scoraggiare altri a fare lo stesso mostrando che l'alleanza atlantica era debole, divisa e fragile.

Ipotizziamo di ammettere altri Paesi nella NATO, l'esatto contrario di quello che voleva Putin. Se fatta coi dovuti crismi, la cosa si rivelerebbe un colpo strategico enorme contro Putin e una potente dichiarazione pubblica dell'unità dell'alleanza.

Storicamente, uno dei cardini della politica estera di Finlandia e Svezia era stato mantenere il non allineamento in ambito militare, ma l'invasione russa aveva chiaramente scosso i due Paesi.

I sondaggi eseguiti fra i cittadini finlandesi e svedesi, osservò Finer, rivelavano che l'invasione dell'Ucraina aveva suscitato un nuovo interesse verso l'adesione alla NATO. La Finlandia aveva dichiarato la propria indipendenza dalla Russia nel 1917 e fra i due Paesi corre un confine di 1331 chilometri. Supponiamo che la Finlandia entri nella NATO.

Prima dell'invasione i sondaggi[2] indicavano che solo il 25 per cento della popolazione finlandese era favorevole a aderire alla NATO. I nuovi sondaggi registravano uno scioccante 76 per cento. E in Svezia per la prima volta il 51 per cento dei cittadini si dichiarava a favore dell'adesione alla NATO, dal 42 per cento di gennaio, prima dell'invasione. Cambiamenti che i politici avrebbero dovuto prendere sul serio, disse Finer.

Per i finlandesi in particolare, la guerra degli ucraini era tristemente familiare. La Russia aveva invaso la Finlandia nel 1939, durante la Seconda guerra mondiale. Nonostante fossero in netta inferiorità numerica, i finlandesi avevano respinto l'occupazione sovietica in quella che in seguito divenne nota come Guerra d'inverno, ma persero il 10 per cento della loro provincia orientale, la Carelia, che ancora oggi appartiene alla Russia.

Biden vide un'opportunità.[3] I due Paesi nordici erano democrazie solide con economie sviluppate e un esercito moderno. La Finlandia aveva una forza di 280.000 persone, la Svezia molto meno, circa 46.000, ma la spesa militare era aumentata dopo che Putin aveva invaso la Crimea nel 2014.

Se la Finlandia fosse entrata nella NATO, la frontiera fra l'Alleanza e Mosca si sarebbe raddoppiata, offrendole il dominio strategico del Mar Baltico, dove anche gli svedesi avevano un confine marittimo con la Russia.

«Praticamente sarebbe come mostrare il dito medio a Putin» osservò Finer.

Amanda Sloat, responsabile per l'Europa al Consiglio per la sicurezza nazionale, fece pressioni perché Biden incontrasse il presidente Sauli Niinistö per capire cosa pensasse di Putin.

«I finlandesi osservano Putin da vicino più di quasi chiunque altro in Europa»[4] disse Sloat. «Niinistö tiene d'occhio la Russia da anni.» Il presidente finlandese aveva parlato con Putin in numerose occasioni. «Voglio dire, i loro Paesi hanno da appianare controversie relative alla pesca e ad altre questioni» aggiunse Sloat.

Esploriamo questa strada e vediamo cosa si può fare, disse Biden.

Il 4 marzo, dieci giorni dopo l'invasione di Putin, il presidente Biden incontrò Niinistö alla Casa Bianca per parlare dell'ingresso della Finlandia nella NATO.[5]

Niinistö disse che conosceva Putin da anni. A volte avevano giocato a hockey insieme, e Putin non aveva mai perso.

Ciò che preoccupava Niinistö era l'intervallo di tempo fra l'annuncio dell'intenzione della Finlandia di entrare nella NATO e l'effettivo ingresso nell'Alleanza, che avrebbe offerto la protezione dell'articolo 5. L'intervallo era troppo lungo e caratterizzato dall'incertezza, e li avrebbe lasciati vulnerabili. Putin avrebbe potuto sfruttare quell'interregno e cercare di costringere la Finlandia a cambiare idea. Niinistö non voleva che il suo Paese fosse la prossima Ucraina.

Biden chiese a Sullivan e Finer di cercare delle alternative per gestire il rischio in quel lasso di tempo. Si sarebbero potute accelerare le esercitazioni congiunte con la Finlandia e la Svezia? Quale messaggio forte avrebbero potuto mandare per scoraggiare la Russia dal tentare alcunché? Che garanzie di sicurezza era possibile dare?

«Non c'è molto che la Russia possa fare» disse Finer a Sullivan. «Probabilmente il 50 o 60 per cento della potenza di combattimento russa è rivolta a sud, verso l'Ucraina. L'ultima cosa che si possono permettere è un altro fronte di qualche tipo.»

Dmitrij Medvedev, vicepresidente del Consiglio per la sicurezza russo, avvertì che se la Svezia e la Finlandia fossero entrate nella NATO la Russia avrebbe impiegato armi nucleari e missili ipersonici contro Kaliningrad, un'exclave russa stretta fra Polonia e Lituania.

«Non si può più parlare di un Baltico libero dal nucleare. L'equilibrio dev'essere ripristinato»[6] disse Medvedev.

All'inizio di maggio, la Svezia confermò pubblicamente di aver ricevuto garanzie di sicurezza dagli Stati Uniti e dal Regno Unito, oltre che da altri Paesi della NATO.

«La Russia deve avere ben chiaro che gli Stati Uniti non permetteranno alcun genere di attività aggressive contro la Svezia... senza reagire»[7] disse la ministra degli Esteri Ann Linde alla tv svedese dopo un incontro con Biden a Washington.

I membri della NATO di Norvegia, Danimarca e Islanda rilasciarono una dichiarazione congiunta con cui si impegnavano a fornire supporto nel caso di ritorsioni russe. «Se Finlandia o Svezia dovessero essere vittime di un'aggressione sul loro territorio prima di ottenere l'adesione alla NATO, le assisteremo con tutti i mezzi necessari.»[8]

Il primo ministro britannico Boris Johnson fu molto più esplicito con la sua offerta di garanzie, recandosi sia in Svezia sia in Finlandia per firmare accordi di sicurezza reciproci in base ai quali se uno qualunque dei Paesi avesse subito un attacco o un disastro, si sarebbero sostenuti a vicenda in diversi modi, non escluso quello militare.[9]

In occasione di una conferenza stampa che si tenne al palazzo presidenziale di Helsinki dopo la firma, a Niinistö venne fatta una domanda sulle ritorsioni russe nel caso la Finlandia avesse aderito alla NATO.

«Se succedesse, la mia risposta sarebbe: sei stato tu a provocarlo. Guardati allo specchio» disse Niinistö, rivolgendosi a Putin, il suo vecchio amico.

Il 12 maggio, quando il presidente Niinistö e il primo ministro Sanna Marin annunciarono che la Finlandia avrebbe chiesto ufficialmente di entrare nella NATO, il Cremlino la accusò immediatamente di trasformare il suo territorio in una nuova linea di scontro militare con la Russia.

«La Russia sarà costretta a adottare ritorsioni, sia di natura tecnico-militare sia di altra natura, allo scopo di bloccare le minacce alla propria sicurezza nazionale»[10] avvertì il ministro degli Esteri russo. «Helsinki dovrebbe essere consapevole della responsabilità e delle conseguenze di tale decisione.»

Due giorni dopo, Niinistö chiamò Putin e lo informò di persona: la Finlandia avrebbe aderito alla NATO. Putin obiettò in maniera sorprendentemente pacata.

Disse che era un errore, riferì Niinistö, e che la Finlandia non era minacciata.

Puntuale come un orologio, la Svezia annunciò pubblicamente la propria intenzione di entrare nella NATO, scostandosi dalla politica di non allineamento militare durata settantatré anni.[11]

Lo stesso giorno la NATO diede il via a una delle sue esercitazioni su più larga scala nella regione baltica, che coinvolse 15.000 soldati provenienti da dieci Paesi, otto membri dell'Alleanza, più Svezia e Finlandia.[12] L'esercitazione, battezzata «Hedgehog» (riccio), si svolse in Estonia, a 64 chilometri dalla base militare russa più vicina, e simulava un attacco russo al Paese, proprio sotto il naso di Putin.

Nel frattempo in tutta Europa, dal Nord ai Balcani, si svolsero manovre con 18.000 soldati in Polonia, gli elicotteri nel Nord della Macedonia, 3000 soldati alleati e 1000 veicoli, fra cui carri armati tedeschi Leopard 2, in Lituania.

Il messaggio a Putin era chiaro.

La Finlandia entrò ufficialmente a far parte della NATO, con la protezione dell'articolo 5, il 4 aprile 2023, cosa che aggiungeva altri 1331 chilometri al confine della Russia coi Paesi membri dell'Alleanza.[13] Fu un cambiamento di enorme portata nella politica estera e di sicurezza della Finlandia.

La Turchia e l'Ungheria all'inizio posero il veto all'accesso della Svezia alla NATO, ma il 7 marzo 2024 anche la Svezia divenne finalmente membro a tutti gli effetti.[14]

30

Una settimana dopo l'invasione, il senatore repubblicano del South Carolina Lindsey Graham era a Mar-a-Lago per giocare a golf e cenare con Trump.

«Andare a Mar-a-Lago è un po' come andare in Corea del Nord» disse Graham. «Tutti si alzano in piedi e applaudono ogni volta che compare Trump.

«Perciò, appena gli sono comparso alle spalle mi hanno tributato una standing ovation!» raccontò. Pensò che fosse per i suoi commenti su Putin. «Avevo detto, liberatevi di Putin. Se bisogna ucciderlo, uccidetelo» spiegò.

In un'intervista a Fox News del 4 marzo Graham aveva dichiarato che i russi avrebbero dovuto assassinare Putin.[1] Poi aveva rincarato la dose con un post sui social media: «L'unico modo per porre fine a questa guerra è far fuori il tizio. Rendereste un gran servizio al vostro Paese... e al mondo» scrisse.

I commenti causarono una breve tempesta di fuoco.

La portavoce della Casa Bianca Jen Psaki si affrettò a chiarire che quella non era «la posizione del governo degli Stati Uniti».[2]

Il portavoce del Cremlino Dmitrij Peskov ribatté insinuando che Graham fosse pazzo. «Purtroppo, in un'atmosfera così tesa, c'è un'escalation isterica della russofobia. In questi giorni, non tutti riescono a mantenersi lucidi, direi perfino sani di mente, e molti hanno perso la testa.»[3]

Parlando con i presenti a Mar-a-Lago, Graham minimizzò i suoi commenti.

«Non penso fossero nulla di che» spiegò. «Voglio dire, c'è qualcuno che dubita che sarebbero stati tutti meglio se i tedeschi si fossero liberati di Hitler?»

Durante la cena Trump e Graham parlarono della minaccia di Putin di usare armi nucleari in Ucraina.

«Non possiamo fargliela passare liscia» disse Trump. «Noi abbiamo un esercito più grande. Abbiamo sottomarini letali. Io manderei dei sottomarini davanti alle coste russe per dire: ti stiamo osservando.

«Perché non possiamo farci coinvolgere?» chiese a Graham. «Perché lasciamo che gli aerei volino?» Graham si rese conto che Trump si stava domandando perché gli Stati Uniti non avessero istituito una zona di interdizione al volo per impedire ai russi di sorvolare lo spazio aereo ucraino.

Zelensky aveva chiesto a Biden di «chiudere i cieli». Biden si era ripetutamente rifiutato. Non voleva una situazione in cui le forze americane o NATO dovessero abbattere degli aerei russi. Sarebbe potuta sfociare facilmente nella Terza guerra mondiale.

«Tutti pensano che i russi si impadroniranno dell'Ucraina in una settimana e poi faranno un accordo di pace e fine della storia» disse Graham. «Be', gli ucraini si stanno battendo come tigri. Zelensky è diventato il Churchill della sua epoca e i russi se la passano malissimo. Potrebbero perdere. Potrebbero uscire sconfitti da questa impresa militare se noi potessimo fare di meglio nei cieli.»

Il mattino dopo Graham fece nove buche con Trump, che adesso giocava a golf cinque giorni alla settimana. Alcuni dei caddy si avvicinarono per chiedere una foto. Non con Trump, ma con Graham.

«Anche i caddy vogliono liberarsi di Putin» scherzò Graham rivolto a Trump. Ma l'ex presidente non lo stava più ascoltando. Fissava i caddy, come se si fosse reso conto all'improvviso che essere spietati con Putin era popolare.

Il 5 marzo, durante una raccolta fondi a New Orleans con i donatori più importanti del Partito repubblicano, Trump suggerì che gli USA avrebbero dovuto mettere la bandiera cinese sui loro caccia F-22 e poi «fare un culo così alla Russia».[4]

«Dopodiché diciamo: sono stati i cinesi, non siamo stati noi ma la Cina, e a quel punto si mettono a farsi la guerra fra loro e noi ce ne stiamo comodi a guardare» disse quasi con gioia.

I presenti si misero a ridere.

31

Mentre era in Polonia, circondato di enormi casse di aiuti umanitari per l'Ucraina, al segretario della Difesa Lloyd Austin fu chiesto quali erano gli obiettivi dell'America per la guerra.

«Vogliamo vedere la Russia indebolita al punto da non poter più fare il genere di cose che ha fatto invadendo l'Ucraina»[1] rispose, aggiungendo: «Ha già perso un bel po' della sua capacità militare e un sacco di soldati, a dirla tutta».

Un segnale del fatto che i paletti dell'America erano stati spostati oltre l'aiutare l'Ucraina a difendersi. Adesso Biden voleva indebolire in modo decisivo la capacità della Russia di minacciare l'Europa.

Due giorni dopo, il 26 aprile, Austin convocò una riunione del Gruppo di contatto per la difesa dell'Ucraina alla base aerea di Ramstein, in Germania.[2] I ministri della Difesa provenienti da quaranta Paesi discussero di quale supporto, addestramento e consigli dare al Paese invaso. Come doveva configurarsi il coinvolgimento NATO?

Il ministro della Difesa ucraino Oleksij Reznikov rimase galvanizzato dall'incontro e aggiornò Zelensky parlando di uno «spostamento filosofico tettonico» nell'approccio NATO all'Ucraina.[3] L'ingresso nella NATO non veniva preso in considerazione, ma l'Alleanza si era impegnata a fornire armi, addestramento e intelligence come un team.

Con l'invasione dell'Ucraina, Putin aveva accelerato enormemente proprio ciò che temeva. L'Ucraina sarebbe diventata una forza militare efficiente, all'altezza degli standard NATO e appoggiata dall'alleanza militare più potente al mondo.

32

Una sera di quella primavera, il presidente Biden stava cenando con un amico alla Casa Bianca quando comparve suo figlio Hunter,[1] che scostò una sedia e si accomodò al tavolo. La first lady Jill Biden era fuori città.

Interrompendo la conversazione, Hunter disse che chi aveva più da perdere dall'esito delle elezioni di metà mandato era proprio lui.

Se i repubblicani avessero acquisito il controllo sia della Camera sia del Senato avrebbero continuato a stargli addosso, ficcando il naso nei suoi affari.

Continuò a blaterare della sua crisi personale.

Il presidente Biden si appoggiò allo schienale della sedia, chiuse gli occhi e sospirò. Parve quasi cadere in trance, e la cosa durò per un po'.

«Nessuno di noi può davvero misurare il fardello che Hunter rappresenta per lui» disse in seguito l'amico.

Dopo cena, Biden fece fare all'amico un giro della residenza della Casa Bianca.

«Voglio mostrarti dove dormono i miei nipoti quando vengono qui» disse, entrando in una stanza sul retro della residenza.

Sulla scrivania campeggiava un gruppo di foto incorniciate che mostrava i familiari di Biden in età e momenti della vita diversi, sorridenti, abbracciati. In fondo c'era la foto di un giovane in completo e cravatta.

Biden la prese e la fece vedere all'amico.

«Questo è mio padre» disse. «Un uomo straordinario.»

Adottò il tono da narratore, così caratteristico del presidente. «Una volta, quando ero ragazzo, stavo per uscire e mio padre mi disse: Joey, non andare. Voglio portarti a New York in un ristorante raffinato. Voglio farti vedere come ci si deve comportare con un maître di sala.»

L'amico si rese conto che il padre di Biden molto probabilmente non aveva idea di come ci si comporti con un maître, ma doveva aver pensato che fosse importante che suo figlio lo imparasse.

Il presidente tirò fuori il portafoglio e prese una foto.

«Questa è mia figlia» disse, e gli si riempirono gli occhi di lacrime. Era un ritratto di Naomi Biden, che era rimasta uccisa in un incidente d'auto insieme alla prima moglie, Neilia Hunter Biden, nel 1972. Neilia era andata a fare compere di Natale con i tre bambini. I due figli, Hunter e Beau, erano sopravvissuti. Il mese successivo Biden prestò giuramento come senatore.

Biden sembrava in preda a una trance emotiva mentre prendeva e poi rimetteva giù fotografie che probabilmente aveva guardato migliaia di volte. C'era qualcosa di ordinario, di intimo, in quell'atteggiamento, pensò l'amico. Biden continuò a parlare del passato e della sua famiglia come se fosse una consolante storia della buonanotte.

33

Durante una ventosa partita di golf a Bedminster, il circolo di Trump appena fuori New York, il senatore Lindsey Graham lo sollecitò a candidarsi nuovamente per la presidenza. Insieme a loro sul green c'era Jay Clayton, il presidente della Securities and Exchange Commission (SEC) di Trump.

«Ho intenzione di farlo» disse Trump. Non c'era bisogno che lo selezionassero, aggiunse, sarebbe entrato in corsa in qualunque momento.

Trump spiegò che la decisione era presa «al 90 per cento». Era anche una questione di affari. Doveva pensare alla sua situazione finanziaria, alle sue case. Cosa poteva fare se si candidava e cosa nel caso contrario?

«Se paragona quello che ha fatto da presidente a quello che stanno facendo loro, ha un'ottima probabilità di vincere» gli disse Graham. «Se chiede al Partito repubblicano: pensate che Trump dovrebbe correre ancora o è il momento di una faccia nuova? In questo momento la risposta sarebbe circa 60-40.

«Se si candida di nuovo e vince, allora il 6 gennaio non sarà più ricordato come il suo necrologio» continuò Graham. «Se invece non si candida, il tempo farà il proprio corso. Il prossimo candidato repubblicano tenterà di mostrarsi completamente diverso da lei. Qualcosa del tipo: "Mi piacciono le scelte politiche di Trump, solo che non mi piace Donald Trump".

«Se si candida e vince, sarà il più grande secondo atto nella storia della politica americana» proseguì Graham. «Dopodiché avrà quattro anni per riscrivere la sua eredità e fare del trumpismo un movimento più sostenibile, qualcosa che può lasciare alla prossima generazione.»

Trump rivolse la sua attenzione a Graham. La cosa gli piaceva moltissimo. Dopo un momento l'ex presidente disse: «Che significa?».

«I secondi atti sono difficili da ottenere in politica, signor presidente» spiegò Graham. «Se riesce a ottenerlo, lo sfrutti.»

Graham voleva che Trump pensasse in grande. Che unisse il Paese sull'immigrazione, la riforma della previdenza sociale, l'energia.

Ma Trump voleva continuare a insistere sui risultati delle elezioni del 2020, che si rifiutava ancora di accettare di aver perso.

«Signor presidente, il 20 per cento delle persone che vuol continuare a parlare del 2020 non la farà eleggere» gli spiegò Graham.

Trump non se ne diede per inteso.

«I repubblicani sono pronti a lasciarsi alle spalle il 2020, glielo assicuro» lo implorò Graham. La sera, quando Trump andava a letto, pensava davvero che gli avessero rubato le elezioni? Graham non poteva esserne sicuro. Ma era la narrazione cui Trump non avrebbe mai rinunciato.

«Vogliono che lei si candidi di nuovo. Pensavano che lei fosse un buon presidente» disse Graham. «Ma se credono che non possa vincere, la pianteranno in asso.

«In questo momento per i repubblicani vincere è più importante di tutto il resto» aggiunse.

A giudicare dalle conversazioni coi colleghi, Graham era convinto di avere un'idea molto precisa del Partito repubblicano. «Nelle primarie repubblicane c'è un 50 per cento di persone che seguirebbe Trump se si buttasse giù da una scogliera. Un 20 per cento che lo spingerebbe giù dalla scogliera. E un 30 per cento che aspetta di capire da che parte tira il vento.

«Deve convincerli che può vincere, e vincere significa 2024, non 2020» concluse Graham.

Probabilmente aveva perso l'attenzione di Trump parecchio tempo prima.

Qualche giorno dopo, Graham chiamò Trump per dirgli che il governo israeliano si era sciolto.[1] «[Yair] Lapid sarà il nuovo primo ministro. Si terranno delle elezioni in ottobre e c'è il 40 per cento di probabilità che Bibi Netanyahu possa tornare in scena» disse. Sarebbero state le quinte elezioni in tre anni. Trump era ancora furibondo con Netanyahu per aver chiamato Biden per congratularsi con lui di aver vinto le elezioni del 2020.[2]

«È probabile che Bibi proverà a chiamarla per convincerla ad appoggiarlo» proseguì Graham. «Ne stia fuori. Non ha bisogno di farsi coinvolgere in questa faccenda.»

«Oggi ho tenuto un discorso e ho menzionato le elezioni del 2020 solo due volte!» replicò Trump, come se avesse dato prova della massima moderazione.

In maggio il governo approvò un pacchetto di emergenza per l'Ucraina di 40 miliardi di dollari, che comprendeva 19 miliardi di aiuti militari.[3] Molti repubblicani, incluso Lindsey Graham, accusarono l'amministrazione Biden e il Pentagono di «rallentare» l'assistenza militare.

La Russia aveva perso 30.000 uomini.[4] Ma gli ucraini avevano un disperato bisogno di altre armi per tenere a bada il flusso apparentemente inesauribile di soldati russi.

«Combattono una battaglia di artiglieria e il rapporto di armamenti è di dieci a uno!» disse Graham. «Se fanno tanto di sbattere le palpebre verranno massacrati.

«In genere le guerre si vincono quando l'avversario finisce i soldati, finisce i soldi, finisce le armi» proseguì. «Perciò, chi finirà i soldati, i soldi e le armi per primo?»

Ovviamente l'Ucraina, sostenne Graham.

«Se riusciamo a superare i prossimi cinque o sei mesi e se gli europei iniziano davvero a rinunciare al gas e al petrolio russi,

Putin si ritroverà in un mare di guai» disse Graham. «Perché è l'unica cosa che li fa andare avanti.

«Finché continuiamo a fornire armi e sostegno economico, è una guerra d'attrito, giusto?»

Anche se il pacchetto di aiuti era appoggiato dalla maggioranza dei repubblicani della Camera, e passò per 378 voti contro 57, Trump strigliò i democratici per aver mandato miliardi all'Ucraina.

«I democratici inviano altri 40 miliardi di dollari all'Ucraina, ma i genitori americani hanno difficoltà a dar da mangiare ai propri figli»[5] affermò Trump, dichiarando che «nessuno parla» della carenza di latte in polvere negli Stati Uniti.

«Ci sono sempre state voci isolazioniste nel Partito repubblicano»[6] commentò il leader repubblicano del Senato Mitch McConnell. «Non è un problema.»

34

Verso la fine di giugno 2022 il segretario di Stato Tony Blinken si ritrovò seduto accanto al cancelliere tedesco Olaf Scholz al bar dello Schloss Elmau, uno splendido resort di lusso immerso nelle Alpi bavaresi. Si stavano rilassando dopo una giornata piena di riunioni per il G7, a cui partecipavano gli esponenti delle democrazie più avanzate: Stati Uniti, Francia, Germania, Regno Unito, Italia, Canada e Giappone.

Era un'occasione per condividere alcune delle preoccupazioni personali di fronte a un drink.

È riuscito in un'impresa straordinaria,[1] disse Blinken al cancelliere. Non solo è riuscito a portare la Germania a tenere una linea forte nella difesa dell'Ucraina, ma anche a riaffermare la posizione del Paese in Europa. Scholz aveva infatti annunciato un aumento del 3 per cento per i fondi destinati alla difesa, mentre il bilancio generale aveva subito tagli sostanziali.

Era un cambiamento storico, che si discostava dalla filosofia antimilitarista che la Germania aveva adottato sin dal secondo dopoguerra, notò Blinken.

«Per me è una questione molto sentita» rispose Scholz. «E mi preoccupa anche.»

«Cosa intende, cancelliere?» chiese Blinken.

«La gente ha accolto positivamente la decisione» spiegò Scholz. «Ma non sono sicuro di come la penseranno tra qualche anno, quando avremo mantenuto i nostri impegni e la Germania sarà tornata a essere la prima potenza militare in Europa. Non sono sicuro che alla gente piacerà.»

Il cancelliere aggiunse: «Non è stata una decisione facile, perché il peso della storia grava sulla mia mente, ed è importante che la Germania – con le sue profonde radici europee – se ne ricordi. Questo significa però che la gente potrebbe non essere così entusiasta di questa scelta».

«Penso che sia ammirevole da parte sua non perdere di vista il retaggio storico» rispose Blinken. «Per come la vedo io, lei ha preso una decisione giusta e importante perché, in realtà, il modo migliore per mantenere la pace ed evitare un altro conflitto mondiale è che i Paesi che possono svolgere un ruolo di leadership nel mantenere l'ordine lo facciano. E la Germania, sotto la sua guida, si è messa in gioco.»

Nonostante le sue parole, Blinken capì che la decisione preoccupava il cancelliere. Essere obiettivi di fronte alla storia di una nazione è fondamentale per progredire. E questo era difficile per la Germania, come forse per qualsiasi altro Paese.

A Blinken tornò in mente quella chiacchierata qualche mese più tardi, durante una conversazione con il ministro degli Affari esteri tedesco Annalena Baerbock, esponente di punta del Partito dei Verdi, che era anche una delle più convinte sostenitrici dell'Ucraina nel parlamento tedesco.

Blinken era in contatto con lei da qualche tempo perché erano in trattativa affinché la Germania fornisse dei carri armati Leopard 2 all'Ucraina, o che perlomeno ne consentisse il trasferimento da parte di Paesi terzi.

Quei carri armati di produzione tedesca pesavano 62 tonnellate ed erano dotati di una torretta e di un cannone enormi.[2] Quando si spostavano facevano tremare la terra. Erano un terribile strumento di guerra, colonne portanti del combattimento terrestre: dal punto di vista sia fisico sia psicologico, vederli schierati faceva comprendere immediatamente il livello di serietà e forza dello scontro. Impossibile non notarli quando si muovono. Il Leopard 2 ha un raggio d'azione di circa 480 chilometri ed è dotato di un equipaggiamento speciale per la visione notturna e di un telemetro laser che avrebbero consentito agli ucraini di colpire con maggior efficienza gli obiettivi in movimento.

Già da qualche tempo l'Ucraina aveva richiesto dei carri armati per potersi difendere e respingere gli attacchi dell'artiglieria russa, che si facevano sempre più incalzanti.[3]

I Leopard 2 erano utilizzati da oltre una decina di Paesi europei, quindi disponibilità, logistica e manutenzione erano già in Europa. Ma, come per tutte le tipologie di armi, le nazioni che le acquistano devono ottenere un permesso speciale dal Paese produttore prima di poterle consegnare a un altro Stato. Con il via libera della Germania, gli alleati europei avrebbero potuto fornire carri armati, addestramento e pezzi di ricambio all'Ucraina.

Baerbock assicurò a Blinken che stava sollecitando la fornitura di Leopard 2 al governo tedesco.

«Ma il cancelliere non è entusiasta dell'idea» gli fece notare. «In una riunione ha detto: "Vi immaginate cosa succederà quando usciranno foto di carri armati tedeschi in giro per l'Europa a portare devastazione? Come reagirà la gente?".» Le aggressioni della Germania nella Prima e nella Seconda guerra mondiale erano un ricordo ancora vivido.

«Guardi» rispose Blinken. «Lo capisco, davvero.» Riportò a Baerbock la sua conversazione con Scholz in quel bar sulle Alpi.

Il problema non era che Scholz non voleva fornire i carri armati all'Ucraina. Blinken ne era convinto. Il nocciolo della questione erano il peso della storia e l'immaginario a essa associato: impossibile ignorarli.

«Già allora era estremamente preoccupato per il messaggio che sarebbe passato all'opinione pubblica» disse Blinken.

Baerbock chiese quali erano i piani degli americani. Avrebbero fornito degli Abrams?

Gli M1 Abrams sono dei carri armati da battaglia pesanti di

fabbricazione statunitense, già usati in combattimento durante le guerre in Afghanistan e Iraq.

«Guardi, credo che per il nostro esercito sarebbe come fare un buco nell'acqua» rispose Blinken. «I vostri carri armati sarebbero immediatamente disponibili per gli ucraini. L'Abrams, invece, è un sistema completamente diverso, ci vorrebbe del tempo per completare l'addestramento. Inoltre la manutenzione è più onerosa. Quindi non credo che i due strumenti si possano paragonare.»

«Purtroppo non sono sicura che il cancelliere cambierà idea» concluse Baerbock.

Anche il Pentagono era contrario a fornire gli Abrams all'Ucraina, dati i lunghi tempi di consegna e la difficile logistica.

«L'Abrams è un veicolo da combattimento estremamente complicato»[4] aveva detto il sottosegretario della Difesa Colin Kahl ai giornalisti nel gennaio 2023. «Non credo che dovremmo fornire agli ucraini equipaggiamento che non possono riparare o mantenere e che, se guardiamo al futuro, non possono permettersi, perché non è una soluzione utile.»

Il presidente Zelensky aveva partecipato in videoconferenza a un summit a Davos e si era lamentato dei ritardi, accusando gli alleati di perdere troppo tempo a rimuginare su tutto.[5] L'Ucraina aveva bisogno di carri armati. E con urgenza. «Mentre il mondo libero perde tempo a riflettere, lo Stato terrorista lo impiega per uccidere» disse.

Poco tempo dopo, il presidente Biden si trovava seduto alla Resolute Desk nello Studio Ovale, impegnato in una telefonata con Scholz. Mise il vivavoce, di modo che anche Blinken e Sullivan potessero ascoltare la conversazione.

Dopo i soliti convenevoli, Scholz venne al sodo.

«Autorizzerà gli Abrams?» chiese.

Biden gli spiegò pazientemente ancora una volta i motivi per cui non intendeva farlo. In fin dei conti, non aveva alcun senso. I tempi di consegna erano lunghi, avrebbero perso ulteriore tempo a addestrare gli ucraini e i carri armati sarebbero stati difficili da manutenzionare o rifornire, quindi non li avrebbero potuti impiegare immediatamente sul campo di battaglia.

«I vostri carri armati, invece, gli sarebbero molto utili adesso» disse Biden. «Glieli possiamo fornire?»

«Ma che mi dice dei vostri carri?» ripeté Scholz.

Blinken e Sullivan ascoltarono i botta e risposta dei due leader, entrambi fermi sulla propria posizione.

«Joe, sai che se tu non ti muovi su questa questione mi rendi davvero la vita difficile» sospirò Scholz, che non riusciva a scrollarsi di dosso il timore di come l'opinione pubblica avrebbe reagito alla notizia dei carri armati tedeschi in giro per l'Europa. «Non credo di poterlo fare» disse.

«D'accordo» rispose Biden. «Capisco cosa intendi, ma cerchiamo un punto d'incontro. È importante arrivare a una soluzione. Chiederò alle nostre squadre di portare avanti questa conversazione.»

Biden riattaccò e osservò Sullivan e Blinken. «Temo che siamo in un vicolo cieco» disse. «È come sbattere la testa contro un muro.»

«Signor presidente, credo che ci sia un modo per smussare gli angoli» intervenne Blinken. «Ha ragione, non riusciremo a far avere gli Abrams agli ucraini in tempo per questa controffensiva. Ma prima o poi finiremo per fornirglieli, visto che già da un po' parliamo dell'esercito ucraino del futuro e del loro bisogno di potenziare le difese di terra. Quindi perché non accontentare i tedeschi, dire che procediamo, così da fornire loro un pretesto per autorizzare la consegna dei loro carri armati anche se i nostri non arriveranno prima di un altro anno?

«Ritengo che basti fare l'annuncio ufficiale» aggiunse. «Così Scholz avrà quello che gli serve.» Come nella maggior parte dei casi, anche questa volta la politica di facciata poteva favorire il processo decisionale.

«È una buona idea» rispose Biden. «Proviamoci.»

Blinken e il dipartimento di Stato testarono la proposta sottoponendola ai tedeschi tramite i loro canali di comunicazione.

La risposta fu: «Siamo d'accordo. Voi vi impegnate a fornire gli Abrams in linea di principio. Noi ci impegneremo a consegnare i Leopard con tempistiche più rapide».

Non molto tempo dopo, il 25 gennaio 2023, nella Roosevelt Room, il presidente Biden annunciò che gli USA avrebbero inviato trentuno carri armati Abrams all'Ucraina, «i carri armati più efficaci al mondo».[6]

«Questa decisione non rappresenta un'offensiva verso la Russia» chiarì Biden. «Se le truppe russe si ritirassero, la guerra finirebbe oggi.»

35

Alla fine di settembre 2022 Jake Sullivan era seduto da solo alla sua scrivania nell'Ala Ovest della Casa Bianca, intento a sfogliare l'ultimo dossier delle informazioni top secret (Sensitive Compartmented Information, SCI), da cui emergeva la straordinaria capillarità della presenza dell'intelligence statunitense in tutto il mondo, in particolare in Paesi come la Russia.

Sullivan fissava terrorizzato le nuove informazioni di intelligence sotto i suoi occhi.

Le agenzie di spionaggio statunitensi riportavano nuove conversazioni, dai contenuti estremamente sensibili e credibili, svoltesi all'interno del Cremlino, da cui emergeva che il presidente russo Vladimir Putin stava prendendo in seria considerazione l'idea di impegnare un'arma tattica nucleare nella guerra russo-ucraina.

Stando a quanto riportavano le agenzie, Putin si stava innervosendo sempre più a causa dei recenti fallimenti sul campo di battaglia.

Gli ucraini, grazie al sostegno delle armi americane ed europee, avevano portato avanti con successo una notevole controffensiva nel Nord-est, rompendo le linee russe con una velocità sorprendente ed espellendo le truppe nemiche dalle città di tutta la regione di Char'kiv, situata a soli 56 chilometri dal confine.[1]

Una sconfitta umiliante per Putin, ribadiva l'intelligence.

I soldati russi si erano dati alla fuga come meglio potevano, arrivando a rubare biciclette o travestendosi da gente del posto. Il collasso del fronte fortificato russo, che in alcuni punti restava scoperto per 70 chilometri, e la perdita di oltre 2600 chilometri quadrati di territorio avevano colpito Mosca come un terremoto. In soli cinque giorni, gli ucraini erano riusciti a riconquistare una porzione di territorio più ampia di quanto le forze russe avessero occupato nel corso dell'intera operazione.

Ora, con la bandiera ucraina che sventolava sopra Char'kiv, l'esercito ucraino aveva rivolto la sua attenzione a sud, con l'intenzione di liberare la città di Cherson, sulla sponda occidentale del fiume Dnepr.

La guarnigione di Putin a Cherson contava circa 30.000 uomini. Le agenzie d'intelligence ritenevano che se gli ucraini fossero riusciti ad accerchiare le truppe russe, c'era una possibilità del 50 per cento che Putin avrebbe ordinato l'uso di armi nucleari tattiche pur di evitare una simile sconfitta catastrofica.

Cherson aveva un'enorme importanza strategica per Mosca. Il suo controllo rappresentava un ponte verso la Crimea, e permetteva inoltre l'accesso alle forniture di acqua dolce del Dnepr, di cui l'Ucraina aveva bloccato il corso verso la penisola dopo che la Russia se n'era impadronita con la forza nel 2014.

Secondo il direttore della CIA Burns, dall'intelligence emergeva che alcuni dei generali di Putin gli stavano suggerendo un ritiro sull'altra sponda del fiume, in posizione più difendibile.

Ma se Cherson fosse caduta «si potrebbe ipotizzare che l'esercito russo possa cedere e che il controllo di Putin sulla Crimea venga messo a repentaglio» sentenziò Burns.

Stando alla dottrina nucleare russa,[2] il rischio di una perdita catastrofica sul campo di battaglia o di una minaccia esistenziale per la patria rientrava tra le condizioni che avrebbero autorizzato Putin a ricorrere ad armi nucleari per la prima volta dal 1945, quando gli americani avevano sganciato le bombe sul Giappone durante la Seconda guerra mondiale.

Burns affermava: «Il problema della Crimea è che si tratta di una questione esistenziale per Putin. Se dovesse perdere la regione, ai suoi occhi la sua legittimità in quanto presidente russo verrebbe messa in discussione».

Il 21 settembre Putin annunciò che avrebbe mobilitato 300.000 soldati russi, con lo scopo di annettere quattro province ucraine, inclusa Cherson, dichiarandole territorio russo.[3]

«Se l'integrità territoriale della nostra nazione viene minacciata, useremo tutti i mezzi a nostra disposizione per proteggere la Russia e il nostro popolo. Questo non è un bluff» dichiarò Putin nel suo discorso.

I dossier che Sullivan lesse erano stati definiti «impeccabili», il che significava che provenivano dalle fonti più affidabili. Si trattava però dell'analisi più allarmante delle intenzioni di Putin dall'inizio della guerra, nel febbraio 2022.

La direttrice dell'intelligence nazionale Avril Haines era più preoccupata che mai riguardo alla possibilità che Putin si sarebbe buttato e avrebbe rotto i sigilli sulle armi nucleari. Secondo Haines, c'erano *sufficienti* indicazioni che suggerivano che un numero *sufficiente* di persone di rilievo all'interno del regime russo ne stesse parlando.

Tra gli altri indicatori che suscitavano apprensione c'era la notizia che Putin aveva autorizzato un allentamento dei controlli operativi, il che gli avrebbe consentito di ordinare l'uso di armi nucleari in guerra con maggiore facilità.

Il presidente Biden esortò Sullivan a contattare i russi tramite qualsiasi canale. «Dite loro quello che faremo in risposta.» Trovate delle parole che siano sufficientemente minacciose senza minacciarli direttamente, si raccomandò. Se si esagerava c'era il rischio di scatenare proprio la reazione che stavano cercando di evitare.

Biden ne aveva abbastanza degli errori involontari e si sarebbe opposto con tutte le sue forze all'uso di armi nucleari, non importa quanto «a bassa intensità» fossero.

La pace e la stabilità dopo la Seconda guerra mondiale si erano basate proprio sull'interdizione totale delle armi nucleari. Sarebbe bastata una sola bomba per mandare all'aria quella fragile regola e innescare un'escalation imprevedibile e incontrollabile, rifletté Sullivan. Qualsiasi altra cosa fosse successa durante il mandato di Biden sarebbe impallidita a confronto di un tale fallimento, che sarebbe passato alla storia come un marchio incancellabile.

In secondo luogo, disse Biden a Sullivan, «mandiamo Bill a parlare con il suo omologo». Intendeva il direttore della CIA, Bill Burns, che conosceva bene tutti i russi che contavano qualcosa, in particolare Putin.

«Dobbiamo aprire un canale di comunicazione» disse Biden «non per negoziare sull'Ucraina, ma per impegnare gli Stati Uniti e la Russia a evitare un cataclisma.»

Il presidente si rivolse direttamente a Putin. Gli inviò un messaggio in cui sottolineava la gravità della situazione e le «conseguenze catastrofiche» nel caso di un utilizzo di armi nucleari.

Nel messaggio aggiungeva: «Vorrei inviare qualcuno a parlare con uno dei suoi, per discutere dettagliatamente delle nostre preoccupazioni». Il presidente fece il nome di Bill Burns.

Putin rispose a Biden, dicendo che avrebbe inviato Naryškin, il suo direttore del servizio di intelligence internazionale.

Il 30 settembre, Putin tenne una cerimonia di firma al Gran Palazzo del Cremlino per le regioni che aveva annesso e promise che avrebbe protetto quelle terre «con tutte le forze e i mezzi a nostra disposizione.[4]

«Voglio che le autorità a Kyiv e i loro veri padroni dell'Occidente mi ascoltino, e che si ricordino bene di questo momento» disse Putin. «Gli abitanti di Luhans'k e Donec'k, Cherson e Zaporižžja stanno per diventare nostri cittadini. Per sempre.

«Gli Stati Uniti sono l'unico Paese al mondo ad aver usato armi nucleari, per ben due volte» aggiunse, «distruggendo le città giapponesi di Hiroshima e Nagasaki. Sono stati loro a creare un precedente.»

La settimana successiva, il 6 ottobre, Biden approfittò del suo discorso durante un evento privato di beneficenza nella casa di

James Murdoch, a New York, per lanciare un avvertimento dai toni bruschi.[5] James è il figlio più giovane e liberale di Rupert Murdoch, il fondatore di News Corp e Fox nonché creatore di un impero editoriale internazionale.

«È dai tempi di Kennedy e della Crisi dei missili di Cuba che non ci troviamo davanti alla minaccia di un Armageddon» disse Biden. «Però c'è un tizio che conosco piuttosto bene, si chiama Vladimir Putin. Ho trascorso abbastanza tempo con lui per sapere che non scherza quando parla della possibilità di usare armi nucleari tattiche o chimiche o biologiche.

«Dovremo prendere delle decisioni molto difficili» aggiunse Biden. «Quello che stiamo cercando di capire è come potremo fargli cambiare idea?»

Al Pentagono, al terzo piano dell'E-Ring esterno, il segretario della Difesa Lloyd Austin stava rileggendo le argomentazioni redatte con cura dal suo consigliere più fidato, Colin Kahl.

Austin non aveva grandi capacità oratorie in pubblico. La sua performance incerta durante le interviste o i discorsi gli aveva impedito di diventare un portavoce per l'amministrazione, ma in privato si esprimeva con una serietà e franchezza tali da renderlo quasi solenne. Austin era ben conscio che il presidente Biden non avrebbe permesso che la guerra in Ucraina si trasformasse nella Terza guerra mondiale, e lui stesso era altrettanto determinato.

Putin si era aspettato di ottenere una vittoria lampo in Ucraina, di riuscire a invaderla, tagliare la testa del serpente e sostituirla con una nuova guida russa nel giro di pochi giorni. Aveva fallito miseramente. Austin pensava che la nuova strategia russa per la vittoria fosse semplicemente resistere più a lungo del sostegno dell'Occidente all'Ucraina.

Ma stando all'intelligence, il morale dell'esercito russo era a terra, facevano fatica a rifornirsi e i loro ufficiali erano disorganizzati. Le forze russe erano alla deriva.

Dunque Putin era ormai talmente disperato da considerare l'utilizzo di armi nucleari pur di arrestare l'avanzata ucraina?

Kahl ripensò alla scena nel *Signore degli Anelli*, dove Gandalf conficca il suo bastone a terra ed esclama: «Tu non puoi passare!». Nel loro universo ci sarebbe stata una scena analoga in cui Putin sganciava una pioggia di armi nucleari tattiche nel Sud dell'Ucraina per annientare le forze nemiche in marcia verso Cherson e la Crimea?

Austin si stava preparando a incontrare il ministro della Difesa russo Sergej Šojgu, un estremista, nonché fedele alleato di Putin.[6] Dopo l'invasione dell'Ucraina a febbraio, Austin si era confrontato con lui solo una volta, nel maggio 2022. Persino durante la Guerra fredda le più alte cariche dell'esercito si parlavano tramite canali riservati, ma il ministro della Difesa russo si era ripetutamente negato, quasi fosse inaccessibile.

Šojgu, basso e arcigno, conosceva e lavorava a fianco di Putin da oltre trent'anni e faceva parte della sua cerchia più intima.[7] Nel 2012 Putin lo aveva nominato ministro della Difesa e Šojgu aveva dato un contributo importante ai piani di annessione della Crimea nel 2014. Nel corso del suo primo anno in carica, aveva ordinato agli ufficiali di cominciare ogni giornata in caserma facendo suonare l'inno russo. Non c'era nulla che potesse far vacillare la sua fedeltà o frenarne gli elogi a Putin e alla Russia. Šojgu era un autentico *apparatčik* russo: rigido, devoto e servile.

Da anni i media russi pullulavano di fotografie che ritraevano Putin e Šojgu assieme, con gli stessi abiti, a caccia, a pesca, a cena, in campeggio nella natura siberiana. Era una strana accoppiata.

Venerdì 21 ottobre Austin riuscì finalmente a parlare a Šojgu.

«Siamo a conoscenza dei vostri progetti di utilizzare armi nucleari tattiche in Ucraina»[8] disse senza troppi preamboli con la sua voce baritonale. «Lasci che le dica qualcosa a questo proposito.

«Innanzitutto» esordì, «l'uso di qualsiasi testata nucleare, contro chiunque, verrebbe interpretato dagli Stati Uniti come un evento di portata globale. Né noi né il resto del mondo saremmo in grado di sorvolare su una scelta del genere, qualunque sia la potenza dell'arma nucleare utilizzata.

«Qualsiasi utilizzo di armi nucleari in qualsiasi luogo sarebbe di vitale interesse nazionale per gli Stati Uniti» proseguì Austin. «Perché? Perché non possiamo accettare di vivere in un mondo in cui delle potenze nucleari attaccano altre potenze sprovviste delle stesse armi restando impunite. Non accettiamo di vivere in quel mondo. Dunque, voi forse penserete che l'Ucraina sia di maggiore interesse per voi che per noi, ma in simili circostanze la faccenda ha altrettanta importanza, per noi.

«Non importa quanto "piccola" possa essere l'arma nucleare» concluse Austin.

Šojgu si limitava ad ascoltarlo.[9] Nonostante si presentasse come un generale pluridecorato, in uniforme, non aveva mai prestato servizio attivo nell'esercito prima che Putin lo nominasse ministro della Difesa.

«Sareste i primi al mondo a impiegare armi nucleari in settantacinque anni. Si potrebbero scatenare eventi che né voi né noi saremmo in grado di controllare» rincarò Austin.

«Nel tempo, tanto i nostri quanto i vostri leader hanno ripetuto che una guerra nucleare non può essere vinta e non va combattuta. Questo potrebbe portarci a uno scontro con implicazioni esistenziali per entrambi. È una strada insidiosa, vi invito a non imboccarla» disse.

Poi affrontò il punto successivo. «Se non ci darete ascolto, saremo costretti a rivalutare tutte le limitazioni che ci siamo imposti nelle nostre operazioni in Ucraina» spiegò. «Ci siamo guardati dal fare certe cose. Ci sono determinati strumenti che non abbiamo fornito agli ucraini. Abbiamo imposto loro determinati paletti sulle modalità di utilizzo dei nostri aiuti e abbiamo avuto cura di non intervenire nel conflitto contro le vostre forze. Se ignorerete le nostre richieste, rivaluteremo tutti questi vincoli autoimposti.»

Ci saranno ritorsioni, il messaggio non poteva essere più chiaro.

Austin si apprestò ad assestare l'ultima stoccata. «Tutti questi spettatori, sparsi nel mondo, che voi credete siano vostri amici o che stanno osservando in disparte, vi si ritorceranno contro...

i cinesi, gli indiani, i turchi, gli israeliani» spiegò. «La Russia finirà per restare isolata nel mondo, in un modo che dubito i russi apprezzerebbero.»

«Non mi piace essere minacciato» rispose infine Šojgu.

«Signor ministro» replicò Austin senza mezzi termini, ma mantenendo la calma, «sono il comandante dell'esercito più potente nella storia del mondo. Le mie non sono minacce.»

Al Pentagono, il generale Mark Milley, capo dello Stato maggiore congiunto, era al telefono con il suo omologo russo, il generale Valerij Gerasimov.

«Generale Gerasimov» esordì Milley. «Alcuni dei vostri principali esponenti politici hanno cominciato a minacciare l'impiego di armi nucleari. Questo ha destato l'attenzione del pubblico, perciò ho bisogno che lei mi dica sotto quali circostanze avreste intenzione di utilizzarle.»

Milley era andato dritto al sodo. Conosceva Gerasimov da anni. Nella stanza, assieme a Milley, alcuni membri dei servizi di intelligence stavano ascoltando la telefonata.

«Sa già sotto quali circostanze» rispose Gerasimov, «perché siete in possesso dei nostri manuali e della nostra dottrina.» Poi citò un numero di pagina.

«La ringrazio» disse Milley. «Non ho il manuale qui di fronte a me. Ho bisogno che lei mi dica sotto quali circostanze utilizzerete le armi nucleari.»

Voleva sentirlo dalle sue labbra.

«D'accordo» replicò Gerasimov. «Le faccio presente che sono di dominio pubblico, le può ricercare.»

Poi passò a recitare dal manuale: «Condizione uno: se ci fosse un attacco alla Russia che minacci la stabilità del regime». Milley era ben conscio che quell'articolo poteva interpretarsi tanto come una minaccia al governo russo quanto alla persona di Putin.

«Due» continuò Gerasimov, «se una potenza estera attaccasse la Russia con armi di distruzione di massa, ossia chimiche, biologiche o nucleari.

«Tre» proseguì il generale, «la Russia si riserva il diritto di usare armi nucleari tattiche nel caso di una perdita catastrofica in battaglia. Queste sono le nostre condizioni» concluse.

«Sono ottime notizie» disse Milley, «visto che nessuna di quelle condizioni sta per verificarsi, dunque posso dedurre che non utilizzerete armi nucleari perché nessuno ha intenzione di attaccarvi con armi di distruzione di massa. Nessuno intende insidiare il vostro regime. E, dalle mie analisi della campagna di guerra, dubito che subirete sconfitte catastrofiche come perdere l'intero esercito, quindi...»

Milley era soddisfatto. Gerasimov aveva descritto e sottoscritto le condizioni stabilite dalla dottrina nucleare russa. Non era cambiato nulla sotto quell'aspetto.

«Ottimo» ripeté Milley. «Riporterò quanto mi ha detto al governo.»

«D'accordo, la ringrazio» rispose Gerasimov.

Alla Casa Bianca, Jake Sullivan e Jon Finer erano in fibrillazione. L'elemento cardine del dossier di valutazione dell'intelligence riportava una possibilità del 50 per cento che la Russia avrebbe impiegato armi nucleari tattiche. La stima era passata da una probabilità del 5 per cento al 10, e ora a un lancio di moneta. Finer aveva un terribile presentimento.

Sebbene Sullivan avesse spesso constatato una «falsa precisione» nei dossier dell'intelligence, in particolare per quanto riguarda i numeri, una valutazione del 50 per cento non poteva assolutamente essere ignorata. E lui, ben prima di ricevere il dossier, conviveva già da tempo con la preoccupazione che a un certo punto Putin avrebbe sfoderato lo spauracchio del nucleare.

«Tutti quelli che respingono l'idea sono fondamentalmente degli ingenui» disse Sullivan. Sin dal ritiro dall'Afghanistan, l'amministrazione Biden era stata ossessionata dal pensiero di doversi preparare ad affrontare qualche evento terribile.

A maggio, a soli tre mesi dallo scoppio della guerra in Ucraina, Sullivan aveva istituito un «tiger team» con lo scopo di analizzare e prepararsi a eventi ad alto impatto, ma con bassa probabilità di verifica, tra cui anche l'utilizzo di armi nucleari da parte della Russia. Il «tiger team» aveva redatto un manuale in cui illustrava diverse opzioni di risposta a eventi nucleari. All'improvviso il contenuto di quel manuale non era più un esercizio teorico e andava messo in pratica.

Al Pentagono, Sullivan si incontrò in gran segreto con Austin, Mark Milley e i loro esperti sul nucleare. Lo scopo era predisporre e analizzare i vari possibili scenari nucleari, con tanto di mosse, contromosse e operazioni militari che si sarebbero scatenate se Putin avesse sganciato un'arma nucleare.

Austin e Milley mostrarono a Sullivan come se la sarebbero giocata da una prospettiva militare. Putin usa un'arma nucleare tattica. È la prima mossa. Seconda mossa, gli Stati Uniti rispondono. Poi i russi fanno un'altra mossa. Poi gli Stati Uniti, e infine si balla. Era il classico gioco della guerra, ma spaventosamente reale.

A ciascun «turno» Austin e Milley presentavano al presidente le varie opzioni in ordine crescente di gravità. Assieme a Sullivan esaminarono come ciascuna opzione si abbinasse a una corrispondente reazione prevista della Russia.

«Quindi tutto diventa un complesso algoritmo di scelte per il presidente» disse Sullivan. Bastava una sola esplosione nucleare per scatenare il più rischioso dei giochi di pressione psicologica.

Sullivan, Austin e Milley analizzarono fin nei minimi dettagli ciascuna opzione con Biden, per ottenere le sue indicazioni su come il presidente avrebbe risposto. In nessun momento Biden avrebbe dovuto prendere una decisione definitiva e vincolarsi a una scelta. Era fondamentale che mantenesse la sua discrezionalità, tenendo aperte più porte.

Privatamente, Biden aveva dichiarato che se Putin avesse usato armi nucleari tattiche in Ucraina gli Stati Uniti non avrebbero risposto in egual maniera.

«Anche se dovesse succedere in Ucraina, non intendo autorizzare una risposta nucleare» confidò Biden ai suoi consiglieri.

Ma la cruda verità era che, nel momento in cui la situazione fosse sfuggita di mano, le armi nucleari sarebbero rimaste un'opzione. Tutti i presenti lo sapevano. Le armi nucleari incombevano come nubi su tutte le loro decisioni.

Le opzioni di risposta abbracciavano diversi livelli di gravità, da uno sparo di avvertimento senza fare vittime fino a un attacco militare statunitense con forze convenzionali in territorio russo, un altro scenario da incubo agli occhi del presidente. Biden e Sullivan erano convinti che uno scontro armato di qualsiasi tipo tra le forze americane e russe avrebbe facilmente scatenato la Terza guerra mondiale. Era fin troppo ovvio. Si trovavano in terre inesplorate.

Non esisteva un'opzione «buona». Nel caso di un conflitto diretto tra USA e Russia, la politica declaratoria statunitense li autorizzava a utilizzare armi nucleari solo in risposta a un attacco nucleare o una minaccia esistenziale.

Con l'escalation verso la Terza guerra mondiale la pressione sarebbe diventata insostenibile e, non appena fossero iniziate a volare armi nucleari, trovare una via d'uscita sarebbe stato sempre più difficile.

Quali erano i segnali, gli indizi delle prossime mosse di Putin? Quanto reale era la minaccia? Sin da quando avevano ricevuto l'intelligence ultradettagliata sui piani di invasione di Putin, cinque mesi prima del suo inizio, il Consiglio per la sicurezza nazionale e il dipartimento di Stato di Biden si erano dovuti abituare a vivere in due mondi in netta contraddizione. All'epoca non era chiaro quando il presidente russo si sarebbe mosso, ma c'erano prove schiaccianti a supportare l'ineluttabilità dell'invasione. La squadra della sicurezza nazionale aveva vissuto in quel mondo e fatto di tutto per dissuadere Putin.

Nel mondo parallelo, il piano di invasione sembrava così irrazionale e controproducente che nessuno credeva che il leader russo l'avrebbe messo in atto.

Ma Putin aveva invaso e, di conseguenza, innescato una crisi globale.

E ora Sullivan e il presidente erano nuovamente prigionieri di quell'universo di incertezza e dubbio. Putin avrebbe compiuto un altro passo irrazionale e controproducente?

«Dobbiamo restare un passo avanti a Putin» ripeteva Sullivan alla squadra dell'NSC. «Non abbiamo altra scelta.»

Poi li interrogava: quali strumenti economici abbiamo a nostra disposizione? E quelli diplomatici? E dal punto di vista militare? Gli USA ingaggeranno militarmente o no? E se lo faranno, dove? In Ucraina? In Russia? Nei territori occupati dell'Ucraina?

Ma Putin aveva il vantaggio di essere imprevedibile. E in quanto autarca onnipotente, era lui a decidere le azioni della Russia e i confini da non oltrepassare.

Sullivan cercava di entrare nella sua testa. «Come posso io, Vladimir Putin, evitare una sconfitta umiliante?»

Cosa stava pianificando?[10]

«È pronto a ordinare l'impiego di armi nucleari tattiche per evitare perdite catastrofiche in battaglia.» Di questo Sullivan era convinto.

«Da un lato credo sia preoccupato che, se utilizza testate nucleari, ci trascinerà direttamente nel conflitto» disse Sullivan. «Ma a una parte di lui non interessa cosa pensiamo o facciamo noi.»

Rendere l'Ucraina parte della Russia era diventata una necessità assoluta per Putin, il suo unico pensiero.

Se il viceconsigliere per la sicurezza nazionale Jon Finer si fermava a pensare che un evento di tale portata come l'utilizzo di armi nucleari dipendesse da un «tiro di moneta» gli tremavano le gambe. Per non parlare delle ripercussioni, che trascendevano le sorti della guerra in Ucraina. Sarebbe bastata una sola esplosione nucleare per distruggere l'ordine mondiale stabilito dopo la Seconda guerra mondiale, che si reggeva proprio sul non usare mai più armi nucleari.

Il Pentagono aveva preparato un'intera serie di piani di guerra di emergenza per l'uso di armi nucleari, chiamata *5000 series*. Per esempio, l'OPLAN 5027 conteneva gli accordi sottoscritti da

USA e Corea del Sud in risposta a un'operazione di guerra nucleare da parte della Corea del Nord. Esistevano anche piani d'emergenza dettagliati nel caso di un attacco della Russia. E ora l'NSC e il Pentagono si ritrovavano a organizzare riunioni per aggiornare e coordinare i piani di emergenza per far fronte a una guerra nucleare proprio come – rifletteva Finer – i suoi predecessori dovevano aver fatto durante la Guerra fredda o la Crisi dei missili di Cuba del 1962, oltre mezzo secolo prima.

Finer era stato anche incaricato di presiedere, il più segretamente possibile, a una serie di piccole riunioni tra delegati e con importanti alleati nell'Euro Quad – Germania, Francia e Regno Unito – al fine di ideare piani di emergenza condivisi per affrontare i vari scenari.

Finer disse: «Come nel caso dell'invasione, dobbiamo essere preparati all'eventualità che i nostri sforzi siano vani». Non si poteva escludere che avrebbero fallito nel dissuadere Putin dall'usare armi tattiche nucleari.

Nel 2022 la Russia disponeva di un arsenale di circa duemila testate nucleari tattiche, dieci volte tanto quello degli USA.[11] I missili nucleari tattici russi hanno potenze esplosive che variano dallo 0,3, o una frazione di chilotone, a 50 chilotoni o oltre. Il che significa che oggigiorno un'arma nucleare potrebbe presentarsi come una testata talmente piccola da poter essere lanciata da una sola persona. Oppure essere così grande da dover richiedere un lancio tramite un sottomarino, un bombardiere o un missile balistico intercontinentale.

L'arsenale in mano a Putin gli offriva una varietà straordinaria di opzioni. Poteva lanciare una sola arma nucleare «tattica» a basso impatto o colpire con una carica enorme.

Nel 1945 il presidente Truman aveva autorizzato l'unico utilizzo di bombe atomiche per porre fine alla Seconda guerra mondiale: la bomba atomica da 15 chilotoni sganciata su Hiroshima e quella da 21 chilotoni che aveva raso al suolo Nagasaki.

Gli scenari nucleari simulati a tavolino includevano quello in cui Putin avrebbe ordinato una detonazione nucleare come esercitazione sul Mar Nero, con il solo scopo di intimidire l'Ucraina e costringerla a cedere i territori, ma anche il lancio di un'arma nucleare tattica contro una base militare ucraina, che per anni avrebbe reso inabitabili le terre circostanti a causa della contaminazione da radiazioni.

Domenica 23 ottobre, la mattina presto, Colin Kahl, il braccio destro e consigliere più fidato del segretario della Difesa Austin, era a casa in pigiama assieme ai suoi figli, quando venne raggiunto da un messaggio da parte dei russi in cui si richiedeva una seconda telefonata tra Austin e Šojgu. Erano trascorse solo trentasei ore da quando Austin aveva lanciato il suo avvertimento a Šojgu.

Che strano, pensò Kahl. Che succede?

Tutti i membri del personale che si occupava di preparare i punti di discussione per il segretario Austin erano a casa. In ufficio non c'era nessuno, eppure i russi si erano attaccati al telefono.

Kahl si spostò nella stanza di casa sua che era stata trasformata in SCIF (Sensitive Compartmented Information Facility), ossia una sala destinata all'analisi delle attività di intelligence più riservate, per controllare se durante la notte fosse arrivata qualche informazione che potesse spiegare l'urgenza della chiamata. Ma dai canali dell'intelligence non emergeva nulla.

Sul suo cellulare, però, Kahl vide che alcune fonti russe sui social media e Telegram – un'app di messaggistica sicura – stavano diffondendo l'accusa che gli ucraini stessero preparando una bomba sporca.

Una bomba sporca è costituita da un mix di esplosivi e materiale radioattivo che disperde radiazioni ma non innesca una reazione a catena o un'esplosione atomica. Si tratta di ordigni molto pericolosi, in quanto rendono la regione colpita inabitabile.

Iniziarono a piovere notizie che i russi stavano contattando i ministri della Difesa di Regno Unito, Francia e Turchia.[12]

«Porca miseria» pensò Kahl, «i russi vogliono farci credere che gli ucraini lanceranno una bomba sporca e lo utilizzeranno come pretesto per usare le armi nucleari contro l'Ucraina. È uno scenario da incubo.»

Un'operazione che sembra uscire direttamente dal manuale d'emergenza russo, pensò Kahl. E, in effetti, cosa avevano fatto i russi, sotto i loro occhi, per tutta la guerra? Creato falsi allarmi e pretesti per un'escalation. Ma non aveva conferme; la sua era solo un'intuizione.

Kahl iniziò a buttar giù qualche argomentazione per Austin.

«Abbiamo ricevuto consistenti informazioni di intelligence secondo cui gli ucraini stanno progettando di usare una bomba sporca» sputò fuori Šojgu non appena lo misero in linea con Austin. «Se procedono, dovremo considerarlo come un atto di terrorismo nucleare e non ci resterà altra scelta che rispondere.»

Bingo, pensò Kahl.

«Non vi crediamo» replicò secco Austin. «Da parte nostra non ci sono indizi che sostengano queste informazioni, e il mondo vedrà questa messinscena per quello che è.

«È nostra impressione che stiate cercando un pretesto per usare armi nucleari» continuò, con un chiaro tono di avvertimento, «e se lo farete ci saranno conseguenze.»

Poi Lloyd Austin, abbandonando i suoi soliti toni pacati, trasmise con fermezza il messaggio di dissuasione del presidente: «Non fatelo».[13]

«Capisco» rispose Šojgu. «Condivideremo le nostre informazioni con voi e con il resto del mondo.»

Jake Sullivan telefonò ad Andrij Jermak, il consigliere più fidato di Zelensky, e gli chiese di chiamare immediatamente l'Agenzia internazionale per l'energia atomica (AIEA) e di far loro ispezionare gli impianti nucleari ucraini.

Gli ispettori dell'AIEA si mossero rapidamente e non rilevarono alcuna traccia o indizio di una bomba sporca.[14]

La Casa Bianca e il Pentagono mobilitarono tutte le linee di comunicazione, chiamando i cinesi, gli indiani, gli israeliani, i turchi, tutti Paesi in rapporti amichevoli con la Russia che sicuramente stavano parlando anche con Putin. Nessuno avrebbe dovuto usare un'arma nucleare in Ucraina. Mandate un segnale a Putin.

Quei Paesi lo fecero.

In meno di dodici ore sembrava che fossero riusciti a sventare il complotto russo.

«Dirò soltanto che la Russia commetterebbe un errore terribile se decidesse di usare un'arma nucleare tattica»[15] disse il presidente Biden ai giornalisti il 26 ottobre, senza mezzi termini.

La direttrice dell'intelligence nazionale Avril Haines aggiornò il presidente Biden con le ultime valutazioni della comunità dell'intelligence, secondo cui il presidente cinese Xi era la persona più indicata per influenzare il pensiero di Putin riguardo alle armi nucleari.

Biden telefonò a Xi e sottolineò la necessità di dissuadere la Russia dall'impiegare armi nucleari in Ucraina. Se Putin avesse rotto il sigillo sul nucleare, il mondo sarebbe cambiato.

Il presidente Xi era d'accordo.[16] Disse che avrebbe chiesto a Putin di non farlo. Affrontò il discorso persino in pubblico. «Le guerre nucleari non vanno combattute» dichiarò da Pechino il 4 novembre 2022. Esortò altri Paesi a opporsi all'uso degli ordigni nucleari o alla minaccia di utilizzarli.

L'altro fattore che contribuì in maniera decisiva a dissuadere Putin fu persuaderlo che l'esercito russo non era in pericolo.[17] Gli ucraini si mossero lentamente, in modo graduale, dando la possibilità alle truppe russe di ritirarsi al sicuro sull'altra sponda del fiume Dnepr e di lasciare Cherson. Solo a quel punto la comunità dell'intelligence statunitense ridimensionò la valutazione del rischio di minaccia nucleare.

Per il momento Putin non si sarebbe giocato quella carta.

«Credo sia stato il momento più terrificante di tutta la guerra» sentenziò Kahl.

In seguito, il presidente Biden volle assicurarsi che la Russia avesse recepito il messaggio.

Il 14 novembre 2022, il direttore della CIA Burns si incontrò in segreto ad Ankara, in Turchia, con il capo dell'intelligence internazionale russo Sergej Naryškin, in una riunione durata quattro ore. Era una scena che sembrava uscita da un romanzo di spionaggio di John le Carré.

Non appena si furono seduti, la Russia fece trapelare ai media la notizia del loro incontro: l'ennesimo gioco di potere.[18]

Burns prese posto di fronte a Naryškin. I due avversari si conoscevano da oltre vent'anni. Burns comprese immediatamente che Naryškin voleva discutere di «un nuovo piano americano per la pace, per porre fine alla guerra».

«Mi ascolti» disse Burns. «Qualsiasi cosa abbia letto a Washington, sappia che non negoziamo senza gli ucraini.» Biden era stato irremovibile. «Io sono qui per parlare del grave rischio di utilizzo di armi nucleari.»

Poi passò a illustrare nel dettaglio a quali «conseguenze catastrofiche» sarebbero andati incontro se la Russia avesse infranto il tabù nucleare.

«Non solo la Russia cadrà in disgrazia e verrà isolata» ammonì Burns, «ma ci saranno anche ripercussioni molto concrete, e mi riferisco ai danni che infliggeremmo all'esercito russo.»

Naryškin giurò e spergiurò che non avevano alcuna intenzione o progetto di usare armi nucleari. Disse che parlava a nome di Putin.

Burns riferì al presidente Biden di essere fiducioso che i russi avessero recepito il messaggio.

A questo punto, il presidente Biden si ritrovava incastrato in un circolo vizioso.

La situazione nella guerra russo-ucraina è un grosso dilemma per gli Stati Uniti e il mondo intero, disse il presidente al suo consigliere per la sicurezza nazionale.

«Se non riusciamo a respingere del tutto i russi dall'Ucraina, permetteremo a Putin di farla franca» spiegò Biden. «Se invece ci riusciamo, probabilmente ci troveremo ad affrontare una guerra nucleare, perché Putin non si ritirerà senza opporre resistenza, e quella resistenza saranno le armi nucleari. Dunque siamo bloccati. Troppo successo equivale a bombe atomiche, troppo poco successo significa accettare un esito incerto e indefinito.»

Quindi concluse: «Questo è lo scenario strategico che ci troviamo davanti, e dobbiamo sbrogliare la matassa il prima possibile».

Con l'esempio e l'esperienza, Biden stava ammettendo che il mondo non era al sicuro dalle conseguenze e dalle catastrofi di una guerra tra grandi potenze. L'obiettivo, pur non dichiarato ma sotteso a ogni azione e politica, era quello di escogitare un modo per creare le condizioni di un fallimento accettabile per Putin, con uno stallo sul campo di battaglia o, ancora meglio, far sì che Putin sconfiggesse se stesso.

36

Quando giunse il momento delle elezioni di metà mandato, l'ex presidente Trump intravide l'opportunità per consolidare il suo ritorno politico. Avrebbe premiato i candidati che avevano sostenuto le sue rivendicazioni di elezioni truccate e punito quelli che non lo avevano fatto.

Ma alle elezioni di midterm non ci fu l'onda rossa repubblicana che i vertici del partito o Trump si erano aspettati. Il 16 novembre 2022 i repubblicani riuscirono a malapena a riconquistare il controllo della Camera, mentre il Senato rimase ai democratici.

Trump era fuori di sé. Molti dei candidati che aveva sostenuto fecero un buco nell'acqua. Alle elezioni governatoriali, i suoi prescelti per Pennsylvania, Maryland e Michigan persero, così come in Arizona, dove Kari Lake, sua protetta, affermò, pur senza prove, che il voto era stato truccato. Nella corsa al Senato, il prediletto di Trump, Herschel Walker, per tre volte premiato come All-American e vincitore dell'Heisman Trophy nel 1982, perse in Georgia, mentre Mehmet Öz perse in Pennsylvania.

Trump diede la colpa a sua moglie Melania, che l'aveva persuaso a sostenere Öz.[1] «Non è stata una delle sue scelte migliori» sentenziò, evitando accuratamente di ammettere la propria responsabilità.

Dagli exit poll[2] risultava che l'ex presidente era apprezzato da solo il 39 per cento degli elettori, collocandolo al di sotto del

41 per cento di Biden, e quasi un elettore su tre dichiarò che il proprio voto era un'espressione di opposizione a Trump. Altri candidati sostenuti dal tycoon registrarono un risultato inferiore alle aspettative, mentre quelli senza il suo appoggio ottennero risultati migliori, con una differenza di oltre sette punti.

«Sebbene sotto certi aspetti le elezioni di ieri siano state una delusione»[3] scrisse Trump sulla sua piattaforma di social media, Truth Social, «dal mio punto di vista personale si è trattato di una grande vittoria: 219 VITTORIE e 16 sconfitte nelle generali. Chi ha mai fatto meglio di così?»

Ma il risultato fu interpretato come una sorta di referendum su Trump.

«Il suo problema sono le donne moderate» aveva detto Lindsey Graham all'ex presidente. «Le persone che credono che la Terra sia piatta e che non siamo andati sulla Luna, quelli la seguono fedelmente. Guardi oltre.»

Graham sosteneva che Trump dovesse abbandonare le polemiche sul 2020 e tornare a concentrarsi sui veri problemi politici e trasformare il 2024 in un referendum su Biden.

Le sue argomentazioni – consigliò Graham a Trump – avrebbero dovuto essere queste:

«Quando c'ero io al comando, avevamo confini sicuri e guardate ora cos'è successo. Quando ero al comando, potevate fare il pieno senza dover aprire un mutuo. Quando ero al comando, Russia e Cina se ne stavano al loro posto. Quando ero al comando, l'Iran era debole. Quando ero al comando, i talebani non si erano ripresi l'Afghanistan» spiegò Graham. «E via dicendo.

«Signor presidente, criticare Biden non è sufficiente, lei deve anche dire: "Io sono in grado di sistemare le cose".

«A nessuno gliene frega più un cazzo delle elezioni del 2020» concluse Graham.

Però a Trump fregava, eccome.

Una settimana dopo Trump era pronto ad annunciare la sua terza campagna presidenziale. Presentò l'annuncio come il «discorso più importante nella storia degli Stati Uniti d'America», che sarebbe stato «ricordato PER SEMPRE».

I repubblicani tentarono di convincerlo a posticipare. A pazientare ancora un po', per consentire al partito di riorganizzarsi dopo la sconfitta alle elezioni di midterm. Ovviamente non diede loro ascolto.

«Siamo una nazione in declino»[4] sentenziò Trump il 15 novembre 2022 di fronte a una piccola congregazione nella sontuosa sala da ballo di Mar-a-Lago. «La rinascita dell'America inizia ora.» Descrisse il suo mandato come «un'epoca d'oro». Eppure, quando Trump aveva lasciato la Casa Bianca nel gennaio del 2021, aveva gli indici di gradimento più bassi di qualsiasi altro presidente.

Trump stava per lanciare la sua campagna presidenziale quando ancora diverse cause civili e penali pendevano sulla sua testa, comprese quelle del dipartimento di Giustizia riguardo alla sua condotta il 6 gennaio e la conservazione di documenti riservati a Mar-a-Lago anche dopo aver lasciato l'incarico.

«Chiunque cerchi davvero di affrontare questo sistema truccato e corrotto si troverà nel pieno di una tempesta di fuoco che solo pochissimi sono in grado di comprendere»[5] disse Trump durante il suo discorso di un'ora, come se la decisione di ricandidarsi fosse frutto di un grande sacrificio personale.

Alla Casa Bianca l'annuncio di Trump suscitò reazioni contrastanti. L'opinione più diffusa tra il personale era che Trump fosse finito. Il presidente Biden e la vicepresidente Harris erano di un altro avviso. Donald Trump aveva sempre smentito qualsiasi convenzione. Tutte le cose che avrebbero dovuto squalificarlo sembravano renderlo più simpatico agli occhi dei suoi sostenitori. L'élite repubblicana si sarebbe resa conto della situazione in cui versava la sua base elettorale e si sarebbe rimessa ben presto in riga. Secondo Harris, l'annuncio era molto preoccupante.

«Ci attendono elezioni estremamente importanti» disse Harris ai suoi consiglieri per la sicurezza nazionale. «Forse le più importanti che questo Paese abbia mai dovuto affrontare.» La vicepresidente riteneva che la prima elezione di Trump fosse stata un grosso errore, ma con un sacco di incognite. Eleggere Trump una seconda volta dopo aver assistito a tutto quello che aveva fatto sarebbe stato come «fare il funerale alla democrazia americana».

«La vicepresidente e il presidente percepiscono profondamente il peso di questa situazione in relazione a quanto deve accadere» dichiarò Rebecca Lissner, viceconsigliera di Harris per la sicurezza nazionale.

37

Jake Sullivan si definiva spesso come «il quartiermastro dell'esercito ucraino». E, nel suo caso, era proprio un'ironia della sorte.

Suo padre era un pacifista convinto – obiettore di coscienza nella Guerra del Vietnam – che aveva studiato al seminario, per poi abbandonarlo, e ora faceva il volontario a San Francisco in un'organizzazione gesuita che sosteneva i ragazzini cresciuti in affidamento ma che avevano ancora bisogno di aiuto.

Quando Sullivan era piccolo, suo padre non gli aveva mai comprato un fucile ad acqua né un videogioco.

E adesso eccolo qui, a gestire una guerra e spedire armi letali americane in Ucraina, in prima linea per la sopravvivenza di quel Paese.[1] Alla Casa Bianca, il colonnello dell'esercito Joe Da Silva, che aveva prestato servizio nelle guerre in Afghanistan e Iraq, era responsabile della fornitura di armi all'Ucraina per conto del Consiglio per la sicurezza nazionale.

A novembre, una volta scemato l'ottimismo generato dall'audace controffensiva, gli ucraini avevano adottato una strategia difensiva per cercare di reggere il terreno nel corso del rigido inverno. L'Ucraina era scoperta contro gli attacchi aerei, spiegò Da Silva a Sullivan, e stavano esaurendo l'artiglieria.

Da ottobre 2022 la Russia aveva iniziato a bombardare le reti energetiche dell'Ucraina, con l'obiettivo mirato di privare la popolazione di luce, riscaldamento e acqua durante i mesi invernali.[2] Le temperature sarebbero precipitate fino a –20 °C. Le città erano piombate nell'oscurità e milioni di ucraini erano rimasti senza elettricità.

Il presidente Biden aveva assicurato a Zelensky che stavano inviando due NASAM – National Advanced Surface-to-Air Missiles –, sofisticati sistemi di difesa che sarebbero serviti a contenere la tempesta di attacchi missilistici russi.

I NASAM sono i migliori sistemi antiaereo in circolazione e vengono utilizzati per proteggere lo spazio aereo sopra la Casa Bianca, il Campidoglio e il Pentagono.[3] Ciascuna batteria costa ventitré milioni di dollari ed è in grado di sparare missili lunghi tre metri. A una settimana dalla loro consegna, Zelensky riferì che i russi avevano lanciato missili e dieci droni Shahid di produzione iraniana e che i NASAM li avevano abbattuti tutti.

Come protezione dai missili balistici russi, gli USA inviarono uno dei sistemi di difesa antiaerea a lungo raggio più avanzati al mondo, i Patriot.[4] I Patriot erano stati utilizzati per la prima volta nel 1991 durante la Guerra del Golfo, per proteggere Israele e l'Arabia Saudita. Ogni batteria di Patriot costa 400 milioni di dollari, a cui si sommano ulteriori 690 milioni per 150 missili del valore di 4 milioni ciascuno: costosi, certo, ma impagabili sul campo di battaglia.

I Patriot avrebbero dato una svolta alla difesa ucraina, abbattendo regolarmente i missili ipersonici russi Kinžal, che viaggiano ben oltre la velocità del suono. Putin si era vantato pubblicamente che il Kinžal era «indistruttibile».

Il 21 dicembre il presidente Zelensky si recò in gran segreto a Washington per rivolgersi personalmente al Congresso. Persino l'equipaggio di bordo dell'aereo militare americano 737 C-40 che andò a prenderlo in Polonia non conosceva in anticipo l'identità del passeggero che avrebbe portato negli USA.

Zelensky, che non aveva rinunciato a indossare la sua ormai celebre felpa verde militare, ringraziò «tutti gli americani» e lanciò un accorato appello per un rinnovato sostegno all'Ucraina. A momenti serio ed esigente, in altri divertente, Zelensky fece sfoggio ancora una volta della sua arma migliore: la sua straordinaria capacità di comunicazione.

«Abbiamo l'artiglieria, sì. Grazie. Ce l'abbiamo. È abbastanza? A dire il vero, non proprio»[5] disse, provocando una risata.

Alla fine ricevette una standing ovation.

Il problema più grave che Sullivan e Da Silva dovevano affrontare era mantenere alto il numero di munizioni da 155 mm per l'Ucraina.[6] Una fornitura costante era di vitale importanza per continuare a combattere e riuscire a respingere i russi.

Il possente obice, con i suoi 11 metri di lunghezza, era diventato il cardine della difesa ucraina, rivelandosi un'arma versatile ed efficace sul campo di battaglia. A metà strada tra un cannone e un mortaio, spara munizioni da 155 mm, ovvero un grosso proiettile largo 15 centimetri e lungo 60 e con un peso di 45 chili. Ha una gittata massima di 24 chilometri e riesce a sostenere fino a 40 colpi l'ora, il che lo rende estremamente prezioso per la fanteria, che è in grado di abbattere gli obiettivi nemici da una certa distanza e senza esporsi.

Ben presto Sullivan si rese conto che la carenza di munizioni da 155 mm sarebbe stata una delle criticità di questa guerra. L'Ucraina era uno dei contesti militari più impegnativi per un esercito sin dalla Seconda guerra mondiale, osservò Da Silva. Ormai il conflitto dipendeva dall'artiglieria, con Ucraina e Russia impantanate in una guerra di trincea. Le linee del fronte si muovevano a malapena.

A fine gennaio 2023, nel corso di una riunione del Principals Committee, il generale Mark Milley presentò un rapporto dalle tinte fosche.

«Se vuole sostenere la difesa, portare avanti una controffensiva e consolidare le conquiste, all'Ucraina serviranno 700.000 unità di proiettili da 155 mm tra il 1° febbraio e il 1° giugno» spiegò. Era una quantità enorme.

L'Ucraina faceva fuori circa centomila colpi al mese e circa tremila al giorno, e gli Stati Uniti non avevano le scorte necessarie per stare al passo.

Sullivan, Finer e Blinken passarono al setaccio l'intero globo alla ricerca delle munizioni da 155 mm, ma anche le scorte dei loro principali donatori, gli alleati europei, erano quasi esaurite. La guerra aveva palesato quanto gli Stati Uniti e l'Europa fossero indietro nella produzione di armamenti di base e quanto limitate fossero le loro scorte.

«Andiamo dai Paesi che tentano di passare inosservati» ordinò Sullivan al colonnello Da Silva. C'erano quelli che non volevano donare apertamente armi all'Ucraina ma forse avrebbero accettato di vendere agli Stati Uniti, così che sarebbero stati gli USA a occuparsi della consegna in Ucraina.

Ogniqualvolta il presidente Biden aveva in programma una telefonata con un qualsiasi leader mondiale, Da Silva valutava quali armi o artiglieria avrebbero potuto richiedere durante la conversazione.

Cos'aveva la Corea del Sud? Il Sudafrica? L'Egitto? Cipro? L'Ecuador?

Il Pentagono riuscì a firmare un accordo con la Corea del Sud, che produsse oltre mezzo milione di proiettili da 155 mm per l'Ucraina. Ma non era mai abbastanza per colmare il deficit sempre crescente generato dal conflitto.

Da metà febbraio fino al 10 aprile 2023, Da Silva organizzò riunioni quotidiane interagenzia, tutte dedicate a tappare la falla delle munizioni.

«A quanto ammonta il deficit?» chiedeva ogni giorno Sullivan, tirando fuori dal cappello nuovi nomi di nazioni e Paesi. A chi non ci siamo ancora rivolti? Chi non ha dato nulla? Chi non ha ancora esaurito le scorte?

Gli ufficiali del Pentagono erano talmente disperati da essere quasi giunti al punto di esortare gli ucraini a non affidarsi così tanto all'artiglieria.

«Sparate di meno, cercate di essere più precisi, non esaurite le scorte, dovete fare strategia.» Questo era il messaggio.

Da Silva, che si confrontava quotidianamente con il Pentagono, reagì bruscamente.

«Non li stanno sprecando» sbottò. «Li stanno usando al meglio delle loro possibilità per conseguire le dinamiche tattiche di cui hanno bisogno.» I russi avevano piazzato migliaia di mine in aree di un chilometro quadrato tutte interconnesse tra loro. Quelle trappole mortali non facevano che aggravare l'incubo degli ucraini.

Non c'era modo di «aggirarle». Gli artificieri ucraini perforavano la terra metro per metro per individuare e rimuovere le mine. «Sei di noi hanno perso le gambe»[7] riferì un artificiere ucraino della 35ª brigata intervistato da CBS News. Il procedimento richiedeva una tale attenzione ed esperienza che finì per compromettere i piani per la controffensiva ucraina.

Sullivan fece pressione sul segretario Austin e altri al Pentagono affinché accelerassero la produzione di munizioni da 155 mm. Le loro scorte erano limitate perché gli Stati Uniti non avevano previsto guerre di artiglieria di una tale portata. I calendari di produzione degli Stati Uniti si erano concentrati su armi avanzate, come ordigni nucleari, portaerei giganti, jet F-16, missili balistici e sistemi antiaerei. Sullivan invece chiarì che c'era bisogno che la produzione industriale di armi di difesa si orientasse anche verso la realizzazione di molti più proiettili da 155 mm.

Il consigliere per la sicurezza nazionale dedicava almeno mezz'ora di ogni giornata alla sua caccia ai 155 mm. Ai suoi occhi era sempre più evidente che, se non fossero riusciti a recuperarne a sufficienza, si sarebbero trovati di fronte a una scelta difficile e moralmente complessa: inviare bombe a grappolo o lasciare l'Ucraina indifesa.

38

A Monaco di Baviera, il segretario di Stato Blinken entrò nell'accogliente struttura simile a una tenda che il team delle comunicazioni aveva allestito nella suite d'albergo per garantirgli comunicazioni protette. In sottofondo suonava una musica riprodotta al contrario per creare interferenza.

«Dopo un po' c'è da impazzire» commentò Blinken a proposito della musica. Ma i tecnici dicevano che quel suono mascherava la voce del segretario, rendendo quasi impossibile origliare.

Blinken s'infilò le cuffie e venne messo in comunicazione attraverso un canale top secret con il presidente, Austin, Milley e Sullivan.

C'è grande interesse da parte dei partner europei a fornire all'Ucraina gli F-16, i migliori caccia americani, riferì Blinken. Si trovava in Germania per la Conferenza per la sicurezza di Monaco e aveva dovuto tener testa a numerose domande da parte degli alleati, che volevano sapere se e quando gli americani si sarebbero decisi. Zelensky glieli chiedeva da un anno.

L'F-16 è un caccia supersonico multiruolo a propulsore singolo, e avrebbe conferito agli ucraini capacità offensive e difensive di massimo livello. Siccome gli F-16 sono una tecnologia americana, gli Stati Uniti obbligano gli altri Paesi a chiedere l'autorizzazione americana prima di fornirli a Paesi terzi come l'Ucraina.

Fino a quel momento il presidente Biden aveva negato l'autorizzazione. La sua principale preoccupazione era il rischio di escalation, che avrebbe potuto trascinare la NATO in una guerra contro la Russia o spingere Putin all'utilizzo di armi nucleari.

In questi casi non esisteva una formula perfetta, pensava Blinken.

Percepiva una resistenza all'altro capo del telefono.

«Dobbiamo focalizzarci sulla controffensiva» disse Austin, «e questo non darà alcun beneficio agli ucraini per la loro controffensiva, perché non possiamo certo addestrarli o fornire loro degli F-16 in quel frangente.» Ci sarebbe voluto troppo tempo.

La posizione del Pentagono era sempre stata che gli F-16 non erano una necessità immediata. Non avrebbero prodotto un impatto sul campo a breve termine perché i piloti ucraini avrebbero avuto necessità di un addestramento specializzato per pilotarli, nonché di corsi intensivi d'inglese, visto che manuali, controlli e ogni altra cosa relativa agli aerei erano in inglese.

Una logica che non fa una piega, pensò Blinken.

«Sentite» disse Blinken, «un'aviazione moderna alla fin fine dovrà far parte dell'equazione, quindi si tratta di qualcosa che prima o poi dovremo dargli. Perché non iniziare subito?

«E ci saranno lunghi tempi di consegna» aggiunse, «ma intanto ci permetterà di rispondere alla stampa e andare avanti, no? Manderà il messaggio che saremo dalla loro parte fino all'ultimo.»

«Tony» disse il presidente Biden, «ti voglio bene, ma non succederà.»

«E se mandassimo un Cessna?» scherzò Blinken.

Il presidente scoppiò a ridere.

Blinken non si diede per vinto. Dopo due decenni di conversazioni con Biden, sapeva che il presidente poteva dichiarare in modo categorico «questo non lo faremo» mentre ascoltava le obiezioni e manteneva una mente aperta.

«Perché non partiamo dall'addestramento?» disse Blinken. «Anche per il training ci vogliono tempi lunghi. Così può prendere la decisione sull'F-16 più avanti.»

Blinken imitava l'approccio in stile «consulente matrimoniale» che Biden adottava nella risoluzione dei problemi delle sue politiche, dove prediligeva il compromesso. Capitava spesso che Biden nicchiasse e posticipasse una decisione difficile.

«Una cosa importante da sapere sul presidente» disse in seguito Blinken in un altro contesto «è che in una discussione, una discussione amichevole, spesso mostra una posizione che ti convince che è risolutamente a favore di qualcosa o ostile a qualcos'altro.

«In realtà sta semplicemente cercando di mettere pressione alla persona con cui parla» spiegò Blinken. «Chi non lo conosce penserà, ok, lasciamo perdere, non lo farà. Avendo passato un sacco di tempo con lui, so che in realtà cerca solo di testare l'idea criticandola pesantemente.»

Allora andiamo avanti con l'addestramento, disse alla fine Biden.[1]

39

Il generale Mark Milley, presidente dello Stato maggiore congiunto degli Stati Uniti e ufficiale più anziano in servizio, aveva condotto fin dall'inizio della presidenza Biden una vigorosa campagna per incontrare il procuratore generale Merrick Garland.

Garland, un tipo piuttosto cauto e dall'aria avvocatesca, si era preso tempo per pensarci, ma alla fine aveva accettato e il dipartimento di Giustizia aveva organizzato un pranzo.

La visita del presidente dello Stato maggiore congiunto al procuratore generale nella sede del dipartimento di Giustizia era un fatto piuttosto insolito, per non dire senza precedenti. Un avvocato del dipartimento coinvolto nella visita si disse convinto che fosse la prima volta nella storia americana.

Il generale Milley riteneva che quello fosse un aspetto normale del suo ruolo di consigliere del National Security Council, di cui faceva parte anche Garland. Dichiarò al proprio staff che era sua responsabilità incontrare tutti i membri del Gabinetto del presidente per «metterci in bolla», un termine della fanteria che indicava l'operazione di regolare le armi per un tiro della massima precisione.

Milley era assolutamente convinto che Trump rappresentasse un pericolo per il Paese, e insistette perché Garland avviasse indagini sulle minacce domestiche. Era particolarmente preoccupato dei gruppi di milizie di estrema destra, molti dei quali avevano attaccato il Campidoglio il 6 gennaio 2021 e continuavano a lanciare avvisaglie di violenza contro il governo federale.

«In giro c'è un grande movimento di milizie» riferì Milley, «e c'è un'ondata crescente di rabbia e ansietà che, a meno che non sia affrontata seriamente, può condurre a potenziale violenza. Non raggiungerà livelli da guerra civile o simili, ma potrebbe anche arrivare a scatenare rivolte.»

Milley non era l'unico a far pressione su Garland. I sospetti e le linee d'indagine che ruotavano attorno all'ex presidente e all'insurrezione del 6 gennaio erano talmente numerosi che un'inchiesta indipendente su Trump era ormai inevitabile.

Il 18 novembre 2022, il procuratore generale Garland annunciò che ci sarebbe stata un'inchiesta indipendente su Donald Trump.[1]

Garland nominò Jack Smith, un ex pubblico ministero che aveva lavorato per il dipartimento di Giustizia, consulente speciale con l'incarico di coordinare e condurre l'inchiesta sull'insurrezione del 6 gennaio 2021. Incoraggiati dal presidente Trump, i rivoltosi avevano fatto irruzione nel Campidoglio nel tentativo di ribaltare i risultati delle elezioni presidenziali del 2020. A Jack Smith fu anche affidato il compito di indagare sulla gestione dei documenti riservati e di pertinenza del presidente conservati nel suo club-residenza di Mar-a-Lago in Florida.

«Basandomi sugli sviluppi recenti»[2] disse Garland, «compreso il fatto che l'ex presidente ha annunciato che si candiderà alle prossime elezioni, e l'intenzione dichiarata dall'attuale presidente di ricandidarsi, ho concluso che la nomina di un consulente speciale è nell'interesse pubblico.»

Il 4 marzo 2023, Trump parlò per un'ora e quarantadue minuti alla Conservative Political Action Conference (CPAC), un vasto e potente raggruppamento conservatore fondato nel 1974, quando Ronald Reagan, allora governatore della California, tenne il suo discorso inaugurale.

«Oggi»[3] disse Trump, «io sono il vostro guerriero. La vostra giustizia. E per coloro che hanno subito torti e sono stati traditi, sono il vostro vendicatore.»

Si trattava di un tema importante e centrale della campagna del 2024 di Donald Trump, una promessa di rivincita per coloro che si ritenevano maltrattati o emarginati.

Due giorni dopo, lunedì 6 marzo 2023, partecipai a un ricevimento presso il Willard Hotel di Washington.

«Dobbiamo parlare» disse il generale Milley mentre mi avvicinavo.

Milley non era in uniforme, e portava una giacca scura sportiva alla moda e una camicia a quadri. Aveva il viso rilassato di chi si era appena fatto una doccia, ma la postura rigida e impettita di un generale.

Milley era ancora preoccupato di Trump.

«Nessuno è mai stato pericoloso per questo Paese come Donald Trump» disse. «Si rende conto, capisce che tipo di uomo è? Quando ne abbiamo parlato per *Pericolo* l'avevo intuito, ma oggi lo so. Oggi lo so per certo.»

Milley mi aveva confidato le sue preoccupazioni sulla stabilità mentale di Trump e sul problema del controllo degli armamenti nucleari quando ci eravamo incontrati per il libro *Pericolo*, che avevo scritto insieme a Robert Costa.

Continuammo a chiacchierare, dimostrando che è possibile tenere una conversazione assolutamente privata in mezzo a una sala piena di gente.

«Dobbiamo fermarlo!» disse Milley. «Dovete fermarlo!» Con quel «dovete» si riferiva alla stampa in generale. «È l'individuo più pericoloso che sia mai esistito. Quando abbiamo parlato del suo declino mentale eccetera avevo dei sospetti, ma oggi mi rendo conto che è davvero un fascista. È l'individuo più pericoloso di questo Paese.»

I suoi occhi saettarono nella sala che accoglieva duecento invitati del Cohen Group, un'azienda di consulenza d'affari internazionale capeggiata dall'ex segretario della Difesa William

Cohen. Cohen e l'altro ex segretario James Mattis dovevano tenere un discorso.

«Un fascista fino al midollo!» ripeté Milley.

Non dimenticherò mai l'intensità delle sue apprensioni.

A giugno, Trump annunciò sui social media che era stato messo sotto indagine per la sua cattiva gestione dei documenti governativi riservati a Mar-a-Lago, diventando il primo ex presidente accusato di crimini federali.[4] «La corrotta amministrazione Biden ha informato i miei avvocati che sono stato messo sotto inchiesta, sembra a proposito della "bufala dei documenti"» scrisse Trump sulla sua piattaforma Truth Social. «Sono UN UOMO INNOCENTE.»

Il suo ex procuratore generale Bill Barr, interpellato da Fox News, fornì una valutazione onesta della situazione. «È spacciato»[5] disse, se anche metà di quello di cui era accusato si fosse dimostrato vero. «Non è per nulla una vittima. Quando ha detto di avere pieno diritto di conservare quei documenti era completamente in errore. Quei documenti contengono alcuni dei dati più sensibili del Paese.»

Il presidente Biden nel frattempo stava dando slancio alla campagna per la rielezione, partecipando a parecchi incontri di raccolta fondi nel giugno 2023.[6] Il polo tecnologico della Silicon Valley pullulava di donatori generosi dalle tasche profonde. La prima raccolta fu ospitata da Kevin Scott, responsabile tecnologico di Microsoft, nella sua abitazione di Los Gatos il 19 giugno, e vide la partecipazione di trentotto invitati, tra cui alcuni dei più convinti donatori democratici della valle. L'evento raccolse 2,7 milioni di dollari per la rielezione di Biden.

Gli ospiti, tuttavia, raccontarono che Biden aveva un «aspetto terribile». Sembrava «un nonno decrepito di 87 anni» che vagava per la sala dicendo a ogni signora che incontrava: «Ha degli occhi bellissimi».

Biden, che in realtà aveva 80 anni, era arrivato in volo qualche ora prima da Washington. Un donatore ammise che probabilmente si era svegliato molto presto, ma che appariva stanco. «Non vedeva l'ora di sedersi e accettò solo due domande concordate in anticipo.» Aveva con sé una manciata di schede su cui erano stampate le risposte, ma anche così non sembrò rispondere molto a tono.

Gli invitati di un'altra raccolta fondi tenutasi lo stesso giorno e ospitata dall'investitore Steve Westly, ex ragioniere generale della California e grande finanziatore di Tesla, e sua moglie Anita Yu, hanno invece riferito di un'esperienza completamente diversa col presidente. «Sembrava pieno di energia» raccontò l'anfitrione, «è rimasto due ore in piedi.» All'evento erano presenti circa centosettanta persone.

Il comportamento di Biden, specie in occasione delle raccolte fondi, continuò a mostrare preoccupanti segni di declino per tutto il mese.

Durante un evento organizzato al Four Seasons Hotel di New York, Biden non riuscì a ricordare il termine «veterano». Disorientato, chiese al gruppetto di donatori di aiutarlo a ricordare la parola giusta per qualcuno che aveva prestato servizio nell'esercito. Uno dei presenti nominò il termine e Biden lo utilizzò: «veterano». Il gruppo rimase stupito e turbato.

Dopo un piccolo evento di raccolta fondi del tipo «incontra il presidente» cui presero parte circa venti persone, organizzato il 27 giugno a casa dei filantropi Susie e Michael Gelman a Chevy Chase nel Maryland, i presenti descrissero la loro interazione con Biden come «penosa».

«Non portava a termine una sola frase» ha raccontato Bill Reichblum, cofondatore e presidente della Liberties Journal Foundation, che aveva partecipato all'evento con la moglie e il suocero, ex ambasciatore americano in Romania. «Iniziava a parlare di un argomento, poi saltava di colpo a un altro. Ha raccontato la stessa storia tre volte sempre nella stessa maniera e perdeva il filo di continuo... Una cosa sconcertante.

«Sinceramente, ho avuto l'impressione che in alcuni momenti» ha aggiunto Reichblum «fosse come se noi non esistessimo.

Divagava e parlava di tutto quello che gli passava per la mente.» Biden diede a Reichblum l'impressione di un vecchio nonno o genitore che parla di continuo ma «dice cose senza senso».

Molti si chiesero se si trattasse semplicemente di una «brutta serata» per Biden.

Avrei compreso appieno l'importanza di quelle raccolte fondi come avvisaglie del declino mentale di Biden solo un anno dopo, nel giugno 2024.

40

L'11 giugno 2023, il colonnello Joe Da Silva informò Sullivan della gravissima situazione delle riserve di munizioni ucraine.

«Consumano ogni giorno una quantità enorme di munizioni» disse Da Silva. «Più o meno il doppio di quanto avevamo preventivato.» Gli ucraini stanno sparando «più di 10.000 proiettili da 155 mm al giorno.»

Sullivan sgranò gli occhi. «Be', e quando li esauriranno?»

«Potenzialmente entro la fine di luglio» disse Da Silva. Sei settimane.

Da Silva fissò cupo Sullivan. Sapevano entrambi che una guerra di posizione senza munizioni significava la fine dell'Ucraina.

Quella era la terza guerra di Da Silva. Aveva prestato servizio per trentotto mesi nella guerra in Iraq. Aveva assistito agli errori commessi dagli americani in Iraq e Afghanistan, ed era con vinto che aiutare l'Ucraina a difendersi contro il brutale tentativo di conquista territoriale di Putin fosse la causa più giusta cui avesse mai preso parte in tutti i suoi ventuno anni di servizio nell'esercito.

Il padre di Da Silva, un immigrato portoghese di 93 anni che aveva fatto il bidello in un liceo, era sempre stato scettico sulle guerre americane in Afghanistan e Iraq.

«Joe» diceva al figlio, «non riesco proprio a capire che cavolo ci facciamo laggiù.»

Ma riguardo alla guerra in Ucraina diceva: «I russi non avrebbero dovuto farlo e sono contento di aiutare quella gente».

Nonostante tutte le divisioni politiche, Da Silva era convinto che gli americani avessero un innato senso della giustizia. La maggior parte degli americani, repubblicani, democratici o indipendenti, pensava che quella guerra fosse una causa giusta.

Il Pentagono confermò che l'unica fornitura significativa esistente di proiettili da 155 mm che potessero essere sparati dagli obici ucraini erano quelli a grappolo americani.

Messi al bando da 123 Paesi come armi disumane e indiscriminate, le munizioni a grappolo esplodono a mezz'aria sopra il bersaglio rilasciando decine di piccole bombe su un'area grande come due campi da calcio.[1] Le piccole bombe quindi esplodono sparando letali frammenti di metallo in ogni direzione. Quelle che non scoppiano immediatamente si trasformano poi in una sorta di bombe a orologeria, restando sul terreno ed esplodendo spesso dopo mesi, anni e persino decenni, quando i civili e i bambini le trovano o le rimuovono dai vecchi campi di combattimento. Studi condotti in Vietnam hanno rivelato che le bombe a grappolo hanno provocato otto volte più feriti delle munizioni normali. Sono uno dei più orribili espedienti della guerra.

Il presidente Biden aveva detto chiaramente di trovarsi in grande imbarazzo ad autorizzare le munizioni a grappolo. «Sono l'ultima spiaggia»[2] aveva dichiarato quando i suoi consiglieri gli avevano fatto presente la richiesta ucraina per quelle munizioni.

Adesso il momento dell'ultima spiaggia era arrivato.

Il Pentagono, che era stato riluttante a dare all'Ucraina molte altre armi, disse che le munizioni a grappolo americane (Dual-Purpose Improved Conventional Munitions o DPICM) avrebbero effettivamente raddoppiato l'efficienza ucraina sul campo di battaglia. Gli Stati Uniti disponevano di un vasto arsenale di 413.000 DPICM con un *dud rate* (ossia una percentuale di submunizioni inesplose) dell'1,3 per cento, e un po' più di 800.000 munizioni con un *dud rate* del 2,35 per cento.

La Russia stava già utilizzando massicciamente munizioni a grappolo in Ucraina con un *dud rate* astronomico, che oscillava tra il 30 e il 40 per cento.[3]

L'ostilità a quel tipo di munizioni proveniva da considerazioni inerenti ai diritti umani, ma era difficile per Sullivan e Finer immaginare una violazione dei diritti umani più sfacciata che lasciare liberi i russi di avanzare e commettere altre atrocità nei territori ucraini occupati.

Più di 2400 civili ucraini erano stati uccisi a Mariupol'.[4] Più di 450 civili erano stati rinvenuti massacrati a Buča, con chiare tracce di esecuzioni: mani legate dietro la schiena, colpi di proiettile in testa, gole tagliate. A Irpin' erano stati trovati più di 290 cadaveri di civili, molti uccisi dal fuoco indiscriminato dei russi o in esecuzioni sommarie. I lanci di missili dei russi contro i centri urbani avvenivano nelle ore più affollate del giorno.

Putin era anche responsabile del rapimento di massa di almeno 6000 bambini ucraini, prelevati da territori occupati come Mariupol', Cherson e Char'kiv e dati in adozione alle famiglie russe.[5]

Una stima elaborata dai Servizi americani dichiarava brutalmente: se gli ucraini non avessero ricevuto le munizioni a grappolo, l'esercito russo avrebbe goduto di un vantaggio di 5 a 1 o di 10 a 1 rispetto alla quantità di munizioni a disposizione, una disparità rovinosa. Ciò non significava soltanto che l'Ucraina avrebbe perso la guerra, ma anche che ci sarebbe stata una carneficina.

Durante la riunione quotidiana con il presidente del 29 giugno, tutti i dirigenti serrarono i ranghi. Austin e Milley raccomandarono a Biden di consentire l'invio delle munizioni a grappolo.

Austin e Milley avevano prestato servizio in unità di comando durante la guerra in Iraq, dove le truppe americane avevano utilizzato quel genere di munizioni. Sostennero che a loro giudizio sul terreno di battaglia non esisteva sostituto migliore.

Sullivan e Finer riferirono di aver ricevuto esplicite assicurazioni dagli alleati che avevano aderito al bando internazionale delle munizioni a grappolo, secondo cui se Biden ne avesse autorizzato l'uso ciò non avrebbe pregiudicato in nessun modo l'unità dell'alleanza.

I capi dei Servizi, Haines della National Intelligence e il direttore della CIA Burns, aggiunsero che l'invio di munizioni a grappolo non sarebbe stato visto come un rilevante segno di escalation dai russi. Le truppe di Putin utilizzavano munizioni a grappolo ben più pericolose, con una percentuale di submunizioni inesplose molto più alta. Denunciare l'uso dei nuovi proiettili americani come un superamento della «linea rossa» sarebbe stato risibile.

Autorizzo la spedizione,[6] disse Biden.

«Come ho fatto a diventare il maggior sostenitore pubblico dell'uso delle munizioni a grappolo?» chiese Sullivan un giorno a Da Silva. «Non avrei mai immaginato di fare una cosa del genere in vita mia. Joe Da Silva, è colpa tua!» disse in tono scherzoso. «Sai che sei stato tu a convincermi.»

Sullivan si rese conto che tra le necessità sporche e sgradite della guerra c'era quella di costringere le persone a scelte morali difficili e tutt'altro che chiare.

41

Evgenij Prigožin, chef personale di Putin poi assurto al ruolo di capo di una milizia militare privata, era pubblicamente irritato dall'incompetenza e dalla disorganizzazione dell'esercito russo.[1]

Tarchiato, calvo e con il *physique du rôle* per impersonare il perfetto gangster russo, Prigožin durante la guerra aveva utilizzato i social media per criticare le motivazioni addotte dal Cremlino per giustificare i combattimenti in Ucraina.

«La guerra non serve per riportare i cittadini russi in seno alla madrepatria, né a smilitarizzare o denazificare l'Ucraina» disse Prigožin. «La guerra serve semplicemente perché un pugno di miserabili possa ammantarsi di gloria.»

Prigožin era anche impegnato in una furiosa polemica con il ministro della Difesa russo Šojgu, che accusava di lesinare sulle munizioni da fornire alle sue milizie Wagner, un misto formato da mercenari d'élite e migliaia di carcerati russi. Quella scelta aveva trasformato la Wagner, che combatteva in Ucraina per conto della Russia, in un autentico tritacarne.

«La feccia che ci nega le munizioni si roderà le budella all'inferno» irrideva Prigožin.

Nei lunghi mesi della battaglia di Bachmut, una città nell'Est dell'Ucraina, Prigožin aveva dichiarato che la Wagner aveva perso più di 20.000 uomini.[2] Postò un video che lo mostrava mentre camminava di notte in un campo tra decine di cadaveri in uniforme. «Questi sono i ragazzi della Wagner morti oggi» diceva Prigožin. «Il loro sangue è ancora caldo!»

Quindi si scagliava contro i responsabili della Difesa, urlando verso la macchina da presa: «Šojgu, Gerasimov, dove sono le nostre cazzo di munizioni?».

Alla fine, stufo della situazione, il 23 giugno 2023 Prigožin aveva fatto fare dietrofront alle truppe che si trovavano in Ucraina e ordinato loro di «marciare per la giustizia» su Mosca.[3] Fu una drammatica prova di forza. Una colonna di carri armati si mosse lentamente dall'Ucraina dirigendosi verso la capitale della Russia, sotto gli occhi di tutto il mondo. L'Iran coprì la notizia in diretta sul suo canale informativo, e il presidente iraniano Ebrahim Raisi telefonò preoccupato al presidente Putin.

«Le azioni che spezzano la nostra unità sono una pugnalata alle spalle del nostro Paese e del nostro popolo»[4] disse Putin in tono sprezzante in un messaggio televisivo alla nazione quello stesso giorno.

Meno di ventiquattr'ore dopo, quand'erano a circa duecento chilometri da Mosca, Prigožin annunciò di aver concluso un accordo con il presidente bielorusso Aljaksandr Lukašenka e che si sarebbe fatto da parte.

Due mesi dopo, rimase ucciso in un incidente aereo a nord di Mosca.[5]

«Passare all'azione, come per esempio uccidere Prigožin, o il tipo di cose che ha fatto» commentò Avril Haines della National Intelligence a proposito di Putin, «gli dà un senso di potere. Ha il controllo della situazione, ha agito, e questa è la logica di quel genere di gesto.»

Nel corso di una conferenza economica organizzata a settembre in Russia, Putin dichiarò: «Il signor Trump sostiene che risolverà tutte le questioni scottanti nel giro di pochi giorni, compresa la crisi ucraina. Non possiamo che rallegrarcene».[6] Descrisse l'escalation di indagini giudiziarie contro Trump, ormai arrivate a novantuno capi d'accusa gravi, come una persecuzione giudiziaria. «Considerate le condizioni di oggi, ciò che sta succedendo è a mio giudizio positivo per noi» aggiunse Putin, «perché rivela il marciume del sistema politico americano, che non può pretendere d'insegnare la democrazia agli altri.»

Quando, durante un'intervista per *Meet the Press*, la giornalista di NBC Kristen Welker gli chiese un'opinione sui commenti di Putin, Trump dichiarò gongolante: «Mi piace ciò che ha detto, perché significa che ciò che dico è vero.

«Lo metterei in una stanza, metterei anche Zelensky in una stanza e troverei un accordo»[7] disse Trump. Pressato da Welker perché fornisse altri particolari, aggiunse: «Se te lo spiego nei dettagli, perdo tutte le mie armi negoziali. Voglio dire, non posso dire esattamente ciò che farei. Ma direi certe cose a Putin. E direi certe cose a Zelensky». Non era chiaro se Trump avesse la minima idea su come risolvere la guerra.

«Vado molto d'accordo con lui» disse Trump di Putin, «e questa è una cosa positiva, non negativa.»

42

Sabato 7 ottobre 2023, Ron Dermer,[1] il consigliere più fidato del primo ministro israeliano Benjamin «Bibi» Netanyahu, spesso soprannominato «il cervello di Bibi», si trovava con la sua famiglia nella casa di Gerusalemme per l'inizio della festività ebraica della Simchat Torah. Verso le 6.30 il suo cellulare iniziò a ronzare senza sosta. Il *red alert system*, una sofisticata app installata sul suo telefono che gli segnalava ogni volta che un razzo veniva lanciato su Israele e dove sarebbe caduto, era impazzito.

Guardò con crescente allarme la rapida serie di notifiche che lampeggiavano sullo schermo. Un fuoco di sbarramento di 3000 razzi era stato lanciato su Israele. Hamas, il gruppo radicale palestinese che controllava la striscia di Gaza a sud di Israele, aveva scatenato un massiccio attacco a sorpresa.

Il sabato era giorno di riposo per la popolazione ebrea, ma quando Dermer accese la televisione e vide i pick-up bianchi carichi di uomini di Hamas armati che percorrevano le strade principali nel Sud di Israele, salì immediatamente in auto e si diresse a Tel Aviv per incontrare Netanyahu.

Quando Dermer raggiunse il Kirya, la versione israeliana del Pentagono, e scese nelle profondità del bunker sotterraneo, i militanti di Hamas avevano già iniziato a massacrare ogni israeliano che incontravano.

 1

Il 16 giugno 2021 il segretario di Stato statunitense Antony Blinken *(a sinistra)* e il presidente Joe Biden *(in centro a sinistra)* incontrano il presidente russo Vladimir Putin *(in centro a destra)* e il ministro degli Esteri Sergej Lavrov *(a destra)* a Ginevra. «Perché ve ne siete andati dall'Afghanistan?» chiese Putin, la cintura nera di karate, nel tentativo di spiazzare Biden. Trump aveva promesso ai talebani che tutti i soldati americani si sarebbero ritirati entro il 1° maggio. «Voi perché ve ne siete andati?» ribatté Biden, riferendosi all'imbarazzante ritiro sovietico dall'Afghanistan nel 1989, dopo dieci anni di occupazione.

 2

«Voglio che Putin rispetti il nostro Paese, ok?» mi disse Trump durante un'intervista prima delle elezioni del 2016. «Ha detto cose molto lusinghiere su di me. Ha detto, Trump è brillante, ed è destinato a diventare il nuovo leader e cose del genere. E alcuni di quei pagliacci hanno detto: "Dovresti ripudiare Putin". E io ho risposto, perché dovrei ripudiarlo?» Al summit di Helsinki, nel 2018, Donald Trump difese strenuamente Putin e smentì le osservazioni delle agenzie d'intelligence statunitensi, secondo cui la Russia avrebbe interferito nelle elezioni del 2016.

3

«Jake Sullivan sembra quasi uno studio legale» raccontava l'ex capo dello Stato maggiore congiunto Mark Milley a proposito del consulente per la sicurezza nazionale di Biden, nonché insostituibile assistente. «Ti carica di roba da leggere. Con Jake devi fare i compiti a casa tutta la settimana. È una cosa positiva, e stiamo parlando di fascicoli di solito alti due o tre dita.»

4

Il direttore della CIA Bill Burns era il massimo esperto sul presidente russo Putin su cui Biden potesse fare affidamento. Burns era stato ambasciatore a Mosca dal 2005 al 2008 e conosceva Putin. Biden inviò Burns a Mosca il 2 novembre 2021 con un messaggio per Putin: «Sappiamo che ha intenzione di invadere l'Ucraina. Se lo farà, noi reagiremo come le spiegherò». Il direttore della CIA portava con sé una lettera segreta del presidente Biden indirizzata a Putin.

5

Il segretario di Stato Blinken fece pressione sul ministro degli Esteri russo Lavrov al fine di preferire la diplomazia alla guerra in Ucraina. «Tony» disse Lavrov nel dicembre 2021, «sei davvero convinto che invaderemo l'Ucraina? Era davvero un discorso serio?» Blinken lasciò molti incontri convinto che Lavrov non fosse pienamente consapevole dell'entità dei piani di guerra di Putin. Provò un moto di commiserazione pensando a quanto Lavrov fosse distante dalla cerchia più ristretta degli uomini fidati di Putin.

6

«Andare a Mar-a-Lago è un po' come andare in Corea del Nord» disse Lindsey Graham, senatore repubblicano del South Carolina. «Tutti si alzano in piedi e applaudono ogni volta che compare Trump.» Graham, che spesso giocava a golf con Trump, disse all'ex presidente: «Se si candida e vince, sarà il più grande secondo atto nella storia della politica americana. Dopodiché avrà quattro anni per riscrivere la sua eredità e fare del trumpismo un movimento più sostenibile, qualcosa che può lasciare alla prossima generazione».

7

«Se lo farete ci saranno enormi costi per la Russia» disse il presidente Biden a Putin durante una videoconferenza nella Situation Room il 7 dicembre 2021. «Ci assicureremo che sia così.» Putin negò recisamente che la Russia avesse qualsiasi piano per invadere l'Ucraina. Biden chiuse la conversazione ormai convinto che l'invasione fosse imminente.

8

Il 21 febbraio 2021 il presidente Putin sondò in modo aggressivo i suoi funzionari di grado più elevato sulla questione se riconoscere o meno l'indipendenza delle due città nell'Est dell'Ucraina, Donec'k e Luhans'k. Stava pubblicamente gettando le basi per la guerra. «Parla chiaro» intimò al suo direttore del servizio di intelligence nazionale Sergej Naryškin, mentre quello inciampava sulle frasi che si era preparato.

9

«Riunisci i leader del mondo» disse il presidente ucraino Volodymyr Zelensky al presidente Biden al telefono mentre le forze russe stavano invadendo. «Chiedi loro di sostenere l'Ucraina.» Il 4 febbraio 2022 il presidente Putin diede il via al più sfacciato tentativo di conquista territoriale dalla Seconda guerra mondiale. «Ti sosterremo» promise Biden a Zelensky. «Dovresti dirci sempre che cosa ti serve.» A giugno 2024, gli Stati Uniti avevano fornito all'Ucraina assistenza militare per il valore di circa 51,2 miliardi di dollari.

10

«Ci aspettavamo che [i russi] facessero esattamente quello che avrebbero fatto i militari americani» disse il direttore della CIA Bill Burns a proposito dell'invasione russa dell'Ucraina, «ovvero usare le prime ventiquattr'ore per mettere fuori uso il sistema di comando e controllo e la difesa antiaerea. E invece non lo fecero.» Al quinto giorno dell'invasione, il 28 febbraio 2022, un convoglio lungo 64 chilometri che comprendeva 15.000 soldati, carri armati e mezzi di supporto era bloccato in un enorme ingorgo.

 11

«Siamo a conoscenza dei vostri progetti di utilizzare armi nucleari tattiche in Ucraina» disse il segretario della Difesa Lloyd Austin durante una telefonata con il ministro della Difesa russo Sergej Šojgu, uno dei consulenti più vicini a Putin, il 21 ottobre 2022. Šojgu rispose che non gli piaceva essere minacciato.
«Signor ministro» replicò Austin senza mezzi termini, ma mantenendo la calma, «sono il comandante dell'esercito più potente nella storia del mondo. Le mie non sono minacce.»

 12

Il presidente russo Putin mostra alcuni funghi al ministro della Difesa russo Šojgu durante una vacanza nelle foreste siberiane. Šojgu, che ha dato un contributo importante ai piani di annessione della Crimea nel 2014 e all'invasione dell'Ucraina nel 2022, fa parte della cerchia più intima di Putin da oltre trent'anni. È una strana ma pericolosa accoppiata. Šojgu è un autentico *apparatčik* russo: rigido, devoto e servile.

13

Soldati ucraini feriti da un attacco russo con bombe a grappolo mentre si ritiravano dal fronte portando dei commilitoni in barella. L'Ucraina era uno dei contesti militari più impegnativi per un esercito sin dalla Seconda guerra mondiale. Ormai il conflitto dipendeva dall'artiglieria, con Ucraina e Russia impantanate in una guerra di trincea. Le linee del fronte si muovevano a malapena.

14

L'obice, a metà strada tra un cannone e un mortaio, spara munizioni da 155 mm ed era diventato il cardine della difesa ucraina. L'11 giugno 2023 il colonnello Joe Da Silva riferì al consigliere per la sicurezza nazionale Jake Sullivan che gli ucraini facevano fuori circa 10.000 colpi al giorno e rischiavano di esaurire le scorte di munizioni entro la fine di luglio. Le uniche riserve di munizioni da 155 mm rimaste al mondo erano dei proiettili a grappolo, che erano stati banditi da ben 123 Paesi perché considerati disumani e indiscriminati. Il presidente Biden diede l'ordine di inviarli. La Russia li stava già usando.

15

«Oggi il popolo di Israele è sotto attacco, un attacco orchestrato dall'organizzazione terroristica Hamas» disse il presidente Biden dalla sala da pranzo della Casa Bianca il 7 ottobre 2023, affiancato dal segretario di Stato Blinken. «In questo momento tragico, voglio dire a loro, al mondo e ai terroristi, ovunque si trovino, che gli Stati Uniti stanno con Israele. Non verremo mai meno al nostro dovere di difenderlo» dichiarò. Gli Stati Uniti furono i primi a riconoscere lo Stato di Israele, undici minuti dopo la sua fondazione, settantacinque anni fa.

16

L'emiro del Qatar, lo sceicco Tamim bin Hamad Al Thani, 43 anni, ha giocato un ruolo chiave nelle trattative con Hamas, il gruppo militante autore del brutale attacco a Israele del 7 ottobre 2023, per il rilascio degli ostaggi. L'emiro ospitava da anni la leadership politica di Hamas nella capitale Doha, e forniva aiuti ad Hamas a Gaza sotto forma di centinaia di milioni di dollari. Il Qatar aveva un canale di comunicazione. «Sono pronti a rilasciare alcuni degli ostaggi» l'emiro informò il segretario di Stato Blinken il 13 ottobre 2023 a Doha.

17

Il presidente Biden atterrò a Israele il 18 ottobre 2023, undici giorni dopo l'attacco di Hamas in cui erano morte circa 1200 persone, e dopo una settimana di discussioni volte a trattenere Benjamin Netanyahu e il suo Gabinetto di guerra dal colpire Hezbollah in Libano con un attacco preventivo. Biden scese dalla scaletta, gli occhiali da sole che gli dondolavano dalla mano sinistra, e immediatamente abbracciò Netanyahu. Pochi mesi più tardi, nella primavera del 2024, Biden, in privato, avrebbe definito il primo ministro israeliano «un pezzo di merda» e «un bugiardo».

18

«Come avete intenzione di combattere Hamas?» chiese Biden al primo ministro israeliano Bibi Netanyahu in una sala conferenze sotterranea che fungeva anche da bunker a Tel Aviv. Vogliamo eliminarli, rispose Netanyahu. Dal primo all'ultimo. Be', disse Biden, sapete, abbiamo adottato lo stesso approccio in posti come l'Iraq e l'Afghanistan ed è stato difficile sradicare un'ideologia. A volte si creano combattenti proprio a causa del modo in cui li si combatte.

Il segretario di Stato Blinken esortò il primo ministro Netanyahu e il suo Gabinetto di guerra a lasciar entrare gli aiuti umanitari a Gaza. «A Gaza non entrerà una goccia, un grammo di qualunque cosa per aiutare la gente» ribatté Netanyahu. «Che ne dite se mandiamo dentro degli esperti?» suggerì. «Signor primo ministro» disse Blinken esasperato, «un esperto non lo si può mangiare né bere. La gente ha bisogno di cibo e acqua.» Dopo più di nove ore di discussione, Netanyahu accettò in linea di principio di allentare lievemente l'assedio per lasciar entrare a Gaza gli aiuti umanitari.

20

«Bibi, non avete una strategia. Non avete una strategia» disse il presidente Biden al primo ministro Netanyahu il 4 aprile 2024. «Questo non è vero, Joe» replicò Netanyahu. «Stiamo smantellando Hamas... Dobbiamo ripulire Rafah e poi è finita. Ci vorranno tre settimane.» Biden sapeva che non era vero. A volte Netanyahu suonava offeso, come se tutto il mondo – le Nazioni Unite, tutti... – ce l'avesse con Israele. Mise anche in dubbio che la situazione umanitaria a Gaza fosse così grave. Le operazioni israeliane avevano creato 39 milioni di tonnellate di macerie. A metà aprile 2024 la conta delle vittime palestinesi aveva raggiunto i trentamila morti e ottantamila abitazioni erano state distrutte. Le agenzie umanitarie internazionali dichiaravano che mezzo milione di palestinesi rischiava di morire di fame.

21

Una famiglia palestinese nella propria casa distrutta dopo l'attacco aereo israeliano a Rafah, il 22 febbraio 2024.

 22

L'esperto per il Medio Oriente Brett McGurk si trovava nella Situation Room assieme al presidente Biden e al consigliere per la sicurezza nazionale Sullivan quando, il 13 aprile 2024, l'Iran lanciò 110 missili balistici contro Israele. I missili comparivano sullo schermo della Situation Room come strisce gialle. Era come guardare un vecchio film o un videogioco di guerra degli anni Ottanta. McGurk aveva gestito gravi situazioni di crisi per quattro amministrazioni, repubblicane e democratiche: George W. Bush, Barack Obama, Donald Trump e adesso Joe Biden. Quello fu uno dei momenti più intensi della sua vita.

 23

Il tenente generale in pensione Keith Kellogg affermava di sostenere la campagna 2024 di Trump «al cento per cento». Kellogg parlava regolarmente al telefono con l'ex presidente, offrendogli consigli sulla gestione delle guerre in Ucraina e in Medio Oriente, e si era persino visto in segreto con il primo ministro Netanyahu durante un viaggio a Israele nel marzo 2024. «Biden e Netanyahu non vanno d'accordo quasi su nulla» riferì Kellogg a Trump.

24

Colin Kahl, consigliere per la sicurezza nazionale di Biden durante gli anni della vicepresidenza (2014-2017) e poi sottosegretario per la politica militare per il segretario della Difesa Lloyd Austin (2021-luglio 2023), aveva capito che la strategia che Biden aveva già adottato con Netanyahu gli sarebbe tornata utile anche nel metodo che avrebbe dovuto usare ora. «In pratica Biden fondava il suo approccio su grandi abbracci e piccoli pugni. Ossia abbracciare gli israeliani in pubblico e dargli una bella strigliata in privato» riferì Kahl. «Non credo che Biden si fidi di Netanyahu. Non credo nemmeno che gli piaccia a livello personale.»

25

Nel 2024 la direttrice dell'intelligence nazionale Avril Haines, incaricata della supervisione di tutte le agenzie d'intelligence americane, compresa la CIA, dichiarò che la Russia era stata indebolita dalla guerra in Ucraina, ma che questo rendeva Putin ancora più pericoloso. «Assieme, gli Stati Uniti e la Russia detengono oltre il 90 per cento delle armi nucleari di tutto il mondo» disse Haines. «L'ultima cosa che vogliamo è che un Paese in possesso di un tale arsenale si renda conto che la situazione gli sta sfuggendo di mano.»

 26

«Mi hanno detto che se vengo condannato, sarà anche meglio per me alle elezioni» disse Trump parlando al telefono con l'ex avvocato Tim Parlatore nel bel mezzo del processo sui cosiddetti *hush money* che si teneva a New York. «Però, Tim» disse Trump, «io non voglio essere condannato.» Il 30 maggio 2024 Trump fu riconosciuto colpevole di tutti e trentaquattro i capi d'accusa per falsificazione dei documenti contabili, il primo ex presidente americano condannato per un crimine.

 27

«Non ho capito assolutamente ciò che ha detto alla fine di quella frase» disse Trump dopo che Biden aveva esaurito il tempo a sua disposizione per rispondere a una domanda sulla frontiera meridionale. «E credo che neanche lui lo sappia.» Durante le domande Biden chiudeva gli occhi, come se dentro di sé combattesse una battaglia per tentare di ricordare, di concentrarsi e di mettere in ordine i pensieri. Era uno spettacolo triste, l'immagine scioccante di un tentativo disperato di rinvigorire la propria immagine. Ancora prima della conclusione del dibattito, i democratici erano completamente nel panico riguardo alla capacità di Biden di affrontare un secondo mandato presidenziale all'età di 81 anni.

«A terra! A terra!» urlarono gli agenti dei servizi segreti quando un cecchino solitario di nome Thomas Matthew Crooks aprì il fuoco dal tetto di un edificio vicino durante un comizio a Butler, in Pennsylvania, sabato 13 luglio 2024. Trump si portò la mano destra all'orecchio e fu fatto subito mettere carponi dietro al podio. Il sangue gli copriva l'orecchio destro e colava lungo la guancia. Gli agenti dei Servizi circondarono l'ex presidente e si mossero per portarlo velocemente via dal palco. «Aspettate, aspettate» insisteva Trump. Alzò il pugno in aria e gridò alla folla: «Combattere. Combattere. Combattere». La folla scoppiò in applausi e in grida di «USA! USA! USA!».

Domenica 21 luglio 2024, il presidente Biden annunciò, con una lettera, il suo ritiro dalla corsa per la rielezione. Diede il suo endorsement alla vicepresidente Kamala Harris per sostituirlo come candidato democratico alla presidenza. L'annuncio dell'entrata in gara di Harris fu accompagnato da un'ondata di energia, consolidata dal sostegno dei democratici, nonché da un certo sollievo. Il 30 luglio, durante un comizio nello Stato conteso della Georgia, Harris ironizzò sull'indecisione di Trump a incontrarla in un dibattito. «Be', Donald, spero che ci ripenserai e ti confronterai con me sul palco del dibattito» disse. «Perché, come si suol dire, "se hai qualcosa da dirmi, dimmelo in faccia".»

«È la guerra» disse Netanyahu. Un'affermazione che risuonò in tutto il Paese.

Brett McGurk, 50 anni, coordinatore NSC per il Medio Oriente, era stato allertato dalla Situation Room della Casa Bianca degli attacchi mirati a Israele il 7 ottobre 2023 appena dopo la mezzanotte, ora di Washington. Il meridiano di Israele era sette ore avanti rispetto a quello di Washington.

McGurk non ci fece molto caso. Gli allarmi provocati dai missili erano comuni in quel Paese.

Qualche attimo dopo, alle 0.17, ricevette un messaggio dall'ambasciatore di Israele negli Stati Uniti Michael Herzog, un ex generale dell'esercito israeliano: «Hamas ha appena lanciato un massiccio attacco di razzi contro Israele. È la guerra».

Seguì un messaggio del consigliere per la sicurezza nazionale di Israele Tzachi Hanegbi: «Quello che sta succedendo è un attacco contro Israele, un attacco coordinato!».

Poi arrivò un aggiornamento di Herzog: «Hanno lanciato un attacco a sorpresa, compresa un'infiltrazione attraverso il confine. È un massiccio attacco ingiustificato che non può restare senza risposta. Serve una forte condanna pubblica e un chiaro sostegno da parte vostra».

McGurk gli inviò un messaggio di risposta all'1.12: «Siamo con voi».

Quella notte non andò a dormire.

Le ore iniziali dell'invasione furono una massa indistinta di caos e confusione, ma il quadro complessivo emerse solo col passare delle ore, e fu un quadro d'incredibile orrore.[2]

Militanti di Hamas provenienti da Gaza fecero irruzione attraverso il confine e penetrarono nel Sud di Israele. Sfondarono le barriere ai valichi di frontiera, abbatterono tralicci per le comunicazioni e attaccarono posti di comando militari ignari di tutto. Poi, servendosi di pick-up, furgoni, jeep, moto e persino parapendii, 3000 militanti di Hamas si riversarono nelle comunità dei kibbutz, bruciando case e facendo strage di intere famiglie, compresi neonati in culla e bambini nei letti a castello. Molti di loro erano ancora in pigiama. Hamas uccise a colpi d'arma da fuoco, decapitò, smembrò o bruciò vivi gli israeliani.

Altri 50 terroristi di Hamas raggiunsero un festival di musica a Re'im, sempre dentro Israele, a circa cinque chilometri dal confine con Gaza.[3] Jeep e furgoni pieni di uomini armati spararono ai partecipanti del festival accerchiandoli in pieno deserto, dove le possibilità di fuga erano minime. I terroristi abbatterono uomini e donne mentre cercavano di scappare o di nascondersi sugli alberi o dietro i cespugli.

I guerriglieri di Hamas si macchiarono anche di atti di brutale violenza sessuale contro le donne, alcune delle quali furono legate agli alberi e stuprate.[4] Rami Davidian, un soccorritore accorso sulla scena del festival di musica, dichiarò in seguito in *Screams Before Silence,* il documentario di Sheryl Sandberg: «Laggiù ho visto ragazze legate agli alberi con le mani dietro la schiena. Qualcuno le aveva uccise, violentate e seviziate. Avevano le gambe aperte... Avevano infilato ogni genere di oggetto nelle loro parti intime, come pezzi di legno, aste di ferro. Più di trenta ragazze furono uccise e violentate laggiù».

Raz Cohen, un partecipante al festival intervistato nel documentario, raccontò di essersi riuscito a nascondere insieme a un amico. «Shoham, che era vicino a me, mi ha detto: "La sta pugnalando. La sta massacrando...". E io non ho voluto guardare... Quando ho riaperto gli occhi lei era già morta, e lui era ancora sopra di lei. Stava continuando a violentarla dopo averla massacrata.»[5]

In seguito alcuni membri di Hamas sfilarono con un pick-up attraverso Gaza City esibendo il corpo di una ragazza che avevano ucciso, Shani Louk, una tedesco-israeliana di 22 anni. La donna indossava soltanto le mutandine. I militanti cantavano «*Allahu Akbar*» cioè Dio è grande, e sputavano sul suo corpo.

Nelle viscere di Tel Aviv, la sera del 7 ottobre, il primo ministro Bibi Netanyahu e Ron Dermer si riunirono con i capi dei servizi di sicurezza dell'esercito mentre l'attacco a sorpresa nel Sud del Paese continuava a infierire sulle comunità.

Il resoconto degli orrori si aggravava ora dopo ora. Il conteggio dei morti cresceva di centinaia di unità.

Abbiamo il controllo della situazione?, chiese Netanyahu al suo Consiglio di sicurezza. Aveva saputo degli eventi soltanto alle 6.30 di quella mattina, mentre l'attacco era in corso. I primi segnali d'allarme erano stati lanciati intorno alle 3 del mattino, ma la situazione non era sembrata così grave da informare il primo ministro. Era stato un enorme disastro a livello militare e di intelligence.

«Perché non avete svegliato il primo ministro?» chiese Dermer. Nessuno fornì una risposta convincente.

Netanyahu incalzò i presenti sulla situazione in corso. L'esercito israeliano stava intervenendo nelle comunità sotto attacco? Hamas era riuscita a infiltrarsi al di là della zona immediatamente vicino a Gaza? Era previsto un altro attacco? Cosa era pronto a fare Israele? Quali erano i passi da compiere a livello diplomatico?

Il presidente Biden organizzò una call con il suo team della sicurezza nazionale, che comprendeva Sullivan, Blinken, Austin e Burns, e che lo aggiornò su tutte le notizie che provenivano da Israele.

Biden disse di voler parlare al più presto con Netanyahu. «Dev'esserci una risoluta condanna di ciò che è successo, e anche di Hamas» disse.

Nella telefonata con Biden in quello stesso giorno, Netanyahu dichiarò: «Israele vincerà» una guerra contro Hamas. L'attenzione del primo ministro israeliano non era focalizzata sull'attacco di Hamas, ma su ciò che sarebbe potuto ancora succedere.

«Dovete cominciare a segnalare a Hezbollah di tenersi fuori» disse Netanyahu a Biden. «È importante che Hezbollah riceva il messaggio dagli Stati Uniti: non entrate nella guerra. Non entrate nella guerra. Rimanete fuori dalla guerra.»

Netanyahu, la cui voce appariva scossa, temeva che Hezbollah, la potente milizia filoiraniana stanziata in Libano, avrebbe potuto attaccare Israele da nord.

«Quella gente pensa che siamo deboli» disse Netanyahu. «E in Medio Oriente se sei debole sei carne da macello.»

«Siamo dalla vostra parte» disse Biden a Netanyahu, e lo rassicurò che ci sarebbe stato stretto coordinamento tra le forze militari e informative americane e israeliane.

Netanyahu chiamò quindi direttamente Jake Sullivan.

Quando aveva ricevuto l'allarme per l'attacco di Hamas, il consigliere per la sicurezza nazionale si trovava in un piccolo villaggio di pescatori nel Sud della Francia per una breve vacanza con la moglie Maggie Goodlander e un gruppo di amici. Doveva tornare immediatamente a Washington.

«Jake, in pratica abbiamo bisogno che voi spaventiate Hezbollah» lo implorò Netanyahu. «È quello che vi chiediamo di fare. Abbiamo bisogno che gli facciate capire che se loro fanno arrabbiare noi, fanno arrabbiare voi.»

Hezbollah disponeva della più grande forza da combattimento del mondo per un esercito irregolare, con decine di migliaia di soldati e più di 150.000 tra missili e razzi.

Sullivan capì dal tono di Netanyahu che in quel momento era in gioco l'esistenza stessa di Israele: un momento di massima vulnerabilità. Dalla voce di Netanyahu si capiva che era davvero convinto di poter perdere il suo Paese. Poteva intervenire Hezbollah, poteva intervenire l'Iran, poteva intervenire chiunque e tutti insieme cercare di distruggere Israele.

Uno dei pilastri della deterrenza di Israele erano il suo decantato esercito e i suoi sofisticati servizi di intelligence. Quel pilastro era appena crollato.

Alla Casa Bianca, Brett McGurk stava esaminando i report dei Servizi per capire se poteva esserci un altro attacco a Israele all'orizzonte. Monitorava anche i rapporti sul campo degli israeliani.

«Li abbiamo contenuti. Li abbiamo presi tutti» scrivevano gli israeliani a proposito dei guerriglieri di Hamas.

Ore dopo, McGurk scoprì che non era vero. «Ci sono ancora un migliaio di combattenti di Hamas dentro Israele!»

Si trattò di un momento di vero caos bellico. Il livello di brutalità di Hamas non emerse pienamente fino a vari giorni dopo.

Quel pomeriggio, dal podio della sala da pranzo della Casa Bianca, Biden, affiancato dal segretario di Stato Blinken, lanciò un monito all'Iran e ai suoi rappresentanti, come Hezbollah in Libano.

«Oggi il popolo di Israele è sotto attacco, un attacco orchestrato dall'organizzazione terroristica Hamas»[6] disse Biden.

«In questo momento tragico, voglio dire a loro, al mondo e ai terroristi, ovunque si trovino, che gli Stati Uniti stanno con Israele. Non verremo mai meno al nostro dovere di difenderlo.»

Poi aggiunse: «Voglio essere estremamente chiaro. Questo non è il momento per qualsiasi forza ostile a Israele di sfruttare questi attacchi per trarne vantaggio. Il mondo vi guarda».

Ci vollero tre giorni perché gli israeliani comprendessero la portata dell'attacco.

«Abbiamo contato i morti per molti, molti giorni» raccontò Dermer. «Il numero è continuato a salire per dieci giorni, perché c'erano cadaveri dappertutto.»

In totale, Hamas aveva ucciso più di 1200 israeliani e trascinato oltre confine più di 240 ostaggi per nasconderli nei tunnel di Gaza.

Era stata la più feroce aggressione nella storia ebraica dopo l'Olocausto.

Ron Dermer continuava a cercare di capire come un evento del genere avesse potuto accadere proprio sotto al loro naso.

Il 6 ottobre, un giorno prima dell'attacco, il giudizio dei Servizi israeliani era che Hamas a Gaza era sotto scacco. Non era abbastanza forte per aggredire Israele.

Israele aveva avuto con Hamas un pesante scambio di colpi nel maggio 2021, dopo che i palestinesi avevano sparato un razzo su Gerusalemme. All'epoca Israele pensava di aver distrutto gran parte del potenziale bellico di Hamas. «Il 6 ottobre» disse Dermer, «ero convinto che due anni prima avessero preso una bella bastonata.» Non potevano avere intenzione di combattere.

Netanyahu aveva anche modificato le sue politiche per permettere agli abitanti di Gaza di lavorare in Israele.[7] Il numero dei residenti nella Striscia che avevano un permesso di lavoro era gradualmente aumentato fino a raggiungere circa 20.000 persone intorno al 7 ottobre. Quella forza lavoro supplementare contribuiva all'economia di Israele, ma dava anche un contributo importante a quella di Gaza.

Hamas, secondo i Servizi, adesso era incentivata a mantenere la calma, in modo che i residenti di Gaza potessero continuare a lavorare in Israele. Qualunque violenza avrebbe bloccato il loro accesso.

«La valutazione generale era che Hamas non avesse alcun interesse a fare guerra a Israele» disse Dermer.

Hamas si era anche mantenuta fuori dai «mini-scontri» che Israele aveva ingaggiato negli ultimi due anni con la Jihad islamica palestinese di Gaza, un'organizzazione terroristica minore che rappresentava direttamente gli interessi dell'Iran. La Jihad islamica sparava razzi su Israele, e questo reagiva arrestando alcuni dei sui leader radicali. Hamas era rimasta fuori dalla contesa.

Gli analisti dei Servizi di Israele lo interpretavano come un altro segno che del fatto Hamas non era interessata alla guerra. Adesso, dopo il 7 ottobre, il giudizio era che Hamas era rimasta tranquilla per preparare l'attacco a sorpresa, a cui avevano partecipato anche alcuni membri della Jihad islamica palestinese.

«Netanyahu sapeva che Hamas è votata alla nostra distruzione» disse Dermer. «Non ha alcun dubbio sulla sua volontà di ucciderci e sul suo potenziale. Ma non sul fatto di poter organizzare un attacco di questa portata.» La portata dell'attacco del 7 ottobre era stata un'enorme sorpresa.

Mesi dopo, i rapporti dei Servizi israeliani chiarirono che il 6 ottobre soltanto tre leader di Hamas conoscevano il piano dell'attacco a Israele del giorno dopo. Hamas l'aveva tenuto nascosto ai Servizi israeliani mantenendo la notizia all'interno della sua cerchia più ristretta. La maggior parte dei 3000 militanti scoprì che quella non era un'esercitazione soltanto pochi attimi prima di lanciarsi all'attacco.

Rivelando un altro errore clamoroso, i servizi di sicurezza israeliani scoprirono in seguito di essere in possesso del piano di attacco di Hamas da quasi un anno.[8]

«Non ho idea di chi l'abbia visto o letto e a quale livello gerarchico» dichiarò l'ambasciatore Herzog, «ma nessuno lo prese sul serio.

«Tutti dicevano che Hamas non era abbastanza forte per aggredire Israele. Non avrebbe avuto il coraggio di fare una cosa del genere» continuò Herzog. «Adesso sappiamo che i nostri Servizi erano riusciti a mettere le mani sui piani di Hamas circa un anno prima dell'attacco.

«C'era tutto il piano dettagliato di Hamas» disse Herzog, «con un massiccio attacco oltre confine con razzi, tutto... penetrare nelle basi dell'esercito e in tutti i kibbutz, oltre che nei villaggi popolati da civili e nelle città vicine al confine. Era un piano molto meticoloso ed è stato testato. Si sono allenati.»

Israele era rimasto inerte di fronte a quell'informazione, e di conseguenza, quando l'invasione era cominciata, non aveva abbastanza truppe vicino al confine. Il segretario militare di Israele in seguito dichiarò che il 7 ottobre anche un quarto d'ora di preavviso avrebbe fatto un'enorme differenza per la possibilità di Israele di difendersi dall'attacco di Hamas.

Invece l'attacco aveva colto Israele totalmente di sorpresa.

Mentre proseguiva la conta dei morti, il primo ministro Netanyahu e il Gabinetto di sicurezza israeliano iniziarono a pianificare una risposta militare che Hamas non aveva mai sperimentato. Netanyahu voleva «una vittoria decisiva su Hamas a Gaza» per eliminare i leader dell'organizzazione e cancellare in modo permanente il loro controllo su Gaza.

Per Israele, disse Dermer, «la minaccia esistenziale consiste nel fatto che se non spazziamo via un'organizzazione che ha fatto ciò che ha fatto il 7 ottobre, ciò metterà a rischio l'intero futuro del nostro Paese, perché tutti gli avvoltoi che svolazzano sopra Israele guarderanno e diranno, possiamo farla franca.

«Non è sufficiente colpire duro» aggiunse Dermer. «Non è sufficiente ridurre il loro potenziale militare. Per un Paese come Israele che vive della capacità di deterrenza, della capacità di scoraggiare i nemici dal condurre questi attacchi, dobbiamo mostrare a tutti i nostri nemici nella regione che se faranno attacchi di questo tipo non sopravviveranno.»

L'ambasciatore Herzog era convinto che l'attacco del 7 ottobre avesse toccato un nervo scoperto negli israeliani.[9] Lui stesso aveva partecipato alla guerra dello Yom Kippur con il grado di caporale nel 1973, cinquant'anni prima dell'attacco di Hamas.

«Penso che questa guerra tocchi gli israeliani a un livello esistenziale molto più profondo della guerra del 1973» disse commentando i fatti del 7 ottobre. Allora c'era stato l'esercito israeliano in guerra contro gli eserciti egiziano e siriano. Alla fine il cessate il fuoco condusse agli accordi di Camp David e al riconoscimento dello Stato di Israele da parte dell'Egitto, il primo Paese arabo a compiere quel passo.

Adesso Israele combatteva contro una forza d'invasione completamente diversa: Hamas, un'organizzazione terroristica votata alla distruzione di Israele.

«Se non eliminiamo questa minaccia, sarà impossibile per noi condurre una vita normale» sostenne Herzog. «Nell'ultimo decennio Hamas è diventata agente dell'Iran, e se non sconfiggiamo Hamas non faremo che alimentare quell'alleanza.»

Hamas, però, per gli israeliani non si trovava a migliaia di chilometri di distanza, ma fisicamente e psicologicamente proprio accanto a loro.

La portata dell'attacco condotto da Hamas il 7 ottobre aveva colto di sorpresa anche i servizi di sicurezza americani.

La direttrice della National Intelligence Avril Haines analizzò i rapporti. Prima del 7 ottobre c'erano stati segni di un aumento di tensione tra Israele e Hamas. I Servizi americani avevano segnalato la crescente possibilità di un attacco più limitato, qualcosa di simile a ciò che Hamas aveva già fatto in passato. Ma la portata dell'attacco del 7 ottobre era stata un fulmine a ciel sereno. «Una sorpresa, senza alcun dubbio» scrisse Haines.

Ciò che la colpiva nelle informazioni dei Servizi precedenti al 7 ottobre erano alcune notizie di proteste dei palestinesi di Gaza contro Hamas. «Un fatto piuttosto inusuale» rifletté Haines. C'erano segni dell'inizio di un logoramento del sostegno politico di Hamas a Gaza.

L'attenzione dei Servizi americani si era maggiormente concentrata su Hezbollah, l'organizzazione radicale che controllava il Libano, a nord di Israele.

«Per molti aspetti, in quel periodo, eravamo focalizzati sulle crescenti tensioni con Hezbollah, molto più che su Hamas» riferì Haines.

I Servizi americani indicavano che Hezbollah era «in una posizione relativamente stabile, ma in crescita». Molte delle forze d'élite che avevano combattuto in Siria erano tornate in Libano. Hezbollah stava anche accumulando riserve di sofisticati armamenti convenzionali.

«Non pensiamo che Nasrallah si trovi in una posizione in cui intenda scatenare una vera e propria guerra contro Israele» disse Haines riferendosi a Hassan Nasrallah, il capo di Hezbollah. «Ma nel periodo precedente al 7 ottobre appariva sempre più sicuro del suo spazio e premeva contro Israele. E Israele stava reagendo.»

Ora, all'indomani del massiccio attacco di Hamas, Haines mise sotto massima pressione i servizi segreti americani. Dovete aiutare Israele a capire cosa sta succedendo ai suoi confini, ordinò. Hezbollah, l'Iran, gli Houthi in Yemen, le milizie filoiraniane in Iraq e Siria volteggiavano tutti sopra Israele.

43

Il giorno dopo il 7 ottobre, Jake Sullivan era alla ricerca di una misura di deterrenza o di un simbolo di deterrenza che raffreddasse la situazione nella regione.[1] Quale miglior deterrente di una portaerei americana?

Sullivan chiamò Kelly Magsamen, consigliera civile sulle politiche estere e capo dello staff del segretario Austin, e le chiese: «Non abbiamo un gruppo d'attacco navale posizionato nel Mediterraneo per la guerra in Ucraina?». Sullivan si era quasi dimenticato della portaerei perché non stava facendo granché per l'Ucraina. «Possiamo riposizionare la *Ford*. Scopri cosa ne pensa Austin.»

Austin assentì, e ordinò al gruppo d'attacco *Gerald R. Ford*, comprendente la portaerei dallo stesso nome, incrociatori lanciamissili e cacciatorpediniere, di riposizionarsi nel Mediterraneo orientale. Vicino a Israele. Sullivan cercò anche l'approvazione di Biden.

«Un'ottima mossa per noi» commentò il presidente a proposito delle navi. Gli avrebbe permesso di evitare di formulare minacce pubbliche o di dichiarare l'esistenza di una linea rossa. Il messaggio doveva essere semplice. «Niente discorsi in grande stile. Semplicemente le spostiamo.» Biden era felicissimo di poter generare deterrenza senza esporre gli Stati Uniti o se stesso in una maniera che avrebbe potuto essere rischiosa. Una ricompensa senza rischi.

44

Il segretario di Stato Tony Blinken telefonò al capo del governo del Qatar, il primo ministro nonché ministro degli Esteri Mohammed bin Abdulrahman Al Thani, o MBAR, come lo chiamavano in breve negli Stati Uniti.

«Ci sono ostaggi americani» disse Blinken pressando MBAR. «Ci sono ostaggi, e tra di loro anche degli *americani*. Questo cambia tutto» disse con particolare enfasi.

Hamas aveva catturato più di 240 persone, tra cui 33 bambini e 12 americani.

MBAR disse che capiva la situazione.

Il Qatar, un piccolo e ricchissimo emirato del Golfo Persico, giocava un ruolo del tutto sproporzionato nella *Realpolitik* mediorientale.[1] Il Paese disponeva di alcune delle più grandi riserve di gas naturale del pianeta, del più alto reddito pro capite del mondo e di un PIL annuale che si aggirava intorno ai 250 miliardi di dollari.

Il suo leader, l'emiro quarantatreenne Tamim bin Hamad Al Thani, che aveva frequentato una scuola d'élite a Harrow e poi era entrato nella Royal Military Academy di Sandhurst in Inghilterra, aveva trasformato i rapporti del Qatar con l'Occidente, pur continuando a mantenere stretti legami con l'Iran e a fornire sostegno finanziario a gruppi politici radicali controversi come Hamas, responsabile del brutale attacco a Israele. L'emiro era considerato uno dei politici più abili della regione.

Aveva aiutato gli Stati Uniti a evacuare i suoi cittadini dall'Afghanistan nel 2021 quando il governo afghano si era dissolto, sollecitando il presidente Biden a proclamare il Qatar un «importante alleato non NATO».[2]

«Abbiamo un canale di comunicazione con Hamas» disse MBAR qualche giorno dopo al telefono con Jake Sullivan. Era il consigliere più fidato dell'emiro, che lo aveva nominato ministro degli Esteri nel 2016, e poi nel 2023 anche primo ministro.

«Dovete creare una cellula che possa lavorare con il mio team» disse MBAR a Sullivan, intendendo con ciò un piccolo gruppo di americani e israeliani dedicato alla liberazione degli ostaggi.

Sullivan accettò immediatamente l'offerta di un canale per negoziare, sapendo quanto gli ostaggi fossero importanti per il presidente Biden e per le politiche americane.[3]

Disse a MBAR che avrebbe formato una cellula che avrebbe coinvolto anche gli israeliani. Sullivan mise a punto la fisionomia del gruppo insieme al direttore della CIA Bill Burns, al coordinatore dell'NSC per il Medio Oriente Brett McGurk e al consulente legale dell'NSC Josh Geltzer.

Israele scelse David Barnea, il capo del Mossad.

Sullivan sapeva che l'emiro Al Thani e il primo ministro MBAR potevano svolgere un ruolo chiave per la liberazione degli ostaggi senza incidenti. L'emiro ospitava da anni la leadership politica di Hamas nella capitale Doha, e forniva aiuti ad Hamas a Gaza sotto forma di centinaia di milioni di dollari.[4] Persino il primo ministro israeliano Bibi Netanyahu aveva approvato il coinvolgimento del Qatar, affermando che avrebbe aiutato a contenere e stabilizzare Hamas a Gaza.

Per Netanyahu, il contenimento della leadership di Hamas a Gaza era un elemento cruciale, perché riduceva enormemente le pressioni su Israele affinché negoziasse una soluzione a due Stati con i palestinesi.[5] Non c'era nessuna fretta di riconoscere Hamas come leader di uno Stato. Quella strategia era stata spesso definita come «il prezzo del silenzio» del gruppo terroristico di Hamas. Adesso era evidente che la strategia di Bibi era stata un fallimento catastrofico. Sembrava un'incredibile ipocrisia. Ma quello di comprare protezione era uno stile di vita per i leader in Medio Oriente.

Il Qatar aveva un canale aperto con Hamas, riferì Sullivan al presidente Biden, sottolineando il progetto della cellula e il piano che avevano avviato insieme a MBAR.

«Che cosa intendi?» disse Biden. «Libererò gli ostaggi. È mio dovere. Puoi fare tutto quello che vuoi, ma dovrò chiamare l'emiro, dovrò chiamare Sisi e dovrò chiamare Bibi.» Biden si riferiva al presidente egiziano Abdel Fattah al-Sisi.

«Chi è il responsabile della liberazione degli ostaggi?» rimarcò Biden al consigliere per la sicurezza nazionale. «Il responsabile sono io.»

Il presidente autorizzò Sullivan a procedere con la costituzione della cellula.

«Ottimo» disse. «Organizzala come ti pare, va bene. Ma tieni presente che mi sento responsabile e sento di dover portare a termine la missione.»

Gli ostaggi erano il punto dolente per la maggior parte dei leader, e specialmente per Biden. Riportarli a casa sani e salvi avrebbe significato una vittoria, e un fallimento avrebbe rappresentato una macchia permanente sulla sua presidenza.

45

Il presidente Biden mise il primo ministro israeliano Netanyahu in vivavoce. Aveva riunito tutti i suoi consiglieri principali intorno alla Resolute Desk dello Studio Ovale. Erano le 9.55 dell'11 ottobre 2023, quattro giorni dopo che 3000 terroristi di Hamas provenienti da Gaza erano penetrati attraverso il confine meridionale di Israele e avevano sterminato più di 1200 israeliani.

Netanyahu chiedeva a Biden un'assicurazione esplicita che gli Stati Uniti avrebbero sostenuto senza esitazione Israele in un attacco preventivo a Hezbollah,[1] l'organizzazione terroristica filoiraniana che operava nel Sud del Libano, presso il confine settentrionale di Israele.

Sosteneva di avere prove inoppugnabili che Hezbollah era sul punto di attaccare Israele. L'arsenale di Hezbollah contava più di 150.000 missili e faceva impallidire le scorte di armamenti di Hamas nel Sud.

Netanyahu voleva colpire per primo conducendo un attacco lampo contro ogni singolo sito missilistico e postazione militare di Hezbollah.

«Siete davvero convinti di essere in grado di mettere fuori uso tutti quei missili prima che li lancino sulle vostre città?» chiese Biden al primo ministro israeliano. «E se li lanciano sulle vostre città in quel numero, pensate davvero che le vostre difese aeree saranno efficaci? È davvero il momento di scatenare una situazione del genere e mettere a repentaglio la vostra popolazione?»

Biden proseguì: «Questo può portare a una situazione che rischia di sfuggire di mano molto rapidamente e può coinvolgere molta se non la maggior parte della vostra popolazione, che vive tutta nel raggio d'azione dei missili».

Il presidente era in possesso di informazioni che mostravano che i missili di Hezbollah erano in grado di raggiungere ogni angolo di Israele. Lungo meno di 500 chilometri da nord a sud e largo meno di 150 chilometri da est a ovest, Israele ha più o meno le stesse dimensioni del New Jersey.

«Non ho dubbi sul fatto che possiate infliggere danni significativi a Hezbollah» disse Biden, «ma il danno che loro sono in grado di infliggere a voi, alle vostre città e alla vostra popolazione è enorme.

«Hanno un arsenale gigantesco, capace di raggiungere praticamente tutte le grandi città israeliane» aggiunse.

«Ho appena parlato con il presidente del comitato dei capi di Stato maggiore. Ho parlato con tutti miei uomini dei Servizi, ho parlato con la gente dell'esercito» disse Biden. «Quello che adesso avete intenzione di fare non funzionerà.»

Il presidente aggiunse: «Allora, concordiamo tutti sul fatto di non volere che questa situazione si trasformi in un più ampio conflitto regionale? Sarebbe un disastro».

«Naturalmente, Joe» disse Bibi. «È quello che vogliamo evitare. Ma non abbiamo alternativa e questo abbrevierà la guerra. La abbrevierà.»

Biden sapeva che una guerra tra Israele ed Hezbollah si sarebbe facilmente trasformata in una guerra tra Israele e Iran. Hezbollah era in pratica un'associazione tra il suo segretario generale Hassan Nasrallah, un religioso libanese che aveva aiutato a mettere fine all'occupazione israeliana del Libano meridionale nel 2000, e il supremo leader iraniano Ali Khamenei. L'Iran disponeva del più vasto esercito del Medio Oriente.

Le intercettazioni indicavano che Nasrallah e Khamenei comunicavano fra loro regolarmente. Entrambi condividevano l'obiettivo dichiarato dell'eliminazione di Israele come Stato. Fino a quel punto l'Iran aveva utilizzato i suoi rappresentanti per colpire Israele, ma non avrebbe potuto ignorare uno sforzo su larga scala mirante a decimare Hezbollah.

«Ascolta» disse Biden, «uno dei vostri obiettivi dopo questo terribile attacco del 7 ottobre di Hamas è cercare di contenerla all'interno di Gaza e impedire lo scoppio di un conflitto regionale più ampio. Quello che avete intenzione di fare, invece, garantirà proprio lo scoppio di un conflitto regionale.»

Dopo ciò che aveva fatto Hamas non si poteva escludere che un conflitto regionale scoppiasse, disse, ma «posso garantirti che se lanciate quest'attacco ci sarà di sicuro. Per cui per il momento andiamoci piano.

«E, tra parentesi, noi non siamo della partita» aggiunse.

A scanso di equivoci, il presidente rimarcò il punto: «Noi, gli Stati Uniti, non siamo della partita, per cui se lancerete una guerra preventiva contro Hezbollah non potrete contare sul nostro appoggio.

«Se vi attaccano» disse Biden, «se attaccano Israele, gli Stati Uniti saranno sempre pronti a intervenire per la sicurezza del vostro Paese.

«Ma se lanciate un attacco preventivo di quel tipo, non lo sosterremo» chiarì.

Dopo il devastante attacco condotto da Hamas il 7 ottobre, i Servizi americani avevano monitorato da vicino la frontiera tra Israele e Libano. Israele aveva inviato truppe per rafforzare le difese, temendo che Hezbollah potesse infiltrarsi attraverso il confine esattamente come avevano fatto i terroristi di Hamas a sud. In reazione ai rinforzi inviati da Israele, Hezbollah aveva aggiunto altri uomini e spostato alcune delle sue truppe d'élite più vicino al confine. L'atmosfera non poteva essere più tesa, con entrambi i contendenti uno di fronte all'altro, pronti a cogliere la minima provocazione.

«Prima di tutto, noi non interpretiamo la situazione come la interpretate voi» disse Biden. «Non riteniamo che la guerra sia inevitabile.»

Secondo, aggiunse, questo è un momento in cui non puoi lasciarti spingere in guerra dai tuoi militari.

Il ministro della Difesa israeliano Yoav Gallant non vedeva l'ora di entrare in azione, premendo per l'attacco preventivo. Il capo delle forze di difesa israeliane (IDF) Herzi Halevi era convinto che Israele avesse elaborato un ottimo piano, e che metodi e fonti riservate offrissero loro opportunità uniche a livello operativo.

I generali israeliani temevano che Hamas ed Hezbollah fossero alleati e lavorassero in tandem, e che l'attacco del 7 ottobre facesse parte di un piano generale e coordinato più ampio mirato a distruggere Israele. Hamas aveva attaccato per prima il 7 ottobre per attirare Israele nel Sud, poi Hezbollah avrebbe lanciato un attacco devastante da nord.

Prima del colloquio con Netanyahu, Biden aveva incontrato i suoi principali consiglieri. Aveva chiesto loro: abbiamo informazioni riservate che suggeriscano l'idea di un attacco di Hezbollah a Israele? La risposta unanime del direttore della CIA Bill Burns, della direttrice della National Intelligence Avril Haines e del nuovo capo di Stato maggiore C.Q. Brown era stata no.

Biden continuò a sostenere le sue ragioni con Bibi.

C'è un motivo se nelle democrazie abbiamo leader politici eletti, disse Biden. Dobbiamo ascoltare i consigli dei militari, è vero, ma la decisione spetta a te, e non pensare che solo perché i tuoi militari ti stanno dicendo di fare così, allora devi farlo, non credere che questo ti assolva dalla responsabilità di prendere la decisione.

Quasi quindici anni prima, quando era il vice di Obama, Biden aveva contestato vigorosamente – e senza successo – la pressione dei militari per convincere il presidente a mandare altri 30.000 soldati in Afghanistan.[2] Si era scaldato al punto da dire: «I militari non mi prendono per il culo», un'affermazione che in seguito aveva provocato la diffidenza di molta parte dell'establishment della Difesa americano.

Biden aveva mantenuto una certa cautela verso l'esercito e i consigli dei militari anche nel suo ruolo di presidente.

Terzo, disse Biden a Netanyahu: «Prenditi una pausa. Facciamo lavorare insieme le nostre squadre e capiamo con cosa abbiamo davvero a che fare, e solo allora potremo formarci un'opinione meditata e non saltare a conclusioni affrettate».

Infine, disse Biden, se tu inizi questa guerra, io ho gente in tutto il Medio Oriente.

Nel complesso, nella regione c'erano 45.000 cittadini statunitensi fra militari e contractor che sarebbero diventati istantaneamente dei bersagli.

«Non ci sono le condizioni» disse Biden a Netanyahu. «Il teatro operativo non è pronto per questo. Perciò io devo occuparmi dei miei. Ho anch'io degli interessi in gioco. Non voglio che tu faccia qualcosa che metterà a rischio i nostri senza che tu e io capiamo davvero cosa c'è in ballo.»

Netanyahu disse che il suo Gabinetto si sarebbe riunito per parlare di un attacco preventivo a Hezbollah.

«Abbiamo intenzione di continuare a parlarne» disse Netanyahu. «Decideremo in base agli interessi di Israele, e ciò non significa che non andremo avanti.»

Netanyahu e Biden si conoscevano da quarant'anni: si erano incontrati la prima volta a Washington negli anni Ottanta, quando Biden era appena stato eletto senatore e Netanyahu era vicecapo missione all'ambasciata di Israele negli Stati Uniti. Il loro rapporto aveva avuto alti e bassi, anche se negli ultimi anni gli attriti si erano fatti più frequenti. Ma nella sua recente autobiografia,[3] Netanyahu aveva parlato ventotto volte di Biden con un calore e una benevolenza insoliti in mezzo a più d'una frecciata malevola indirizzata ad altri avversari sia israeliani sia americani.

Biden, aveva scritto Netanyahu, possedeva una schiettezza che lui apprezzava in modo particolare. «Non hai molti amici da queste parti, ragazzo»[4] gli aveva detto Biden dopo averlo invitato alla residenza del vicepresidente. «Sono l'unico amico che hai, perciò se hai bisogno chiamami.»

Adesso il loro rapporto era caratterizzato da una sfiducia che si era andata inasprendo per anni. Era così profonda che avrebbe potuto sgretolare l'alleanza in un momento in cui la fiducia era ciò di cui c'era più bisogno.

Brett McGurk, l'esperto di Medio Oriente del Consiglio per la sicurezza nazionale, era uno dei principali collaboratori del presidente e adesso era seduto davanti alla Resolute Desk. McGurk aveva gestito gravi situazioni di crisi per quattro amministrazioni, repubblicane e democratiche: George W. Bush, Barack Obama, Donald Trump e adesso Biden. Era uno degli unici uomini al vertice dell'amministrazione Biden ad aver lavorato per uno dei membri più conservatori della Corte suprema, il presidente William Rehnquist, vent'anni prima.

Era ritenuto un consigliere imparziale che andava dritto al punto e aveva più esperienza di quasi chiunque altro, a parte lo stesso Biden.

Agli occhi di McGurk: «Era una classica crisi da nebbia di guerra. Sarebbe stata una perfetta materia d'insegnamento in un seminario». Il pericolo stava nell'ignoto – che cosa Hezbollah stava o non stava per fare – e nella frenesia militare che aveva acquistato slancio dopo gli attacchi del 7 ottobre. Il tono di Netanyahu, meno aggressivo del solito, indusse McGurk a credere che il primo ministro stesse chiedendo al presidente di aiutare lui e i suoi capi militari a non prendere una decisione drastica.

Biden concluse la telefonata dell'11 ottobre con un'ultima raccomandazione: «Non farlo. Mi conosci, ci conosciamo da tanti anni. È un errore. Non imboccare quella strada».

«Ho capito» replicò Netanyahu. «Sei stato molto chiaro. Ma anch'io voglio essere chiaro: prenderemo la nostra decisione, e anche se terremo conto di questa conversazione non lasceremo che sia dirimente.»

Il presidente Biden aveva passato l'ultimo anno e mezzo a fornire all'Ucraina miliardi di dollari in armi americane perché si difendesse dall'invasione russa.[5] Aveva ribadito che i soldati USA non avrebbero combattuto in Ucraina. Adesso poteva essere imminente una guerra in Medio Oriente, e questa volta gli Stati Uniti rischiavano di non riuscire a evitare un coinvolgimento diretto.

I consiglieri erano spaventati. Sapevano tutti che Biden aveva un'enorme influenza strategica e politica su Netanyahu. Gli Stati Uniti erano il maggior fornitore di aiuti militari a Israele. Al tempo stesso, però, si sentivano degli spettatori. Per quanto gli USA fossero vicini a Israele, c'era poco che potessero dire o fare per impedire che Bibi agisse in quello che credeva fosse il suo interesse nazionale vitale.

Al segretario Blinken venne ricordata una delle verità cardine delle relazioni estere: anche con l'alleato più stretto, ogni Paese alla fine prende le proprie decisioni.

Blinken percepiva un senso di vulnerabilità globale, diverso da qualunque cosa avesse provato in trent'anni di lavoro alla sicurezza nazionale. Se Israele decideva di andare avanti, avrebbe potuto scatenare una guerra che avrebbe fatto tremare il mondo intero.

«Potremmo doverlo fare» disse alla fine Netanyahu. «Potremmo doverlo fare e basta.»

Alle 10.35 Biden riconvocò i direttori in una chiamata sicura in modo che potessero prepararsi al peggio. Si respirava un'atmosfera di spaventosa incertezza. Il segretario Austin fu portato via in fretta e furia da una riunione di ministri della Difesa che si teneva a Bruxelles per poter partecipare alla call da un piccolo spazio classificato, la Room 17, alla sede della NATO.

Ciò di cui non si era parlato nella conversazione con Netanyahu, ma era ben chiaro al presidente e alla sua squadra della sicurezza nazionale, era il fatto che nell'attacco a sorpresa di Hamas il primo ministro israeliano e i suoi capi militari avevano subito una perdita devastante, sul piano personale, professionale e nazionale. Non erano riusciti a proteggere il loro Paese, erano venuti meno alla promessa «mai più» fatta al popolo di Israele. E un attacco preventivo contro Hezbollah avrebbe potuto plausibilmente ripristinare una sensazione di forza e offrire una vittoria di cui c'era un gran bisogno.

Alle 10.40, cinque minuti dopo l'inizio della telefonata con i direttori, allo Studio Ovale arrivò la comunicazione che il braccio destro di Bibi, Ron Dermer, assistente di grado più elevato nonché alter ego del primo ministro israeliano, aveva chiamato la Situation Room della Casa Bianca chiedendo di parlare immediatamente con Jake Sullivan.[6]

Sullivan uscì dallo Studio Ovale per prendere la telefonata di Dermer, che si era sganciato dalla riunione del Gabinetto di guerra.

«Il dibattito si sta orientando verso l'attacco preventivo» disse Dermer. Tutti i militari premono in quella direzione. Dermer si disse estremamente scontento che il presidente Biden avesse sollecitato Netanyahu a non attaccare.

Sullivan ripeté l'argomentazione di Biden, ricordando a Dermer che è a questo che servono la leadership civile e politica: a adottare una prospettiva più ampia rispetto a quello che è l'interesse militare del momento.

Sullivan, che in genere parla in tono pacato e fermo, alzò la voce: «Quello che state pensando di fare è pericoloso. È irrazionale». Non è nel vostro interesse e non è nell'interesse degli Stati Uniti. «Deciderete voi che cosa è nel vostro interesse» disse, ma il rischio era enorme.

«Noi non crediamo che sia un bene per Israele e fondamentalmente sappiamo che non è un bene per noi... non fatelo» continuò. «Il presidente è stato assolutamente serio al riguardo» aggiunse.

Alle 11.13 Sullivan tornò nello Studio Ovale per aggiornare rapidamente Biden, Blinken e McGurk sulla telefonata con Dermer. Poi si diresse verso il suo ufficio.

Tre minuti dopo, alle 11.16, Dermer chiamò di nuovo Sullivan riguardo a Hezbollah. Sullivan mise il vivavoce in modo che McGurk potesse ascoltare. Ormai c'era quasi una linea aperta con Israele.

«Ehi, stiamo solo cercando di essere trasparenti con voi» disse Dermer. «Sono stati loro a lanciare l'attacco. Ci sono parapendii provenienti da nord. Uno è appena atterrato e ha sparato al funerale di una delle persone uccise il 7 ottobre. Stiamo per lanciare l'attacco. E vi sto dicendo che dovete correre ai ripari.»

Dermer disse che stavano anche arrivando rapporti di droni di Hezbollah provenienti dal confine settentrionale, che avevano fatto scattare gli allarmi antiaereo.

«Vi sto dicendo che non abbiamo scelta» proseguì Dermer. «Stiamo per lanciare l'attacco.» Israele aveva aerei armati pronti a colpire.

Disse che avrebbero iniziato da lì a trenta minuti.

Erano a un soffio da un conflitto su vasta scala in Medio Oriente.

«Merda» pensò McGurk, «forse Hezbollah ha lanciato un attacco coi parapendii.» Hamas li aveva usati il 7 ottobre.

Ma non avevano intelligence a conferma dell'accaduto.

McGurk lasciò Sullivan e andò di corsa alla sua scrivania nella Room 326 dell'Executive Office Building accanto alla Casa Bianca. Era la stessa stanza che occupava durante l'amministrazione repubblicana di Bush. Chiamò il comandante del CENTCOM, Erik Kurilla.

«Ehi, il mio J2 dice che non c'è nessun parapendio» disse Kurilla, riferendosi al comandante dei servizi segreti militari. «Non ce n'è traccia. È un falso.»

«Gli israeliani lo fanno sempre» pensò McGurk. «Dicono: "Abbiamo l'intelligence! Vedrete. Vedrete". Ma tipo il 50 per cento delle volte la cosiddetta intelligence non si materializza.»

McGurk tornò di gran carriera allo Studio Ovale, fermandosi per farsi prestare una cravatta dal vice della sicurezza nazionale Jon Finer.

Mentre McGurk era al telefono con Kurilla, Sullivan e Blinken fecero una chiamata sicura dall'ufficio del consigliere per la sicurezza nazionale alla direttrice dell'intelligence nazionale Haines, al direttore della CIA Burns, al segretario della Difesa Austin e al capo di Stato maggiore congiunto C.Q. Brown.

«Vediamo qualcosa del genere?» chiese loro Sullivan.

No, risposero i capi dei servizi segreti e dell'esercito. Sullivan ricontrollò la valutazione alle 11.31. Ancora niente, disse Burns con enfasi.

Però vedevano che i social media e i media tradizionali erano pieni di resoconti su droni e allarmi aerei. Milioni di israeliani stavano correndo nei rifugi.

Sullivan chiamò Dermer, tirandolo fuori dalla riunione di Gabinetto.

Le agenzie di intelligence USA non vedono niente di tutto ciò, disse. «In effetti, non ci sono proprio.» I resoconti sui social media non erano supportati da nulla. Israele non poteva prendere decisioni sulla base dei social media. Torna alla riunione e di' loro che sono falsi.

Dopodiché Sullivan chiamò il capo dello staff di Dermer e gli dettò un messaggio da recapitargli, visto che era di nuovo seduto accanto a Netanyahu alla riunione di Gabinetto.

«Da Jake a Ron: le vostre informazioni sono false. State prendendo decisioni in una nebbia di guerra. Andateci piano.»

Contemporaneamente, McGurk ricevette un messaggio dall'Iran, uno dei maggiori sostenitori di Hezbollah, tramite un canale che gli USA hanno con il Corpo delle guardie della rivoluzione islamica (IRGC). La comunicazione arrivava attraverso un fidato intermediario norvegese.

Il messaggio dell'Iran diceva: «Non cerchiamo un conflitto. Qualunque cosa stia succedendo, non cerchiamo lo scontro».

McGurk disse che ovviamente non poteva sapere per certo se gli iraniani fossero sinceri, ma era un messaggio coerente con la valutazione dell'intelligence americana.

«Ridimensioniamo questa cosa» disse McGurk.

La finestra temporale per agire si stava restringendo.

Il segretario Blinken non riusciva a crederci. Gli israeliani sono «a 30 minuti dal lanciare un attacco preventivo, convinti di essere attaccati sulla base di informazioni completamente errate» disse.

All'una del pomeriggio Dermer chiamò Sullivan, che era nello Studio Ovale.

Il Gabinetto israeliano aveva votato contro un'azione militare in Libano, disse.

Sollevato, Sullivan informò il presidente. Niente attacco preventivo.

Le forze di difesa israeliane rilasciarono una dichiarazione pubblica e dissero che le informazioni riguardanti droni, parapendii e altri attacchi al confine settentrionale erano false.[7] Non si era verificato niente di tutto ciò.

«È stato un errore e stiamo indagando»[8] disse il portavoce dell'IDF, il contrammiraglio Daniel Hagari. «In conclusione voglio tranquillizzare l'opinione pubblica e dire che in questo momento non c'è alcun grave incidente di sicurezza a nord.»

I «droni» che gli israeliani avevano riferito di aver visto vicino al confine settentrionale si rivelarono uccelli.

Blinken era visibilmente scosso quando disse agli altri: «Ci siamo andati vicinissimo. Pensare che questo conflitto avrebbe potuto ampliarsi in modo significativo sulla base di false informazioni...». Israele si sarebbe potuto ritrovare in guerra con Hezbollah per colpa di qualche volatile. Era quasi incredibile, ma era accaduto e lui ne era stato testimone.

In seguito Dermer disse a Sullivan: «Be', il primo ministro e io non siamo mai stati favorevoli a quest'idea. Erano i militari a fare pressioni, quindi, in sostanza, è andata a finire bene».

Biden continuava a essere preoccupato. «Quei tizi non sono lucidi» disse a McGurk. «Devo andare là.» Il presidente voleva recarsi in Israele, una zona in cui era in corso un conflitto, per incontrare di persona Netanyahu e il suo Gabinetto di guerra.

Jake Sullivan era convinto che lui, Biden e gli altri non avessero mai vissuto una giornata come quella. Se Israele avesse attaccato Hezbollah per primo, ci sarebbe potuta essere una rapida escalation che avrebbe fatto piombare il Medio Oriente in una guerra aperta. Avevano vissuto cinque ore e dodici minuti – dalle 7.48 del mattino fino all'una – sull'orlo del precipizio. Erano andati incontro alla catastrofe e poi avevano scartato all'ultimo momento a una velocità da togliere il fiato, vedendola arrivare e poi allontanarsi.

Quella sera Sullivan tornò finalmente a casa dalla moglie con cui era sposato da otto anni, Maggie Goodlander, ex funzionaria dell'intelligence della Marina e attualmente avvocata del dipartimento di Giustizia.

È stata la giornata più stressante di tutta la mia carriera, le disse, forse di tutta la mia vita. Non aveva mai pensato che il management di coalizione sarebbe stato così spaventoso e pieno di rischi. Lo stress stava iniziando a farsi sentire. Non mangiava a sufficienza, non dormiva bene.

«Siamo arrivati a un pelo da una guerra totale in Medio Oriente» disse a sua moglie, «in sostanza istigata dal fatto che Israele era convinto che Hezbollah stesse per attaccare.»

Vedere Israele in quella situazione di fragilità quando la posta in gioco era tanto alta dava da riflettere. «Era come se stessero ammettendo: il re è nudo, siamo tutti nudi e indifesi. Era una sensazione palpabile e intensa. Bruciante. L'unica cosa cui riuscivano a pensare era: la nostra nazione è a rischio di essere cancellata? È il momento della resa dei conti?»

In occasione di un discorso di campagna elettorale a West Palm Beach, in Florida, che si tenne più tardi quello stesso giorno, Trump definì Hezbollah «molto intelligente» e il ministro della Difesa israeliano Yoav Gallant un «idiota».[9]

«Se deste ascolto a questo idiota, attacchereste da nord» disse Trump.

La Casa Bianca, in una rara risposta all'ex presidente, bollò le affermazioni di Trump come «pericolose e farneticanti».[10]

46

Il segretario di Stato Antony Blinken atterrò in Israele la mattina di giovedì 12 ottobre e andò direttamente a incontrare Netanyahu. Quando la Casa Bianca voleva qualcosa da Israele c'erano due strade. O il segretario andava laggiù e cercava di ottenerla da Bibi oppure il presidente gli telefonava. Spesso nessuna delle due funzionava.

Con una mossa assolutamente inusuale, Netanyahu portò Blinken dritto nella War Room, il luogo privato dove venivano prese le decisioni, la Kirya. Bibi presentò Blinken al nucleo fondamentale della leadership politica e militare di Israele che stava pianificando la risposta militare a Gaza.

«Ci servono tre cose: munizioni, munizioni e poi ancora munizioni» dichiarò il primo ministro israeliano. Blinken non era stupito che la prima esigenza di Netanyahu fosse quella.

Su uno schermo in fondo scorrevano video ripugnanti e fotografie crude degli attacchi del 7 ottobre. Corpi umani carbonizzati, bambini bruciati. Era difficile distogliere lo sguardo.

«Siamo dalla vostra parte» disse Blinken a Bibi e al suo Gabinetto di sicurezza. «Siamo con voi. Vi sosterremo. Abbiamo già istituito dei canali e stiamo parlando di come consegnare le forniture. Ci stiamo dando da fare in quel senso» ripeté. «Siamo dalla vostra parte.»

Gli Stati Uniti stavano già fornendo munizioni e intercettori per alimentare l'Iron Dome, il sistema di difesa aerea di Israele che distrugge missili e proiettili di artiglieria sparati da distanze fino a 65 chilometri.[1] Il primo cargo con a bordo armamenti avanzati per Israele era atterrato alla base aerea di Nevatim, nel Sud del Paese, due giorni prima.

L'America fornisce ogni anno a Israele, l'unica democrazia del Medio Oriente, più di tre miliardi di dollari in aiuti militari, e il Pentagono tiene scorte di armi e munizioni in cinque o sei siti nel Paese.[2] Scorte che erano già state intaccate per mandare proiettili da 155 mm all'Ucraina. Ce n'erano altri nel corridoio per i rifornimenti a Israele, disse Blinken.

Passando alla questione più immediata, Blinken chiese: «Cos'ha intenzione di fare Israele con i civili di Gaza?».

La striscia di Gaza, ancora controllata da Hamas, è uno dei luoghi più densamente popolati del pianeta.[3] I suoi 2,2 milioni di abitanti sono schiacciati in un'enclave isolata di 46 chilometri quadrati che confina con l'Egitto, Israele e il Mar Mediterraneo. Gaza City è perfino più affollata di New York.

Blinken sapeva che i consiglieri più stretti di Netanyahu presenti nella stanza erano sfumature diverse di Bibi. Gallant è un falco, politico ma più malleabile. Anche il capo dell'IDF Herzi Halevi è un falco, però è ragionevole. Ma quanto sarebbe stata ragionevole una leadership profondamente traumatizzata come quella israeliana?

Netanyahu aveva una risposta pronta alla domanda di Blinken. «Istituiamo un corridoio umanitario» disse. «Li portiamo tutti in Egitto e li lasciamo lì.»

Blinken era scioccato. Fin dall'inizio era stato dolorosamente chiaro che gli Stati Uniti e Israele non avrebbero visto la situazione allo stesso modo. Ma buttar fuori tutti i palestinesi da Gaza per farli andare in Egitto? Era quello il piano? Blinken sapeva che al-Sisi, il leader egiziano da quasi dieci anni, si sarebbe indignato. Non avrebbe voluto né accettato centinaia di migliaia, se non un milione, di profughi palestinesi.

Blinken pensò subito alla lunga storia relativa allo spostare i palestinesi dalla loro terra. Si trattava della Nakba, l'esodo di massa forzato del popolo palestinese nella guerra arabo-israeliana del 1948, che i leader arabi consideravano un grave crimine storico, la perdita più grande nella memoria palestinese. *Nakba* in arabo significa catastrofe.

«Potrebbero esserci dei problemi, ma fateci parlare con altri» disse Blinken agli israeliani. Nei giorni successivi aveva in programma di incontrare leader di tutto il mondo arabo.

«Non ci sarà una crisi umanitaria a Gaza se non ci sono civili» intervenne Dermer. «Un solo uomo – al-Sisi – non può essere d'ostacolo.»

Il presidente egiziano si stava rifiutando di aprire il varco di Rafah – l'unico passaggio fra l'Egitto e la striscia di Gaza – per lasciar entrare i palestinesi. Al-Sisi sapeva che a Netanyahu sarebbe piaciuto moltissimo che l'Egitto aprisse le frontiere, per poter cacciare i palestinesi e non permettere loro di tornare mai più. In fondo, Israele l'aveva già fatto una volta. In seguito alle guerre del 1948 e del 1967 i profughi palestinesi che si erano rifugiati in Giordania, Libano e Siria – e milioni dei loro discendenti – non avevano potuto far ritorno alle loro case. La posizione di Israele era stata: qualunque reinsediamento di profughi palestinesi deve avvenire fuori dai confini israeliani. Il diritto di tornare era stato uno degli ostacoli più grossi in tutti i negoziati di pace.

«Se il varco non viene aperto, cosa farete nel frattempo? Dovete trovare un modo per far arrivare generi di prima necessità» disse Blinken.

Dermer fu irremovibile. «Israele non lo farà finché ci saranno degli ostaggi.»

«Dovete fare qualcosa per il cibo e l'acqua» ribatté Blinken.

«Non abbiamo intenzione di fare niente finché hanno in mano gli ostaggi» ripeté Dermer, attenendosi a quella che era chiaramente l'ultima parola di Netanyahu.

Quando non parlava, Bibi scambiava biglietti con Dermer oppure si guardava intorno per capire come i membri del suo Gabinetto – e Blinken – reagivano a ciò che veniva detto. Si aveva l'impressione che stesse costantemente tastando il polso della situazione.

«Il mondo intero deve avere ben chiaro che Hamas è l'ISIS» disse Netanyahu. Lo Stato islamico dell'Iraq e della Siria (ISIS) era noto per commettere genocidi, pulizia etnica, stupri, assassinii, riduzione in schiavitù e altri crimini di guerra. «L'ISIS non ha un'ala politica. Al-Qaida non ha un'ala politica. Hamas è come l'ISIS.

«Se considera cos'hanno fatto ai civili qui» argomentò Netanyahu, «ammazzando donne e bambini. Questa è una ferocia paragonabile a quella dell'ISIS, e tutto il mondo dovrebbe considerarla come l'ISIS.»

«Dovremmo parlarne e pensarci su» disse Blinken. «Dal nostro punto di vista l'assistenza umanitaria ai palestinesi e la protezione dei civili sono un imperativo morale. Ma anche se voi non siete d'accordo, è comunque un imperativo strategico.»

Il 7 ottobre era stato un terremoto nella regione, Blinken lo sapeva, in parte a causa di quella che sarebbe stata la risposta militare su larga scala di Israele. C'era la possibilità che si rivelasse completamente destabilizzante.

Dato che Hamas continuava a sparare missili su Israele dall'altra parte del confine, Blinken non poteva passare la notte a Tel Aviv, così si fece i 45 minuti di volo per Amman, in Giordania.

La mattina dopo, il 13 ottobre, andò a incontrare re 'Abd Allāh II.[4]

'Abd Allāh, sessantunenne, era asceso al trono nel 1999 e aveva eliminato la presenza di Hamas in Giordania, esiliando in Qatar i funzionari del movimento e chiudendo i loro uffici di Amman. La Giordania ospitava oltre due milioni di profughi palestinesi.

«Avevamo detto a Israele di non farlo» disse re 'Abd Allāh. «Gli avevamo detto di non avvicinarsi ad Hamas. Hamas è la Fratellanza musulmana.»

I Fratelli musulmani,[5] o Fratellanza musulmana, fondati in Egitto, sono l'organizzazione politica di più antica data del mondo arabo, nonché antenati di alcuni dei gruppi terroristici più estremisti di oggi. Le sue ramificazioni violente hanno assunto diverse forme e ideologie, fra cui Hamas e la Jihad islamica palestinese di Gaza.

«Hamas dev'essere sconfitta» disse re 'Abd Allāh a Blinken. «Non lo diremo» chiarì, «ma appoggiamo la sconfitta di Hamas e Israele dovrebbe sconfiggere Hamas.

«Non avrebbero mai dovuto fare comunella con loro, tanto per cominciare. Avrebbero dovuto parlare con l'Autorità palestinese e lavorare con loro.» L'Autorità nazionale palestinese era l'organismo di governo della Cisgiordania.

«Israele ha sostenuto Hamas per anni» disse re 'Abd Allāh. Decine di milioni di dollari finivano nelle tasche di Hamas, e Israele lo sapeva e lasciava correre sulla base del ragionamento che il denaro migliorava le condizioni di vita e contribuiva alla stabilità di Gaza.

Era una delle contraddizioni e dei rischi della sopravvivenza. Un compromesso, ma pericoloso.

Qualche ora dopo Blinken incontrò a Doha il leader del Qatar, l'emiro Tamim bin Hamad Al Thani, mentre la leadership di Hamas lavorava nel suo ufficio politico poco lontano.

L'emiro disse a Blinken: «Lo abbiamo spiegato ad Hamas che nessuno accetta una cosa del genere. Nessuno accetta quello che avete fatto. Vi siete creati terra bruciata intorno. Che cosa vi aspettate che diciamo agli americani e agli israeliani?».

L'emiro aveva invitato Blinken in una stanza lussuosa con tende blu scuro e pavimenti ricoperti di spessi tappeti. A loro si unì il suo fido consigliere politico, MBAR.

Entrambi portavano vesti bianche e sandali, l'abbigliamento consueto. Blinken indossava l'uniforme diplomatica americana: abito nero e cravatta.

L'emiro disse che non era chiaro se i leader di Hamas a Doha sapessero in anticipo del 7 ottobre.

«È possibile che Sinwar lo abbia fatto di sua iniziativa» disse l'emiro. «Ma è anche possibile che ne fossero al corrente e non volessero farlo sapere a nessuno.»

Yahya Sinwar, il capo di Hamas a Gaza, era sospettato di essere il principale responsabile dell'attacco del 7 ottobre. Palestinese, era stato in una prigione di Israele per ventidue anni, dove lo avevano operato di un tumore al cervello salvandogli la vita. Era stato rilasciato nel 2011 con uno scambio di prigionieri e non lo si era più visto fino al 7 ottobre, ma gli israeliani sospettavano che si nascondesse nella rete di tunnel di Hamas sotto Gaza.

«Due cose da parte del presidente» disse Blinken all'emiro. «In questo momento state trattando con Hamas per gli ostaggi. Noi riconosciamo il valore di avere un canale per negoziare il rilascio degli ostaggi» riferì Blinken, «ma quando sarà finita, non si potrà continuare ad avere rapporti con Hamas. Questo è fondamentale.»

«Capisco e sarà così» disse l'emiro. «Non mi serve più. Non voglio ostacoli con l'America. Terremo aperto il canale adesso perché lo ritenete utile. I nostri rapporti con l'America sono molto importanti.»

Blinken era stupito. Aveva creduto che sbarazzarsi del porto sicuro per la leadership di Hamas avrebbe richiesto maggiori sforzi, e potenzialmente anche uno scontro.

Ma l'emiro sembrava alludere senza dirlo apertamente che se gli americani gli avessero chiesto di sbarazzarsi di Hamas, lo avrebbe fatto.

«Hamas ci ha detto che rilascerà degli ostaggi» continuò l'emiro. «Alcuni li hanno loro, altri la Jihad islamica palestinese.»

Blinken si stupì di nuovo. Era la prima indicazione del fatto che Hamas avrebbe rilasciato degli ostaggi.

«Sono pronti a rilasciare alcuni degli ostaggi» proseguì l'emiro, «ma hanno bisogno di corridoi umanitari per consentire loro di andarsene.

«Hanno bisogno di due o tre ore di calma per spostarli in sicurezza» aggiunse. «Ma sono pronti a farlo.

«Ovviamente, è probabile che vorranno qualcosa in cambio, ma si sono mostrati disponibili.»

Israele aveva lanciato un'aggressiva campagna di bombardamenti su Gaza. Bombardamenti a tappeto seguiti da altri bombardamenti. Ovunque Blinken andasse, la tv era sintonizzata su Al Jazeera o su qualche altro media arabo che riferiva del crescente numero di morti a Gaza e di edifici ridotti in macerie. Hamas stava chiedendo a Israele di fare una pausa nell'offensiva per poter spostare e consegnare gli ostaggi.

«Ho cercato di parlare con qualcuno in Israele e non riesco a farmi ascoltare» disse Al Thani.

«Chiamerò immediatamente Israele per lavorare su una sospensione dei bombardamenti» disse Blinken ai qatarioti. «La decisione sarà presa a livello politico, e ci lavorerò.»

Mentre tornava al suo aereo, Blinken era impressionato. I qatarioti avevano gettato le basi per un accordo sugli ostaggi ad appena sei giorni dal 7 ottobre. Straordinario.

Sul volo per il Bahrain, Blinken chiamò Dermer in Israele.

«Hamas è pronta a iniziare a parlare della cosa» disse in tono urgente. «Ci sono ostaggi americani. Ci sono ostaggi israeliani. Dobbiamo tenere aperta questa porta.»

Poi chiamò Biden e Sullivan. Hamas è pronta a rilasciare degli ostaggi. Resero subito operativa la loro cellula e il direttore della CIA Burns prese il comando.

Dopo la tappa in Bahrain, Blinken e il suo staff, esausti, trascorsero la notte a Riyadh, in Arabia Saudita. Era il quarto Paese della giornata.

La mattina dopo, il 14 ottobre, Blinken incontrò il ministro degli Esteri saudita, il principe Faisal bin Farhan Al Saud, 48 anni.

«Bibi avrebbe dovuto saperlo» disse il principe. «Glielo avevano detto tutti di non comportarsi in quel modo con Hamas. Glielo avevamo detto. Avrebbe dovuto saperlo comunque. Ma gli avevamo assolutamente detto di non farlo.

«Hamas è la Fratellanza musulmana» aggiunse il principe.

Blinken l'aveva sentito ripetere parecchie volte. Si rese conto che tutti i leader arabi avevano avuto a che fare con qualche versione di Hamas che creava problemi nel loro Paese. Ecco perché il re di Giordania, l'emiro del Qatar, il principe ereditario del Bahrain, i sauditi, gli egiziani erano così interessati alla cosa. I gruppi terroristici non volevano eliminare solo Israele, volevano rovesciare altri capi di Stato.

«Siamo preoccupati dell'impatto che le operazioni di Israele avranno sulla nostra sicurezza» disse il principe. «Quello che verrà dopo Hamas potrebbe essere peggio.

«Conosce il Daesh» disse – il modo in cui loro chiamano l'ISIS –, «il Daesh è peggio di al-Qaida.»

Blinken chiese il sostegno saudita per la ricostruzione di Gaza dopo il conflitto.

«Non abbiamo intenzione di pagare per ripulire il casino combinato da Bibi» disse il principe. «Se Israele distrugge tutto, noi non pagheremo per ricostruirlo.»

Il principe saudita temeva che avrebbero potuto investire nella ricostruzione solo per assistere al riaccendersi del conflitto che avrebbe distrutto ciò che loro avevano ricostruito.

Il modo in cui reagisce Israele conta, disse Blinken. Una cosa che lui e il presidente Biden avevano sottolineato pubblicamente.

La tappa successiva di Blinken furono gli Emirati Arabi Uniti, dove incontrò il presidente Mohammed bin Zayed bin Sultan Al Nahyan, noto come MBZ, capo della famiglia reale nonché ex generale dell'aeronautica militare.

«Hamas dev'essere eliminata» disse il presidente sessantaduenne. «Possiamo lasciare spazio a Israele perché distrugga Hamas, ma anche Israele deve lasciare spazio a noi. Permettere l'ingresso degli aiuti umanitari. Istituire zone di sicurezza per accertarsi di non uccidere i civili. Tenere a freno la violenza dei coloni in Cisgiordania.»

Implicita in quella richiesta era l'intesa che una pausa avrebbe placato i suoi cittadini, furibondi per le immagini di distruzione provenienti da Gaza.

La richiesta chiara ed equa di MBZ agli israeliani – dateci spazio per avere spazio – rimase impressa a Blinken. I leader arabi erano pronti a lasciare spazio a Israele perché facesse quello che doveva fare con Hamas, ma in cambio Israele doveva creare spazio per l'assistenza umanitaria a Gaza. Si prese un appunto mentale per parlarne in seguito a Netanyahu.

Israele stava dando supporto finanziario ad Hamas in segreto, aggiunse MBZ. «Li avevamo avvertiti di non farlo. Sono la Fratellanza musulmana.»

A differenza dell'Arabia Saudita, gli Emirati Arabi Uniti avevano normalizzato i rapporti diplomatici con Israele sulla base degli accordi di Abramo durante l'amministrazione Trump.

Prima di ripartire, Blinken e il suo staff furono portati a fare un tour dell'Abrahamic Family House, un complesso interreligioso dove una moschea, una chiesa e una sinagoga sono state erette intorno a un padiglione laico per visitatori. Rappresenta una via per la coesistenza, una via per la regione, dissero gli emiratini a Blinken.

Quella sera Blinken tornò a Riyadh perché il primo ministro saudita, il principe ereditario Mohammad bin Salman aveva accettato di incontrarlo, seppur con qualche esitazione.

Nel 2018, Jamal Khashoggi, giornalista e dissidente saudita in esilio, era stato brutalmente ucciso nel consolato dell'Arabia Saudita in Turchia. Il suo corpo era stato fatto a pezzi con una sega. La CIA in seguito arrivò alla conclusione che il mandante dell'omicidio era il principe saudita. Da allora i rapporti con gli Stati Uniti erano stati particolarmente tesi. Il presidente Biden aveva definito l'Arabia Saudita un «paria».

Blinken lo considerava semplicemente una persona con cui doveva fare i conti nella regione. Il principe aveva una presa ferrea sul potere e aveva anche l'unica carota... l'unica cosa che Israele voleva: la normalizzazione con l'Arabia Saudita, la nazione più grande del Medio Oriente.

Il segretario e il suo staff si registrarono al Radisson Blue Hotel nel quartiere diplomatico, e venne loro detto di tenersi pronti per un incontro con il primo ministro più tardi quella stessa sera o il mattino dopo presto.

Erano state giornate spossanti per Blinken e i suoi, che si svegliavano chiedendosi in che Paese si trovassero. Ma aspettarono col telefono vicino.

Il principe li tenne svegli, ancora in attesa alle sette del mattino del 15 ottobre. Blinken sapeva che non capitava solo a lui. Succedeva a tutti. I sauditi erano nottambuli perché la sera faceva meno caldo che durante il giorno, ma Bin Salman portò la cosa all'estremo.

Per Blinken, «non era altro che un moccioso viziato».

Senta, disse il principe ereditario a Blinken quando finalmente si incontrarono, voglio solo che i problemi creati dal 7 ottobre spariscano.

L'Arabia Saudita e Israele cercavano la normalizzazione dei rapporti fin dagli attacchi di Hamas. Faceva parte dell'ambizioso piano del principe saudita denominato «Saudi Vision 2030» mirante a ridurre la dipendenza dall'esportazione di petrolio dell'Arabia Saudita e a trasformare il Paese in un'economia e in una società del futuro.

Vorrei tanto tornare a quel progetto, ma a Gaza dev'esserci la calma, disse Bin Salman. La normalizzazione non è morta, anche se chiaramente non possiamo lavorarci adesso: stanno per lanciare una guerra. Ma vorrei tanto riprenderla, un giorno o l'altro.

Prima di tornare in Israele, Blinken fece una deviazione al Cairo per vedere il presidente egiziano al-Sisi.

Al-Sisi buttò fuori lo staff di Blinken, per cui erano solo loro due. Al-Sisi aveva un obiettivo: mantenere la pace con Israele negoziata dal presidente Jimmy Carter nel 1978 con gli accordi di Camp David.

Il team di Blinken, che comprendeva il suo vice Tom Sullivan, il consulente Derek Chollet e il portavoce del dipartimento di

Stato Matthew Miller, andò a incontrare il ministro degli Affari esteri egiziano Sameh Shoukry e il capo dei servizi segreti Abbas Kamel. A parte al-Sisi, Kamel era la persona più potente in Egitto, e in realtà guidava metà del Paese per conto del presidente.

Kamel fornì agli americani valutazioni di quanto fossero profondi ed estesi i tunnel di Hamas sotto Gaza. Hamas è radicata a Gaza, eliminarla sarà molto difficile.

«Israele non dovrebbe pretendere di fare tutto subito. Dovrebbe mettersi comodo, aspettare che mettano fuori la testa e poi decapitarli» disse Kamel.

Non stava scherzando, si resero conto gli americani.

47

Blinken atterrò a Tel Aviv la mattina del 16 ottobre. Il primo obiettivo di Biden era convincere il governo israeliano ad allentare l'assedio per lasciar entrare aiuti umanitari a Gaza, già devastata dai bombardamenti.

Blinken sapeva che sarebbe stato chiedere molto agli israeliani. Portare cibo e acqua ai civili non dovrebbe essere in discussione, ma in guerra tutto era un'arma da sfruttare.

Il segretario raggiunge Netanyahu, Dermer e altre figure chiave del Paese nell'ufficio del primo ministro a Gerusalemme.

«Abbiamo bisogno che lasciate entrare gli aiuti umanitari» disse Blinken.

Netanyahu si inalberò, rifiutandosi di prendere in considerazione perfino l'idea. «Il popolo di Israele non tollererà che venga offerto aiuto a quei nazisti se prima non abbiamo completamente distrutto Hamas» disse.

«Si tratta di aiuti per uomini, donne e bambini innocenti che altrimenti moriranno di fame» ribatté Blinken. «È la cosa giusta da fare, ma è anche nel vostro interesse.

«Da quando ci siamo visti l'ultima volta, abbiamo viaggiato per la regione» aggiunse Blinken. «Abbiamo incontrato vostri amici e persone che non sono vostri amici, ma nemmeno vi sono ostili. E la cosa che abbiamo sentito ripetere è che appoggiano ciò che state facendo. Vogliono stabilità. Nessuno di questi Paesi può vedere Hamas.

«Però, come ha detto uno dei vostri amici: Israele deve darci spazio per avere spazio» disse Blinken, ripetendo le parole che gli aveva detto il presidente degli Emirati.

«Non se ne parla» ribatté Netanyahu.

Il presidente Biden stava pianificando di andare in visita in Israele di lì a pochi giorni.[1] Blinken non minacciò che il presidente americano avrebbe cancellato il viaggio; voleva tenersela come strategia di riserva, quindi moderò la sua risposta. «Sapete che il presidente ha intenzione di venire in Israele. Prima che arrivi abbiamo bisogno di poter dire che lascerete entrare gli aiuti umanitari» spiegò.

«Lo sa che sarebbe un grosso errore» ribatté Netanyahu con rabbia. «Questo Paese è stato aggredito. La visita del presidente non dovrebbe essere vista come un aiuto ai palestinesi. Viene qui per schierarsi con Israele. Ribadisco, non per aiutare i palestinesi.»

Lo capivano tutti che non stavano andando da nessuna parte. Bibi avrebbe voluto mettersi a negoziare, ma Blinken suggerì di riordinare le idee e rivedersi nel pomeriggio.

Il segretario di Stato andò quindi dal ministro della Difesa Yoav Gallant. Due giorni dopo il 7 ottobre Gallant aveva detto: «Ho ordinato l'assedio totale di Gaza. Niente elettricità, niente cibo, niente carburante. Abbiamo tagliato tutte le forniture. Combattiamo contro degli animali e agiamo di conseguenza».

«Come crede che andrà la campagna?» gli chiese Blinken, riferendosi ai piani di un'offensiva militare su larga scala a Gaza. «Quale sarà il prezzo? Quante saranno le vittime? Quanto durerà?»

«Ho una missione e intendo portarla a termine. Il prezzo non importa: né dalla nostra parte né dalla loro» disse Gallant.

Blinken si sentì gelare. Gallant stava dicendo: non importa quanta gente morirà. Ho la missione di sradicare Hamas e non importa quanti palestinesi moriranno. Non importa quanti israeliani moriranno. Ho intenzione di portare a termine la mia missione.

Gesù santo, pensò Blinken, ecco qual è la disposizione d'animo degli israeliani.

Alle cinque del pomeriggio, alla Kirya, a Blinken fu data la parola per rivolgersi a Netanyahu e al suo Gabinetto di sicurezza.

Insisté di nuovo perché lasciassero entrare gli aiuti umanitari. Aprite un punto d'accesso tramite il varco di Rafah, suggerì. Aiutateci – con l'assistenza umanitaria – ad aiutarvi.

«Sentite» disse Blinken, «potete non essere d'accordo sul fatto che sia la cosa giusta da fare. Noi crediamo che sia la cosa giusta e che sia un imperativo morale. Ma è anche nei vostri interessi strategici, perché se volete avere tempo e spazio per affrontare Hamas, nel caso non forniate a uomini, donne e bambini innocenti ciò di cui hanno bisogno, quello spazio si richiuderà molto in fretta.»

«A Gaza non entrerà una goccia, un grammo di qualunque cosa per aiutare la gente» ribatté Netanyahu imperterrito. «Non si tratta di me» proseguì. «E neppure della mia coalizione. Nessuno in questo Paese accetta l'idea che forniremo aiuti ai palestinesi di Gaza quando hanno preso degli ostaggi e massacrato la nostra gente.»

«Palestinesi» obiettò Blinken, «non Hamas. Uomini, donne e bambini che non hanno niente a che fare con il 7 ottobre.

«Ve lo ripeto, dal nostro punto di vista è la cosa giusta da fare, nonché un imperativo morale. Se volete tempo e spazio per affrontare Hamas e non siete disposti a fornire aiuti a persone che ne hanno un disperato bisogno, quello spazio si richiuderà quasi immediatamente. Perciò dovete farlo per poter agire come ritenete necessario ai fini di salvaguardare la vostra sicurezza e difendervi.»

Girarono in tondo per due ore.

«Lo sapete che il presidente sarà qui fra due giorni» disse Blinken. Aveva visto il team del presidente all'aeroporto di Tel Aviv e l'aereo che trasportava la Bestia – l'elegante Cadillac nera corazzata – fermo sulla pista. Il viaggio era trapelato sui media israeliani, ma non era ancora stato annunciato ufficialmente.

«Non posso dare l'annuncio se non abbiamo un accordo di principio sul fatto che permetterete agli aiuti di entrare a Gaza» disse Blinken.

All'improvviso suonò un allarme che segnalava l'attivazione dell'Iron Dome. Gli israeliani si alzarono tutti in piedi e gli americani li imitarono, scendendo le scale insieme diretti a un bunker sicuro. Blinken sentì allentarsi la tensione dell'incontro mentre chiacchieravano, aspettando circa dieci minuti prima di poter tornare di sopra. Udirono l'esplosione del missile abbattuto dall'Iron Dome proprio sopra le loro teste.

Tornando nella sala riunioni, Bibi disse: «Va bene, accettiamo, il Gabinetto di sicurezza accetta, ma devo sottoporre la questione al Gabinetto allargato».

Il Gabinetto allargato stava per riunirsi. «Devo presiedere l'incontro» li informò Netanyahu. «Ci devono essere altri ministri. Venite con me» disse rivolto a Blinken. «Starete in una stanza. Noi ci metteremo in un'altra e negozieremo la cosa.»

Blinken accettò.

Intorno alle sette di sera, e per le ore successive, Blinken si rintanò in un ufficio-bunker sei piani sottoterra per discutere la proposta americana con i suoi: il consigliere Derek Chollet, la vicesegretaria agli Affari del Vicino Oriente Barbara Leaf, la funzionaria diplomatica Stephanie Hallett e il suo vice nonché braccio destro Tom Sullivan.

Di tanto in tanto Tom Sullivan usciva dall'ufficetto in cerca di segnale telefonico per chiamare suo fratello, Jake Sullivan, e la Casa Bianca per aggiornarli. Voleva sapere fino a dove poteva spingersi Blinken nel minacciare di cancellare il viaggio di Biden: era la leva maggiore che aveva con gli israeliani.

A un certo punto anche Blinken chiamò direttamente Biden: «Voglio potergli dire che se non accettano l'ingresso di aiuti umanitari, lei non sarà nelle condizioni di venire» gli disse.

«Assolutamente» rispose Biden. «Di' loro che se non accettano cancello il viaggio.»

Dermer si fermò nel bunker più volte per discutere i vari particolari con gli americani, e ogni volta poi passava dei bigliettini a Netanyahu, impegnato nella riunione di Gabinetto. Blinken riceveva da Dermer i bigliettini con le correzioni fatte a mano da Bibi e le sue proposte. Blinken voleva che i primi camion di aiuti umanitari iniziassero a entrare a Gaza attraverso il varco di Rafah prima che il presidente Biden arrivasse a Tel Aviv.

Continuarono a trattare fino all'una del mattino, quando la riunione di Gabinetto si concluse.

Arrivò Netanyahu.

«Non abbiamo l'accordo» disse a Blinken.

Continuarono a discutere per un'altra ora e un quarto.

«Oh, no» disse Bibi. «Non possiamo far entrare i camion. Proprio non possiamo.»

«Cosa significa che non potete far entrare i camion?» gli chiese Blinken. «Come facciamo a portare gli aiuti alla gente?»

«Magari con un carretto trainato da un asino» scherzò Dermer.

«No, no, no, è l'immagine di, ha presente, "cose che vanno ai palestinesi"» protestò Bibi. «Non possiamo permetterlo. Che ne dite se mandiamo dentro degli esperti?»

«Signor primo ministro» disse Blinken esasperato, «un esperto non lo si può mangiare né bere. La gente ha bisogno di cibo e acqua.»

Finalmente, alle due e un quarto, dopo più di nove ore di discussione, Bibi accettò in linea di principio di allentare lievemente l'assedio per lasciar entrare a Gaza gli aiuti umanitari.[2]

Netanyahu disse che gli facevano pressioni enormi perché non lasciasse entrare gli aiuti. Potevano annunciare la loro intenzione di lavorare a un accordo, ma Bibi voleva il permesso di iniziare a far entrare gli aiuti solo *dopo* la visita di Biden, in modo che sembrasse che era stato il presidente americano a farglielo fare. Aggiunse che questo gli avrebbe dato la copertura e la leva politiche di cui aveva assoluto bisogno con il Gabinetto e l'opinione pubblica.

48

A Washington, Brett McGurk era in piena modalità operativa per preparare il viaggio a Tel Aviv del presidente Biden previsto per quella sera, il 17 ottobre.

«Devo andare là e incontrare quei tizi» aveva detto a McGurk con urgenza dopo aver evitato per un soffio che Israele innescasse una guerra con Hezbollah l'11 ottobre.

«Non sono lucidi» aveva osservato. Il presidente voleva incontrare personalmente Bibi e il Gabinetto di guerra di Israele.

Ma un viaggio presidenziale in una zona di guerra non era una passeggiata, e McGurk aveva praticamente dormito in ufficio tutta la settimana per organizzarlo.

Nell'Ala Ovest, si imbatté in uno dei membri operativi dello staff della Casa Bianca che gli disse: «Ehi, mi serve il tuo passaporto».

«Merda» rispose McGurk, e corse a casa a prenderlo.

Proprio mentre tornava alla Casa Bianca, iniziarono ad arrivare notizie secondo cui le forze di difesa israeliane avevano colpito un ospedale di Gaza uccidendo 500 persone. McGurk fu indirizzato alla Treaty Room, l'ufficio privato di Biden nella residenza presidenziale.

Il segretario Blinken, in quel momento in Giordania, stava cenando con re 'Abd Allāh nella sua «tana da maschi» – una splendida stanza con un bar, ma senza alcolici – quando gli arrivò notizia che l'ospedale era stato bombardato. Davano tutti la colpa a Israele.

Blinken tornò in albergo e fu messo in comunicazione telefonica con il presidente, affiancato da Sullivan, Jon Finer, un McGurk senza fiato e altri membri dello staff.

Cosa dovevano fare? Cancellare il viaggio?, chiese Biden.

A giudicare dai servizi dei media sembrava che Israele avesse commesso un'atrocità terribile: bombardare un ospedale.[1]

Il presidente dell'Egitto al-Sisi, che Biden aveva in programma di incontrare nel suo viaggio in Medio Oriente, aveva appena annullato gli appuntamenti con lui. Lo stesso aveva fatto il leader dell'Autorità nazionale palestinese, Mahmūd 'Abbās. Blinken aggiunse alla lista il re di Giordania.

Re 'Abd Allāh dice che il presidente non può venire in Giordania, riferì Blinken. I leader arabi avevano tutti l'impressione che la regione sarebbe esplosa.

«Bene» disse Biden, «che cos'è successo? È stato Israele?»

Nessuno dei consiglieri sapeva cosa rispondere. Nessuno ne aveva idea.

Biden disse che continuavano a ricevere sempre nuove informazioni. Stava parlando con gli israeliani, il Pentagono, i servizi segreti per cercare di capire cos'era successo. La domanda cui ancora non sapevano rispondere era: chi è stato a colpire?

«Potrebbero non essere stati gli israeliani, nonostante ciò che è stato detto all'inizio» disse Blinken, «ma non lo sappiamo. E non è chiaro quando lo sapremo.»

Il presidente chiamò il re di Giordania.

«Joe» disse 'Abd Allāh, «la situazione è troppo esplosiva. Io vorrei che tu venissi ma loro sono furibondi» disse, riferendosi alla rabbia che serpeggiava fra il suo popolo. «È una tragedia. Non puoi venire in questo momento.»

Poi Biden chiamò Netanyahu.

«Non siamo stati noi, Joe!» disse Bibi in tono di sfida. «È un razzo di Hamas. Ha colpito l'ospedale. Non siamo stati noi, ti dico. Lo dimostrerò. Ho l'intelligence.»

Un classico, pensò McGurk. Gli israeliani sostenevano sempre di avere l'intelligence. «Ce l'hanno sul serio?» Spesso non era così.

«Devi venire!» insisté Bibi.

«Okay, okay» rispose Biden. «Parlo coi miei.»

«Dovrei andare?» chiese Biden.

In genere i viaggi presidenziali sono pianificati meticolosamente, con un chiaro elenco di cose da fare unito a un programma di annunci e risultati messo a punto nei minimi dettagli per avere il massimo impatto sulle relazioni pubbliche. Quando Biden era stato in Medio Oriente l'anno prima, per esempio, l'Arabia Saudita aveva annunciato che avrebbe aperto i suoi cieli ai voli israeliani per la prima volta nella storia.

Adesso Biden sarebbe partito nella più completa incertezza e in un periodo di guerra. E senza alcuna garanzia che Netanyahu e il suo Gabinetto di guerra avrebbero lasciato entrare a Gaza gli aiuti umanitari: l'obiettivo dichiarato pubblicamente della visita presidenziale.

Si misero a discutere, dando il via alla consueta competizione intellettuale degli assistenti del presidente per dimostrare il loro scetticismo e la capacità di vedere sia gli aspetti positivi sia quelli negativi.

Magari potrebbe posticipare il viaggio di qualche giorno? Non sa in cosa si sta cacciando. Non sa cosa succederà. Non sappiamo che aspetto avrà la regione domani. Gli israeliani sostengono di non aver colpito l'ospedale, ma chi può dirlo?

«Penso che non possa annullarlo adesso» osservò Blinken. «Israele dice che non sono stati loro e se lei lo cancellasse adesso sembrerebbe che non gli crediamo. Se lei cancella il viaggio, gli stiamo dando pubblicamente dei bugiardi.»

Biden era d'accordo. «Devo andare, quindi procediamo» disse.

Sul volo che lo portava in Israele Biden ricevette il rapporto dell'intelligence americana: è stata senza ombra di dubbio la

Jihad islamica palestinese a lanciare il missile, che a causa di un malfunzionamento è caduto nel parcheggio dell'ospedale, dove è esploso. Ma i media arabi continuavano a dare la colpa a Israele. Il danno ormai era fatto.

Il presidente lavorò al suo discorso per ore. Voleva che esprimesse non solo le sue convinzioni riguardo a Israele, ma anche che fosse un promemoria per non ripetere gli errori che gli Stati Uniti avevano commesso dopo l'11 settembre.

Biden disse a McGurk: «Ho già preso decisioni in tempo di guerra. Non esistono decisioni più difficili. Nulla è mai o bianco o nero. Bisogna essere ponderati. Bisogna deliberare e chiedersi di continuo se la strada che si è intrapresa porta agli obiettivi che ci si è posti».

McGurk lo battezzò «il test di Biden». In definitiva, buonsenso.

Biden disse che voleva abbracciare Israele, «non Bibi», nel momento del bisogno. Ma, aggiunse rivolto a McGurk, devo anche dire «qualche verità scomoda».

In privato Biden poteva essere molto più indignato e scurrile di quanto non apparisse in pubblico. Un sabato pomeriggio del suo primo anno da presidente, aveva chiamato un amico dallo Studio Ovale. «Ho passato quasi cinque ore a discutere senza concludere niente con due delle più grosse teste di cazzo del pianeta: Bibi Netanyahu e Mahmūd Abbās» aveva detto, riferendosi al primo ministro israeliano e al leader palestinese. «Due delle più grosse teste di cazzo del pianeta» aveva ripetuto con enfasi.

Quando l'Air Force One atterrò all'aeroporto Ben Gurion la mattina del 18 ottobre, Netanyahu aspettava Biden sulla pista.[2]

Biden scese dalla scaletta, gli occhiali da sole che gli dondolavano dalla mano sinistra, e immediatamente abbracciò Netanyahu, che gli diede una pacca sulla spalla, un po' stupito.

I cortei di auto sfilarono per le vie di Tel Aviv, fra ali di israeliani scesi in strada per assistere. Sembravano tutti spaventati. Qualcuno sventolò una bandiera americana. Era inquietante.

Bibi si rivolse a Biden e alla stampa alle 11.40 del mattino:

«Signor presidente, per il popolo di Israele qui c'è solo una cosa migliore che avere un vero amico come lei dalla sua parte, ed è avere lei qui in Israele. La sua visita è la prima di un presidente americano in Israele in tempo di guerra».[3]

«Ascoltate»[4] disse Biden, «volevo essere qui oggi per una semplice ragione. Voglio che il popolo di Israele, che tutti i popoli del mondo sappiano da che parte stanno gli Stati Uniti.

«Dobbiamo anche tenere a mente che Hamas non rappresenta tutto il popolo palestinese e ha causato ai palestinesi solo sofferenze.»

Netanyahu portò Biden, Sullivan, Blinken e McGurk in una sala conferenze sotterranea che fungeva anche da bunker al Kempinski Hotel, un albergo a cinque stelle sul lungomare di Tel Aviv, perché incontrassero il suo Gabinetto di guerra.[5]

«Come avete intenzione di combattere Hamas?» chiese Biden al primo ministro israeliano. «Cosa intendete quando dite di voler eliminare Hamas? Che cosa avete in mente?

«Avete intenzione di mirare solo alla leadership o state cercando di annientare ogni combattente di Gaza?»

Vogliamo eliminarli, rispose Bibi. Dal primo all'ultimo.

Be', disse Biden, sapete, abbiamo adottato lo stesso approccio in posti come l'Iraq e l'Afghanistan ed è stato difficile sradicare un'ideologia. A volte si creano combattenti proprio a causa del modo in cui li si combatte.

Il leader dell'opposizione Benny Gantz disse che capivano che il «modo» in cui reagivano contava, per usare le parole degli americani.

Il ministro della Difesa Yoav Gallant, un generale in congedo, espose il piano di Israele. Ci sarebbe stato un assedio a Gaza, spiegò. Israele avrebbe mandato tre divisioni militari a Gaza immediatamente. Non avrebbe lasciato entrare niente nella Striscia, nessun aiuto umanitario, finché non avessero rilasciato gli ostaggi. Nemmeno una pastiglia di paracetamolo. Quella era la loro politica.

Biden replicò: «Noi non siamo d'accordo. Non appoggeremo una simile linea d'azione. Dovete aprire i varchi e far entrare i camion con gli aiuti umanitari.

«Dovete farlo» ribadì.

Bibi accettò, o parve accettarlo, malvolentieri, e il Gabinetto di guerra alla fine acconsentì, scostandosi dall'ambigua formulazione «in linea di principio» che Blinken aveva ricevuto da Bibi due giorni prima dell'inizio delle operazioni.

Nel bunker, Biden raccontò ai presenti della prima volta che aveva incontrato Golda Meir, la prima leader donna di Israele, nel 1973. Netanyahu e Dermer avevano sentito quella storia fin troppe volte.

«È sempre la stessa storia» disse Dermer. «Signor presidente, ho anch'io una storia su Golda» aggiunse.

«Lei non l'ha incontrata» ribatté Biden. Dermer era troppo giovane.

«No, non quella Golda» disse Dermer. «Ho cinque figli. La più piccola si chiama Golda. Il terzo giorno di questa guerra, mia moglie è venuta da me mentre mi stavo vestendo per andare al lavoro e mi ha sussurrato dove aveva intenzione di nascondere nostra figlia Golda, nel caso in cui anche nel nostro quartiere di Gerusalemme fosse successo quello che era accaduto in quelle comunità ai margini di Gaza.»

La moglie di Dermer, Rhoda Pagano, era terrorizzata che Hamas potesse colpire di nuovo. Voleva essere sicura che nel caso Dermer fosse tornato a casa e l'avesse trovata morta sapesse dove cercare la figlia.

Gli altri israeliani presenti assentirono. La paura e l'angoscia erano condivise. Nei giorni successivi all'attacco di Hamas, sembravano tutti spaventati all'idea che i prossimi sarebbero stati loro.

«La sensazione di non essere al sicuro» disse Dermer. «Il trauma del 7 ottobre è questo. Quei terroristi invaderanno il Paese, si riverseranno dai confini per abbattersi sulla comunità e massacrare di nuovo la gente.

«I bambini adesso hanno paura di rispondere alla porta quando qualcuno bussa» disse «perché non sanno chi c'è dall'altra parte. Sanno che cosa è successo il 7 ottobre e hanno paura.

«La loro vita non sarà più la stessa» proseguì Dermer. «L'Israele dell'8 ottobre non è lo stesso che era il 7 ottobre, e non lo sarà mai più.»

Biden ascoltava.

«Signor presidente» disse Dermer, «gli ebrei non sono venuti in questo Paese per nascondersi. Cadremo in battaglia, è già successo e purtroppo succederà ancora. Possiamo subire attacchi terroristici, è già successo e purtroppo succederà ancora. Ma non ci nasconderemo in questo Paese. Gli ebrei non sono venuti qui per nascondersi.

«La promessa di questo Paese, signor presidente, non era solo che gli ebrei tornassero nella loro patria ancestrale» proseguì Dermer, «era che avessimo la capacità di difenderci, e il 7 ottobre questa promessa è stata infranta in modo irrimediabile.

«E io ritengo che il nostro compito al Gabinetto di guerra sia di ripristinare quella promessa. Questo significa sconfiggere definitivamente Hamas e i responsabili di ciò che ci è stato fatto il 7 ottobre» concluse.

Un'ora più tardi, alle cinque del pomeriggio, Biden tenne il discorso di 16 minuti che aveva scritto di suo pugno sul volo per Israele.[6]

Dermer, che aveva parlato del suo trauma personale, era convinto che Biden lo avesse ascoltato.

«So che il recente attacco terroristico al popolo di questa nazione ha lasciato una ferita molto profonda» disse Biden.

«Ha riportato a galla ricordi e cicatrici dolorosi lasciati da millenni di antisemitismo e dal genocidio del popolo ebraico. Allora il mondo rimase a guardare, lo sapeva, e non fece niente. Non resteremo a guardare senza fare niente un'altra volta.»

Gli USA erano stati l'alleato più stretto di Israele sin dalla sua creazione. «Settantacinque anni fa, appena undici minuti dopo la sua fondazione, il presidente Harry S. Truman e gli Stati Uniti d'America furono i primi a riconoscere Israele» ricordò Biden.

Per un Paese delle dimensioni di Israele, il 7 ottobre «era come quindici 11 settembre» osservò Biden.

«Ma vi metto in guardia: non lasciatevi accecare dalla rabbia. Dopo l'11 settembre, noi eravamo arrabbiati. E anche se cercavamo giustizia e abbiamo ottenuto giustizia, abbiamo anche commesso degli errori.»

Il presidente Biden aveva fatto pressioni perché gli israeliani aprissero il confine tra Gaza e l'Egitto per lasciar entrare gli aiuti umanitari a condizione che Hamas non li dirottasse a proprio vantaggio.

Sul volo che lo riportava a casa, Biden telefonò al presidente egiziano e lo implorò di aprire il varco di Rafah per lasciar passare i camion di aiuti diretti a Gaza.

«Okay, ho convinto Netanyahu, adesso ho bisogno che lei faccia la sua parte» disse ad al-Sisi. «Ho bisogno che apra quel varco. Che lasci passare quei camion.»

Fino a quel momento il presidente egiziano si era opposto fermamente all'apertura del varco di Gaza. Non voleva un'ondata di profughi palestinesi al confine o nel suo Paese. Al-Sisi si disse convinto che se avesse lasciato entrare i profughi, non se ne sarebbero più andati e sarebbero potuti diventare un elemento di disturbo in Egitto. Poniamo che fra loro ci siano dei membri di Hamas e che si mettano a sparare verso Israele al di qua del confine. Avrebbero potuto trascinare l'Egitto in guerra. La risposta di al-Sisi era stata un fermo: non se ne parla.

Sullivan sapeva che la determinazione di al-Sisi era profondamente radicata. «Al-Sisi pensa che se ha un compito, uno solo, è quello di non permettere ai palestinesi di attraversare il confine. Punto. Niente campi profughi nel Sinai.

«Sparerà sui profughi prima di permettere che entrino in Egitto» era convinto Sullivan.

Ma adesso Biden al telefono gli stava chiedendo senza mezzi termini di aprire il varco di Rafah per lasciare entrare a Gaza i convogli di aiuti umanitari.

Al-Sisi finalmente cedette. «Lo farò, signor presidente, ma mi ci vorranno un paio di giorni, perché la strada non è in buono stato» disse. Per cominciare, avrebbe consentito il passaggio di venti camion di aiuti.

Quando Biden chiuse la conversazione era soddisfatto.[7] Era convinto che la sua visita fosse stata un successo. Avevano aperto uno spiraglio, seppur piccolo, per portare gli aiuti a Gaza.

«In ultima analisi, ad al-Sisi va riconosciuto un grande merito» disse ai giornalisti sull'aereo.

E alla fine al-Sisi fece esattamente quello che aveva detto che avrebbe fatto.[8] L'Egitto aprì il varco. Sistemarono le strade e venti camion di aiuti umanitari iniziarono lentamente ad attraversarlo sabato 21 ottobre, tre giorni dopo il viaggio di Biden in Israele.

Ma era una goccia del cibo, dell'acqua e dei medicinali di cui i due milioni di civili palestinesi di Gaza avevano disperatamente bisogno, la prima dai quattordici giorni trascorsi dall'attacco del 7 ottobre. A Gaza le condizioni umanitarie peggioravano di giorno in giorno.

Prima del 7 ottobre, a causa di un embargo imposto da Israele che durava da sedici anni, il 95 per cento dei palestinesi di Gaza non aveva accesso all'acqua pulita e l'80 per cento faceva affidamento sugli aiuti umanitari per il cibo.[9]

49

Il 30 novembre Sullivan e il segretario della Difesa Lloyd Austin intrattennero una conversazione telefonica di quarantacinque minuti su una linea sicura per discutere come gestire i sempre più numerosi attacchi da parte degli Houthi nel Mar Rosso.

Si trattava di un gruppo armato ostile che controllava il quasi Stato-nazione dello Yemen, all'estremità meridionale della Penisola araba, i cui miliziani insidiavano sistematicamente le rotte commerciali nel tratto interno, lungo quasi duemila chilometri, del Mar Rosso.[1] Gli Houthi facevano parte del cosiddetto Asse della Resistenza, una coalizione politica e militare a guida iraniana che includeva i gruppi più radicali, come Hamas ed Hezbollah. Alla Casa Bianca era stato soprannominato il «mostro a più teste». Grazie all'Iran, gli Houthi erano armati fino ai denti e sostenevano di agire in difesa di Gaza.

Austin voleva analizzare e trovare possibili soluzioni sugli interrogativi più pressanti: come dissuadere, gestire, evitare un'escalation?

Per come la vedeva Sullivan, Austin era la «punta di diamante» del Gabinetto di Biden, il migliore in assoluto. Biden si fidava di lui, così come i suoi colleghi. E Sullivan aveva sempre qualcosa da imparare da lui.

«Jake, siamo noi a dettare i tempi» aveva detto Austin a Sullivan in diverse occasioni negli ultimi due anni, e lo stava ripetendo anche in quel momento. «Siamo noi a dettare i tempi.» Il presidente aveva facoltà di decidere se usare la forza e quando, o se rinunciare all'idea.

Sullivan aveva potuto beneficiare di un'altra lezione targata Austin all'indomani dell'accordo sui sottomarini nucleari con gli australiani. Inizialmente l'Australia aveva deciso di acquistare i sottomarini dalla Francia, ma poi si era ritirata a favore di un accordo con gli Stati Uniti. I francesi erano imbestialiti.

«Siamo tutti lì a prenderci le sfuriate dei nostri interlocutori francesi, a prostrarci in mille scuse» ricordava Sullivan.

«Anche l'omologo francese di Austin lo chiama e parte in una tirata di ventidue minuti sulla perfidia americana. Quando finisce, Austin gli fa: "Ricevuto, qual è il prossimo argomento?".» Da quella volta Sullivan aveva deciso di adottare lo stesso atteggiamento ogniqualvolta qualcuno gli avesse urlato contro.

In un'altra occasione Sullivan aveva convocato Milley e Austin alla Casa Bianca per esaminare un problema di bilancio del dipartimento della Difesa. Sullivan sapeva che avevano percepito che lui avrebbe tentato di scavalcarli. Austin si era seduto e aveva guardato Sullivan con aria placida. «È la tua riunione, amico» aveva detto.

Sullivan si era messo subito sulla difensiva. «Abbiamo ottenuto quello che volevamo» spiegò, «ma mi sono sentito uno schifo.»

Il segretario Austin era uno dei pochi a saper gestire il ministro della Difesa israeliano Yoav Gallant. Si erano confrontati spesso sin dall'attacco di Hamas a Israele.

Spesso l'argomento principale delle loro telefonate erano le tirate d'orecchie per le vittime civili, a cui Gallant tipicamente rispondeva adducendo scuse e non mancando di ricordare il 7 ottobre.

«Si ricordi cosa ci ha fatto Hamas» disse Gallant nel corso di una di quelle telefonate. «L'orrore…»

«Ehi, ehi!» lo interruppe Austin. «Guarda che stai parlando con me. Non servirmi la solita minestra riscaldata. So cos'è successo. Ho capito. Ok? Ho capito cos'è successo. Io ti sto parlando di come state rispondendo voi.» Perché avete deciso di intraprendere l'azione militare in questo modo?

50

«Israele *deve* impegnarsi di più a proteggere i civili innocenti»[1] dichiarò la vicepresidente Harris il 2 dicembre 2023, durante un incontro con la stampa a margine del COP28, la conferenza delle Nazioni Unite sui cambiamenti climatici che si stava tenendo a Dubai.[2]

Biden si era premurato di includere Harris in quasi tutte le sue telefonate con Netanyahu, ormai così frequenti – erano arrivati a oltre una dozzina – che, quando veniva il momento, privatamente si dicevano: «Chiamiamo Bibi?». Prima e dopo la telefonata il presidente e la sua vice si confrontavano con Blinken, Austin e Sullivan.

E, mentre in pubblico Biden manteneva sempre uno stretto riserbo sulle sue critiche su come Israele stesse gestendo Hamas, Harris non aveva peli sulla lingua.

«Troppi palestinesi innocenti sono rimasti uccisi. Francamente, venire a conoscenza del numero di civili che stanno soffrendo e vedere le immagini e i video da Gaza è devastante»[3] disse. «È straziante.»

Aveva anche lanciato un avvertimento a Netanyahu: «Sotto nessuna circostanza gli Stati Uniti permetteranno un trasferimento forzato dei palestinesi da Gaza o dalla Cisgiordania, l'assedio di Gaza o una modifica dei suoi confini».[4]

Nel corso della conferenza sul clima, Harris incontrò personalmente i leader di Egitto, Giordania ed Emirati Arabi Uniti e intrattenne conversazioni telefoniche con altri, tra cui l'emiro del Qatar. Finì quasi per fare tardi al suo discorso sul cambiamento climatico. Gestire una guerra era un'impressa diplomatica che non dava tregua; porvi fine era ancora più difficile.

Il re 'Abd Allāh di Giordania affermò di non nutrire alcuna simpatia per Hamas, ma che Israele doveva impegnarsi a limitare le vittime civili e porre fine alle operazioni militari. La Giordania conta una vasta popolazione palestinese e lui cominciava a percepire la pressione delle proteste e dei disordini sulle sue strade. Se questa guerra si fosse più protratta ancora a lungo, l'instabilità nella regione avrebbe potuto trasformarsi in qualcosa di ancora peggiore.

Una volta a bordo del suo aereo, Harris inviò un rapporto al presidente. Spiegava che i leader arabi erano favorevoli ad aprire un dialogo per la pianificazione all'indomani del conflitto, purché questa risultasse in una leadership palestinese a Gaza, spianando la strada alla creazione di uno Stato palestinese. Tra i leader arabi sembrava essere opinione condivisa, anche se appena sussurrata, che tutto ciò potesse realizzarsi solo con un cambio di leadership tanto a Gaza quanto in Israele.

Netanyahu era sul piede di guerra. Non stava cercando un accordo di pace con i palestinesi.

Anche Blinken si trovava a Dubai per discutere con i ministri degli Esteri arabi a proposito delle azioni da perseguire all'indomani della risoluzione del conflitto. Molti Paesi arabi preferivano non farsi vedere coinvolti in quelle conversazioni per non rischiare di sembrare accondiscendenti o, peggio, complici delle operazioni militari di Netanyahu in corso a Gaza.

«Ascoltate» disse Blinken a Sameh Shoukry e Ayman Safadi, ministri degli Esteri rispettivamente di Egitto e Giordania, «in un modo o nell'altro questa faccenda dovrà risolversi e dobbiamo farci trovare preparati. Ci sono grandi interrogativi su ciò che accadrà a Gaza in termini di sicurezza, governo, aiuti umanitari e sviluppo che chiedono risposta, e dobbiamo iniziare a lavorarci ora.»

Shoukry e Safadi non erano d'accordo. Finché non si fossero chiarite le condizioni su che aspetto avrebbe avuto «l'indomani dell'indomani» – e con ciò intendevano la creazione di uno Stato palestinese – non avrebbero aperto alcuna conversazione.

Quasi tutti i ministri degli Esteri arabi la vedevano così: non può esistere un «indomani» senza un piano politico per risolvere la questione di Hamas a Gaza. Israele stava solo dimostrando di avere un piano militare. Ma non poteva di certo uccidere ogni singola persona associata ad Hamas, né tantomeno uccidere l'idea di Hamas. Quindi, sostenevano, prima doveva emergere un piano politico per la leadership e la sicurezza di Gaza.

Erano altresì convinti che Israele non sarebbe riuscito a sconfiggere Hamas – la sua idea e la sua ideologia – senza una reale prospettiva politica per i palestinesi.

Era una versione analoga del messaggio che anche Harris aveva captato: quando avrete un piano realistico, allora ci siederemo al tavolo.

Blinken disse loro che era d'accordo con la loro analisi e che si sarebbe impegnato per spianare la strada a uno Stato palestinese. Anche se era solo una pia speranza.

Blinken si incontrò in privato con il presidente al-Sisi in Egitto per intavolare una discussione sulla sicurezza a Gaza una volta che Israele avesse terminato le sue operazioni militari.

«Sono pronto a fornire delle truppe» disse al-Sisi. «Ma gli Stati Uniti dovranno essere al nostro fianco. Posso convincere anche altri arabi. Voglio che lo riferisca al presidente Biden.»

Blinken eseguì.

«D'accordo, cerchiamo di venirne a capo» disse Biden. «Non invieremo truppe americane a Gaza ma possiamo trovare un modo per sostenere una missione da parte dei Paesi arabi e di altri.»

Blinken, Sullivan, Austin e il capo dello Stato maggiore congiunto C.Q. Brown abbozzarono un piano. Proposero di sostenere una forza a guida araba tramite un quartier generale gestito dagli Stati Uniti, con un comando militare americano dislocato probabilmente in Egitto, dove gli USA avrebbero potuto fornire assistenza sulle operazioni.

«Hamas è un'idea, non potete distruggere un'idea.» Ancora una volta Blinken era in viaggio a Tel Aviv per confrontarsi con il Gabinetto di guerra israeliano.

«Tony» lo apostrofò Dermer, «anche il nazismo è un'idea, e i nazisti a Charlottesville avevano fiaccole da giardino che probabilmente avevano comprato da Bed Bath & Beyond, ma non hanno più uno Stato chiamato Germania!»

Dermer alludeva agli eventi accaduti il 12 agosto 2017, quando un gruppo di suprematisti bianchi aveva manifestato nel campus di Charlottesville dell'Università della Virginia, impugnando fiaccole e urlando «gli ebrei non ci sostituiranno» e ripetendo lo slogan nazista «sangue e terra».[5]

«Un conto è avere una cattiva idea» rincarò Dermer. «Ma avere una cattiva idea e il controllo di un territorio è tutt'altro!

«Il nostro obiettivo» spiegò «è privare Hamas del controllo territoriale che ha su Gaza. Dobbiamo smantellare quell'esercito.»

Blinken tentò di tornare sull'argomento della pianificazione successiva al conflitto. Una volta distrutta Hamas, che aspetto avrebbe avuto Gaza? Chi li avrebbe comandati?

«Dovremmo acconsentire a uno Stato palestinese? Davvero?» replicò Dermer. «E cosa volete che facciamo? Già che ci siamo, perché non proclamiamo la Festa d'indipendenza della Palestina il 7 ottobre? Premiamo il terrorismo dandogli uno Stato! Forza, diamo ai palestinesi uno Stato dopo il peggior attacco terroristico nella storia di Israele e il peggior attacco agli ebrei dopo l'Olocausto.

«Del tutto sensato» concluse Dermer con sarcasmo.

A Blinken era chiaro che quella conversazione non avrebbe portato a nulla.

51

Ultimamente il coordinatore per il Medio Oriente Brett McGurk cominciava ogni giornata parlando al telefono con il primo ministro del Qatar, MBAR, riguardo alla situazione dei 252 ostaggi trattenuti da Hamas a Gaza.

«Brett» disse lo sceicco in occasione di una telefonata, «il modo migliore per calmare le acque e guadagnare tempo è trovare un accordo per gli ostaggi.»

«Se vogliamo riuscire a convincere gli israeliani a trattare» rispose McGurk «dobbiamo avere delle prove che possa funzionare.» Suggerì di iniziare a testare l'idea. Avrebbero negoziato il rientro di una madre americana-israeliana, Judith Raanan, e di sua figlia Natalie, entrambe prigioniere di Hamas, per poi puntare a una richiesta più importante.

Lo sceicco era convinto che il Qatar sarebbe riuscito a convincere Hamas, ma McGurk restava scettico. Aggiornava quotidianamente Sullivan e Biden sui progressi compiuti nei negoziati e avanzò l'idea della prova pilota.

«Proviamoci» disse Biden.

Una camionetta della Croce Rossa entrò a Gaza il 20 ottobre e una squadra dell'ambasciata statunitense si fece trovare al confine israeliano, pronta ad accogliere le due americane.

A Washington, McGurk seguiva con apprensione il percorso

di Judith e Natalie attraverso Gaza, preoccupato dall'idea che Hamas potesse decidere all'ultimo secondo di far esplodere il loro veicolo a pochi passi dal confine. Israele aveva acconsentito a un fragile cessate il fuoco di sei ore.

Il telefono di McGurk squillò. Era Stephanie Hallett, l'incaricata d'affari degli USA, che si trovava al confine israeliano.

«Sono arrivate» disse con un sospiro di sollievo. «Sembrano illese.»

McGurk prelevò Sullivan dal suo ufficio e si recarono dritti allo Studio Ovale.

Il presidente Biden telefonò a Judith e Natalie.

«Salve» disse, «ho lavorato per tirarvi fuori da lì. Sono davvero felice di sentirvi. Ci assicureremo che riceviate tutto quello di cui avete bisogno.»

Judith, travolta com'era dall'emozione e dalla stanchezza, non aveva parole. Non faceva che ripetere: «Grazie, grazie, grazie».

Dopo aver riattaccato, Biden si rivolse a McGurk: «Procedete» disse. «Continuate così.»

Il Qatar aveva tenuto fede alla sua parola. Il direttore della CIA Burns iniziò a lavorare gomito a gomito con il direttore del Mossad David Barnea per delineare un'ulteriore liberazione di ostaggi, questa volta ben più numerosa, da parte israeliana. McGurk si coordinò con lo sceicco del Qatar e il capo dell'intelligence egiziana Abbas Kamel, che disponeva di canali aperti con Hamas a Gaza.

Ora che si stava prospettando la possibilità concreta di ottenere il rilascio di un gran numero di ostaggi, Biden spinse Netanyahu ad approvare un'interruzione più lunga dei combattimenti. Era l'unica via praticabile per garantire la liberazione degli ostaggi. Tuttavia, secondo Netanyahu, sarebbe stata anche un'opportunità per Hamas di riorganizzarsi.

Voleva sapere quanti ostaggi sarebbero stati liberati.

Inizialmente Hamas ne garantì dieci. Netanyahu ne voleva molti di più. Richiese il rilascio di tutte le donne e i bambini e che Hamas fornisse delle prove che gli ostaggi detenuti fossero ancora vivi. Biden appoggiò la richiesta.

Hamas rispose dicendo che poteva garantire il rilascio di cinquanta ostaggi. In cambio, però, Israele avrebbe dovuto liberare centocinquanta donne e ragazzi palestinesi imprigionati o detenuti. Hamas si rifiutò di fornire informazioni identificative per gli ostaggi.

Il presidente Biden chiamò l'emiro del Qatar.

«Ne ho abbastanza»[1] disse Biden. «Abbiamo bisogno dei nomi o di informazioni su chi rientra in quei cinquanta.» Età, sesso, nazionalità. «Senza le loro identità non ci sono le basi per procedere.»

Hamas fornì le informazioni identificative dei cinquanta ostaggi.

In Israele, McGurk osservò Netanyahu sbattere i pugni sul tavolo durante la riunione del suo Gabinetto di guerra, il 14 novembre, e dichiarare: «Non intendo accettare. Non accetterò mai queste condizioni».

«Bibi vuole sempre spremere il limone fino all'ultima goccia» rifletté McGurk.

«Saranno loro a cedere!» sbraitò Netanyahu, e colpì ancora una volta il tavolo.

Poi, mentre uscivano dalla riunione, Netanyahu afferrò McGurk per il braccio. «Ci serve questo accordo» gli disse.

Molte cose, in politica, erano una messinscena, si rese conto McGurk.

Lo stesso giorno, Netanyahu telefonò a Biden per confermare l'accordo.

Cinque giorni dopo, il 19 novembre, il primo ministro del Qatar fece consegnare il testo finale dell'accordo ad Hamas. «Questa è la proposta definitiva» disse loro. Avrebbero dovuto attendere qualche giorno per la risposta. La leadership politica di Hamas in Qatar doveva far arrivare il testo, tramite un complesso passamano, fino al loro capo Yahya Sinwar, che si nascondeva nei cunicoli sotto Gaza.

Tre giorni più tardi, la mattina del 21 novembre, il Qatar ricevette la notizia che Sinwar aveva acconsentito.

Hamas rilasciò cinquanta dei duecentocinquantadue ostaggi, tra cui tre americani, in quattro fasi a partire dal 24 novembre.[2] Ogni dieci ostaggi liberati da Hamas oltre ai primi cinquanta, Netanyahu prolungava di un giorno il cessate il fuoco. Al 30 novembre centocinque ostaggi, tra cui due americani, erano tornati dai loro cari.

Quel giorno Sullivan incontrò le famiglie dei restanti prigionieri americano-israeliani alla Casa Bianca. Alcuni vennero di persona, altri presenziarono online.

«È stato terribile» raccontò quella sera Sullivan a sua moglie, Maggie Goodlander. Hamas teneva ancora in ostaggio sei americano-israeliani.

Sullivan continuava a controllare il telefono. «Il cessate il fuoco termina stasera a mezzanotte, ora nostra» disse. A meno che Hamas non avesse presentato un nuovo elenco di almeno altri dieci nomi.

«Siamo ancora in attesa di sapere se forniranno o meno una lista» aggiunse. «Altrimenti domani vedremo cadere altre bombe.»

Lanciò una nuova occhiata al telefono.

Il nodo più critico della lista che stavano aspettando, disse Sullivan, stava nel fatto che le donne ancora trattenute da Hamas erano tutte ventenni e trentenni.

«Gli israeliani temono che Hamas sia restio a liberarle perché sono state stuprate» spiegò Sullivan. «O che le violenze si stiano ancora verificando.» L'altra ragione era che Hamas riteneva che tutte le donne israeliane tra i 20 e i 30 anni facessero parte dell'IDF, le forze di difesa israeliane. Questo, agli occhi di Hamas, le rendeva più preziose per far leva su Israele.

Il giorno successivo Hamas lanciò dei razzi contro Israele e i jet israeliani risposero con un bombardamento a raffica contro duecento obiettivi a Gaza.

La guerra riprese.

52

Il 25 dicembre 2023, Brett McGurk si trovava a casa, una villetta a schiera nel quadrante sudorientale di Washington, per festeggiare il Natale assieme alla sua famiglia. Alle nove del mattino, quando la sua figlia più piccola aveva già scartato tutti i regali e lui si era appena seduto davanti a una tazza di caffè, lo chiamò l'ufficiale di servizio della Situation Room alla Casa Bianca.

«C'è stato un attacco alla base aerea di Erbil, nel Nord dell'Iraq. Tre militari americani sono stati feriti dalle schegge di un drone iraniano lanciato da un gruppo di miliziani iracheni» spiegò l'ufficiale di servizio. «Uno è grave.»

Nelle undici settimane trascorse dal 7 ottobre, le forze americane avevano subito almeno cento attacchi in Iraq e Siria, perlopiù con razzi e droni.[1] Ma questa era la prima vittima americana seria.

Il personale del Consiglio per la sicurezza nazionale e del Central Command di turno durante quella festività stava già raccogliendo informazioni su quanto accaduto, in modo da poter fornire un rapporto al presidente. McGurk salì in macchina e si recò alla Casa Bianca.

Il presidente Biden, che si trovava a Camp David, la residenza presidenziale in Maryland, per le festività natalizie, organizzò una telefonata con la sua squadra per la sicurezza nazionale, il segretario Austin e il capo dello Stato maggiore congiunto

C.Q. Brown. I capi militari gli esposero le opzioni di risposta a sua disposizione. Avrebbe potuto attaccare il gruppo di miliziani responsabile e le basi della Guardia rivoluzionaria iraniana, in particolare in Iraq, da dove erano partiti gli attacchi. Oppure avrebbe potuto colpire i cosiddetti *persona target*, i quattro individui responsabili della pianificazione dell'attacco. Grazie a specifici segnali di intelligence e immagini satellitari, Austin e il suo team al Pentagono stavano già tracciando le posizioni precise dei quattro.

Biden interrogò i suoi consiglieri sui rispettivi rischi. La reazione andava calibrata con cura. Ordinò loro di colpire prima i siti e poi di concentrarsi sui *persona target*, non appena si fosse presentata l'occasione migliore per abbattere l'obiettivo.

Quella notte, attorno alle 4.45 del mattino, l'esercito americano sferrò con estrema discrezione tre attacchi aerei contro i siti che i gruppi miliziani sostenuti dall'Iran avevano utilizzato per lanciare i droni.[2] Il Central Command americano dichiarò che, con ogni probabilità, l'operazione aveva portato alla morte di diversi miliziani, ma che non c'erano state vittime civili.

«Si è trattato di interventi mirati a scoraggiare futuri attacchi e che sono stati condotti in modo da limitare il rischio di escalation e ridurre al minimo le vittime civili»[3] scrisse il presidente in una lettera allo speaker della Camera Mike Johnson. «Gli Stati Uniti sono pronti a intraprendere ulteriori azioni, se necessarie e appropriate, per risolvere eventuali future minacce o attacchi.»

Un paio di settimane più tardi Biden autorizzò le operazioni sui *persona target*. Dopo che due di loro furono colpiti, gli attacchi alle forze americane in Iraq e Siria cessarono. Anche Biden si fermò. Il suo messaggio ai capi dei miliziani era chiaro: abbiamo individuato la vostra posizione, se ci attaccate ancora vi annienteremo.

Tuttavia il rischio di ulteriori violenze non si era esaurito.

Sabato 30 dicembre gli Houthi lanciarono due missili balistici antinave contro un grosso mercantile cargo, la *Maersk Hangzhou*.[4]

La Marina militare americana a bordo dell'USS *Gravely* riuscì ad abbattere i missili prima che colpissero il mercantile. Il giorno successivo delle imbarcazioni veloci delle forze yemenite tentarono di affondare la stessa nave container.

Alcuni elicotteri della Marina americana decollarono dai cacciatorpediniere *Eisenhower* e *Gravely* e ingaggiarono gli yemeniti, che risposero al fuoco. Gli USA riuscirono ad affondare tre delle quattro imbarcazioni, uccidendone l'equipaggio. La quarta riuscì a fuggire.

Il presidente Biden si trovava a St Croix, nelle Isole Vergini Americane, per le sue vacanze di Capodanno assieme alla first lady.[5] Ad accompagnarli c'erano Jake Sullivan e sua moglie, Maggie Goodlander. Il loro programma prevedeva di festeggiare con un fine settimana di relax sulla spiaggia.

Tuttavia, la mattina di Capodanno, il presidente Biden dovette tenere una chiamata riservata con il segretario Austin, il generale C.Q. Brown, Jake Sullivan, Brett McGurk e altri per valutare l'approvazione di altri attacchi diretti in Yemen contro gli Houthi. Austin e C.Q. Brown dichiararono che l'esercito avrebbe avuto bisogno di tempo per prepararsi a un attacco di quel calibro, perciò Biden non autorizzò un intervento immediato ma volle assicurarsi che sarebbero stati condotti i preparativi necessari.

«Cosa succede se colpiamo quegli obiettivi?» chiese Biden, tempestando di domande i suoi consiglieri. «Quali saranno i danni collaterali? Che reazione possiamo aspettarci dagli Houthi? Siamo pronti per affrontare la loro reazione? I nostri sono protetti? Abbiamo sufficienti difese contro i missili? Avete tutte le risorse di cui avete bisogno?»

Il presidente chiarì immediatamente che non voleva che l'intervento militare generasse conseguenze di secondo o terzo ordine. Quella zona era già una proverbiale polveriera, e sarebbe bastata una minima scintilla ad accendere la miccia.

Preparate tutto e tenetevi pronti, si raccomandò.

Li incaricò anche di coordinarsi con i loro alleati e chiedere loro di condannare con forza gli eventi, così da dissuadere gli

Houthi dal pianificare altri attacchi. Due giorni dopo venne rilasciata una dichiarazione congiunta, sottoscritta da tredici Stati.

Gli attacchi, però, continuarono per tutto il mese di gennaio.[6] Biden disse a McGurk che, oltre alle minacce e all'uso della forza, voleva tentare la via diplomatica con gli iraniani. Il Medio Oriente andava gestito con cautela. Come di consueto, Biden voleva dimostrarsi attivo, ma non troppo attivo. Però si capiva che era impaziente e voleva smorzare quell'atmosfera da Far West.

Il messaggio per gli iraniani doveva includere tre punti fondamentali. «Non vogliamo arrivare a un conflitto su larga scala in Medio Oriente, vogliamo contenere il tutto a Gaza e non vogliamo una guerra con l'Iran» spiegò Biden a McGurk.

«Ma» aggiunse, «un grosso ma: proteggeremo i nostri cittadini e i nostri interessi.»

Spiegò a McGurk di essere chiaro con gli iraniani: «Smettetela, altrimenti...».

McGurk volò a Muscat, la capitale dell'Oman.[7] Gli Stati Uniti non comunicavano mai direttamente con gli iraniani, ma si avvalevano di intermediari, come gli omaniti. Fu un volo estenuante di oltre 11.000 chilometri.

«Dovete mettere un guinzaglio agli Houthi e fargli smettere di lanciare missili contro i mercantili» disse McGurk in un messaggio indirizzato ad Ali Bagheri Kani, il viceministro degli Esteri iraniano e capo della negoziazione per il nucleare.

A McGurk la situazione era sempre sembrata bizzarra. Vedeva gli iraniani dall'altra parte della stanza e loro vedevano lui. Ma non si parlavano direttamente, erano gli omaniti a passare i messaggi avanti e indietro. Tuttavia, era la migliore modalità di comunicazione in prima persona che gli Stati Uniti avessero per trasmettere un messaggio al leader supremo dell'Iran.

«Non siamo in grado di controllarli» risposero i rappresentanti dell'Iran. Era una risposta standard. McGurk sapeva che l'Iran aveva bloccato del tutto gli attacchi alle forze americane in Iraq, almeno temporaneamente. Quindi potevano fare altrettanto anche nel Mar Rosso. Trasmise il monito di Biden.

«Se non fermerete gli Houthi, li colpiremo direttamente» disse McGurk. «E potremmo colpire anche voi, perché vi riteniamo responsabili.»

Ma l'Iran non sembrava disposto a un compromesso.

Quella notte il presidente Biden ordinò attacchi aerei e navali sugli Houthi.[8] Vennero colpiti alcuni siti di lancio di missili e droni, magazzini di artiglieria e radar con bombe guidate ad alta precisione. Cinque alleati degli Stati Uniti – il Regno Unito, i Paesi Bassi, l'Australia, il Canada e il Bahrain – si unirono alla rappresaglia. Gli Houthi risposero con una minaccia: «Gli Stati Uniti si preparino a pagare un prezzo molto alto».

McGurk credeva che ciò dimostrasse con quanta attenzione e intelligenza Biden stesse usando le forze militari.

Una settimana dopo, l'amministrazione Biden e il Regno Unito annunciarono un pacchetto di sanzioni contro quattro dei leader massimi degli Houthi. Lo scopo di limitare le sanzioni ai singoli individui era quello di contenere il più possibile le conseguenze negative per i trentadue milioni di abitanti dello Yemen, già colpiti duramente dalla carestia e dalla guerra.

Biden voleva fare pressione e rendere le minacce efficaci, ma solo fino a un certo punto. Uno dei principi fondamentali della sua politica estera si fondava sul concetto che «le grandi potenze non bluffano». Quindi non avrebbero bluffato. E il suo scopo era evitare che la guerra dilagasse in tutta la regione.

Domenica 28 gennaio alcuni miliziani siriani e iracheni sostenuti dall'Iran attaccarono con i droni un gruppo di militari statunitensi di stanza alla Tower 22, un avamposto isolato nel deserto della Giordania nordorientale, vicino al confine con la Siria.[9] Il bilancio fu di tre caduti e oltre trenta feriti, con lesioni che variavano da tagli a seri traumi cerebrali.

«Oggi l'America è in lutto»[10] disse Biden in una dichiarazione che condannava «questo attacco spregevole e del tutto scorretto». Giurò che avrebbe presentato il conto «a tutti i responsabili nei tempi e nei modi che reputeremo adeguati».

Venerdì 2 febbraio, le forze del Central Command attaccarono ottantacinque obiettivi suddivisi tra sette siti, di cui tre in Iraq e quattro in Siria, tutti associati con il Corpo delle guardie della rivoluzione iraniano e altri gruppi miliziani. Biden non colpì in territorio iraniano.[11]

Lo speaker della Camera Mike Johnson criticò l'operato di Biden. «La morte tragica di tre soldati americani in Giordania, per mano di milizie sostenute dall'Iran, richiedeva una risposta chiara e forte»[12] sentenziò. «Purtroppo l'amministrazione ha esitato per una settimana e perso tempo a mandare messaggi in tutto il mondo, Iran incluso, su quale sarebbe stata la natura della nostra risposta. Tutto questo clamore pubblico ed eccesso di zelo diplomatico compromette la nostra capacità di porre fine, una volta per tutte, alla raffica di attacchi subiti negli ultimi mesi.

«È giunto il momento che il presidente Biden prenda atto che la sua politica accomodante verso l'Iran ha fallito» disse Johnson. «Se l'America vuole promuovere la pace, dovrà dimostrare la propria forza.»

53

L'8 gennaio, Blinken e i suoi consulenti più fidati stavano attraversando il deserto a bordo di un SUV, diretti a un incontro con il principe della corona Mohammad bin Salman presso la sua residenza reale invernale nell'antica città-oasi di Al-Ula, in Arabia Saudita.[1] Il trentottenne leader assoluto, a capo di un Paese che vanta un quinto dei giacimenti petroliferi mondiali, si trovava lì per un ritiro. Nel corso del fine settimana aveva ospitato alcuni deputati americani.

Blinken entrò in una tenda cavernosa, arredata sontuosamente con tappeti colorati e cuscini sparsi a terra. Ad accoglierli c'era un lauto pasto a base di cucina locale, tra cui hamburger di cammello, agnello e pollo.

Prima degli eventi del 7 ottobre, Biden, Sullivan e Blinken erano impegnati da mesi con i sauditi in trattative mirate a sanare i rapporti tra USA e Arabia Saudita, che avevano subito un duro colpo in seguito all'assassinio del giornalista Khashoggi.

Tra i vari progetti che avrebbero potuto cambiare le sorti del mondo c'era anche la proposta per una «normalizzazione», come era stata definita, che prevedeva legami diplomatici, economici e strategici assoluti tra Israele e Arabia Saudita. Se fossero riusciti in quell'intento, avrebbero rivoluzionato l'equilibrio di potere in Medio Oriente. L'istituzione di relazioni diplomatiche tra le due potenze mediorientali avrebbe potuto isolare ulteriormente la minaccia dell'Iran, che attualmente vantava l'esercito più grande della regione.

Tuttavia, dopo i tragici eventi del 7 ottobre e la campagna militare e i bombardamenti ininterrotti su Gaza da parte di Israele, era difficile intuire se i sauditi fossero disposti a, o persino nelle condizioni di, procedere con la normalizzazione. La popolazione saudita era in subbuglio per la devastante crisi umanitaria a Gaza.

Accomodatosi su uno dei cuscini, Blinken non perse tempo e chiese a Bin Salman: «Ha intenzione di procedere con la normalizzazione e con tutto ciò che essa richiede?».

L'accordo tra le due superpotenze mediorientali sarebbe stato una svolta per la regione, assicurando a Blinken un posto d'onore nella storia della diplomazia, pari a quello di Henry Kissinger.

«Non solo desidero procedere, ma ritengo vada fatto con urgenza» rispose Bin Salman. «Credo che dovremmo trovare un accordo entro i prossimi mesi, perché poi voi sarete in piena campagna elettorale e vi troverete con le mani legate sotto tanti aspetti.»

Blinken rimase sorpreso da quell'atteggiamento, indice di una visione strategica e della comprensione nei confronti delle priorità e delle politiche americane.

Bin Salman aggiunse: «E poi chissà cosa succederà dopo le elezioni. Quindi questo è il momento giusto, e sono pronto a farlo».

Gli Stati Uniti si stavano anche apprestando a firmare accordi con i sauditi riguardo alla cooperazione sulla difesa, l'energia nucleare per scopi civili finalizzata all'avvio dell'industria nucleare saudita, e un piano economico.[2]

«Se noi arriviamo a un accordo» chiese Blinken, «di cosa ha bisogno da parte di Israele per siglare la normalizzazione?»

«Due cose» rispose Bin Salman. «Ho bisogno che a Gaza la situazione si calmi e che la politica spiani la strada per i palestinesi, per un loro Stato.»

«Vostra altezza, a Israele è opinione diffusa che quando si parla di Stato palestinese non lo si intenda veramente, non lo si voglia davvero. Che se ne parli e basta. Quindi mi dica» incalzò Blinken, «qual è la sua risposta?»

La storia della famiglia reale saudita era tempestata di delusioni causate dalla leadership palestinese.

«Lo voglio?» replicò Bin Salman, indicandosi il cuore. «Non importa poi così tanto. Ne ho bisogno? Assolutamente sì.»

Poi continuò: «Ne ho bisogno per due motivi. Il primo è che il 70 per cento della mia popolazione è più giovane di me.

«Prima del 7 ottobre nessuno prestava attenzione alla Palestina e al conflitto israelo-palestinese. Da quel giorno non pensano ad altro» spiegò. «E ci sono anche altri Paesi nel mondo arabo, nel mondo musulmano, a cui importa molto che io non tradisca la mia gente.»

Milioni di musulmani da tutto il mondo si recano ogni anno in Arabia Saudita per lo Hajj, il pellegrinaggio alla Mecca, dove nacque il profeta Maometto.

Blinken sapeva che Bin Salman si considerava il leader del mondo musulmano nel senso più ampio: il mondo arabo.

«Non tradirò i miei giovani o il mondo arabo o musulmano» ribadì Bin Salman.

«Posso riferirlo a Bibi?» chiese Blinken. La sua destinazione successiva era Israele.

«Sì» rispose Bin Salman.

«Parola per parola?»

«Parola per parola.»

Una volta raggiunto Israele, il 9 gennaio, Blinken incontrò da solo il primo ministro Netanyahu nel suo piccolo ufficio spoglio dalle pareti bianche e il pavimento in legno. Erano seduti talmente vicini che le loro ginocchia quasi si toccavano. Bibi su una sedia, Blinken su un divano. Netanyahu era stato ripreso e fotografato diverse volte in quell'ufficio.

Aveva l'aria stanca e smunta. Blinken, a sua volta affaticato dal viaggio, non perse tempo e riprese a martellare il suo interlocutore, lamentando l'inadeguatezza degli aiuti umanitari a Gaza. Netanyahu ribatté che avevano preso dei provvedimenti. Bibi non cambia mai, pensò Blinken con un moto di frustrazione.

Israele aveva sì preso qualche piccolo provvedimento a favore degli aiuti umanitari, ma controvoglia e a denti stretti.

La frontiera a Kerem Shalom, nel Sud di Israele, era stata finalmente aperta. Israele aveva acconsentito a garantire una fornitura quotidiana minima di carburante. Con riluttanza avevano permesso alla farina donata dai turchi, che era rimasta bloccata al porto mercantile israeliano di Ashdod, a sud di Tel Aviv, di essere trasferita a Gaza. Avevano anche accettato di far entrare un carico di farina statunitense. Ma era tutto solo in linea di principio.

«Non si sta procedendo con la velocità e l'efficienza necessarie» disse Blinken. Poi affrontò la questione dell'enorme prezzo pagato dai civili. Israele aveva iniziato a condurre operazioni militari a Khan Yunis, la seconda città di Gaza.

«Quando finirà tutto questo? Quando terminerete le operazioni?» incalzò Blinken. «Perché ci stiamo addentrando in una brutta palude.»

Bibi si mise immediatamente sulla difensiva.

«Mi ascolti, devo riferirle quanto mi ha detto Bin Salman, il principe ereditario in persona» abbozzò Blinken cambiando discorso. Netanyahu drizzò subito le antenne, e si sporse verso di lui.

«Vuole procedere con la normalizzazione» spiegò Blinken, «e anche con una certa urgenza, ma richiede due cose. Che le acque si calmino a Gaza e di aprire i negoziati per un percorso palestinese.»

Bibi si agitò. «Voglio procedere anch'io» chiarì immediatamente. «Cosa immagina che intenda con calmare le acque a Gaza?»

«Be', posso riferirle quello che mi ha detto lui: niente militari israeliani sul campo» rispose Blinken. «Gli ho detto che forse così l'asticella è troppo alta.»

«Ci possiamo lavorare» replicò Bibi, senza sembrare infastidito. Poi fece una pausa. «Un percorso palestinese. Cosa significa?» Per tutta la sua carriera politica Bibi era stato fermamente contrario a uno Stato palestinese indipendente.

«Che la cosa dev'essere credibile. Non si potrà cambiare idea. Dev'essere qualcosa a cui la gente possa credere davvero» rispose Blinken. «Comprendiamo che ci dovranno essere determinate condizioni che vi diano garanzie sulla vostra sicurezza. Ma dev'essere un percorso chiaro e irreversibile.»

Bibi disse: «Be', ascolti, credo che possiamo fare qualcosa. Possiamo davvero fare qualcosa. Dovremo formulare il tutto in modo creativo».

«No, no, no, non ha capito bene» lo interruppe Blinken. «Non può... Si dimentichi la creatività. Dev'essere reale. Se si mette a fare il parolaio, nessuno crederà che lei non troverà un escamotage per sottrarsi a quanto ha messo nero su bianco. Non va bene.»

«No, no, ci lavoreremo» lo rassicurò Bibi.

Poi Netanyahu invitò Blinken alla riunione del suo Gabinetto di sicurezza, dove gli israeliani erano impegnati a predisporre la fase successiva dei loro piani militari.

«La risoluzione è ben lontana, è chiaro» pensò Blinken con preoccupazione esaminando i preparativi.

Alla fine della riunione, mentre tutti stavano uscendo, Blinken afferrò Netanyahu per il braccio e chiese: «Può dedicarmi ancora un minuto?».

«Certamente» rispose Bibi.

«Nel suo ufficio mi ha assicurato di voler raggiungere l'accordo di normalizzazione e mi ha chiesto di cosa ci fosse bisogno, ma quello che ho appena ascoltato non collima» disse Blinken. «Così non funziona.»

«Mi lasci del tempo per lavorarci su» ripeté Bibi.

Una volta a bordo dell'aereo verso casa, Bliken chiamò Biden. «Signor presidente, ho sentito molte cose interessanti durante questo viaggio» gli disse, poi passò ad aggiornarlo sulla situazione tragica a Gaza e a elencargli tutte le sue nuove preoccupazioni, oltre a riportargli il contenuto dei colloqui con Bin Salman e Netanyahu.

«D'accordo, vediamoci il prima possibile non appena rientri» disse Biden.

54

Il 14 gennaio, Sullivan e Blinken raggiunsero Biden a Camp David, dove pranzarono assieme. Al tavolo c'erano solo loro. Fuori c'era la neve ed era una giornata splendida anche se fredda.

Blinken riportò in dettaglio la sua conversazione con Bin Salman relativa all'accordo di normalizzazione tra Israele e Arabia Saudita e la reazione di Netanyahu.

«Se posso esprimere le mie sensazioni» esordì Blinken a proposito della sua chiacchierata con Bibi, «al momento l'eredità del primo ministro è il 7 ottobre, e non è certo quello che vuole. Forse al momento crede di poter ottenere una sorta di vittoria su Hamas, ma credo si tratterà comunque di una conquista molto effimera. Se invece riuscisse a concludere la normalizzazione con l'Arabia Saudita...»

Quella sì che sarebbe stata un'eredità positiva. Da tempo Netanyahu affermava che fare la pace con i suoi vicini in Medio Oriente avrebbe portato sicurezza a Israele.

«È praticamente il sacro Graal» osservò Blinken. «È quello che Israele desidera sin dall'inizio: relazioni normali con i suoi vicini.»

«Oh, ma dai, è impossibile che riesca a fare il necessario proprio ora, no?» lo pungolò Biden. «A me pare impossibile.»

Il rilevatore di cazzate di Biden si era acceso.

Dai sondaggi in Israele dal 7 ottobre in poi emergeva che il 65 per cento degli abitanti era contrario a una soluzione di separazione dei due Stati, un ribaltamento totale rispetto al 2012, quando invece il 61 per cento la sosteneva.[1]

«Signore, è improbabile, ha ragione, ma non impossibile. Bibi è sballottato a destra e a sinistra, ma mi è parso chiaro che una parte di lui vorrebbe farlo» disse Blinken. «Anzi, le dirò di più, vuole farlo.»

«D'accordo, allora sosteniamoli verso questa normalizzazione» disse Biden. «Vediamo se riusciamo a concludere i nostri accordi con i sauditi e portare questo discorso al punto da farlo diventare una decisione reale per Netanyahu, non solo un'ipotesi.

«Forse diventerà la leva che ci serve» aggiunse Biden. Ribadì il suo scetticismo sulla capacità di Israele e Netanyahu di procedere con l'accordo, ma era disposto a testare l'idea.

Sullivan e Blinken erano d'accordo.

Ora dovevano affrontare la sfida di far approvare al Congresso parte del trattato degli Stati Uniti con l'Arabia Saudita. Il primo accordo, il patto di cooperazione in materia di difesa, era più limitato rispetto all'articolo 5 della NATO, ma simile agli accordi di difesa stipulati con Giappone, Australia e Corea del Sud. Prevedeva che, se l'Arabia Saudita fosse stata attaccata, gli Stati Uniti sarebbero intervenuti in sua difesa.

Blinken si ricordava che, all'inizio del mandato, Biden gli aveva detto: «Tutte le amministrazioni si ritrovano ad affrontare una crisi in Medio Oriente». Quando erano scoppiati i primi scontri a Gaza nel 2021, durati undici giorni, Blinken era andato da Biden e gli aveva detto che ormai avevano spuntato la casella.

Biden si era messo a ridere e aveva risposto: «Le ultime parole famose, no?».

Tre settimane più tardi Blinken era di nuovo in Israele e si ritrovò a fare una telefonata piuttosto preoccupata al presidente Biden. Il Gabinetto di guerra israeliano si era appena riunito per riesaminare il loro piano per entrare a Rafah, nel Sud di Gaza, dove gli ultimi reparti di Hamas si erano nascosti tra i civili.

C'erano circa 1,4 milioni di abitanti a Rafah, e la maggior parte viveva in condizioni estreme, in tende di fortuna con fogne a cielo aperto, nient'altro che rifugiati, costretti in quel luogo dalle operazioni militari di Israele nel Nord. Adesso dove sarebbero andati?

«Gli israeliani non hanno condiviso con noi un piano su quali siano le loro intenzioni con quei civili» disse Blinken. «Prevedo un disastro. Dobbiamo pretendere un piano.» Parlava così velocemente da mangiarsi le parole: era evidente che era preoccupato e scosso.

Poi aggiunse: «In coscienza, non posso appoggiare una cosa del genere senza un piano».

«Intanto di' agli israeliani che vogliamo vedere un piano» replicò Biden. «Ne possiamo parlare quando rientri» lo rassicurò.

Biden telefonò a Netanyahu l'11 febbraio, per la prima volta in tre settimane a causa di tutte le loro divergenze. Più volte, davanti ai giornalisti, Biden aveva minimizzato la sua frustrazione nei confronti di Netanyahu. A dicembre aveva condiviso una frase scritta su una vecchia foto di lui e Netanyahu: «Bibi, ti voglio bene, ma non sono d'accordo neanche su una delle cose che dici».[2]

«Anche oggi è così» aveva commentato Biden.

Ora dichiarò pubblicamente che aveva detto a Netanyahu che voleva un piano chiaro, credibile e realizzabile per proteggere i civili.[3] Senza di esso gli Stati Uniti non avrebbero appoggiato l'operazione a Rafah.

Il 14 febbraio, il giorno di san Valentino, Blinken pranzò da solo insieme al presidente in una sala privata accanto allo Studio Ovale.

A Rafah si prospettava una catastrofe civile. «Signor presidente, come ci siamo già detti, gli israeliani non hanno elaborato alcun piano per allontanare i civili da Rafah» disse Blinken. Quelle persone non avevano un posto in cui andare.

Gli israeliani avevano assicurato a Blinken che avrebbero spostato i civili ad Al Mawasi, una località balneare sulla costa. «Ma la zona è già satura. Ci sono già 250.000 persone, e non ci sono sufficienti aiuti umanitari per loro.

«I conti non tornano» aggiunse. «Non c'è posto dove metterli, e tantomeno risorse per assisterli.»

Poi continuò: «Anche se gli israeliani presentassero un piano per allontanare i civili dal pericolo, a Rafah ci sono un milione e mezzo di persone. Non possono spostarli tutti.

«Credo che almeno mezzo milione resterà a Rafah» concluse Blinken.

Biden annuì. Conosceva abbastanza bene il modus operandi dei soldati israeliani da sapere che non si sarebbero fatti scrupoli con i civili.

«Se ci basiamo su quello che abbiamo già visto, possiamo prevedere oltre mille vittime tra bambini, donne e altri» disse Blinken. «Non possiamo essere coinvolti in una cosa del genere.»

Era una situazione spinosa per gli Stati Uniti e il presidente. Biden era frustrato. La sua pazienza nei confronti di Netanyahu si stava esaurendo.

Stando a quanto affermava Israele, ad Hamas erano rimasti quattro battaglioni che loro intendevano annientare.

Biden disse che le forze di difesa israeliane erano «sopravvalutate».

«Anche se riuscissero ad annientare questi battaglioni superstiti» aggiunse Blinken, «stando alle nostre stime ad Hamas rimarrebbero circa 10.000 uomini armati che non sono stati uccisi o feriti al punto da non poter scendere in battaglia.»

Inoltre, le forze di difesa israeliane avevano condiviso con Blinken di aver stimato circa centotrenta affiliati di Hamas. Individui non armati. Non attivi nel terrorismo, ma pronti a partecipare, all'occorrenza. E poi c'erano altri, in particolare i giovani, che si erano radicalizzati in seguito agli eventi degli ultimi mesi, persone i cui parenti erano rimasti uccisi nel corso delle operazioni militari israeliane.

«In pratica gli israeliani stanno per scatenare un'insurrezione che li perseguiterà per molto tempo» sentenziò Blinken.

«Ascolta» disse Biden, «sai che ho dedicato tutta la mia carriera a cercare di garantire la sicurezza di Israele.» Dalla piega che stavano prendendo le cose, la sicurezza di Israele era in serio pericolo. «Ma non possiamo tollerare questa strage di civili. Dobbiamo cercare di dissuaderli.

«Sono pronto a tracciare una linea netta» aggiunse Biden. «Supponiamo che questa linea sia Rafah.» Ma Biden non si fidava di Netanyahu. E se l'avessero fatto comunque? Cosa sarebbe accaduto?

Blinken intervenne: «Possiamo prendere in considerazione tre modalità di intervento. Uno, dissociarci pubblicamente. Due, coinvolgere le Nazioni Unite». Finora gli Stati Uniti avevano ignorato gli inviti a un cessate il fuoco da parte delle Nazioni Unite, a meno che non fossero legati alla liberazione di ostaggi, ma era una presa di posizione che poteva essere modificata. «Tre, sospendere l'assistenza militare a Israele per tutto ciò che riguarda Gaza.»

Biden però fu chiaro: «Non ridurrò o sospenderò gli aiuti per la difesa a Israele, che sia l'Iron Dome o qualsiasi altra cosa usino per difendersi. Non possiamo privarli di questo deterrente contro l'Iran ed Hezbollah».

Il presidente riteneva che se il sostegno degli USA a Israele avesse cominciato a traballare l'Iran e i suoi agenti, in particolare Hezbollah nel Nord, avrebbero colto l'occasione per infiammare ulteriormente il conflitto a Gaza aprendo un altro fronte nella guerra.

Il sostegno dell'opinione pubblica negli Stati Uniti riguardo le operazioni militari israeliane a Gaza, un tempo solido e diffuso, era crollato. I notiziari mostravano quotidianamente immagini della devastazione in Palestina, di bambini uccisi o feriti, di famiglie senza cibo e acqua, di tendopoli e città ridotte a macerie.

Gli aiuti militari ininterrotti di Biden a Israele, a dispetto del crescente numero di vittime civili a Gaza e della mancanza di assistenza umanitaria, avevano scatenato il malcontento tra i democratici, i sindacati e nei campus universitari degli Stati Uniti.

«Però sono d'accordo» disse Biden a Blinken, «se non aggiustano il tiro su questa faccenda, dovremo cercare di capire se possiamo interrompere l'assistenza militare che sappiamo essere impiegata a Gaza.»

Nei college di tutto il Paese si era diffusa un'ondata di proteste studentesche in merito al peggioramento della situazione umanitaria a Gaza. Quanto più gli amministratori dei college tentavano di stroncare le manifestazioni e occupazioni pro-Palestina, tanto più quelle si infiammavano, raccogliendo anche la partecipazione dei docenti e di cittadini comuni. Alla Columbia University l'ateneo si era trovato costretto a chiamare la polizia per far sgomberare una grossa protesta studentesca:[4] non accadeva dai tempi della guerra in Vietnam. Circa cento persone erano state arrestate.

Alcuni repubblicani avevano cominciato a definire le proteste universitarie come «focolai di antisemitismo».[5] Perlopiù si trattava di un gran calderone di messaggi e idee, il cui scopo principale, però, era far cessare le operazioni militari di Israele a Gaza.

Il 15 febbraio Biden telefonò a Netanyahu.

«Vi abbiamo già comunicato che non avremmo appoggiato un'operazione priva di un piano di aiuto ai civili»[6] disse Biden.

«Non vedo come possiate farlo. I conti non tornano. Non sappiamo dove porterete i civili né tantomeno come li assisterete» rincarò Biden. «E anche se ci riusciste, non abbiamo garanzie che non arrecherete danni terribili ai civili che rimangono a Rafah.

«Infine» concluse Biden, «questa operazione non porta a nulla, perché vi ritroverete con un grosso problema a lungo termine.»

Nel frattempo, Blinken e McGurk avevano iniziato a fare pressione sugli israeliani per un cessate il fuoco. Si trovavano di fronte a un dilemma. «Abbiamo sperimentato che il modo più rapido per indurre un cortocircuito negli eventi a Gaza è stato l'accordo di cessate il fuoco per far uscire gli ostaggi» disse Blinken. «Se riuscissimo a replicarlo, otterremmo una pausa di almeno sei settimane, con l'opportunità di estenderla.»

Invece di entrare a cannonate a Rafah, Israele avrebbe potuto collaborare con gli egiziani per controllare il confine in modo da impedire l'accesso ai rifornimenti di Hamas, soffocandola.

Blinken recapitò il messaggio del presidente Biden a Bibi: «Non vi appoggeremo in un'operazione violenta a Rafah».

Stai correndo a testa bassa verso un futuro in cui Hamas rimarrà a Gaza, mantenendone il controllo, il che è inaccettabile anche per gli Stati Uniti; oppure Israele dovrà mantenere l'occupazione, ritrovandosi a fronteggiare un'insurrezione; oppure non resterà nulla, solo l'anarchia. Questo diceva il messaggio.

«Be', hai ragione» concordò Bibi. «Resteremmo impantanati in questa situazione per decenni.»

«E questo di certo non giova a Israele» osservò Blinken. Gli arabi continuavano a insistere che doveva esserci un'alternativa politica ad Hamas, e Blinken era d'accordo con loro. Doveva nascere una leadership palestinese.

«A nostro giudizio, devono essere i palestinesi e l'Autorità nazionale palestinese» disse Blinken a Bibi.

«Riteniamo che è qui che dovete arrivare. Forse non sarà possibile in un colpo solo» aggiunse. «L'Egitto e gli Emirati hanno espresso un interesse concreto a formare una forza di sicurezza che favorirebbe un passaggio all'autorità palestinese. Saremmo noi a formare l'autorità palestinese.»

A Netanyahu piaceva l'idea di coinvolgere gli arabi. Quello che invece non gli piaceva era l'Autorità nazionale palestinese.

«Mi ascolti» lo ammonì Blinken, «la sua posizione è in pericolo. Potrebbe non accorgersene prima che sia troppo tardi. Ma sta perdendo l'appoggio dei suoi ultimi sostenitori, e per quanto riguarda Germania e Regno Unito – vale a dire i Paesi che si sono dimostrati più solidali verso Israele –, be', posso dirle, dalle mie conversazioni con i loro ministri degli Esteri, che la misura è piena. Forse non se n'è accorto, ma deve saperlo.»

Netanyahu però continuò a non voler scartare l'idea di un'operazione militare a Rafah.

Era ovvio che Blinken non aveva alcuna influenza su di lui.

Allora Blinken telefonò a Biden. «Chiamerò io Bibi» disse il presidente.

«Ho delle idee su come risolvere la faccenda di Rafah in un modo alternativo» disse Biden a Bibi. «Possiamo occuparci del vostro problema principale – Hamas – in un altro modo, e qui deve ascoltarmi, perché non abbiamo intenzione di, anzi non possiamo, appoggiare un'operazione militare a Rafah» continuò. «Non abbiamo ancora visto un piano per portare via i civili.»

Netanyahu acconsentì a mandare dei rappresentanti israeliani a Washington, ma staccò la spina in seguito all'astensione degli Stati Uniti da una risoluzione del Consiglio di sicurezza dell'ONU sul cessate il fuoco.

Per Bibi era un tradimento.

«È un tipo problematico» disse Blinken a proposito di Netanyahu. «Ma per quanto forte sia la tentazione di dare la colpa a Bibi, o a Smotrich o a Ben-Gvir, gli estremisti del suo Gabinetto, la dura realtà è che la maggior parte di quello che esce da Israele ormai riflette l'opinione della stragrande maggioranza del suo popolo.»

Il 16 febbraio 2024, in un'isolata colonia penale nota come «Polar Wolf» nel Circolo Polare Artico, il leader dell'opposizione di Putin nonché suo critico più aspro, Aleksej Naval'nyj, fu dichiarato morto all'età di 47 anni.[7] Le cause non erano chiare.

«Non c'è dubbio che dietro la morte di Naval'nyj ci sia lo zampino di Putin»[8] dichiarò il presidente Biden. «Quello che gli è successo è una prova ulteriore della crudeltà di Putin.»

Era un chiaro avvertimento a chiunque si opponesse al regime in Russia.

55

Il 10 marzo 2024, il tenente generale in pensione Keith Kellogg alzò la cornetta. Era Trump che chiamava dopo il Super Tuesday, il giorno in cui il maggior numero di Stati americani va al voto per le primarie del Partito democratico e repubblicano. Kellogg si vantava ancora di essere l'unico tra i cinque consiglieri esperti di Trump a non aver perso il posto durante la sua presidenza.

«Preparati all'inizio della vera campagna elettorale» disse Trump. Era di buon umore. «Pronti a partire!» I risultati del Super Tuesday erano stati quelli previsti. Adesso era quasi certo che le elezioni di novembre 2024 avrebbero visto una nuova competizione tra Trump e Biden. Trump aveva ottenuto 2231 delegati, e gliene servivano soltanto 1215 per garantirsi la nomination repubblicana.

Kellogg raccontava a tutti di sostenere la campagna 2024 di Trump «al cento per cento». Per lui si trattava di una scelta binaria fra le politiche di Biden e quelle di Trump.

«Il confine sud, quello è il numero uno» sosteneva Kellogg. «Penso che abbiamo un esercito a pezzi, e questo è il numero due. Poi bisogna pensare ai conflitti regionali, l'Europa contro la Russia. E al Medio Oriente e all'Estremo Oriente.

«Sono a fianco di Donald J. Trump con convinzione, con la massima convinzione» ribadiva Kellogg. «E sono anche molto, molto preoccupato per le attuali politiche di Joe Biden.

«Le politiche di Trump sono ottime, perché il fatto è che conosco bene il tipo» aggiungeva Kellogg. «E Joe, nonostante tutta la sua esperienza, l'esperienza di Joe Biden in fatto di sicurezza nazionale, semplicemente non ci arriva.»

Kellogg sosteneva spesso che lontano dai riflettori Trump era una persona completamente diversa. Era capace di ascoltare gli altri e voleva realmente sentire tutte le opinioni dei collaboratori.

«Quando si chiudeva la porta dello Studio Ovale» diceva Kellogg, «ci sedevamo là, e il termine che userei oggi è BOGSAT, ossia un gruppo di persone che scherzano sedute intorno a un tavolo.»

Durante un acceso meeting del National Security Council nella Situation Room a proposito dell'Afghanistan, ricordava Kellogg, Trump si era interrotto e aveva fatto il giro del tavolo per chiedere l'opinione di tutti.

«Ok, tu cosa ne pensi?» aveva chiesto alla donna due sedie più in là di Kellogg.

«Signor presidente, io sono qui solo per prendere appunti.»

«Oh, no» disse Trump, «se sei qui dentro puoi parlare.»

Così la donna aveva brevemente esposto la sua opinione.

Trump dava l'impressione di divertirsi a mettere in difficoltà i suoi consiglieri. «Ti diceva in modo franco: su questo argomento io la penso così. Per cui dovevi controbattere seriamente le sue ragioni o passare dalla sua» raccontava Kellogg.

«E ho visto un sacco di gente messa sotto pressione crollare» aggiungeva. «Intendo letteralmente crollare.

«C'erano altre volte in cui me ne stavo seduto là e lui diceva: be', preparate i popcorn, perché questo sarà proprio un bel litigio furioso. Era molto divertente.»

Quand'era presidente, Trump spesso prendeva le decisioni in un attimo. «Non era il tipo da riparliamone domani, riparliamone tra una settimana, riparliamone fra tre mesi» raccontava Kellogg.

Quando nel 2018 aveva deciso di spostare l'ambasciata americana in Israele da Tel Aviv a Gerusalemme, nella Situation Room gli dissero che quello avrebbe potuto scatenare una terza intifada.

«Be', correremo il rischio» disse Trump alzando le spalle, e ordinò lo spostamento, sollevando un polverone nella stampa ma nessuna terza intifada in Israele.

Era il linguaggio svilente e aggressivo di Trump a creare problemi ad alcuni elettori,[1] pensava Kellogg. Per esempio, Trump aveva più volte chiamato la rivale repubblicana Nikki Haley «cervello di gallina», e i suoi sostenitori avevano lasciato una gabbietta e dei semi davanti alla stanza d'hotel della donna.

Adesso era molto cambiato, secondo Kellogg. «La sua mente oggi è serena.» Ora vedeva che la possibilità di un secondo mandato era alla sua portata ed era pronto alla competizione.

Anche il metodo di Trump per selezionare i ministri e prendere le decisioni stavolta sarebbe stato piuttosto diverso, sosteneva Kellogg.

«In giro non si trova alcun libro intitolato *Presidents for Dummies*» disse. «Impari il mestiere mentre lo stai facendo, e pensi: "Ok, allora è questa la strada giusta".»

Riferendosi al 2017, aggiunse: «L'ultima volta è partito lento. Non eravamo pronti a governare perché erano tutti nuovi».

Adesso sia Trump sia Biden avevano alle spalle quattro anni di Casa Bianca, e sapevano quali sono le prerogative di un presidente.

«Questa sarà la campagna presidenziale più lunga della storia del Paese» disse Kellogg, ma era convinto che Trump fosse pronto alla prolungata competizione politica del 2024.

A marzo, al telefono con Trump, avevano toccato un mucchio di argomenti. «Nel giro di 45 secondi avevamo parlato un po' di tutto» raccontò Kellogg. La conversazione alla fine era caduta su Israele.

Kellogg era appena tornato da Tel Aviv.[2] Aggiornò Trump sui suoi incontri con Ron Dermer, il consigliere e braccio destro di Netanyahu, e con il ministro della Difesa Yoav Gallant. Kellogg si era anche visto in segreto con Netanyahu.

Qual era lo stato d'animo di Bibi?, chiese Trump a Kellogg.

«Netanyahu è un leader di guerra» rispose Kellogg. «Viene dalle operazioni speciali e dall'esercito israeliano.» È un tipo che capisce la guerra.

Netanyahu aveva prestato servizio nel Sayeret Matkal, un'unità di truppe speciali d'élite dell'esercito israeliano che compiva missioni di ricognizione clandestine. In seguito aveva combattuto nella guerra dello Yom Kippur del 1973 ed era stato promosso al grado di capitano della riserva dell'IDF.

Kellogg disse di ritenere che in pubblico Biden fosse troppo critico nei riguardi Netanyahu. «Biden e Netanyahu non vanno d'accordo quasi su nulla» aggiunse. «Mi rendo conto che nella nostra amministrazione, quando tu eri presidente, ci sono stati momenti in cui hai avuto qualche frizione con Netanyahu mentre preparavate gli accordi di Abramo. Ma era molto più vicino a te di quanto non lo sia a Biden.

«Se oggi la gente pensa che serva la soluzione dei due Stati, si sbaglia» disse. «Non avverrà nel prossimo mandato, e non avverrà a causa dell'animosità che in questo momento c'è tra la popolazione ebrea.»

Raccontò a Trump della sua visita ad alcuni dei kibbutz attaccati da Hamas il 7 ottobre. Aveva incontrato una donna israeliana che gli aveva detto che non si sarebbe mai più fidata dei palestinesi, perché aveva riconosciuto alcuni degli aggressori che avevano attraversato il confine. Diceva che avevano lavorato nel suo kibbutz.

Nei cinque mesi successivi al 7 ottobre, nessun palestinese era stato autorizzato a tornare al lavoro in Israele.

Gli israeliani vedevano la questione in termini quasi biblici, disse Kellogg, come una lotta per la sopravvivenza.

«Se non capisci questo, non capisci cosa sta succedendo laggiù. E quest'amministrazione non lo capisce» disse riferendosi a Biden.

Kellogg criticò anche Biden per le pressioni che stava facendo su Israele per spingerli a dichiarare il cessate il fuoco.

«Non saranno mai d'accordo sul cessate il fuoco» disse al telefono, ridendo, riferendosi agli israeliani. Dermer gli aveva riferito la stessa cosa nell'incontro riservato di un'ora a mezzo. «Andranno a Rafah e la faranno finita con le brigate di Hamas.»

«Vogliono eliminare Hamas» disse Kellogg. «E intendo proprio *eliminarla* – tutta la dirigenza di Hamas.»

Kellogg disse che Biden non sosteneva a sufficienza Netanyahu. «L'assistenza umanitaria non può essere il primo obiettivo» disse Kellogg. «Il primo obiettivo dovrebbe essere l'eliminazione di Hamas come unità di combattimento.»

Trump rimase in silenzio all'altro capo della linea. Aveva criticato la gestione di Hamas da parte di Netanyahu e le immagini delle operazioni militari israeliane a Gaza.

«Penso che Israele abbia fatto un errore enorme»[3] aveva detto Trump in un'intervista con i media israeliani a Mar-a-Lago. «Volevo chiamarli e dirgli di non farlo. Cioè, quelle immagini delle bombe sganciate sugli edifici a Gaza. E mi son detto, oh, che immagini terribili. È un immagine terribile per il mondo... Penso che Israele volesse mostrare che è tosto, ma a volte queste cose non si dovrebbero fare.»

Kellogg disse che avrebbe stilato un rapporto con le sue principali conclusioni. Primo, dobbiamo sostenere lo Stato di Israele e l'amministrazione di Bibi Netanyahu. Secondo, dobbiamo capire che la soluzione dei due Stati non ci sarà. Non è fattibile. Terzo, Israele concederà un cessate il fuoco, ma sarà un cessate il fuoco breve per cercare di liberare gli ostaggi. Quarto, questa è una guerra. Vedremo delle scene poco gradevoli. Dobbiamo accettarle. Quinto, la situazione verrà risolta dagli Stati Uniti e dai sauditi.

«Il Medio Oriente è a pezzi» disse Kellogg. «È profondamente diviso e tu dovrai cercare di riportarlo in equilibrio. Puoi farlo grazie alla tua abilità di parlare alla gente.»

Kellogg aveva inviato a Trump una copia del rapporto di quattro pagine. Sapeva che per Trump era troppo lungo.

«Se hai a che fare con Donald J. Trump, quello è un memo piuttosto lungo» disse Kellogg. «Devi cercare di concentrare tutto in una pagina.»

Alcuni ex ministri di Trump stavano facendo il giro delle varie ambasciate a Washington per comunicare che la nuova amministrazione Trump avrebbe avuto un atteggiamento amichevole e accomodante con il loro Paese.

L'ex consigliere per la sicurezza nazionale Robert O'Brien e l'ex direttore della CIA e segretario di Stato Mike Pompeo avevano fatto visita a Hyundong Cho, l'ambasciatore sudcoreano negli Stati Uniti.

Sostennero che questa volta Trump sarebbe stato più ragionevole e prevedibile.

Difesero la natura «essenziale» del rapporto di Trump con i singoli Paesi. Per esempio, dissero che Trump si rendeva conto che le relazioni tra la Corea del Sud e gli Stati Uniti erano importanti per la sicurezza reciproca, perché le due nazioni dovevano affrontare molti problemi comuni.

L'ambasciatore Cho commentò: «O'Brien probabilmente è sulla lista come prossimo segretario di Stato, nel caso Trump venga eletto».

Koji Tomita, ambasciatore giapponese negli Stati Uniti, pensava che Trump avesse corteggiato i precedenti leader giapponesi giocando a golf con uno di loro e condividendo informazioni sugli enormi investimenti del Giappone in «modo molto astuto».

«Da parecchi anni il Giappone è il maggior investitore straniero negli Stati Uniti» disse.

Cosa che naturalmente aveva fatto accendere una lampadina nella testa di Trump.

I titolari delle alte cariche governative durante il mandato di Trump erano impegnati a seminare e intessere relazioni. Stavano costruendo una nuova rete di rapporti.

56

«Dai, telefoniamo a Trump» disse il senatore repubblicano Lindsey Graham al principe ereditario Mohammad bin Salman durante una visita in Arabia Saudita. Graham, che dopo il 7 ottobre era volato cinque volte in Medio Oriente, cercava di tenere vivi i negoziati per la normalizzazione dei rapporti tra Israele e Arabia Saudita, un obiettivo ambizioso e quasi impossibile.

Bin Salman, il potentissimo trentottenne che governava di fatto la monarchia petrolifera, chiamò uno dei suoi assistenti, che arrivò con una borsa contenente una cinquantina di telefoni con scheda prepagata. L'uomo frugò nella borsa e ne estrasse uno con su scritto TRUMP 45.

«Ehi, sono qui con Lindsey» disse poco dopo Bin Salman a Trump in un tono allegro. «Come va?»

Il principe poi mise il telefono in vivavoce in modo che anche Graham potesse sentire Trump.

«Lindsey è fenomenale» disse Trump. «È il tuo peggior problema, ha cercato di convincermi a rovesciarti!»

Scoppiarono in una risata.

«Certo» disse Graham al telefono. «Aveva ragione lei [su Bin Salman], mi sbagliavo io.» I suoi rapporti con Bin Salman si erano guastati dopo il raccapricciante assassinio e smembramento del giornalista e collaboratore del «Washington Post» Jamal Khashoggi nel 2018.[1] La CIA aveva concluso che l'assassinio era stato ordinato dal principe ereditario. All'epoca Graham l'aveva definito un «pazzo omicida» e aveva evocato un possibile «tsunami bipartisan» contro il suo Paese. «In Arabia Saudita non succede niente senza che Bin Salman lo sappia» disse Graham a «Fox & Friends» nell'ottobre 2018. «Finché quell'individuo sarà al potere non tornerò in Arabia Saudita. Quel tizio è una palla da demolizione.»

Adesso Graham si considerava un ottimo amico del principe ereditario.

In uno dei suoi viaggi precedenti in quelle terre, durante un altro incontro con Bin Salman, Graham gli aveva chiesto di mettersi in contatto con Jake Sullivan, in modo da aggiornare entrambi sulla conversazione che aveva avuto con Netanyahu. Il principe ereditario aveva tirato fuori un telefono prepagato, stavolta con la scritta JAKE SULLIVAN.

«Ehi, sono qui con Lindsey» aveva detto al telefono a Sullivan.

«Con Lindsey dove?» aveva chiesto Sullivan stupito.

«In Arabia Saudita» aveva risposto Bin Salman. «Lui [Lindsey] è appena tornato da Israele.»

Dopo la telefonata con Trump, il senatore Graham perorò con Bin Salman la causa dei colloqui per la normalizzazione dei rapporti con Israele.

«Se vuoi riconoscere Israele, devi farlo sotto la supervisione di Biden» disse Graham. «Non succederà mai che i democratici votino un accordo di difesa che prevede di scendere in guerra a fianco dell'Arabia Saudita presentato da Donald Trump.»

La carota che gli Stati Uniti continuavano a sbandierare davanti al principe saudita era il prospetto di un importante accordo di cooperazione militare difensiva bilaterale con gli Stati Uniti. Ciò significava che se l'Arabia Saudita fosse stata attaccata, gli Stati Uniti sarebbero accorsi in suo aiuto.

«È un accordo importantissimo» ricordò Graham a Bin Salman. «È una polizza d'assicurazione contro l'Iran. Uno scacco matto all'Iran.»

Bin Salman parlò della rabbia nelle strade del suo Paese per la situazione a Gaza. Era impossibile firmare il trattato con Israele a meno che non ci fosse un impegno concreto a procedere verso uno Stato palestinese in un certo arco di tempo. Ma dopo il 7 ottobre, Graham sapeva che Netanyahu e la società israeliana si erano ancora più irrigiditi contro l'idea di una soluzione a due Stati.

Il principe ereditario disse che aveva ancora intenzione di arricchire uranio in Arabia Saudita, per diversificare il settore energetico e includervi anche l'energia nucleare.

«Be', quel passo sarebbe difficile, perché la gente ha paura che voi fabbrichiate una bomba» disse Graham.

«Non ho bisogno dell'uranio per fare una bomba» disse Bin Salman. «Posso benissimo comprarla direttamente dal Pakistan.»

Il Pakistan era uno dei nove Paesi dotati di armi nucleari.

Mesi prima dell'attacco del 7 ottobre, Graham aveva aggiornato il presidente Biden nello Studio Ovale riguardo ai suoi colloqui con sauditi e israeliani. Erano presenti anche Sullivan e Blinken.

«Signor presidente, ecco cos'ho detto a Bin Salman» spiegò Graham. «Gli ho detto che penso che la normalizzazione con Israele sia possibile. Che l'avrei sostenuta sotto la sua supervisione, signor presidente.»

«Sto cercando di aiutare Blinken e Sullivan» aggiunse. «Ho detto a Bin Salman: se riconoscete Israele, avrete quarantacinque voti dei repubblicani negli Stati Uniti per l'accordo sulla difesa. Trump non metterà i bastoni tra le ruote.

«I democratici *non* voterebbero quell'accordo se lo presentasse Trump, perché odiano Bibi e odiano Trump» disse Graham. «I repubblicani voterebbero per l'accordo di difesa con l'Arabia Saudita se Israele ci incoraggiasse a farlo. Possiamo ottenere quarantacinque voti repubblicani» ripeté. «Lei deve ottenere il resto dal suo partito.»

«Posso farlo» disse Biden.

«Sentite» insisté Graham, «quel tizio vuole l'accordo perché così finisce sotto il nostro ombrello nucleare e non deve preoccuparsi di costruire un mucchio di bombe.»

«Pensi di poter portare a termine la missione?» chiese Biden a Graham.

«Posso farlo» disse Graham. «E lei?»

«Certo» rispose il presidente.

«Signor presidente, questo è possibile grazie agli accordi di Abramo» aggiunse Graham, riferendosi agli accordi bilaterali stipulati in Medio Oriente dall'amministrazione Trump tra Israele ed Emirati Arabi Uniti e tra Israele e Bahrain. «Trump si prenderà la sua parte di merito. Ma non riuscirete mai a far passare un trattato in Senato a meno che non sia sotto la vostra supervisione. Per convincere i democratici ad andare in guerra per l'Arabia Saudita serve un presidente democratico.»

«Facciamolo» disse Biden con convinzione.

Tornato in Medio Oriente a inizio autunno 2023, Graham aveva telefonato al presidente Biden. Graham e Biden in passato erano stati amici e insieme avevano portato a termine diversi accordi. Quand'era vicepresidente, Biden aveva detto al presidente Obama: «Lindsey Graham è l'uomo con il maggior intuito del Senato». Obama si era detto d'accordo. Ma poi era arrivato Trump, e il sostegno di Graham agli attacchi dei repubblicani contro Hunter Biden aveva messo fine all'amicizia.

«Siamo pronti a partire» disse Graham al telefono a Biden. Erano ormai in dirittura d'arrivo per l'accordo sulla difesa e stavano lavorando per mettere a punto il linguaggio preciso dell'accordo nucleare civile.

Durante il loro incontro, il primo ministro Netanyahu «si era illuminato come un albero di Natale» disse Graham a Biden. «L'accordo è quasi pronto.»

Avevano programmato un tranquillo negoziato tra Netanyahu e un ambasciatore saudita che doveva svolgersi a Tel Aviv nel novembre 2023. Sarebbe stato un momento storico.

Ma poi era arrivato il 7 ottobre. L'attacco di Hamas e le operazioni militari di Israele a Gaza avevano bloccato ogni prospettiva reale di uno storico trattato di pace.

«L'unico modo per risolvere la situazione è giungere a un cessate il fuoco» disse Graham a Blinken e Sullivan dopo l'ultimo incontro con Bin Salman nel marzo 2024. «E durante il cessate il fuoco firmare l'accordo.»

57

Durante un meeting alla Casa Bianca nel pomeriggio di lunedì 1° aprile, l'ambasciatore israeliano Michael Herzog, un ex generale dell'IDF, prese da parte Brett McGurk.

«Abbiamo appena lanciato un raid sulla Siria, a Damasco, e abbiamo eliminato il comandante Mohammed Reza Zahedi» disse Herzog, insieme ad altri sei membri delle Guardie della rivoluzione islamica (IRGC).

«Avete fatto cosa?» domandò McGurk. «Ma avete pensato alle possibili conseguenze?»

Il generale Mohammed Reza Zahedi, 63 anni, era il comandante di più alto rango delle truppe Quds delle IRGC, secondo gli Stati Uniti un'organizzazione terroristica, nonché fondatore delle IRGC quarantacinque anni prima, all'epoca della rivoluzione iraniana del 1979. Zahedi era anche amico personale del supremo leader iraniano Khamenei. La sua uccisione era un colpo al cuore dell'Iran.

Israele aveva appena infilato un ramo in un nido di vespe.

McGurk, Sullivan e Finer si guardarono negli occhi. Da un certo punto di vista, gli americani capivano benissimo l'importanza dei bersagli. Le IRGC servivano a manovrare i loro facenti funzione come Hezbollah, che avevano come obiettivo la distruzione di Israele.

L'ambasciatore Herzog sosteneva che fosse un atto legittimo di autodifesa. Ma i consiglieri della Casa Bianca si chiesero se gli israeliani avessero considerato quale poteva essere la reazione iraniana.

McGurk sapeva in base ad anni di esperienza che gli israeliani si ritenevano molto abili a gestire le escalation. L'IDF aveva intrapreso in passato diverse azioni calcolate, che loro chiamavano «libertà d'azione» e che gli Stati Uniti avevano supportato. Questa volta però, pensava McGurk, avevano fatto un errore di calcolo grossolano.

Gli Stati Uniti non erano stati avvisati in anticipo da Israele, il che forse era una cosa positiva, ma il raid aveva implicazioni enormi.

L'incursione mirata era stata condotta da due F-35 di fabbricazione americana pilotati dagli israeliani.

Intorno alle sei del pomeriggio, l'Iran aveva inviato un messaggio attraverso intermediari svizzeri in cui dichiarava che avrebbe reagito, e che considerava anche gli Stati Uniti responsabili dell'attacco. Nella nota gli iraniani sostenevano che Israele non avrebbe potuto condurre l'attacco senza l'approvazione americana.

Le truppe americane, che avevano già subito più di centocinquanta attacchi da milizie filoiraniane, entrarono immediatamente in allerta.

Alle otto di sera, Sullivan e McGurk inviarono una replica agli iraniani in cui si sottolineava che gli Stati Uniti non avevano avuto *nessun* preavviso dell'attacco, *non* lo approvavano e *non* vi avevano preso parte. Gli Stati Uniti erano pronti a rispondere a qualsiasi attacco contro le loro forze e strutture, ammonivano. «Non cerchiamo una guerra contro l'Iran.» Gli Stati Uniti non volevano entrarci e non avevano avuto alcun ruolo in quell'evento.

Alle nove di sera John Kirby, ora portavoce del National Security Council, ribadì il messaggio pubblicamente. «Permettetemi di chiarire la situazione»[1] disse dal podio della Casa Bianca. «Noi non abbiamo avuto nulla a che vedere con l'incursione su Damasco. Non vi siamo stati coinvolti in alcun modo.»

McGurk era in un enorme stato di apprensione. Dalle informazioni riservate ricevute, così come dalle dichiarazioni pubbliche, era chiaro che l'Iran considerava l'attacco di Israele un colpo gravissimo.

Il timore di McGurk era che Hezbollah potesse sfruttare il pretesto per intervenire nella guerra con un attacco su larga scala contro Israele, cosa che gli Stati Uniti tentavano di evitare da anni.

All'improvviso la regione si era di nuovo infiammata di pericolose tensioni. La domanda di tutti era: come e quando avrebbe reagito l'Iran?

Tre giorni dopo, giovedì 4 aprile, Biden ebbe una conversazione con Netanyahu su una linea protetta. Blinken e McGurk erano presenti.

«Sappiamo che gli iraniani stanno preparando qualcosa di grosso»[2] disse Biden. «Senti, Bibi, abbiamo le nostre differenze. Volevo che sapessi che si tratta della vostra difesa, della difesa vitale di Israele contro l'Iran, io, Joe Biden, sarò con voi e non c'è neanche bisogno di discuterne. D'accordo?»

Gli Stati Uniti li avrebbero aiutati a difendersi da qualunque cosa gli iraniani pensassero di fare. «Non sono d'accordo con te su un attacco all'Iran. Non lo sono affatto. Questo non lo faremo» disse Biden.

La conversazione quindi si spostò sulla situazione a Gaza.

«Qual è la vostra strategia?» chiese Biden.

«Dobbiamo entrare a Rafah» disse seccamente Bibi.

«Bibi, non avete una strategia. *Non avete* una strategia» replicò Biden.

«Questo non è vero, Joe» replicò Netanyahu. «Stiamo smantellando Hamas. Abbiamo eliminato il 75 per cento delle loro brigate. Dobbiamo dare la caccia all'ultimo 25 per cento. Ed è ciò che stiamo facendo.

«E Joe» aggiunse Netanyahu, «la cosa richiederà soltanto tre settimane. Fidati, non ci vorrà molto! Questa è la fine della guerra. Dobbiamo ripulire Rafah e poi è finita. Ci vorranno tre settimane.

«Sto mettendo un limite di tempo, Joe, tre settimane» disse Netanyahu. «Tre settimane.»

«No» disse Biden. «Ci vorranno mesi.» Era un discorso che aveva già sentito. Per esempio, gli israeliani avevano detto che l'operazione a Khan Yunis avrebbe richiesto tre settimane. C'erano voluti quasi cinque mesi.

A volte Netanyahu suonava offeso, come se tutto il mondo – le Nazioni Unite, tutti... – ce l'avesse con Israele. Mise anche in dubbio che la situazione umanitaria a Gaza fosse così grave.

Biden gli lesse una lista delle azioni che Israele doveva intraprendere in termini di assistenza umanitaria. Il suo tono di voce non era più diplomatico.

«Dovete inondarli di aiuti. Dev'esserci un aumento enorme dell'assistenza» disse Biden. «Dev'essere uno sforzo prolungato, e dovete mettere in piedi una procedura per far sì che gli operatori delle organizzazioni umanitarie possano compiere il loro lavoro in sicurezza.»

Le richieste di Biden a Israele furono specifiche, fino al numero di autotreni che Israele doveva autorizzare a entrare a Gaza e a quali valichi di frontiera doveva aprire.

Vogliamo l'accesso al porto di Ashdod per consegnare direttamente il materiale umanitario a Gaza, disse Biden. Dovete aprire la frontiera di Erez in modo che gli aiuti possano raggiungere il Nord di Gaza e che le consegne provenienti dalla Giordania possano entrare direttamente a Gaza.

«Vogliamo vedere trecentocinquanta autotreni al giorno, compresi cento autotreni al giorno nel Nord» disse Biden. Prima dell'attacco del 7 ottobre, circa cinquecento mezzi al giorno attraversavano la frontiera ed entravano a Gaza carichi di cibo e medicine. In Israele c'erano proteste che bloccavano le strade percorse dai mezzi, mostrando che il dissenso interno non era rivolto soltanto contro Netanyahu. Dall'interno di Gaza provenivano preoccupanti segnali di carestia.

Biden aggiunse che gli israeliani dovevano organizzare un gruppo di coordinamento garantendo che le organizzazioni umanitarie lavorassero insieme all'IDF e alle loro unità di comando per evitare che si verificassero di nuovo incidenti come quello della World Central Kitchen. Si riferiva a un attacco con droni fatto da Israele che aveva colpito per errore il convoglio di un'organizzazione umanitaria, uccidendo sette operatori umanitari internazionali, tra cui un americano.[3] Il convoglio aveva appena scaricato più di cento tonnellate di cibo destinato alla striscia di Gaza.

«Se non fate queste cose e noi non vediamo dei risultati, avete perso il mio appoggio» disse Biden. «Sono fuori dal gioco.»

Si trattava di una dichiarazione insolitamente categorica per Biden.

Il presidente quindi tornò sull'accordo per gli ostaggi. Gli Stati Uniti pensavano che ci fossero circa settanta ostaggi israeliani ancora prigionieri di Hamas nella rete di tunnel sotterranei di Gaza.

McGurk, che aveva gestito la parte americana della negoziazione per gli ostaggi insieme al direttore della CIA Bill Burns, era convinto che il cessate il fuoco avrebbe potuto esserci mesi prima, se Hamas avesse accettato di rilasciare più ostaggi.

In numerose occasioni, McGurk aveva visto approvare offerte di scambio degli ostaggi dalla dirigenza politica di Hamas a Doha e in Egitto. Ma quando i rappresentanti di Hamas avevano mandato la proposta attraverso i tunnel a Yahya Sinwar, il leader di Hamas a Gaza, la risposta era stata: «Rifiutiamo l'offerta».

Quella tattica aveva fatto completamente impazzire gli israeliani. Israele aveva messo sul tavolo un cessate il fuoco *totale* in cambio del rilascio delle donne, degli anziani e degli ostaggi feriti. E Sinwar l'aveva rifiutato.

Adesso Biden premeva perché Netanyahu facesse ad Hamas l'offerta più audace che avesse avanzato fino a quel momento. Burns aveva detto al presidente americano che un accordo simile aveva un'ottima possibilità di funzionare perché avrebbe dato ad Hamas quello che voleva.

L'offerta era questa: Hamas rilascia 40 ostaggi. Israele rilascia 900 prigionieri palestinesi, fra cui 100 condannati all'ergastolo.

Secondo McGurk era un'offerta sconcertante che Netanyahu non si sarebbe mai sognato di accettare. Israele considerava i 100 ergastolani dei «terroristi», uomini che avevano ucciso cittadini israeliani.

«Vale la pena pagare un grosso prezzo per riavere indietro gli ostaggi» disse Biden al primo ministro israeliano. Sapevano entrambi che altrimenti era molto probabile che gli ostaggi sarebbero morti nei tunnel.

Netanyahu disse che avrebbe fatto l'offerta.

Dopo la telefonata, il governo israeliano rilasciò un elenco lungo quattro pagine di passi che avrebbe intrapreso in risposta a ciò che Biden aveva chiesto di fare in ambito umanitario.[4]

Blinken era soddisfatto e al tempo stesso esasperato. «Quelle quattro pagine sono quasi parola per parola le cose che il presidente gli sta dicendo di fare da dicembre» osservò. «Le avessero fatte allora, la situazione forse sarebbe diversa.»

Il giorno dopo, il 5 aprile, Sinwar rispose tramite i suoi intermediari: no.

Sinwar aveva passato anni in una prigione israeliana, aveva imparato l'ebraico e si era votato alla distruzione di Israele.[5] Imbevuto di ideologia, si credeva si nascondesse in un alloggio sotterraneo a Gaza circondato di ostaggi per sicurezza. L'esercito israeliano aveva scoperto alcune delle sue residenze ammobiliate nei tunnel, dotate di stanze comode e acqua corrente. In un'occasione i soldati dell'IDF avevano trovato la sua scrittura su una lavagna poco prima che fuggisse.

L'intelligence americana e altre osservazioni dirette mostravano che sotto Gaza esisteva uno straordinario labirinto di tunnel esteso centinaia di chilometri e su diversi livelli.[6] Sinwar si era rifiutato categoricamente di uscire dai tunnel e a quanto pareva viveva nel suo regno sotterraneo senza preoccuparsi minimamente per ciò che succedeva ai palestinesi sopra di lui, disposto a sacrificare fino all'ultimo di loro per la sua causa, almeno stando all'intelligence.

«È difficile negoziare con qualcuno che ha istinti suicidi» disse Burns di Sinwar.

Gli analisti di intelligence israeliani e americani avevano anche concluso che Sinwar era convinto che la guerra stesse andando secondo i suoi piani. Israele era sempre più impopolare e isolato. Sinwar aveva respinto le offerte di Israele di un cessate il fuoco in cambio degli ostaggi. Così adesso gli israeliani asserivano di «dover andare a Rafah» convinti che l'unico modo per portar fuori gli ostaggi fosse una miscela di trattative e pressione militare.

Il presidente degli Emirati Arabi Uniti, lo sceicco Mohammed bin Zayed bin Sultan Al Nahyan, aveva detto a McGurk: «Gli israeliani devono imparare una cosa che noi nel mondo arabo sappiamo bene. Prendetevi tempo per la vendetta. Siate pazienti. È un approccio migliore.

«Andare a schiacciare Rafah non fa gli interessi degli israeliani quando in realtà potreste uccidere Sinwar» disse lo sceicco.

Prendetevi il vostro tempo, consigliò.

Gli israeliani erano decisi a uccidere Sinwar, che già si vedeva come un martire.

Nel frattempo, il 5 aprile, a Teheran migliaia di iraniani andarono ai funerali del comandante Mohammed Reza Zahedi e degli altri sei membri del Corpo delle guardie della rivoluzione islamica uccisi nell'attacco israeliano.[7] MARTIRI SULLA VIA DI GERUSALEMME, era scritto sui camion che trasportavano le bare. La gente al funerale aveva cartelli su cui si leggeva: MORTE A ISRAELE e MORTE ALL'AMERICA. Il leader supremo dell'Iran Ali Khamenei aveva giurato che Israele l'avrebbe pagata.

Amir Ali Hajizadeh, comandante della forza aerospaziale iraniana, faceva pressioni per lanciare un grosso attacco missilistico contro Israele. Le informazioni dell'intelligence USA indicavano che il leader supremo, il quale in genere era pragmatico perché non voleva farsi coinvolgere in un conflitto allargato, era così furente per l'uccisione del suo amico Zahedi a Damasco che non arginava Hajizadeh.

Il 9 aprile l'Iran mandò un altro messaggio tramite l'intermediario svizzero, dicendo che non aveva «alcuna intenzione di colpire gli USA», ma minacciava le basi americane nell'Asia occidentale se gli Stati Uniti avessero contrastato la risposta dell'Iran a Israele.

Quella sera nuove informazioni mostravano che l'Iran stava preparando un attacco storicamente senza precedenti a Israele usando una serie di missili e droni, compresi missili balistici.

Alle dieci di mattina del 10 aprile Sullivan convocò i responsabili dei vari settori. Il segretario della Difesa Austin, il capo dello Stato maggiore congiunto C.Q. Brown e il comandante del CENTCOM, il generale Erik Kurilla, fornirono informazioni sui preparativi per la difesa. Erano tutti d'accordo sul fatto che quel momento esigesse di affrontare direttamente il comandante della Difesa iraniana, Mohammad Bagheri. I rapporti diretti con l'Iran erano sempre estremamente rari. Il capo di Stato maggiore C.Q. Brown mandò una lettera a Bagheri chiedendo moderazione e ammonendolo che l'ampiezza dell'attacco che avevano pianificato avrebbe potuto provocare un'escalation che sarebbe sfociata in una guerra totale in Medio Oriente.

Il generale Kurilla e gli ufficiali militari di coordinamento si recarono in Israele per collaborare alla preparazione della difesa. Il segretario Austin diede istruzioni che la USS *Eisenhower* si spostasse nel Nord del Mar Rosso, più vicina a Israele. Mandò anche l'*Arleigh Burke* e il *Carney*, due cacciatorpediniere, come pure dei caccia. La Francia, il Regno Unito, l'Arabia Saudita e la Giordania accettarono di contribuire alla difesa di Israele.

58

Sabato 13 aprile alle tre del pomeriggio, ora standard orientale, l'Iran lanciò l'operazione True Promise, che iniziò con uno sciame di 150 droni, che ci avrebbero messo sette ore a raggiungere Israele. Dopodiché lanciò 30 missili da crociera, che ci avrebbero messo dalle tre alle quattro ore. Quindi decollarono 110 missili balistici, che avrebbero impiegato solo 12 minuti per arrivare sul bersaglio.

L'attacco prevedeva che i droni, i missili da crociera e i missili balistici raggiungessero Israele tutti nello stesso momento.

Il capo della Difesa saudita fece sapere a Kurilla che gli USA non potevano ancora sorvolare lo spazio aereo del Paese perché non aveva il via libera del principe ereditario e di suo fratello. McGurk mandò un messaggio al principe ereditario: «L'attacco è in corso. Abbiamo bisogno dell'accesso al vostro spazio aereo. La prego, dia istruzioni al suo capo della Difesa». Bin Salman diramò l'ordine e aprì lo spazio aereo saudita agli F-15 statunitensi.

Il presidente Biden era appena tornato da Wilmington, e alle 17.15 era nella Situation Room con Jake Sullivan, Jon Finer, Brett McGurk, Phil Gordon e altri quando vennero lanciati i primi missili. Il generale Kurilla, che si trovava in Oman, era collegato su uno schermo per commentare in tempo reale quello che stavano vedendo. Si unì in video anche la vicepresidente Harris, che quel giorno era in giro per gli Stati Uniti.

I sistemi di sorveglianza statunitensi sono in grado di individuare qualunque missile balistico lanciato da qualunque zona del pianeta. I missili vanno nello spazio e poi rientrano nell'atmosfera terrestre viaggiando a 24.000 chilometri orari.

«Signor presidente» disse Kurilla, «abbiamo conferma di 30 missili balistici.» Erano in viaggio.

I missili comparivano sullo schermo della Situation Room come strisce gialle. Era come guardare un vecchio film o un videogioco di guerra degli anni Ottanta. Biden osservò le strisce gialle che si muovevano in direzione di Israele. Dai rapporti dei servizi segreti, sapevano che i missili iraniani erano efficienti.

«Signor presidente, probabilmente possiamo abbattere 30 missili» disse il segretario Austin.

Circa tre minuti dopo vennero lanciati altri 30 missili iraniani. Qualche minuto più tardi, altri 30. Ben presto c'erano 110 missili balistici in volo verso Israele. Un numero pazzesco. Molti più di quanti se ne aspettassero.

Biden guardava in silenzio i missili dal suo posto a capo del tavolo.

McGurk osservava attentamente il presidente. Steve Hadley, il consigliere per la sicurezza nazionale di George W. Bush, gli aveva detto: in situazioni del genere tieni d'occhio il presidente per capire se riesci a intuire cosa sta pensando.

McGurk si rese conto che mai nella storia un Paese aveva provato ad abbattere 110 missili balistici. Se anche solo 30 avessero colpito il bersaglio, Israele avrebbe dovuto reagire in modo energico e il risultato sarebbe stato quasi inevitabilmente una guerra in Medio Oriente.

Poi entrarono in azione le difese integrate.

«Che cosa vedete?» chiese Biden a Kurilla, che stava illustrando le operazioni.

Avevano predisposto dei *kill baskets* per i droni iraniani in arrivo, ossia zone in cui era più probabile intercettarli e abbatterli.

I coordinatori militari americani in Israele guidavano la difesa contro i missili balistici: voi abbattete quelli, noi questi, i britannici hanno questi, i sauditi quelli. Era una straordinaria operazione di difesa integrata.

Mentre guardavano si faceva la storia. Era la prima volta che l'Iran attaccava direttamente Israele e la prima volta che l'esercito americano difendeva direttamente Israele. In suo appoggio erano venute anche l'Arabia Saudita e la Giordania. Una cosa senza precedenti. Uno spiegamento di forze mai visto contro l'Iran.

Poi arrivarono le brutte notizie. «Abbiamo quattro impatti confermati in Israele» riferì il generale Kurilla, intendendo che quattro missili avevano colpito il Paese. La tensione nella stanza aumentò. Non sapevano cos'era stato colpito o quanti altri ancora avrebbero superato le difese.

Quando l'Iran annunciò la fine della sua operazione militare, gli Stati Uniti e i loro partner avevano intercettato e abbattuto quasi tutti i missili e i droni iraniani, all'incirca 300, dimostrando per il momento l'enorme efficacia della difesa collettiva.[1] Molti missili iraniani non arrivarono sul bersaglio. Una bambina di 7 anni rimase gravemente ferita, ma nel complesso non ci furono morti né danni di rilievo.

Però Biden conosceva Netanyahu. Israele avrebbe reagito e questo rischiava di riportarli sull'orlo di una guerra con l'Iran. Biden raccontò che il suo primo impulso fu di dire a Bibi, senti, finiamola qui. Sei stato tu a iniziare uccidendo dei pasdaran. Loro hanno risposto e noi abbiamo evitato altri morti. Non ti hanno fatto niente. Chiudiamola qui. Biden guardò la vicepresidente Kamala Harris sullo schermo.

«Che cosa ne pensi?»

«È giusto così» rispose Harris. «Di' a Bibi di accettare la vittoria.»

Biden e Netanyahu parlarono al telefono alle nove di sera. In Israele erano le quattro del mattino.

«Prendiamoci del tempo per pensare alla prossima mossa» disse Biden, «perché a mio parere hai vinto. Hai appena fatto fuori la leadership dei guardiani della rivoluzione islamica nel Levante. Ti hanno appena fatto piovere addosso di tutto. E noi li abbiamo appena sconfitti con una coalizione di Arabia Saudita, Giordania, Francia e Regno Unito. Straordinario. Non devi fare un'altra mossa. Non fare niente.»

«Siamo appena stati attaccati da 100 missili balistici» ribatté Netanyahu. «Io vivo in Medio Oriente. Non puoi lasciargliela passare liscia. Dobbiamo reagire.»

«Accetta la vittoria» gli suggerì Biden. Ripeté che gli Stati Uniti non avrebbero partecipato a nessuna azione offensiva contro l'Iran. «Non abbiamo intenzione di far parte di un'offensiva» disse Biden.

«Voglio essere chiaro: prenderemo le nostre decisioni. Lo Stato di Israele farà qualunque cosa necessaria per difendersi» rispose Netanyahu.

Al termine della telefonata, Biden disse ai suoi consiglieri e ai funzionari di Gabinetto presenti nella Situation Room: «So che farà qualcosa, ma il modo in cui posso limitarlo è dicendogli di non fare niente».

Il Gabinetto israeliano discusse su come rispondere. Stavano prendendo in considerazione una serie di alternative, fra cui la possibilità di colpire fuori da Teheran. Alcuni dei falchi del Gabinetto come il ministro delle Finanze Bezalel Smotrich sostenevano che era venuto il momento di colpire le installazioni nucleari iraniane. La proposta fu respinta.

Il 18 aprile il ministro della Difesa Gallant comunicò a Sullivan che Israele avrebbe intrapreso «un'azione mirata di rappresaglia». Disse che Israele non avrebbe confermato ufficialmente l'attacco per dare all'Iran la possibilità di salvare la faccia ed evitare l'escalation.

Più tardi quello stesso giorno Israele mandò all'Iran un messaggio tramite un canale non ufficiale: «Abbiamo intenzione di reagire, ma consideriamo la nostra risposta come la fine dello scontro».

L'intelligence americana mostrò che l'Iran aveva rifornito di carburante circa 30 missili, forse per lanciarli dopo l'attacco israeliano. I militari americani si prepararono di nuovo a difendere Israele.

Alle 20 del 18 aprile Israele colpì il sistema di difesa aerea fuori Isfahan, la città attorno a cui sono ubicate le maggiori installazioni nucleari iraniane.

I piloti israeliani lanciarono missili sofisticati che la contraerea iraniana non individuò.

Era il modo di Israele di dire all'Iran: possiamo colpirvi con precisione millimetrica tutte le volte che ci gira. Quindi finiamola qui.

Brett McGurk era nel suo ufficio a guardare i missili, sottili strisce gialle, attraversare il suo schermo in tempo reale.

Il colpo calibrato provocò una piccola esplosione. I social media ci si gettarono sopra. Qualcuno postò di aver appena sentito un'esplosione a Isfahan. Cos'era stato?

La copertura tv negli Stati Uniti disse che era in corso un conflitto su larga scala.[2] I giornalisti bombardarono di domande la Casa Bianca. Cosa stava succedendo? Sullivan e Finer istruirono il Consiglio per la sicurezza nazionale e gli addetti stampa della Casa Bianca di non aprire bocca. Se un funzionario americano avesse detto che Israele aveva appena colpito per rappresaglia, la vicenda si sarebbe gonfiata e l'Iran si sarebbe potuto sentire costretto a reagire.

In Iran, il messaggio rilasciato attraverso i canali ufficiali era: non abbiamo visto niente. Non è successo nulla. L'Iran disse che un quadrirotore – un piccolo drone che chiunque può comprare su Amazon – era esploso senza provocare danni.

L'Iran riaprì lo spazio aereo ai voli civili. McGurk tirò un sospiro di sollievo. Era un segnale che non avevano intenzione di reagire.

Era finita. Avevano evitato di nuovo una guerra in Medio Oriente.

59

Nella primavera del 2024 il direttore della CIA Bill Burns fece la sua decima visita all'Ucraina.[1] La CIA fornisce enorme assistenza di intelligence al Paese, ma era convinta che gli ucraini avessero fatto notevoli passi avanti per conto loro.

Burns incontrò in segreto il presidente Zelensky, e in seguito riferì: «È invecchiato e stanco perché ha ancora addosso una pressione spaventosa. Ma non ha perso la sua resilienza. Continua a sembrarmi un tipo tosto come all'inizio della guerra».

«Stiamo esaurendo le munizioni della contraerea» disse il presidente ucraino con cautela, «e anche quelle di artiglieria.» Era molto preoccupato per la situazione al Congresso americano dove la questione degli aiuti all'Ucraina era impantanata in un aspro scontro di fazioni che lui non era in grado di influenzare né di comprendere.

Burns era arrivato in Ucraina tre giorni dopo la sconfitta in una battaglia difficile.[2] Avdiïvka, una città dell'Ucraina orientale, aveva resistito per quasi tutta la guerra, ma la scarsità di munizioni aveva costretto le truppe che la difendevano a ritirarsi. Quella sconfitta diceva all'Ucraina e all'Occidente che la Russia stava avendo la meglio.

Burns parlò con il comandante delle forze speciali ucraine.

«Abbiamo combattuto più a lungo e più energicamente che

potevamo. Abbiamo finito le munizioni e loro hanno semplicemente continuato ad avanzare.»

Burns tornò a Washington ed ebbe interminabili conversazioni con i membri del Congresso, in particolare i repubblicani della Camera che si opponevano ai finanziamenti all'Ucraina. «Se non usciamo da questa impasse ci saranno altre Avdiïvka. Non è una questione di coraggio e tenacia degli ucraini. È che stanno finendo le munizioni.» Era così che si perdevano le guerre. «Semplice.»

Intuiva che l'Ucraina avrebbe esaurito le munizioni entro la fine di aprile del 2024. Nel corso della guerra, la certezza che lo Zio Sam li sostenesse era stata una fonte di speranza nelle trincee. Quando il sostegno iniziò a venire meno, lo stesso successe al morale dei soldati al fronte.

Burns era convinto che se la Russia avesse vinto la guerra, le implicazioni sarebbero state di enorme portata non solo per l'Ucraina, non solo in Europa, ma per il mondo intero.

La Cina era un fattore decisivo, era convinto Burns. Xi Jinping osservava.

«Si tratta della visione del mondo di Xi» disse Burns. «Nel primo anno di guerra è stato piuttosto misurato. Non si aspettava che gli ucraini reagissero come hanno fatto, che li avremmo sostenuti come li ha sostenuti il presidente, che la nostra intelligence si sarebbe dimostrata tanto affidabile. La cosa lo ha spinto a riflettere sugli scenari di Taiwan.»

Abbandonare gli ucraini è il modo migliore per alimentare le ambizioni e la sicurezza di Xi, pensava Burns. «Perciò in questo momento c'è parecchio in ballo.»

Poi disse la cosa forse più importante: «Se volete scoraggiare Xi, dimostrategli che siamo capaci di restare in Ucraina, una guerra di conquista territoriale».

In occasione delle udienze di conferma davanti al Senato nel 2021, Burns aveva detto: «Una leadership cinese ostile e predatoria rappresenta il nostro banco di prova geopolitico più difficile».[3]

Nella sua autobiografia del 2019, *The Back Channel*,[4] in cui racconta trentadue anni di carriera diplomatica, Burns ha scritto che era tutta una questione di «manovrare nell'area grigia fra pace e guerra».

Nel suo ruolo di direttore della CIA si era mosso in quell'area grigia. Ma adesso la guerra era arrivata.

60

Il presidente Biden aveva per le mani un'altra guerra molto più vicina a casa, quella al confine fra Stati Uniti e Messico.

«Diabolico» è la parola che Ali Mayorkas disse a detti stretti e con rabbia ai dirigenti del dipartimento della Sicurezza interna, che sovrintende al confine sudorientale degli Stati Uniti, lungo circa 3200 chilometri.

Nel suo ruolo di segretario per la Sicurezza interna, a volte descritto come la seconda carica più tosta dopo quella di presidente, l'immigrato cubano sessantaquattrenne doveva vedersela con una crisi a cascata al confine.

Mentre si avvicinavano le elezioni del 2024, il confine era un obiettivo politico visibile e a impatto elevato. I canali di notizie mostravano migliaia di migranti incolonnati che camminavano sulle strade sterrate del Messico e famiglie che attraversavano il Rio Grande su imbarcazioni di fortuna o si arrampicavano sulla recinzione senza incontrare ostacoli.

Nel 2022 e nel 2023 il numero di migranti arrestati al confine meridionale aveva superato i due milioni all'anno, un'ondata migratoria da record proveniente soprattutto dall'America centrale.[1] Gli ingressi al mese erano saliti dai 75.316 del gennaio 2021, che erano già un problema quando Biden si era insediato alla presidenza, ai 249.785 del dicembre 2023.

Fin da subito, Biden aveva abbandonato la linea dura di

Trump, promettendo di trasformare il sistema migratorio USA con un approccio più morbido e umanitario.[2] Aveva incaricato Kamala Harris di affrontare le «cause alla base della migrazione dal triangolo nord dell'America centrale», un tema di cui era stato responsabile quando era vicepresidente. Alcuni interpretarono la decisione come un'opportunità per Harris, altri la lessero come un calice avvelenato che Biden aveva sbolognato alla vicepresidente.

Molte delle politiche di «tolleranza zero» di Trump erano state reputate crudeli, compresa quella di separare i bambini dai genitori al confine, che aveva condotto all'espulsione di oltre 13.000 minori non accompagnati, e il divieto di ingresso negli Stati Uniti per i musulmani provenienti da determinati Paesi. Anche il tentativo in gran parte fallimentare di costruire un muro lungo il confine era stato giudicato da più parti inefficace.

L'approccio di Biden era incentrato sulla creazione di strade legali per l'ingresso negli Stati Uniti e la cittadinanza. Ma quando dal confine iniziarono ad arrivare centinaia di migliaia di migranti, i sentimenti degli americani cambiarono in fretta, innescando una tempesta di fuoco politica.

I repubblicani accusavano Biden di aver sostituito il messaggio di Trump NON VENITE con un cartello BENVENUTI IN AMERICA. La parola «invasione» adesso compariva in 27 annunci promozionali televisivi repubblicani in vista delle elezioni del novembre 2024.

Biden accusava i repubblicani della mancanza di fondi per migliorare i controlli alla frontiera. «I repubblicani del Congresso si sono rifiutati di prendere in considerazione il mio piano nella sua interezza. E hanno respinto la mia recente richiesta di altri tre miliardi e mezzo di dollari per mettere in sicurezza il confine e pagare duemila persone addette ai richiedenti asilo e cento nuovi giudici per l'immigrazione» disse il 5 gennaio 2023.

E nel 2024 Biden diede la colpa a Trump per aver affossato il suo tentativo di un accordo bipartisan per il confine, che comprendeva le misure più rigide viste fino a quel momento. Ma Trump aveva osteggiato la legge definendola un «regalo» ai democratici e lo speaker repubblicano Mike Johnson aveva dichiarato il piano «morto sul nascere».

«Mi è stato riferito che il mio predecessore ha chiamato i membri del Congresso e ha preteso che bloccassero la legge» disse Biden nel suo discorso sullo stato dell'Unione del 7 marzo 2024. «Pensa che per me sarebbe una vittoria politica.» Per tutta risposta i repubblicani lo fischiarono e derisero la «politica dei confini aperti» di Biden definendola «debole». La legge bipartisan, negoziata nell'ambito di uno scambio con i repubblicani per ottenere l'approvazione di una legge su aiuti supplementari all'Ucraina, avrebbe finanziato l'assunzione di altri 1500 addetti al controllo delle frontiere e dei flussi migratori e 100 giudici per l'immigrazione allo scopo di smaltire l'arretrato di circa tre milioni di casi.

Da quando Biden era presidente c'erano stati oltre sei milioni di ingressi illegali al confine meridionale, uno degli spostamenti di persone più massiccio a memoria d'uomo.

I rapporti sottolineavano che dopo essere rimasto negli Stati Uniti per più di un anno, era improbabile che un immigrato venisse espulso.

Trump si riferì a coloro che entravano dal confine meridionale definendoli «detenuti, assassini, trafficanti di droga, malati di mente e terroristi, la feccia.

«In alcuni casi non sono nemmeno persone, per come la vedo io» disse durante un comizio in Ohio nel marzo del 2024. «Sono animali, okay?, e dobbiamo fermarli.»

Nel discorso sullo stato dell'Unione Biden condannò la retorica di Trump. «Non demonizzerò i migranti dicendo che "avvelenano il sangue della nostra nazione"» dichiarò Biden. «Non separerò le famiglie. Non bandirò le persone dagli Stati Uniti a causa della loro religione.»

Ma quasi l'80 per cento degli americani e il 73 per cento dei democratici dissero di disapprovare il modo in cui l'amministrazione Biden aveva gestito l'enorme numero di migranti alla frontiera con il Messico.[3] L'America, patria di immigrati più di ogni altro Paese al mondo, era profondamente divisa su quale aspetto avrebbe dovuto assumere la migrazione in quel momento.

Il sindaco di New York Eric Adams, democratico, aveva criticato in più occasioni Biden per l'ondata di migranti arrivata in città, che aveva un problema di senzatetto di proporzioni record e stava cercando di trovare casa a oltre 42.000 persone.[4]

«Il presidente e la Casa Bianca hanno deluso New York su questo tema» disse Adams. «Permettete alle persone di lavorare, che io penso sia una delle prime cose che possiamo fare.»

Filmati incredibili mostravano anche il nuovo assortimento di nazionalità che arrivavano al confine. Storicamente la migrazione verso la frontiera meridionale era stata soprattutto un fenomeno regionale, che vedeva coinvolte persone provenienti dal Messico e dall'America centrale. Adesso, in parte per l'ampliamento delle reti transcontinentali di trafficanti di esseri umani, la gente veniva da luoghi molto più lontani, come la Cina e l'India.

Le ragioni di questo massiccio flusso migratorio erano numerose.[5] Le opportunità di lavoro negli Stati Uniti erano cresciute vertiginosamente. Il primo anno della presidenza di Biden erano stati guadagnati 6,7 milioni di posti di lavoro. Nessun altro presidente dalla Seconda guerra mondiale aveva visto una tale crescita dell'offerta di impiego. Alcuni studi trovarono una forte correlazione fra il numero di posti di lavoro negli USA e quello degli arresti al confine.

I sondaggi indicavano che gli elettori americani erano convinti che i maggiori fattori di richiamo per i migranti fossero le opportunità economiche, l'approccio più disponibile di Biden e la minaccia di violenza nei Paesi d'origine.

Contribuivano anche forze globali e regionali, fra cui l'aumento dei regimi autoritari e la violenza delle gang, il peggioramento delle condizioni economiche in alcuni Paesi, la pressione causata dai cambiamenti climatici, come la scarsità di cibo e acqua, e la fuga in seguito a disastri naturali. I social media, sempre più diffusi ovunque, insegnavano alle persone come passare il confine.

«In sostanza, il nostro sistema non è equipaggiato ad affrontare la migrazione per come è oggi» disse il segretario della Sicurezza interna Mayorkas a NBC News. «L'ultima modifica risale al 1996.» Erano decenni che il Congresso non riusciva ad approvare una riforma strutturale delle leggi sull'immigrazione a causa dello stallo politico.

La commissione per la sicurezza interna della Camera, guidata dai repubblicani, aveva identificato Mayorkas come il cattivo della situazione e martedì 13 febbraio 2024 votò per il suo impeachment, passato di strettissima misura per 214 contro 213. Fu accusato di «crimini e reati gravi» per essersi rifiutato «volontariamente e sistematicamente» di applicare le leggi sull'immigrazione esistenti e aver tradito la fiducia dell'opinione pubblica mentendo al Congresso e sostenendo che il confine era sicuro.

Era solo il secondo funzionario di Gabinetto della storia americana a subire l'impeachment.

Un verbale rabbioso dei repubblicani della Camera allegato all'impeachment di Mayorkas concludeva che il segretario «ha incoraggiato cartelli, criminali e nemici dell'America».

I democratici della Camera rilasciarono una replica di 29 pagine in cui si leggeva: «In un processo che ricorda il gesto di lanciare gli spaghetti contro il muro per vedere quali restano appiccicati, la commissione repubblicana ha architettato motivi vaghi e senza precedenti per mettere sotto accusa il segretario Mayorkas. L'impeachment voluto dai Make America Great Again (MAGA) è una farsa senza fondamento, e i pochi repubblicani sensati rimasti al Congresso lo sanno bene... anche se si rifiutano di ammetterlo».

Tuttavia lo spaghetto sul muro può influenzare la politica americana. Non dovrebbe stare lì. Ed è brutto a vedersi.

Il 3 gennaio 2024 lo speaker della Camera Mike Johnson portò 64 repubblicani a Eagle Pass, in Texas, con gran fanfara. La cittadina è uno dei punti d'ingresso del confine meridionale.

«È stato rivelatore» disse durante una conferenza stampa in loco. «Una cosa è assolutamente chiara: l'America è a un punto di rottura, con livelli record di immigrazione.» Disse che Biden avrebbe dovuto riprendere la politica di Trump «statevene in Messico» e ricominciare la costruzione del muro nonché mettere in atto misure per fermare gli ingressi illegali, che giusto il mese prima erano aumentati del 25 per cento.

I repubblicani avevano messo Biden all'angolo, una situazione in cui il presidente si era cacciato in parte da solo revocando le politiche di Trump senza proporre un'alternativa efficace e più umanitaria. Il loro spaghetto sul muro era sotto gli occhi di tutti.

«Il sistema è guasto» disse Mayorkas. Era convinto che gran parte di ciò che facevano i repubblicani fosse motivato dal disprezzo per gli immigrati, e aggiunse: «L'odio è la loro arma».

Il Senato a maggioranza democratica rinviò *sine die* le accuse che chiedevano l'impeachment di Mayorkas. Ma la guerra politica sul confine era a un punto morto. Biden obiettava di aver bisogno di nuovi fondi e nuove leggi, mentre lo speaker Johnson e i repubblicani sostenevano che gli ingressi illegali potevano essere ridotti drasticamente da azioni del presidente e dell'esecutivo, soprattutto ripristinando le politiche di Trump.

Era inevitabile che Trump dicesse la sua. «In quanto leader del nostro partito ci sono zero chance che sosterrò i confini aperti, questo orribile tradimento dell'America» disse ai suoi sostenitori durante un comizio elettorale a Las Vegas. «Lo combatterò in tutti i modi. Un mucchio di senatori stanno cercando di dire, con tutto il rispetto, che stanno dando la colpa a me. Io dico, non c'è problema. Date pure la colpa a me. Prego.»

Trump era fuori dalla presidenza, ma la sua ombra non solo aleggiava su Biden, ma controllava interamente i repubblicani.

L'americano medio potrebbe non comprendere appieno che Trump aveva influenza, ma il Congresso sì. L'ex presidente muoveva un mignolo e il partito si inchinava e obbediva.

L'unico giorno positivo per la Casa Bianca di Biden sull'immigrazione era quello in cui non c'erano notizie al riguardo: niente, zero. E non capitava spesso.

61

Il 17 aprile 2024, in una luminosa sala del consolato polacco a New York, intervistai il presidente polacco Andrzej Duda. «Il suo Paese si trova in una posizione nevralgica rispetto al conflitto ucraino» gli dissi.

Volevo scoprire se il presidente della destra populista si sentisse vulnerabile nel condividere 531 chilometri di confine con l'Ucraina. Se la Russia fosse riuscita a conquistare l'Ucraina, quali avrebbero potuto essere le conseguenze per la Polonia?

Duda, 52 anni, capelli tagliati corti e occhiali senza montatura, emana una disinvoltura forte ed espressiva. I suoi occhi brillano e gesticola per enfatizzare ogni frase. Il mandato di Duda, ormai in carica da nove anni, aveva abbracciato ben tre amministrazioni americane, quelle di Obama, Trump e Biden. Il leader polacco faceva un vanto dell'aver intrattenuto rapporti cordiali con tutti e tre, ma era particolarmente in sintonia con Trump.

«Il mio più grande sogno politico è assicurarmi che la Russia non vinca in Ucraina» rispose. «Si tratta della priorità assoluta per la sicurezza del mio Paese, la Polonia, e della nostra regione, ma anche, credo, per la sicurezza di tutto il mondo.

«L'Ucraina è nostra vicina e per noi è di fondamentale importanza che mantenga la sua sovranità e indipendenza, e che non soccomba alla Russia» aggiunse Duda. «Sappiamo cosa significa un'occupazione russa, conosciamo il terrore russo e siamo consapevoli che gli ucraini *devono* essere aiutati» concluse, sporgendosi in avanti e picchiettando la scrivania con l'indice per sottolineare ogni concetto.

A nord la Polonia confina anche con Kaliningrad, una provincia russa, e a nordest con la Bielorussia.[1] Entrambe sono sede di silos di armi nucleari russe. Duda riteneva che la propria nazione potesse essere la prossima sulla lista di Putin, se la Russia fosse riuscita a conquistare l'Ucraina?

Da ventisei mesi, ossia dall'inizio dell'invasione russa in Ucraina, la popolazione polacca aveva dovuto imparare a convivere con una guerra fuori dalla propria porta di casa. «Forse negli Stati Uniti la percezione non è la stessa» commentò Duda.

Le famiglie polacche avevano accolto milioni di rifugiati ucraini nelle loro case e comunità.[2] La Polonia aveva assistito a un aumento del traffico diplomatico, con un viavai continuo di leader mondiali che atterravano e decollavano dai suoi aeroporti, per poi prendere il treno che raggiungeva Kyiv in dodici ore. Ospitava le ambasciate che non potevano più operare in Ucraina e aveva messo a disposizione magazzini lungo il confine ucraino per conservare le enormi quantità di equipaggiamento militare e aiuti umanitari, provenienti soprattutto dagli Stati Uniti.

Duda mi invitò a ripensare al 1939.

Durante la Seconda guerra mondiale, Hitler e Stalin avevano stipulato un accordo che prevedeva l'invasione e l'occupazione della Polonia. Prima la Polonia era stata attaccata dalla Germania, il 1° settembre 1939, e poi dalla Russia, il 17 settembre. «Allora non ricevemmo alcun aiuto» disse Duda. I polacchi se lo ricordavano bene. Gli Alleati non avevano soccorso la Polonia nel 1939.

«Siamo entrati nella NATO nel 1999 e per diciassette anni in Polonia non si è vista neanche l'ombra di forze NATO» aggiunse Duda. «A quel punto ho detto, va bene, com'è che noi siamo nella NATO, ma non c'è la NATO in Polonia?» Aveva un'espressione incredula.

Durante l'amministrazione Obama, truppe americane furono

dislocate in Polonia, a rotazione ma non in modo permanente. Una politica confermata sia da Trump sia da Biden.

A inizio febbraio 2022, poco prima dell'invasione russa, il presidente Biden aveva appena inviato in Polonia 1700 soldati americani d'élite. Altri 3000 uomini dell'82ª divisione aviotrasportata furono schierati in Europa al fine di rafforzare il fronte orientale, tra cui un centinaio di stanza in Polonia a Rzeszów, vicino al confine con l'Ucraina, oltre che in Romania e Germania. A inizio marzo 2022, poche settimane dopo l'inizio dell'invasione, Biden inviò anche la vicepresidente Harris a Varsavia per ribadire che gli Stati Uniti non avrebbero tollerato un attacco russo contro gli alleati del fronte orientale della NATO.

Duda disse che Biden «ha dimostrato una credibilità assoluta rispetto agli impegni che si era preso *vis-à-vis* con il mio Paese.

«Non eravamo neanche stati attaccati e gli americani avevano già inviato il loro esercito»[3] mi spiegò. In una telefonata, Biden in persona aveva rassicurato Duda che gli Stati Uniti erano al fianco della Polonia.

«Ci impegniamo a proteggere sempre la Polonia» aveva dichiarato il presidente a Duda.

«Dal punto di vista emotivo, sentirglielo dire per me è stato di fondamentale importanza» affermò.

Un mese prima, l'11 marzo, il presidente Duda aveva rilasciato un intervento sul «Washington Post» in cui invitava i Paesi della NATO ad aumentare il bilancio per la difesa dal 2 al 3 per cento del loro PIL.[4]

Attualmente la Polonia stava spendendo il 4 per cento per la difesa, oltre 27 miliardi l'anno. Nel 2023 gli Stati Uniti spesero il 3,49 per cento, equivalente a 860 miliardi. Diversi membri della NATO, come Francia, Spagna e Canada, invece, non rispettavano nemmeno la soglia del 2 per cento.

A febbraio, nel corso di un comizio elettorale in South Carolina, l'ex presidente Trump, che non era estraneo a commenti critici sulla NATO, aveva dichiarato che, fosse stato per lui, avrebbe lasciato che la Russia attaccasse gli alleati che non rispettavano i loro obblighi.[5]

In quell'occasione Trump aveva anche raccontato in un aneddoto che un presidente non meglio identificato una volta gli aveva chiesto: «Signore, se venissimo attaccati dalla Russia, ci difenderà anche se non abbiamo pagato?».

Trump aveva risposto: «No, non vi difenderei. Anzi, li incoraggerei a fare quel che accidenti gli pare».[6] Il pubblico aveva applaudito.

Nella sua intervista sul «Post», Duda aveva usato toni più diplomatici. «La Federazione Russa ha modificato i suoi piani economici per sostenere la guerra. Ha stanziato quasi il 30 per cento del suo bilancio annuale all'armamento.»[7] Duda sosteneva che fosse giunto il momento per gli altri membri NATO di spendere di più per far fronte alle crescenti minacce.

La maggior parte dei membri che registravano la spesa più elevata per la difesa erano quelli sul fronte orientale, più prossimi alla zona di guerra, come Polonia, Estonia, Lituania, Finlandia, Romania, Ungheria e Lettonia.[8]

«La Russia non può vincere questa guerra» dichiarò Duda. «Questa è la cosa più importante.

«Ci troviamo di fronte all'imperialismo russo della peggior specie, e stanno uccidendo delle persone» disse. «Ora queste fauci imperiali sono macchiate del sangue dei georgiani e di quello degli ucraini.» Si riferiva all'invasione russa della Georgia nel 2008 e a quelle del 2014 e 2022 dell'Ucraina.

«Dobbiamo fornire un sostegno costante all'Ucraina con tecnologie militari» rincarò Duda. Era convinto che la Russia non avesse chance contro le armi moderne presenti negli arsenali degli USA e della NATO, ma quelle armi, per essere utili, dovevano raggiungere gli ucraini al fronte.

L'Ucraina stava affrontando una carenza di munizioni e armi che avrebbe potuto portare a conseguenze catastrofiche. L'ingente pacchetto di aiuti da 60,8 miliardi di dollari destinato a quel

Paese era bloccato al Congresso da quasi sei mesi. Nel frattempo, i russi stavano recuperando terreno.

Trump, però, aveva definito i leader dei «babbei» per il continuo invio di aiuti all'Ucraina. Aveva messo il veto a ogni proposta di pacchetto, affermando che il sostegno all'Ucraina era uno spreco del denaro dei contribuenti, che l'Ucraina era corrotta e che la vittoria russa era inevitabile. Il fatto che, per ottenere l'approvazione del Congresso, il pacchetto dovesse prima passare per le forche caudine di Mar-a-Lago mandava Biden su tutte le furie.

Il presidente Duda insisteva che, per respingere la Russia, gli ucraini avevano un disperato bisogno di munizioni a lungo raggio e velivoli. I russi avevano molti più soldati a propria disposizione.

«L'Ucraina vince se riesce a tenere i russi a distanza» spiegò. «Se ci sono scontri diretti, sfortunatamente sono i russi ad avere la meglio, perché se i russi riportano cento perdite pur di uccidere dieci ucraini, a loro non importa. A loro importa vincere.» Agli occhi della Russia, i suoi soldati erano sacrificabili.

«Questi non sono i figli di Mosca e di San Pietroburgo» continuò Duda. «Non sono le famiglie dell'élite russa. È gente che proviene dagli angoli più remoti della Siberia, dalle terre di cui la Russia si ricorda quando si deve mandare qualcuno a morire. Le loro vite non sono un costo per la Russia.»

Chiesi a Duda se aveva mai parlato con il presidente Putin dall'inizio della guerra, nel febbraio 2022.

«No» rispose.

«Perché no?»

«Non si può discutere con chi ammazza le persone e si comporta come un bandito.»

Il presidente polacco si era recato quattro volte in Ucraina, a Kyiv, per offrire il suo sostegno al presidente Zelensky, in particolare il 23 febbraio 2022, poche ore prima dell'attacco della Russia.

«Non dimenticherò mai il momento in cui ci siamo salutati» disse Duda. «Quando mi disse che forse non ci saremmo più rivisti, e io gli risposi che avremmo fatto di tutto per garantire la loro sopravvivenza.

«Noi in quanto Polonia, ma anche in quanto NATO e in quanto rappresentanti del mondo libero, non abbandoneremo l'Ucraina» concluse Duda, colpendo con un pugno il tavolo.

Quella sera, il 17 aprile, l'ex presidente Trump ospitò il presidente Duda per una cena a base di bistecca presso il suo appartamento nella Trump Tower, un attico sontuoso, ricco di decorazioni in oro ventiquattro carati, affacciato su Central Park e Manhattan.[9] Il loro incontrò durò due ore e mezzo. L'ex presidente si trovava a New York per presenziare al processo penale che lo vedeva implicato nell'insabbiamento di alcuni pagamenti in denaro a una pornostar.

Secondo quanto riferitomi dai loro assistenti, l'appassionata argomentazione che Duda rivolse a Trump riguardo all'importanza del sostegno degli USA all'Ucraina non era diversa da quella che avevo sentito io poche ore prima.

Uno di essi dichiarò che sarebbe stato impossibile ascoltare gli appelli accorati del presidente polacco, che imploravano di «salvare il suo Paese», e non commuoversi o farsi coinvolgere dalla sua descrizione della minaccia russa, che insidiava non solo l'Ucraina, ma anche la Polonia, l'Europa e le democrazie di tutto il mondo.

Trump aveva rivolto a Duda molte domande. Che progetti aveva la Russia per l'Ucraina? Se la Russia avesse conquistato l'Ucraina, era probabile che la guerra si allargasse?

«Noi siamo i prossimi» disse Duda a Trump.

In seguito, per diversi giorni Trump fu insolitamente silenzioso e non espresse ulteriori critiche sugli aiuti all'Ucraina, e si guardò bene dall'infervorare la sua base elettorale con le sue invettive in stile «America First».

Dopo la cena con Duda, Trump dichiarò sul suo social media Truth Social: «La sopravvivenza e la forza ucraine dovrebbero importare molto di più all'Europa che a noi, ma sono importanti anche per noi!».[10]

Gli aiuti all'Ucraina, almeno per quel momento, furono definiti «importanti».

Il 6 luglio 2017 il presidente Duda aveva invitato l'allora presidente Trump nella capitale polacca, a parlare di fronte al monumento alla Rivolta di Varsavia. Era presente anche l'ex presidente polacco Lech Wałęsa, che aveva guidato il sindacato autonomo Solidarność, che aveva avviato la Polonia verso la liberazione dal dominio sovietico.

«Dobbiamo rammentare che la nostra difesa»[11] aveva detto Trump «non richiede solo un impegno economico ma anche un impegno della volontà.

«La questione fondamentale dei nostri tempi è capire se l'Occidente abbia la volontà di sopravvivere. La Polonia è nel nostro cuore. Così come la Polonia non si lasciò spezzare, oggi dichiaro davanti a tutto il mondo che anche l'Occidente non si lascerà mai spezzare.»

La folla inneggiava: «Donald Trump! Donald Trump!».

«Il miglior discorso di tutto il suo mandato» aveva commentato il senatore Lindsey Graham. «Molto Ronald Reagan.»

Per mesi il presidente Biden, assieme al leader della minoranza repubblicana al Senato Mitch McConnell del Kentucky e al leader della maggioranza democratica al Senato Chuck Schumer di New York, si era confrontato attivamente con lo speaker della Camera, il repubblicano Mike Johnson, riguardo al pacchetto di aiuti per l'Ucraina.

Johnson stava cercando di convincere Trump a far passare la bozza. Tradizionalmente la sicurezza nazionale era una delle colonne portanti della politica del Partito repubblicano, assieme alla convinzione che la sicurezza nazionale americana fosse strettamente legata a quella globale. Ma la visione isolazionista che permeava l'ideologia «America First» caldeggiata da Trump aveva creato un solco tra i repubblicani al Congresso. Johnson riteneva che, se Trump le avesse dato il via libera, la fazione più resistente all'approvazione del pacchetto avrebbe ceduto.

Biden ordinò alla sua squadra di «limitare il più possibile le accuse mirate contro Johnson e di sollecitare i repubblicani ad agire. Rimanete in stretto contatto con lo speaker Johnson».[12]

Biden invitò la direttrice dell'intelligence nazionale Avril Haines, il direttore della CIA Bill Burns e il consigliere per la sicurezza nazionale Jake Sullivan a fornire privatamente allo speaker della Camera un quadro dell'intelligence in loro possesso sull'Ucraina e a ragguagliarlo sui rischi per la sicurezza nazionale che sarebbero derivati dal loro immobilismo. Fornirono a Johnson esempi dettagliati su quali sarebbero state le conseguenze per l'Ucraina, l'Europa e il mondo libero se l'Ucraina avesse perso la guerra e Putin avesse potuto procedere indisturbato.

«Se l'Ucraina non riceve gli aiuti, perderà la guerra con la Russia» disse Sullivan a Johnson. Quello era l'epilogo. Il presidente Biden parlò anche con le leadership di Camera e Senato per trasmettere personalmente lo stesso messaggio.

Nel frattempo Lindsey Graham, esponente repubblicano del South Carolina, stava cercando di persuadere Trump almeno ad astenersi dall'esprimersi sulla proposta di aiuti all'Ucraina.

Graham avrebbe voluto ottenere maggiore supporto per l'Ucraina, ma lui stesso aveva bloccato varie versioni di quel particolare pacchetto di aiuti al Senato. Ad aprile aveva proposto a Trump l'idea di concedere almeno parte degli aiuti sotto forma di prestito a fondo perduto.

«Signor presidente» disse Graham, «l'Ucraina è un buon investimento. Forse non potranno ripagarci, ma le assicuro che non si pentirà mai di averli aiutati.

«Si ricordi che l'ultimo tizio che si è comportato in questa maniera ha finito per trascinare il mondo in una guerra terribile» commentò Graham, alludendo a Hitler e alla Seconda guerra mondiale.

«Putin non si fermerà. Andrà in Moldavia. E poi avanti ancora. Sta diventando sempre più forte invece che indebolirsi» disse Graham. «Se viene ripagato da questa operazione, le assicuro che ne vedremo altre. E possiamo dire addio a Taiwan, ci metto la mano sul fuoco.»

Trump concordò. «La debolezza genera aggressività.»

L'ex presidente disse a Graham che «un prestito gli andava bene» e che «gli andava bene» che lo speaker Johnson lavorasse a una proposta per avanzare l'idea del prestito a fondo perduto.

In seguito a svariati colloqui con Trump, Johnson confidò ai suoi assistenti che gli pareva chiaro che l'ex presidente non vedeva l'utilità di finanziare l'Ucraina. Alla fine Trump cambiò idea dopo che Johnson lo convinse che il pacchetto di aiuti era importante per mantenere l'unità tra i repubblicani alla Camera e Trump stesso. «È vantaggioso per tutti» argomentò Johnson. Trump si accorse del proprio tornaconto e tolse il veto.

Sabato 21 aprile la Camera approvò, con una maggioranza schiacciante di 312 voti favorevoli contro 112 contrari, un pacchetto di aiuti all'Ucraina dalla straordinaria entità di 60,8 miliardi di dollari, come parte di un pacchetto internazionale di 95,3 miliardi di dollari. Di quei 60,8 miliardi di dollari, dieci miliardi erano un prestito a fondo perduto.

Mentre alla Camera si votava, il leader della minoranza repubblicana al Senato Mitch McConnell, 82 anni, dichiarò in un'intervista televisiva: «È uno dei giorni più importanti a cui ho assistito nella mia carriera».[13] McConnell era al Senato da trentanove anni.

«In questa occasione, credo che ci siamo presi una rivincita sugli isolazionisti» aggiunse, alludendo alla fazione «America First» del suo partito.

La proposta poi passò al Senato con 79 voti favorevoli e 18 contrari il 23 aprile. «Stasera una maggioranza bipartisan al Senato si è unita alla Camera per rispondere all'appello della storia in questo momento critico»[14] dichiarò il presidente Biden.

Il giorno successivo Biden firmò la legge. «Nelle prossime ore inizieremo a inviare equipaggiamento all'Ucraina, tra cui munizioni per la contraerea, artiglieria, sistemi per razzi e veicoli blindati»[15] disse Biden. Tramite i social media Zelensky confermò che il pacchetto conteneva anche gli indispensabili missili ATACMS a più lunga gittata.

A meno che non fosse già troppo tardi per l'Ucraina, questa manovra poteva essere un punto di svolta.

62

Gli israeliani non avevano abbandonato il progetto di un'operazione militare su larga scala a Rafah. Biden ammonì Netanyahu, invitandolo a considerare con attenzione la prossima mossa di Israele.

«Quello che è successo nelle ultime due settimane cambia le carte in tavola» gli disse in una telefonata privata su una linea sicura. «Vi abbiamo appena aiutati a difendervi favorendo un'alleanza con Arabia Saudita, Giordania e Occidente. Sarà come vi muoverete ora a determinare se sarete in grado di nutrire questa alleanza o se la sprecherete.»

I sauditi avevano appena assistito all'abbattimento dei missili balistici da parte delle forze di un'alleanza militare USA. Erano ansiosi di ritornare al tavolo delle trattative per un accordo con Israele.

Se Israele fosse entrata a Rafah, Netanyahu rischiava di mandare in fumo tutti i progressi appena fatti.

«Si capovolgerà tutto» rincarò Biden. «Rischiate una rottura con noi. L'Arabia Saudita non si metterà in mezzo. Rischiate anche una rottura con l'Egitto.»

Per settimane Sullivan aveva martellato Ron Dermer e il consigliere alla sicurezza nazionale israeliano Tzachi Hanegbi con lo stesso messaggio. «Entrare a Rafah sarà un bagno di sangue» disse Sullivan durante una videochiamata.

«Dobbiamo farlo» insistette Dermer. «Ci vorranno solo tre settimane.»

«Cazzate» replicò Sullivan, che non mancava mai di esprimere il proprio scetticismo sulle proiezioni ottimistiche di Israele.

Sullivan esortò Dermer e Hanegbi a rallentare, concentrarsi sul sistemare la crisi umanitaria e ottenere un accordo per gli ostaggi. Li invitò anche a collaborare con l'Egitto per controllare il confine di Rafah, dare la caccia ai leader di Hamas come Sinwar e rinunciare a un'offensiva di terra a Rafah.

Dermer si limitò a dire che ci avrebbero pensato.

Il direttore della CIA Bill Burns e Brett McGurk stavano facendo pressione sul ministro degli Esteri del Qatar, Mohammed bin Abdulrahman Al Thani, affinché ottenesse delle prove che uno dei quattro ostaggi americano-israeliani prigionieri di Hamas fosse ancora vivo.

Il 22 aprile Hamas inviò un video alla Casa Bianca di Hersh Goldberg-Polin, un ventiquattrenne che il 7 ottobre si trovava al festival musicale assieme a degli amici. Aveva cercato di nascondersi ma un membro di Hamas gli aveva lanciato contro una granata. Hersh l'aveva raccolta per tentare di rilanciarla indietro ma quella era esplosa, portandogli via parte del braccio sinistro.

McGurk osservò il video di Goldberg-Polin, uno scorcio raro e straziante della vita in quei tunnel. Il ragazzo era seduto su una sedia addossata a una parete bianca. «Ciao, mamma e papà. Sono qui a Gaza da quasi duecento giorni. Vi voglio bene e penso a voi ogni giorno. Voglio che sappiate che sto bene, sono vivo, ma qui le cose non sono facili. Vi penso tutti i giorni e voglio tornare a casa il prima possibile. Vi sto pensando anche ora prima della Pasqua. Spero, spero, spero e so che state facendo tutto il possibile per farmi tornare a casa il prima possibile. Mi mancate e non vedo l'ora di vedervi. Vi voglio bene.»

In seguito Hamas rese pubblico il video.[1] Il ministro degli Esteri qatariota dichiarò che lo interpretava come un segnale che ci fossero ancora buone possibilità di salvare gli ostaggi.

Due giorni dopo, il 24 aprile, il presidente Biden ospitò alla Casa Bianca Abigail Edan, una bambina di 4 anni che era rimasta prigioniera di Hamas per cinquanta giorni.

I miliziani avevano fatto irruzione nella casa della sua famiglia il 7 ottobre, sparando e uccidendo i suoi genitori davanti ai suoi occhi.[2] I suoi fratelli maggiori, di 6 e 10 anni, si erano rinchiusi in un armadio al piano di sopra, restando nascosti per quattordici ore. Il padre di Abigail era stato ucciso mentre faceva da scudo a sua figlia, che era poi sgusciata fuori da sotto il suo corpo e si era rifugiata a casa dei vicini. Più tardi quello stesso giorno Hamas l'aveva fatta prigioniera, assieme a quella famiglia di cinque persone.

Ora Abigail scorrazzava attorno alla Resolute Desk, giocando con suo fratello e sua sorella nello Studio Ovale.[3] Adesso i tre bambini vivevano con i loro zii a Tel Aviv.

Biden fece da guida ai suoi fratelli per una visita della Casa Bianca, mentre fuori, sul prato, Brett McGurk spingeva la piccola Abigail su un'altalena.

63

«Ritengo sia molto difficile negare che si sia indebolito» dichiarò la direttrice dell'intelligence nazionale Avril Haines a maggio 2024, durante un rapporto sul presidente russo Putin. «Il che non significa che sia meno pericoloso.»

Haines, 54 anni, la prima donna a ricoprire il ruolo di massima spia degli Stati Uniti, incaricata della supervisione di tutte le agenzie d'intelligence americane, li stava mettendo in guardia di non adagiarsi sugli allori.

«Questa guerra ci è costata centinaia di miliardi di dollari» commentò Haines, «per non parlare delle vittime, oltre 300.000, più di quante se ne siano viste dalla Seconda guerra mondiale.

«Abbiamo fatto regredire il loro esercito di anni» disse Haines. Grazie al sangue e al loro coraggio, gli ucraini, sostenuti dagli Stati Uniti e dai Paesi europei, avevano costretto Putin a concentrare tutti gli sforzi economici della Russia sulla guerra e a raddoppiare gli investimenti sulla sicurezza.

«I nostri analisti militari sono ancora sbigottiti da quanto sia disposto a perdere sul fronte in termini di uomini ed equipaggiamento per quello che guadagna in territorio.»

Prima dell'invasione in Ucraina, Putin aveva spesso affermato che lo sperpero dei fondi sulla difesa era stato uno dei grandi errori dell'Unione Sovietica. Che aveva distrutto l'economia russa.

«Adesso sta praticamente commettendo lo stesso errore» disse Haines, incapace di nascondere la propria perplessità. «È davvero singolare a vedersi.

«E sebbene stiano sopportando le sanzioni meglio di quanto credessimo» osservò Haines, «la loro economia comincia a mostrare i primi segni critici di cedimento.»

Secondo Daleep Singh, viceconsigliere alla sicurezza nazionale per le economie internazionali, nonché architetto di molte delle sanzioni alla Russia, la vera stretta doveva ancora arrivare. «I picchi nell'inflazione e nei tassi di interesse finiranno inevitabilmente per soffocare la crescita della Russia»[1] dichiarò. «Meno capitale, meno tecnologia e meno talento significano un'economia russa più contenuta, debole e meno produttiva per tutta la prossima generazione.»

Ormai Putin era costretto a rivolgersi ad altri Paesi, come Cina, Corea del Nord e Iran, per rifornire il fronte di armi e munizioni.[2]

«Stanno cercando di riorganizzarsi» disse Haines, «e quello che facciamo noi è seguire questi tentativi, cercando di bloccare le opportunità chiave non appena si presentano.»

Questa era la guerra fantasma dell'economia, della tecnologia e dell'intelligence, grazie alla quale gli Stati Uniti potevano affrontare direttamente e indebolire la Russia, andando incontro a un minor rischio di catastrofici errori di calcolo.

Eppure, non erano operazioni prive di pericolo.

«Assieme, gli Stati Uniti e la Russia detengono oltre il 90 per cento delle armi nucleari di tutto il mondo» disse Haines. «L'ultima cosa che vogliamo è che un Paese in possesso di un tale arsenale si renda conto che la situazione gli sta sfuggendo di mano.

«Più li si spinge al limite, più si rischia che si decidano a usarle» sentenziò.

Era proprio questo il nocciolo del dilemma che tormentava il presidente Biden e la sua squadra rispetto alla guerra ucraina. Più errori commetteva la Russia, più Putin oltrepassava il limite. Quanto più la guerra azzoppava l'economia e l'esercito russi, tanto più Putin sembrava disposto a sacrificare.

Il presidente Biden aveva detto ai suoi consiglieri: «Non si deve mai spingere un uomo in un angolo al punto che l'unica via d'uscita che gli resta sia attaccare noi. Bisogna dargli un'altra scappatoia».

Ma Putin si era arrampicato talmente in alto per inseguire il suo sogno di diventare lo zar moderno, il redentore della Russia, quello che l'avrebbe resa una grande potenza, che ora era molto difficile capire come avrebbe potuto scendere.

«Sarà anche più debole, ma al tempo stesso è ancora più pericoloso perché ha molto meno da perdere» li ammonì Haines.

First Person,[3] l'autobiografia di Putin che lui stesso aveva dettato a tre giornalisti russi nel 2000, offre uno spaccato autorevole del pensiero del presidente russo. «Credo che in guerra sia inevitabile commettere molti errori» aveva detto ai giornalisti. «Ma quando combatti, se continui a pensare che anche tutti quelli che ti circondano commettono errori di continuo, non vincerai mai. Bisogna adottare un atteggiamento pragmatico. E bisogna pensare sempre alla vittoria.

«Un cane percepisce se qualcuno ne ha paura, e morde. Lo stesso vale qui. Se ci si innervosisce, gli altri penseranno di essere più forti. In queste circostanze c'è solo una cosa che funziona: attaccare. Bisogna colpire per primi, e colpire così forte che l'avversario non sarà in grado di rialzarsi.»[4]

64

«Mi hanno detto che se vengo condannato, sarà anche meglio per me alle elezioni» disse Trump parlando al telefono con l'ex avvocato Tim Parlatore nel bel mezzo del processo sui cosiddetti *hush money* che si teneva a New York.

«Però, Tim» disse Trump, «io non voglio essere condannato.»

A carico di Trump c'erano trentaquattro capi d'accusa per aver falsificato i libri contabili allo scopo di pagare il silenzio della pornostar Stormy Daniels in vista delle elezioni presidenziali del 2016. Il processo era iniziato il 15 aprile 2024.

Parlatore, che aveva rappresentato Trump per più di un anno nelle indagini del dipartimento di Giustizia sul 6 gennaio e sui documenti di Mar-a-Lago, era convinto che la campagna elettorale di Trump stesse influenzando le decisioni nell'aula di Manhattan.[1] Era una delle ragioni per cui aveva rinunciato a essere il suo avvocato nel maggio del 2023. Parlatore non aveva problemi con Trump.

«La ragione per cui ho rinunciato all'incarico è che si circonda delle persone sbagliate» disse Parlatore; quelle più interessate all'informazione a ciclo continuo che agli interessi del loro cliente.

Il commento di Trump sulla possibile condanna aveva infastidito Parlatore. Quel processo ne era un esempio emblematico, pensò.

«Aver pagato per comprare il silenzio di Stormy Daniels di

per sé non è illegale» spiegò Parlatore a Trump. «È inopportuno ma non illegale.

«Il suo problema è che Michael Cohen non sa come fare una fattura» proseguì. «Non c'è una legge che stabilisce quanto debbano essere lunghe le voci su una fattura, a patto che siano sufficienti a far capire che cosa si sta pagando.»

Michael Cohen era l'ex faccendiere di Trump, e un testimone chiave contro di lui al processo.

«Lasci che le spieghi come un vero avvocato avrebbe compilato la fattura. Avrei potuto scrivere: 130.000 dollari rimborso spese, 20.000 dollari rimborso spese, 30.000 dollari parcella, e la sua fattura sarebbe stata di 180.000 dollari. Nessuno avrebbe potuto sostenere che era una manomissione dei libri contabili e lei non si troverebbe in questa situazione.

«Questa non è una falsificazione di libri contabili» disse Parlatore. «È una fattura corretta.»

«Mi stai prendendo per il culo?» ribatté Trump furioso. «Avrei potuto pagare 180.000 dollari anziché 420.000?»

Sì, signor presidente, rispose Parlatore. «Posso mettere sulla stessa fattura parcella e rimborsi spese e il mio commercialista sa che la parcella va considerata un'entrata e i rimborsi spese no.»

«Porca miseria» disse Trump.

Il 30 maggio 2024 Trump fu riconosciuto colpevole da una giuria unanime di tutti e trentaquattro i capi d'accusa per falsificazione dei documenti contabili, il primo ex presidente americano condannato per un crimine.[2]

Trump e la sua campagna attaccarono immediatamente il processo, il giudice Merchan, il presidente Biden e i democratici.[3]

«È stato un processo farsa, una truffa» dichiarò Trump uscito dall'aula del tribunale. «Il vero verdetto arriverà il 5 novembre dal popolo.»

Parlatore liquidò la retorica. Aveva esperienza di prima mano con il giudice Juan Merchan dello Stato di New York, e pensava che avesse fatto un ottimo lavoro al processo di Trump.

Il problema dell'ex presidente non era il sistema giudiziario, era convinto Parlatore, bensì la scelta degli avvocati sbagliati.

«Politicamente è più vantaggioso dire: ah, tutta colpa di Alvin Bragg e dei democratici e, sapete, è stato Biden e fuffa del genere, anziché guardarsi dentro e ammettere che mi hanno condannato perché ho assunto gli avvocati sbagliati» dichiarò Parlatore. Alvin Bragg era il procuratore distrettuale di New York che aveva portato avanti la causa contro Trump.

Parlatore puntò il dito contro Todd Blanche, il legale di Trump nel processo penale, che dopo il verdetto aveva dichiarato pubblicamente che si «aspettavano» una condanna. «Per me è chiaro che non avevano una strategia per vincere» osservò.

Nelle ventiquattr'ore dopo il verdetto, la condanna di Trump fruttò più di cinquanta milioni di dollari per la sua campagna elettorale.[4]

«Sono un uomo del tutto innocente» disse in una dichiarazione, «e va bene, lotto per l'America. Lotto per la nostra Costituzione. In questo momento il Paese intero è manipolato.»[5]

65

«Stanno cercando di distruggere una presidenza» disse Hunter Biden in occasione di un'intervista del 2023 parlando dell'ossessione dei repubblicani nei suoi confronti, che continuavano a tirar fuori i suoi problemi con l'alcol e la dipendenza dal crack. «Stanno cercando di uccidermi sapendo che per mio padre sarà un dolore troppo grande da sopportare.»[1]

Secondo uno degli amici più stretti del presidente Biden gli attacchi repubblicani a Hunter stavano «divorandolo vivo per l'angoscia». Chiamava il figlio quasi ogni giorno.

«Ehi, figliolo. Come stai, ragazzo?» gli chiese il presidente in una di quelle telefonate. «Te la cavi? Va tutto bene?»

Nell'estate e autunno del 2024 Hunter Biden, 54 anni, era al centro di due processi penali che avevano gli occhi di tutti puntati addosso.[2] Si era dichiarato non colpevole delle accuse di aver mentito sulla sua dipendenza da stupefacenti quando aveva acquistato una pistola, una violazione della legge federale sul possesso di armi. Il processo iniziò in giugno nel Delaware. Un secondo procedimento per evasione fiscale era fissato in settembre, un mese prima delle elezioni.

Il legame fra Hunter e suo padre era reale e solido, disse un altro amico. Il presidente aveva perso la prima moglie e la figlia in un incidente d'auto, e in seguito il figlio maggiore, Beau, ucciso da un tumore al cervello. L'implacabile campagna pubblica dei repubblicani contro Hunter aveva spesso un impatto più profondo sul presidente dei problemi politici.

«Penso che la preoccupazione più grande di Joe, e direi anche di Jill, non siano le accuse penali né la faccenda assurda del portatile, e neanche le udienze della commissione di vigilanza, ma assicurarsi che la salute mentale e fisica di Hunter regga in modo che possa andare avanti quando tutto questo sarà finito.

«Hunter si sente in trappola» disse l'amico parlando delle sue difficoltà a sfuggire al passato, come se non ci fosse modo di tornare a un'esistenza normale. «È letteralmente fottuto. E credo che lo sappia.»

In privato, il presidente espresse la sua rabbia nei confronti del procuratore generale, Merrick Garland, che aveva nominato un consiglio speciale per indagare su Hunter. «Non avrei mai dovuto scegliere Garland» disse a un amico. Ma la sua cerchia ristretta aveva spinto molto per la nomina di Garland.

Il presidente si era impegnato pubblicamente a non immischiarsi nell'indagine del dipartimento di Giustizia sul figlio. Ogni tanto, si faceva vivo con l'avvocato di Hunter, Abbe Lowell, e lo ringraziava di rappresentare suo figlio.

«Fammi parlare con Abbe» disse a Hunter nel corso di una telefonata nel dicembre del 2022, per dichiarare poi tutto il suo sostegno all'avvocato del figlio: «Adoro quello che stai facendo. Continua a farlo. Vai avanti così».

Le tensioni fra gli avvocati della Casa Bianca e la squadra legale di Hunter erano continue. Gli avvocati della Casa Bianca desideravano che Hunter in pubblico tenesse la bocca chiusa e la testa bassa. Volevano lasciare che a esprimere il giudizio fosse il tribunale.

«La squadra addetta alla comunicazione di suo padre voleva semplicemente che Hunter sparisse» disse un amico.

Hunter era concentrato a «sopravvivere».

«In questo momento è totalmente impegnato a non ricadere nelle sue dipendenze, ma vuole un'esistenza normale e penso che sia per questo che si sta battendo con tanta determinazione» disse l'amico parlando dei processi.

Nella sua autobiografia, *Cose belle*, Hunter racconta fra le altre cose la storia della sua dipendenza dal crack: lo sballo e il down, il caos, la tentazione e la depravazione.

«Fumare crack richiede un certo grado di dimestichezza, nonché gli strumenti giusti» scrive nel capitolo 7 intitolato «Il crack».

«[...] sperimentai quello che viene comunemente chiamato *bellringer*, "campanaro": il Santo Graal del crack. La sensazione è di totale, assoluto benessere. [...] Rincorsi quello sballo, a intermittenza, per i successivi tre anni» dal 2017 al 2020.[3]

Hunter e sua moglie, Melissa Cohen, hanno un figlio piccolo, Beau Biden jr, che chiamano affettuosamente «Beauie» e che porta il nome del fratello del padre.

Il presidente Biden, pieno di rimorsi per i continui attacchi repubblicani a Hunter, disse a un amico: «È tutta colpa mia. Non succederebbe niente di tutto questo se io non fossi il presidente.

«Non la smetteranno mai, cazzo» si lamentò.

L'11 giugno 2024 Hunter fu giudicato colpevole di tutti e tre i capi d'accusa penali relativi al possesso di armi.

Il presidente Biden disse: «Accetterò l'esito di questo caso e continuerò a rispettare il processo giudiziario mentre Hunter decide se ricorrere in appello» prendendo in questo modo le distanze da Trump.

«Jill e io ci saremo sempre per Hunter e per il resto della nostra famiglia, con affetto e sostegno. Questo non cambierà mai.»

66

I segreti sono sempre esistiti. E spesso i segreti hanno un peso enorme, soprattutto nelle relazioni umane. Che cosa pensano davvero l'uno dell'altro i personaggi principali? Che cosa c'è dietro le quinte che altri potrebbero non notare né immaginare? Quali potrebbero essere le forze trainanti non espresse né visibili?

L'esasperazione e la sfiducia del presidente Biden nei confronti del primo ministro israeliano Netanyahu covavano da anni, e nella primavera del 2024 finalmente esplosero.[1]

«Quel figlio di puttana, Bibi Netanyahu, non è una brava persona. È un pezzo di merda!» si sfogò in privato Biden con uno dei collaboratori più stretti. «Un dannato pezzo di merda!

«Non gliene frega un cazzo di Hamas. Gli importa solo di se stesso.»

Il presidente era amareggiato e sfiduciato nei confronti di Netanyahu che, lo aveva capito, gli mentiva regolarmente.

Netanyahu stava distruggendo l'intera regione di Gaza, martellando uno dei luoghi più densamente popolati del pianeta con un numero di bombe stimato in 45.000.[2] Quasi la metà, il 47 per cento, dei 2,2 milioni di abitanti erano ragazzi al di sotto dei 18 anni. Centinaia delle bombe sganciate su Gaza erano ordigni da 900 chilogrammi. La carneficina ricordava alcuni dei peggiori bombardamenti della Seconda guerra mondiale.

Netanyahu continuava a ripetere che avrebbe ammazzato fino all'ultimo membro di Hamas.

Biden gli aveva detto che era impossibile, minacciando sia in privato sia in pubblico di interrompere le forniture americane di armi offensive.

Netanyahu promise a Biden che Israele avrebbe cambiato strategia e avrebbe colpito Hamas con operazioni più mirate e sofisticate. Avrebbero adottato la caccia più sistematica e paziente che avevano impiegato per eliminare i militanti palestinesi di Settembre nero responsabili dell'uccisione di undici atleti israeliani durante le Olimpiadi di Monaco del 1972.

Avrebbero smesso di sparare missili e artiglieria senza una strategia, di lanciare bombe di grosso calibro sulle zone urbane. Ma Netanyahu continuava a emanare esattamente ordini di quel tipo.

Prima del 7 ottobre la leadership di Netanyahu era a pezzi.[3] Contro di lui erano in corso processi che lo vedevano accusato di corruzione, frode e abuso di potere e che erano stati rimandati diverse volte, ed era stato ampiamente criticato per aver promosso riforme del sistema legale e giudiziario che indebolivano l'indipendenza della magistratura. Netanyahu era andato vicinissimo a essere cacciato.

Ma dopo l'attacco su larga scala del 7 ottobre, Netanyahu aveva messo da parte le questioni del disastroso fallimento dell'intelligence e della sicurezza israeliane, ed era risorto dalle sue ceneri ponendosi come un forte leader di guerra.[4] Israele si era stretto attorno al suo primo ministro. Continuare il conflitto lo proteggeva.

Il presidente Biden disse a un amico che Netanyahu si stava adoperando con ogni mezzo per salvarsi politicamente ed evitare il carcere.

Biden era sbalordito dal fatto che la leadership di Bibi avesse resistito.

«Perché non c'è stata un'insurrezione interna?» chiese. «Un'ampia insurrezione interna per cacciarlo in qualche modo? Liberatevene!»

Il presidente Biden si lamentava amaramente del fatto che Netanyahu non avesse dedicato neanche un minuto a un piano per Gaza e la regione dopo la fine della guerra. Lo sapeva per via delle numerose chiamate sicure intercorse con il primo ministro israeliano e i diversi incontri avuti da Blinken negli ultimi sei mesi.

La Casa Bianca passava ai media brevi informative delle telefonate fra i due leader, suggerendo che erano state proficue e cordiali.

«Io penso che veda se stesso in primo luogo come il salvatore di Israele» disse di Netanyahu Avril Haines. «Secondo, non vuole perdere l'eredità di ciò che ha fatto finora e non vuole essere ricordato come il primo ministro del 7 ottobre.

«Per come la vedo io, in questo momento la sua politica sta sicuramente influenzando le sue decisioni» concluse Haines.

Subito dopo il 7 ottobre Biden aveva fatto pressioni su Netanyahu perché non attuasse un'invasione di terra a Gaza. Israele era andato avanti comunque. Biden aveva insistito perché il primo ministro consentisse l'ingresso degli aiuti umanitari a Gaza, ma i blitz militari di Israele avevano reso praticamente impossibile farli arrivare.

La catastrofe umanitaria continuava a peggiorare.

Il segretario di Stato Blinken lavorava quasi senza interruzione da mesi. Era esausto, prosciugato fisicamente ed emotivamente dalle trattative interminabili con Netanyahu.

Biden aveva ammonito il primo ministro israeliano a non condurre un'offensiva militare a Rafah. Netanyahu aveva preso tempo, aveva obiettato, aveva proposto un piano per spostare i civili. Ma alla fine aveva mandato l'esercito.

«È un fottuto bugiardo» disse Biden. «Diciotto su diciannove di quelli che lavorano per lui sono dei fottuti bugiardi.»

Biden era convinto che se avesse rotto in maniera netta e pubblicamente con Netanyahu, avrebbe messo a repentaglio la sicurezza di Israele... e non voleva farlo, non dopo il 7 ottobre. L'Iran ed Hezbollah osservavano.

Netanyahu ampliò l'intervento militare, e alla fine di maggio fu costretto a scusarsi dopo che un attacco a sud, nei pressi del varco di Rafah, aveva ucciso decine di civili in un campo profughi, in una zona che Israele aveva designato come sicura.[5] Lo definì un «tragico incidente». Nell'operazione erano state usate munizioni di fabbricazione statunitense. Alla fine di maggio 2024 a Gaza erano state uccise almeno 35.000 persone.[6]

Benny Gantz, una figura chiave nel Gabinetto di guerra nonché il massimo avversario politico di Netanyahu, rassegnò le dimissioni il 9 giugno, il che significava che il primo ministro era ancora più ostaggio dei membri di estrema destra della sua coalizione.

«Purtroppo, il signor Netanyahu ci impedisce di conseguire una vera vittoria, che è la spiegazione della tragica crisi in corso»[7] disse Gantz. Sollecitava il primo ministro a fissare una data per le elezioni in Israele. I sondaggi mostravano che Gantz lo avrebbe battuto.

L'attacco del 7 ottobre era stato «il più grande fallimento operativo e di intelligence nella storia dello Stato di Israele» disse Sullivan. «I servizi segreti avrebbero dovuto esserne al corrente. E anche se non lo sapevano prima che avvenisse, avrebbero dovuto fermarlo. Non erano certo la Wehrmacht» aggiunse. «Erano un paio di migliaia di tizi in scarpe da tennis che avanzavano allo scoperto.» La guerra a Gaza aveva fatto molto poco per ristabilire la reputazione delle forze di difesa israeliane.

In giugno, l'esercito recuperò altri quattro ostaggi in mano ad Hamas, ma durante l'operazione rimasero uccisi almeno 274 palestinesi, e i feriti furono centinaia.[8] Israele accusò Hamas di aver circondato gli ostaggi di civili a Nuseirat, un campo profughi affollato.

Il presidente Biden era riuscito a evitare l'allargamento del conflitto in Medio Oriente, per il momento, ma non ad arginare il governo di Israele per impedire una catastrofe umanitaria a Gaza. Non avrebbe modificato la politica nei confronti di Israele e avrebbe continuato a fornire a Netanyahu miliardi di dollari in aiuti militari.

Con Israele, Biden camminava su un filo che si stava sfilacciando rapidamente.

67

Nella battaglia politica per la presidenza, alla vigilia delle elezioni del 2024 la violenza era una delle principali preoccupazioni dell'elettorato americano.

«Se si verifica un attentato terroristico nel nostro Paese, la partita per Biden è chiusa» disse preoccupato il senatore Lindsey Graham. Trump vince.

«È un'eventualità concreta. Ricordiamo tutti l'11 settembre. Biden ha problemi al confine. Ha per le mani un mondo vulnerabile che può sfuggire al controllo e colpire l'America.»

Trump stava usando la crisi alla frontiera meridionale come pezzo forte della sua campagna che cavalcava la paura. «Un sacco di gente viene dall'Iran, un sacco dalla Cina, un sacco dalla Russia. Interessante»[1] disse a un comizio elettorale in South Carolina il 10 febbraio 2024. «Sono quasi tutti uomini, dai 18 ai 25 anni. Proprio l'età per combattere. Quindi hanno in mente qualcosa e noi non lo tollereremo. Stanno distruggendo il nostro Paese, quel branco di fascisti» disse Trump riferendosi all'amministrazione Biden. «Stanno distruggendo il nostro Paese.»

«Trump sta diventando una mina vagante» osservò Graham. «Quei processi... Credo che scuoterebbero chiunque.»

Il linguaggio di Trump si stava facendo via via più violento e aggressivo, promettendo di farla pagare a chi indagava su di lui e lo accusava, come Alvin Bragg e Jack Smith, e agli ex funzionari che lo avevano criticato.[2]

Si stava rivelando una delle corse alle elezioni più pericolose e imprevedibili della storia americana.

«Biden ha perso il controllo del suo destino» disse Graham. «Il suo destino è nelle mani del destino, per così dire. Un singolo evento potrebbe cambiare il risultato delle elezioni.

«È la sfida elettorale più strana che io abbia mai visto» aggiunse. «Ma quello che dico alla gente è: voi vi preoccupate di novembre, io mi preoccupo di domattina. Ho paura che potremmo essere colpiti.»

68

«Sei il bersaglio numero uno della nostra lista» sogghignò un uomo che si era avvicinato a pochi centimetri dalla faccia dell'ex capo dello Stato maggiore congiunto Mark Milley a un evento pubblico nella primavera del 2024.

«Non ho tempo per queste cose» ribatté Milley, e si allontanò.

Non era la prima minaccia che riceveva, e non sarebbe stata l'ultima. Milley era andato in congedo alla fine del settembre 2023. I media gli avevano riconosciuto l'impegno a proteggere l'ordine costituzionale degli Stati Uniti durante l'ultimo anno della presidenza Trump.[1]

Furibondo per i commenti dei media, l'ex presidente aveva tirato fuori una telefonata non ufficiale che Milley aveva fatto al generale Li Zuocheng, il suo omologo cinese, due giorni dopo l'insurrezione del 6 gennaio al Campidoglio. Ne ho parlato in *Pericolo*, il libro che ho scritto a quattro mani con Robert Costa.

«So che da fuori la situazione può sembrare precaria» disse Milley, rassicurando il generale Li che il governo degli Stati Uniti era stabile e non al collasso. «È solido al cento per cento. Va tutto benissimo.»[2]

Milley testimoniò inoltre sotto giuramento al Congresso che aveva fatto quella telefonata per assicurare ai cinesi: «Non abbiamo intenzione di attaccarvi».[3] E rafforzare la stabilità in un momento di straordinaria instabilità del governo americano.

Ma Trump definì la telefonata di Milley «un'azione così oltraggiosa che, in passato, sarebbe stata punita con la MORTE! Questo atto di tradimento sarebbe potuto sfociare in una guerra fra Cina e Stati Uniti».[4]

Da quando era andato in congedo Milley aveva ricevuto una serie interminabile di minacce di morte che attribuiva, almeno in parte, ai ripetuti tentativi di Trump di screditarlo.

«Istiga le persone alla violenza usando una retorica violenta» disse Milley a sua moglie. «Ma lo fa tramite il potere dell'insinuazione, che è esattamente quello che ha fatto il 6 gennaio.»

La carica che aveva ricoperto gli dava diritto a guardie del corpo governative per due anni. Ma lui aveva preso ulteriori precauzioni a sue spese, installando vetri antiproiettile e tende a prova di esplosione alle finestre di casa.

«Ordinerò loro di tornare in servizio attivo e poi li porterò davanti alla corte marziale!» urlò Trump nello Studio Ovale nel 2020, l'ultimo anno della sua presidenza.

Gli allora capo di Stato maggiore congiunto Mark Milley e segretario della Difesa Mark Esper erano presenti, e guardarono il presidente Trump scioccati.

Due ufficiali militari a quattro stelle in congedo stavano avanzando durissime critiche personali a Trump sulla stampa. Trump era furente.

«Traditori!»[5] gridò.

Il primo dei due ufficiali a rilasciare commenti pubblici era stato l'ammiraglio della Marina William McRaven, il comandante delle operazioni speciali americane a capo del raid che aveva ucciso il leader di al-Qaida Osama bin Laden dieci anni prima. In un editoriale sul «Washington Post» del febbraio 2020 McRaven scrisse: «In quanto americani, dovremmo essere spaventati a morte per il futuro della nazione. Quando uomini e donne onesti non possono dire la verità, quando i fatti sono scomodi, quando l'integrità e il carattere non contano più, quando l'ego e l'istinto di conservazione del presidente sono più importanti della sicurezza nazionale... allora niente può impedire il trionfo del male».

In un pezzo precedente comparso sul «New York Times» McRaven aveva affermato: «È venuto il momento di un'altra persona nello Studio Ovale – repubblicana, democratica, indipendente, non importa –, prima è, meglio è. Il destino della nostra repubblica dipende da questo».

Il secondo critico di alto profilo era il generale in congedo Stanley McChrystal, che aveva comandato le forze USA e NATO in Afghanistan dieci anni prima. McChrystal era comparso di recente alla CNN e aveva definito Trump «immorale» e «disonesto».

Trump era incavolato nero.

Dei fantasmi a quattro stelle di un lontano passato che avevano prestato servizio sotto presidenti sia repubblicani sia democratici tornavano per ossessionarlo.

A Trump non piaceva lasciare le critiche senza risposta. Voleva vendetta.

Nel suo ruolo di comandante in capo, il presidente aveva uno straordinario potere sugli ufficiali in congedo. Era sua prerogativa richiamarli in servizio attivo e sottoporli alla corte marziale. Ma nella storia americana era capitato solo in rarissime occasioni, e per reati molto gravi. Per esempio, nel 2017, quando un due stelle aveva ricevuto sei capi d'accusa per stupro di minore mentre era in servizio attivo negli anni Ottanta.

Milley ed Esper consigliarono a Trump di non farlo.[6] Intraprendere un'azione così aggressiva verso eminenti ufficiali gli si sarebbe ritorto contro. McRaven e McChrystal, per tradizione e per legge, avevano il diritto di esprimere la loro opinione. Richiamarli sarebbe stato storicamente senza precedenti e avrebbe solo attirato l'attenzione sui loro commenti nei riguardi di Trump.

Il presidente non voleva sentirselo dire.

«Signor presidente» disse Milley, «sono l'ufficiale di grado più elevato responsabile dell'ordine e della disciplina dei generali, e me ne occuperò io.»

Trump si girò di scatto. «Lo farà davvero?» chiese in tono scettico.

«Assolutamente» gli assicurò Milley.

«Okay, se ne occupi lei» disse il presidente Trump.

Milley chiamò di persona McRaven e McChrystal e li avvertì di quello che aveva in mente Trump. Dovevano fare un passo indietro.

«Abbassate i toni» disse Milley. Se Trump avesse usato la sua autorità per richiamarli in servizio, c'era poco che Milley potesse fare.

Nel giugno 2024 Milley temeva che nel caso in cui Donald Trump fosse stato rieletto avrebbe potuto riprovarci, stavolta richiamando lui e altri ufficiali per sottoporli alla corte marziale con l'accusa di tradimento.

«È una pubblicità ambulante di quello che intende fare» avvertì gli ex colleghi, «continua a ripeterlo, e non è solo lui, sono anche quelli che gli stanno intorno.»

«Lo riterremo responsabile» disse di Milley il fedelissimo di Trump Steve Bannon nel suo podcast, «War Room». Bannon, che era stato condannato per aver ignorato un mandato di comparizione del Congresso dalla commissione della Camera sui fatti del 6 gennaio, stava per iniziare a scontare una condanna a sei mesi di carcere.

Nell'ultimo anno della sua presidenza, Trump aveva anche provato in più occasioni a usare l'esercito contro i cittadini americani, come nell'estate del 2020 per sedare le proteste di Black Lives Matters.

«Non potete spararagli?» aveva chiesto al segretario della Difesa Esper il 1° giugno 2020, riferendosi ai manifestanti di Washington DC. «Spararagli alle gambe o qualcosa del genere?»[7]

«Mandiamo l'esercito»[8] mi disse Trump infervorato il 3 giugno 2020, durante un'intervista telefonica. Trump non pareva interessato ad affrontare la sostanza delle proteste: il brutale assassinio di un nero da parte di un poliziotto. Quello che lo preoccupava era che i dimostranti stessero facendo apparire deboli lui e la sua amministrazione.

In un'altra intervista del giugno 2020 gli dissi: «Abbiamo una cosa in comune. Siamo bianchi, privilegiati... mio padre era un avvocato e un giudice dell'Illinois. E sappiamo che cosa ha fatto suo padre.

«Non ha l'impressione che quel privilegio l'abbia isolata e rinchiusa in una torre d'avorio, in una certa misura?» gli domandai. «Come ha rinchiuso me – e penso un sacco di altri bianchi privilegiati – in una torre d'avorio? E che dobbiamo trovare il modo di uscirne per comprendere la rabbia e la sofferenza, in particolare, che i neri provano in questo Paese?»

«No» rispose Trump in tono aggressivo. «Lei ci crede ciecamente, non è vero? Ma si sente quando parla? *Wow.* No, non ho affatto quell'impressione.»

«No?» chiesi di nuovo.

«Ho fatto più io per la comunità nera di qualunque altro presidente della storia, tranne forse Lincoln»[9] dichiarò.

Milley ed Esper lo dissuasero a fatica dal mandare 10.000 soldati nella capitale quell'estate.[10]

Esper spiegò a Trump le sfide e la logistica richieste dal dispiegare truppe d'élite a Washington. Ci sarebbe voluto tempo. Non era una cosa semplice.

«Voglio che se ne incarichi lei, generale»[11] disse Trump rivolgendosi a Milley.

Milley alzò le mani come a dire «non spari».[12] «Sono un consigliere, signor presidente. Non comando i soldati» disse.

Furibondo, Trump si alzò in piedi e urlò che nessuno voleva aiutarlo.

«Diamo l'impressione di essere deboli!»[13] urlò ai due uomini. «Siete dei perdenti! Siete tutti dei fottuti perdenti!»

«Sembravamo sul punto di superare una cupa linea rossa»[14] scrisse Esper nella sua autobiografia, *A Sacred Oath*. «Ci eravamo arrivati vicini altre volte in passato, ma mai su una cosa tanto importante, e mai con una tale rabbia.

«Che cosa succederebbe, mi chiesi, se non ci fossimo noi?»[15] Si riferiva ai funzionari del Gabinetto di Trump che lo avevano ripetutamente trattenuto dal prendere decisioni stupide o pericolose, compresa quella di usare l'esercito contro dei cittadini americani.

Per Milley ed Esper, l'ultimo anno di presidenza di Trump aveva richiesto uno sforzo a tempo pieno per tener fuori l'esercito da questioni di ordine pubblico interno.

Nella campagna elettorale del 2024, Trump e i suoi consiglieri stavano già parlando di come avrebbe potuto usare l'esercito all'interno degli Stati Uniti nel caso fosse stato rieletto.

Per esempio, la sua soluzione alla crisi dell'immigrazione era di eseguire «la più grande operazione di deportazione della storia americana».[16]

«Se pensassi che la situazione stia sfuggendo al controllo, non avrei alcun problema a usare l'esercito»[17] disse in un'intervista a «Time» nell'aprile del 2024. «Nel nostro Paese dev'esserci ordine pubblico.

«Quelli non sono civili. Sono persone entrate illegalmente nel nostro Paese. È un'invasione.

«Occorre fare ciò che è necessario fare»[18] concluse.

Stephen Miller, consigliere per le politiche sull'immigrazione di Trump nonché autore dei suoi discorsi, aveva parlato di costruire grandi campi per metterci i migranti in attesa di essere deportati.

«Usiamo l'esercito per rastrellare, mettere nei campi e deportare oltre undici milioni di migranti senza documenti» disse Tom Homan, ex capo *ad interim* della Immigration and Customs Enforcement sotto Trump.

Il linguaggio violento ricordava i campi di internamento istituiti per i giapponesi americani nel corso della Seconda guerra mondiale, noti come «centri di ricollocamento».

Esper dichiarò anche che il presidente Trump aveva portato gli Stati Uniti sull'«orlo» della guerra diverse volte.[19]

«Durante i diciotto mesi in cui ho prestato servizio come segretario della Difesa, il presidente o qualcuno dei suoi consiglieri alla Casa Bianca proposero in diverse occasioni di adottare qualche tipo di azione militare contro altre nazioni» disse Esper nella sua autobiografia.

Il presidente Biden ha avuto un solo segretario della Difesa: Lloyd Austin. Quando se ne andò dalla Casa Bianca nel gennaio del 2021, Trump ne aveva cambiati cinque.

L'ex segretario della Difesa James Mattis era così preoccupato che Trump scatenasse una guerra nucleare con la Corea del Nord durante il suo mandato che dormiva con addosso la tuta da ginnastica.[20] Pronto in caso di emergenza a partecipare a una chiamata su una linea sicura, una National Event Conference, per gestire la situazione. Se la Corea del Nord avesse lanciato un missile balistico intercontinentale (ICBM), Trump aveva dato autorità al segretario della Difesa di abbattere il missile che minacciava gli Stati Uniti.

«Se lui spara, spara»[21] mi disse Trump durante un'intervista parlando del leader nordcoreano Kim Jong Un.

L'atteggiamento noncurante riguardo alle armi nucleari e la diplomazia aggressiva decisa d'impulso terrorizzavano i consiglieri per la sicurezza nazionale di Trump.

Mattis andò alla National Cathedral di Washington a pregare e a prepararsi all'eventualità di dover usare armi nucleari contro la Corea del Nord per difendere gli Stati Uniti.

In base alle mie inchieste, il linguaggio e il comportamento di Trump a volte hanno rappresentato un rischio per la sicurezza nazionale: sia durante la sua presidenza sia dopo. Molti dei suoi funzionari di Gabinetto di livello più alto hanno detto pubblicamente che Trump non dovrebbe più fare il presidente, e nemmeno essere candidato.

Fra costoro ci sono: l'ex vicepresidente Mike Pence; l'ex segretario della Difesa Mark Esper; l'ex capo dello Stato maggiore congiunto generale Mark Milley; l'ex consigliere per la sicurezza nazionale John Bolton; l'ex segretario della Difesa James Mattis; l'ex direttore dei servizi segreti Dan Coats; l'ex capo di Gabinetto John F. Kelly; l'ex capo di Gabinetto Mick Mulvaney; e l'ex segretario di Stato Rex Tillerson.

69

A giugno del 2024, il rischio maggiore per l'eredità di Biden, e per il Paese, era la sua decisione di continuare a correre per un secondo mandato all'età di 81 anni.[1] Se avesse vinto a novembre e avesse coperto l'intero mandato, avrebbe lasciato la Casa Bianca a 86 anni. Biden stava già mostrando segni di declino. Durante le ore di lavoro poteva essere lucido e presente, ma per il resto, soprattutto di sera, era sempre più confuso.

«È esausto per metà del tempo» mi disse alla fine del dicembre 2023 uno degli amici del presidente che era rimasto in contatto con lui. «Si capisce dalla voce.»

L'isolamento di Biden non aiutava, aggiunse. «È la carica che ricopre: non ha occasione di parlare con le persone con cui ha lavorato in Senato e in politica per quarant'anni. Non lo vedono più granché.»

Gli storici e i presidenti hanno scritto ampiamente della solitudine che la carica porta con sé. La concentrazione di potere e la responsabilità sulle spalle del presidente sono così grandi che nessun assistente, membro di Gabinetto o familiare può davvero condividerle.

Nel 2023 uno degli amici più stretti di Biden ricevette una telefonata della vicepresidente Kamala Harris.

«Signora vicepresidente, come sta?»

«Bene» rispose lei. «La chiamo per chiederle – anzi, per implorarla – se non può parlare di più al presidente. Le è molto affezionato. Dovrebbe parlargli più spesso.»

L'amico di Biden fu schietto. Senta, una delle ragioni principali per cui Biden mi telefona è che gli offro la possibilità di lasciarsi andare e di dire liberamente «che testa di cazzo è Joe Manchin». Manchin è il democratico conservatore della West Virginia che è diventato senatore indipendente e ha causato non pochi grattacapi a Biden su leggi importanti.

La vicepresidente si mise a ridere. «Potrebbe essere l'unica ragione per cui si sente ancora a suo agio con me, in una certa misura» disse Harris, «perché sa che sono l'unica persona fra quelle che lo circondano a pronunciare correttamente l'espressione *figlio di puttana*.»

L'ex consulente speciale Robert Hur, incaricato di indagare sulla presunta cattiva gestione di materiale riservato da parte di Biden dopo la sua vicepresidenza, pubblicò un rapporto con l'esito del suo lavoro nel febbraio del 2024.[2] Hur definiva Biden «un uomo anziano ragionevole e benintenzionato con una cattiva memoria». Faceva notare che il presidente aveva avuto «significativi» vuoti di memoria nelle cinque ore di conversazione condotte nell'arco di due giorni, l'8 e il 9 ottobre, nel bel mezzo della crisi israeliana.

Una trascrizione del colloquio di Biden con Hur mostrava che il presidente aveva chiesto:

«Quando ho giurato come presidente?»

«Quando ho smesso di essere vicepresidente?»

«Nel 2009 ero ancora vicepresidente?»[3]

Una lettura non ostile dell'intera trascrizione restituisce un quadro più ragionevole delle esitazioni di Biden.

Per due volte ebbe difficoltà a ricordare la parola «telefax».[4]

«Ha presente, quella cosa con la stampante e... com'è che si chiama, l'apparecchio che...» disse Biden. Il consulente della Casa Bianca suggerì «telefax» in entrambe le occasioni.

Fra i motivi per lasciar cadere le accuse, Hur elencava che «sarebbe difficile convincere una giuria a condannarlo – a quel punto un ex presidente di più di ottant'anni – per un reato serio che richiede una condizione psicologica di lucidità».[5]

Biden era furibondo.

«Sono un uomo benintenzionato e sono un uomo anziano e so benissimo cosa cavolo sto facendo!»[6] dichiarò ai giornalisti dopo che il dipartimento di Giustizia ebbe pubblicato il rapporto. Durante la conferenza stampa che si tenne alla Casa Bianca quella stessa sera, l'8 febbraio 2024, gli venne chiesto della situazione umanitaria a Gaza e lui si riferì erroneamente ad al-Sisi come al «presidente del Messico» solo poche ore dopo aver sostenuto che la sua memoria funzionava «benissimo».

Verso la fine di febbraio, il dottor Kevin O'Connor del Walter Reed National Military Medical Center, che era il medico di Biden dal 2009, lo visitò insieme a un neurologo, due ortopedici e un fisioterapista. Concluse che Biden era «idoneo al servizio».[7]

Nel suo rapporto pubblico il dottor O'Connor riferiva che Biden aveva «una significativa osteoartrosi spinale, una lieve artrosi al piede esito di una vecchia frattura e una lieve neuropatia sensoriale periferica ai piedi» che spiegava la rigidità con cui camminava.[8] Biden si era procurato le microfratture al piede giocando con il suo pastore tedesco nel novembre del 2020.

Il presidente aveva anche dolore all'anca sinistra, che secondo il medico contribuiva all'andatura rigida. Biden si stava sottoponendo a fisioterapia, facendo esercizi e stretching quattro o cinque volte la settimana.

Il dottor O'Connor spiegava inoltre: «Una visita neurologica estremamente accurata conferma di nuovo che non ci sono sintomi coerenti con qualunque disturbo cerebellare o altre malattie del sistema nervoso centrale, quali ictus, sclerosi multipla, Parkinson o sclerosi laterale amiotrofica. La visita ha rilevato una lieve neuropatia periferica in entrambi i piedi. Non mostra alcuna debolezza motoria, ma si può riscontrare una piccola differenza della percezione caldo/freddo».

Semplicemente guardando Biden alla tv, però, altri medici di grande esperienza dissero che il presidente poteva mostrare i primi sintomi della malattia di Parkinson, che progredisce lentamente nel corso degli anni. L'assenza di espressioni facciali, la voce debole e i gesti lenti e meccanici *possono essere* degli indicatori.

Il discorso sullo stato dell'Unione del marzo 2024, ampiamente considerato uno dei più convincenti della sua presidenza, smorzò momentaneamente le speculazioni sulla sua età e le sue abilità cognitive.[9] Biden tenne testa ai disturbatori repubblicani, fra cui la rappresentante Marjorie Taylor Greene, sull'immigrazione e fece appello all'ex presidente Trump perché smettesse di bloccare la legge bipartisan sull'argomento. «Se il mio predecessore sta guardando, anziché fare giochetti politici ed esercitare pressioni sui membri del Congresso perché blocchino la legge, si unisca a me nel dire al Congresso di approvarla» disse Biden. «Possiamo farlo insieme.» Il rappresentante repubblicano James Lankford articolò silenziosamente con le labbra: «Ha ragione».

Tuttavia, guardare altre interviste e conferenze stampa alla presenza di conduttori tv professionisti e senza il gobbo elettronico, con Biden che faticava a pronunciare le parole, poteva rivelarsi un'esperienza tormentosa come farsi cavare un dente. La voce fioca lo faceva sembrare vecchissimo.

Il 10 maggio 2024, dopo una raccolta fondi nella Silicon Valley cui partecipavano circa trenta persone, gli ospiti si lamentarono in privato che era «strano» che Biden avesse usato il gobbo a un evento così ristretto.[10]

Il CEO di una casa di produzione di Hollywood andò da Biden e gli offrì qualche consiglio schietto.

«Stai mandando a puttane la campagna elettorale» disse al presidente. «Tutte le volte che esci e cammini, la gente pensa: "vecchio". Fai in modo che non ti riprendano mentre cammini.»

Il presidente non poteva certo evitare di camminare davanti alle telecamere. Ma la Casa Bianca cercò di distogliere l'attenzione dalla sua andatura attorniandolo di assistenti mentre attraversava il prato diretto al Marine One.

Furono apportati altri aggiustamenti per andare incontro alle difficoltà legate all'età. Biden spesso portava scarpe da ginnastica che offrivano maggior presa e aveva iniziato a usare la scaletta più corta in coda all'Air Force One per ridurre il rischio di una caduta. Precauzioni ragionevoli che potrebbero essere adottate per qualunque persona di 81 anni.

Altre misure, comunque, erano meno consuete. Il comitato elettorale di Biden spesso forniva agli intervistatori una lista delle domande suggerite e approvate. Certe volte gli assistenti della Casa Bianca, quando un reporter aveva la rara opportunità di rivolgere una domanda a Biden, reggevano il microfono allontanandolo da lui se le domande erano troppo aggressive o prevedevano un approfondimento.

Durante un incontro con Jeff Zients, capo dello staff di Biden, alcuni donatori fecero domande sui preparativi di Biden al dibattito presidenziale con Trump, programmato per il 27 giugno. «Il dibattito è tra pochi giorni. Riesci a farlo riposare? A farlo dormire?» chiese un donatore.

«È Biden a dettare i tempi» rispose Zients. «Vuole fare tutto lui, non vuole lo staff. Loro ci provano, ma non è facile controllarlo.»

Fino all'inizio del giugno 2024, la questione dell'età di Biden fu discussa all'interno del suo Gabinetto e tra i consiglieri esperti più come un problema di percezione che di effettive capacità. Biden combatte da sempre un problema di balbuzie, ed era ben conosciuto per le sue gaffe nelle conferenze stampa. I suoi consiglieri sostenevano che la loro esperienza personale con il presidente era molto diversa rispetto alle sue apparizioni pubbliche.

Colin Kahl conosceva bene le idee di Biden in materia di politica estera, avendo lavorato come suo consigliere per la sicurezza nazionale per due anni e mezzo durante la sua vicepresidenza nel periodo 2014-2017, e poi come consigliere capo del segretario della Difesa Austin dal 2021 al luglio 2023. Kahl aveva osservato Biden per quasi un decennio e aveva interagito regolarmente con lui fino all'estate 2023.

Biden aveva detto spesso a Kahl e altri: «Il mio problema non è quello di dire ciò che penso. È quello di dire *tutto* ciò che penso».

«In giro c'è la sensazione che venga protetto dal suo staff» disse Kahl a inizio giugno 2024. Questo «ha creato l'impressione, ovviamente accentuata dai repubblicani, che lui sia vecchio, sia fuori, e in pratica venga trascinato sul palco dal suo staff. E che naturalmente non diriga veramente il governo.

«Certo, è più vecchio» aggiunse Kahl. «E certo, si stanca prima.»

Ma Kahl trovava Biden diverso dietro le quinte. «Le sue capacità mentali non sono affatto ridotte ed è molto ben informato sul mondo. Indipendentemente dal fatto che a qualcuno piaccia o meno la sua politica estera, questa è *realmente* la sua politica. Al cento per cento. Che si parli di Afghanistan, Ucraina o Gaza. Non è la politica di Jake Sullivan. Non è la politica di Tony Blinken. Non è la politica di Lloyd Austin. È quella di Joe Biden.

«Ha messo sotto pressione il suo team, l'ha messo a dura prova. Puoi esortarlo e convincerlo» disse Kahl, «ma alla fine, ti piaccia o no, si tratta di politiche su cui ha riflettuto a lungo basandosi sui suoi quaranta o cinquant'anni di esperienza.»

«È vigile» raccontava l'ex capo dello Stato maggiore congiunto Mark Milley a proposito dell'attenzione dimostrata da Biden nei meeting durante il suo incarico, terminato alla fine di settembre 2023. «Jake Sullivan sembra quasi uno studio legale. Ti carica di roba da leggere. Con Jack devi fare i compiti a casa tutta la settimana. È una cosa positiva, e stiamo parlando di fascicoli di solito alti due o tre dita.

«Ogni volta che partecipavo a un meeting con il presidente, Biden era sempre preparato, senza eccezione. Aveva letto il materiale. Era ovvio che l'aveva letto. E poi si era fatto delle annotazioni, o aveva il portatile aperto e dibatteva le questioni in modo molto coerente ed energico. Era sempre così.

«In tutte le riunioni che ho fatto con lui, e sono state un bel po'» disse Milley, «non l'ho mai visto sonnecchiare, chiudere gli occhi come se dormisse. E ho visto gente con la metà dei suoi anni dormire durante le riunioni, perché a volte il materiale non è particolarmente interessante.

«Era sempre attento e faceva domande pertinenti, ed è sempre stato un ottimo ascoltatore. Non interrompeva le persone, non si comportava mai così, e ascoltava sempre ciò che avevi da dire.

«Magari non è d'accordo con quello che dici, però ti ascolta» aggiunse Milley. «Magari non segue le nostre raccomandazioni, ma presta sempre attenzione.

«Non l'ho mai visto perdere le staffe.»

Il consigliere per la sicurezza nazionale Jake Sullivan ha detto di percepire una differenza fisica tra il Biden con cui aveva lavorato come vicepresidente e quello di oggi. «Ma è difficile per me valutare quella diversità con precisione, perché ho vissuto quel periodo come una specie di continuum.»

«In tutta la mia vita, non ho mai sentito la necessità di registrare qualcuno di nascosto» disse Maggie Goodlander, ex ufficiale dei servizi segreti della Marina e funzionaria del dipartimento di Giustizia, al marito Jake Sullivan dopo aver sentito parte di una conversazione telefonica tra il marito, il presidente Biden e il segretario di Stato Blinken il 4 novembre 2023.

«Il pensiero non mi ha mai sfiorato» aggiunse. Ma Goodlander era convinta che se la gente avesse potuto «sentire Joe Biden in azione» sarebbe stato molto difficile per qualunque persona «ragionevole e in buona fede» non credere che il comandante in capo fosse davvero lui.

Quel giorno era il suo compleanno, e la donna aveva detto al marito che voleva «ascoltare Joe Biden mentre parlava».

Aveva domandato a Sullivan perché Biden in televisione era così straziante, mentre in situazioni come quelle sembrava l'esatto opposto.

«Non ne ho idea» aveva risposto Sullivan. «Non ho spiegazioni per questo.»

I sondaggi indicavano che l'80 per cento degli americani e il 73 per cento degli elettori registrati erano convinti che Biden fosse troppo vecchio per essere all'altezza dell'incarico.[11]

«La gente non è realmente focalizzata su ciò che ha fatto Biden» disse Kahl. «Ha l'impressione che i prezzi siano troppo alti. E se la prende con lui perché è il presidente. Ha la sensazione che il mondo sia in subbuglio, e quindi non lo giudica nel merito.»

Il prossimo presidente degli Stati Uniti avrebbe dovuto affrontare nuove minacce, tra cui la crescente unità e interdipendenza dei suoi avversari.

«L'asse del caos» come lo definiva Kahl. «Russia, Cina, Iran e Corea del Nord sono sempre più connesse tra di loro, soprattutto a causa di due fattori.»

Le sanzioni contro Russia, Iran e Corea del Nord le stavano spingendo a fare sempre maggiore affidamento sulla Cina. Stavano anche sperimentando nuove connessioni reciproche a livello economico che le rendessero meno vulnerabili alle sanzioni e al sistema finanziario americano.

«Non sappiamo ciò che potrebbe fare una Russia ferita post-Ucraina» disse Kahl. Putin in pratica stava utilizzando la guerra in Ucraina per trasformare la società russa in una dittatura molto più nazionalista e militarista.

«Penso sia convinto che la Russia abbia resistito al peggio» disse Kahl di Putin, «e che in definitiva il suo Paese abbia incassato i colpi dell'Occidente e ne sia venuto fuori bene.»

La realtà però non era esattamente così.

L'intelligence americana stimava che dopo l'invasione del febbraio 2022, la Russia aveva perso l'87 per cento del suo esercito pre-guerra. Circa 315.000 soldati russi erano stati uccisi o feriti nella guerra in Ucraina.

«L'esercito russo è stato bastonato» disse Kahl. Se la guerra fosse finita domani, la Russia avrebbe potuto occupare solo il

18 per cento dell'Ucraina. «Uno scenario simile intrappolerebbe in Ucraina dai 100.000 ai 200.000 soldati russi per un periodo lunghissimo, soltanto per occupare quella parte del Paese.»

Biden aveva avuto successo in cose che pochi capivano, disse.

«Non aveva fatto tagli alla Difesa. La Difesa continuava a essere straordinariamente solida. I democratici stanno destinando più di 800 miliardi di dollari all'anno alla Difesa.

«E poi c'è stato un importante investimento nei nostri alleati. Tutto ciò che è stato messo nella NATO nel periodo precedente e in quello successivo allo scoppio della guerra in Ucraina.»[12]

Un segno distintivo della presidenza Biden è stato l'attenzione alla costruzione di alleanze.[13] Ha rafforzato vecchi legami compiendo sette viaggi in Gran Bretagna, stretto nuovi legami con antichi avversari come il Vietnam, e aumentato l'impegno con gli alleati e i partner nell'Indo-Pacifico.

Biden ha visitato due zone di guerra, viaggiando segretamente fino in Polonia e da lì sul treno notturno per far visita a Zelensky in occasione del primo anniversario dall'inizio della guerra in Ucraina.[14] E mentre da Gaza continuavano a lanciare razzi su Israele, è atterrato lì undici giorni dopo l'attacco di Hamas.

Un esame dell'evidenza empirica però indicava che a partire dall'estate 2023 l'età di Biden stava chiaramente incidendo sulla sua capacità di agire in modo coerente nel corso di alcuni eventi pubblici. All'inizio del giugno 2024 sembrava aver imboccato una china discendente.

70

Il 27 giugno, a soli quattro mesi dall'Election Day, il presidente Biden si mosse con passo rigido e strascicato sul palco del dibattito presidenziale negli studi della CNN di Atlanta, in Georgia. Biden, ormai il presidente in carica più anziano della storia americana, esibiva un'aria pallida, stanca e debole, quasi un fantasma. La sua performance incerta e incoerente si sarebbe dimostrata forse una delle peggiori apparizioni pubbliche di un presidente in servizio, innescando una crisi per la sua sopravvivenza politica.

L'ex presidente Trump, di appena tre anni più giovane di Biden, forniva dal palco un'immagine in netto contrasto. Camminando con l'ingombrante pesantezza di un ex giocatore di football, si piazzò dietro al podio a testa alta, compiaciuto e tranquillo.

I due candidati non si strinsero la mano.

Di fronte a domande di routine sull'economia, sulla politica estera, sull'ambiente e sull'immigrazione, Biden fece fatica a trovare le parole e a formulare frasi chiare. La voce era debole e roca, appena udibile. A una domanda sul debito nazionale, Biden rispose:

«In America abbiamo un migliaio di trilionari – voglio dire, miliardari. E cosa succede? Sono in una situazione in cui di fatto pagano l'8,2 per cento di tasse. Se pagassero il 24 o il 25 per cento, uno dei due numeri, incasseremmo 500 milioni, cioè miliardi di dollari nell'arco di dieci anni. Saremmo in grado di sistemare, di cancellare il nostro debito... assicurandoci di essere in grado di rendere ogni singola persona idonea a ricevere ciò che sono stato in grado di fare con il Covid, scusate, con... di affrontare con tutto ciò che dobbiamo fare... Sentite, se alla fine sconfiggiamo... Medicare».[1]

I pensieri apparivano disordinati, confusi.

Era uno spettacolo triste, l'immagine scioccante di un tentativo disperato di rinvigorire la propria immagine.

Mancava completamente di un senso di autorevolezza presidenziale. Durante le domande Biden chiudeva gli occhi, come se dentro di sé combattesse una battaglia per tentare di ricordare, di concentrarsi e di mettere in ordine i pensieri. Mentre Trump parlava, Biden rimaneva spesso a bocca aperta, con gli occhi spalancati e lo sguardo vitreo.

Gli argomenti di Trump erano il suo solito miscuglio di esagerazioni assurde, invenzioni e bugie. Attaccò l'avversario, ma risultò vivace e più autorevole. Biden appariva incapace di reagire e controbattere. Le espressioni facciali di Trump mostravano l'ex presidente nel pieno del suo elemento.

«Non ho capito assolutamente ciò che ha detto alla fine di quella frase»[2] disse Trump dopo che Biden aveva esaurito il tempo a sua disposizione per rispondere a una domanda sulla frontiera meridionale. «E credo che neanche lui lo sappia.»

Ancora prima della conclusione del dibattito, i democratici erano completamente nel panico.[3]

Vi fu un visibile crollo della fiducia dell'opinione pubblica nella capacità di Biden di guidare il Paese, specialmente per altri quattro anni. Leader e donatori democratici iniziarono a fare appello a Biden perché si facesse da parte. E molti dei suoi alleati politici più stretti, compresa Nancy Pelosi, lanciarono una campagna di pressione in tale direzione.

Biden all'inizio minimizzò il dibattito definendolo semplicemente il risultato di una «pessima serata».[4] In una lettera di due pagine indirizzata ai «colleghi democratici» il presidente annunciò di essere «fermamente deciso a rimanere in corsa, a portare a termine la competizione e a sconfiggere Donald Trump».

Ma i suoi consiglieri sapevano che era sufficiente un tentativo maldestro, anche molto meno grave, per far colare a picco tutta la campagna e con lei ogni prospettiva elettorale del Partito democratico. Il problema qui non era soltanto la presidenza. Un'ondata repubblicana alla Camera dei Rappresentanti e al Senato avrebbe conferito a Trump un potere enorme.

Biden e Blinken pranzarono insieme nella piccola sala da pranzo privata a fianco dello Studio Ovale il 4 luglio, appena una settimana dopo l'assoluto disastro del dibattito, che era stato visto da 51 milioni di persone e aveva scatenato uno tsunami di appelli perché Biden si ritirasse.

Blinken avvertiva un enorme senso di responsabilità. Non soltanto aveva lavorato a stretto contatto con Biden negli ultimi ventidue anni, ma lo ammirava profondamente e gli era affezionato. Sapeva che il presidente era certo che qualunque cosa Blinken gli avesse detto aveva come unico fine il bene di Biden e quello del Paese.

Nonostante ciò, Blinken aveva sempre rivestito un ruolo subordinato nei confronti del presidente, persino adesso che era segretario di Stato, e oggi doveva trascendere quella posizione per esplorare da vicino le ragioni che potessero suggerire a Biden di restare oppure abbandonare la contesa.

Era il momento decisivo per affrontare l'argomento tra loro.

«Non desidero vedere il tuo lascito compromesso» disse Blinken. Espose la sua teoria. «Tutte le persone famose ottengono alla fine un giudizio. Ecco il loro lascito.» Un unico giudizio.

«Se la tua decisione ti porta a continuare la corsa e a vincere la rielezione, bene. Se ti porta a continuare e a perdere la rielezione, ecco il giudizio.»

Era la dura realtà. Sgradita ma vera.

«La vera domanda è» disse, «desideri realmente continuare a svolgere questo ruolo per altri quattro anni?»

Biden disse che si sentiva pienamente in grado di svolgerlo ora. Blinken era convinto che fosse vero. L'idea che lo staff nascondesse il declino cognitivo del presidente era ridicola. Aveva toccato con mano la capacità di Biden di affrontare ogni giorno con abilità i problemi più difficili. Ma sarebbe diventato sempre più vecchio e fragile.

La narrazione della campagna elettorale aveva imboccato una svolta improvvisa e poteva diventare impossibile ribaltarla, disse Blinken. «Finché i riflettori rimangono puntati su di te e sulle tue condizioni» continuò, «ciò renderà più difficile la vittoria di novembre, perché l'attenzione deve tornare su Trump, o in alternativa dev'esserci un programma affermativo talmente forte da vincere. Ma finché questo argomento resta predominante, è molto difficile.»

Blinken sapeva che i problemi del figlio Hunter avevano distrutto Biden a livello emotivo, molto più di quanto qualunque estraneo o membro del pubblico si rendesse conto. Un amico intimo del presidente l'aveva definita «la vera guerra», la battaglia che toccava da vicino Biden più dell'Ucraina, più di Israele. Il suo senso di colpa era enorme. Se lui non fosse stato presidente, «il mio meraviglioso figlio», «il mio bambino» non sarebbe finito sotto la lente spietata degli investigatori, aveva detto. Biden era disperato.

I problemi di Hunter tormentavano Biden, «lo destabilizzavano, lo mettevano in ansia e gli sottraevano un mucchio di energie».

Blinken aveva due figli piccoli, e a volte si sentiva stringere la gola al pensiero di «Hunter che sprofondava nell'abisso e di suo padre che tentava disperatamente di tirarlo fuori, di issarlo sulla barca». Biden aveva cercato di proteggere Hunter, ma aveva fallito.

Questa decisione sarà il tuo lascito. Qual è la tua idea? Come vedi la situazione? domandò Blinken.

Biden disse che la sua preoccupazione principale era battere Trump. L'aveva già fatto una volta. Chi era in grado di batterlo? Personalmente non era convinto che Kamala Harris, quantomeno in quel momento, avesse migliori opportunità di lui. Chiese a Blinken cosa ne pensasse.

«Lasci un'eredità straordinaria» disse Blinken elencando i maggiori successi di Biden. Aver sconfitto Trump nel 2020. Aver fatto uscire gli Stati Uniti dal Covid con il miglior rimbalzo economico di qualsiasi altro Paese. «Un curriculum legislativo senza precedenti almeno dai tempi di Lyndon Johnson e forse di Franklin Delano Roosevelt.» Aver ricucito e iniettato nuove energie nelle relazioni internazionali del Paese. Aveva fatto esattamente ciò che aveva dichiarato di voler fare.

«Sono cose cui ho assistito nell'arco di un periodo molto lungo.» Il suo giudizio e la sua capacità di affrontare i problemi erano forti e solidi.

«Riesci a immaginare te stesso in questo ruolo per altri quattro anni? Devi rispondere a questo interrogativo. Ed è diverso dal dire: "Al momento attuale lo sto facendo". È questo che mi preoccupa.»

Intuiva che Biden si stava domandando in che condizioni sarebbe stato nel giro di due o quattro anni.

Ora il quesito più immediato riguardava la campagna. «Ascolta, il problema è che dovrai fare questa vita ogni giorno per i prossimi tre mesi» disse Blinken.

«E la gente continuerà a guardarti attraverso quel prisma. È difficile. Finché il dibattito pubblico è focalizzato su di te e sulle tue capacità, le cose saranno molto difficili, perché il dibattito invece dovrebbe essere focalizzato su Trump.»

Blinken capiva che Biden, che aveva inseguito il sogno della presidenza per tutta la vita, stava pensando di rimanere in corsa.

La situazione del presidente aveva qualcosa del *Leone d'inverno*. Un leader anziano ancora persuaso di essere energico e in grado di governare, e convinto che nessun altro potesse svolgere quel ruolo come lui in un momento difficile.

Ma Biden sembrava anche mantenere una mente aperta sulla questione.

Al termine della conversazione Blinken era convinto che il presidente avrebbe preso attentamente in considerazione tutte le opzioni. Era il famoso metodo Biden: una discussione franca e l'ascolto delle opinioni di tutti, specie di quelle dei suoi consiglieri Mike Donilon e Steve Ricchetti.

Il comportamento di Biden durante il summit NATO tenutosi a Washington dal 9 all'11 luglio non contribuì a dissipare il turbinio di dubbi sulla sua capacità di continuare. Il presidente mostrò pieno controllo della sua politica estera durante la conferenza stampa NATO, ma attirò l'attenzione di tutti con una sfortunata papera, quando presentò il presidente ucraino Zelensky come «presidente Putin».

Dopo meno di un mese, fu la volta di un altro terremoto politico.

71

Sabato 13 luglio, durante un comizio di Trump tenuto durante un raduno a Butler, in Pennsylvania, un cecchino solitario di nome Thomas Matthew Crooks aprì il fuoco dal tetto di un edificio vicino.[1] Trump si portò la mano destra all'orecchio.

«A terra! A terra!» urlarono gli agenti dei servizi segreti. Trump fu fatto subito mettere carponi dietro al podio. Il sangue gli copriva l'orecchio destro e colava lungo la guancia. Gli agenti dei Servizi circondarono l'ex presidente e si mossero per portarlo velocemente via dal palco.

«Aspettate, aspettate» insisteva Trump. Alzò il pugno in aria e gridò alla folla: «Combattere. Combattere. Combattere».

La folla scoppiò in applausi e in grida di «USA! USA! USA!».

Uno spettatore, l'ex capo dei pompieri Corey Comperatore, venne colpito e ucciso da Crooks nel tentativo di proteggere la famiglia dalle pallottole. Altri due spettatori rimasero feriti nella sparatoria.

Trump fu dimesso dall'ospedale la sera stessa. Il giorno dopo aveva in programma una partita di golf nel suo club di Bedminster, in New Jersey, con Lindsey Graham.

«Ehi, domani giochi?» disse Trump. «Io non penso di poterlo fare.»

«Di cosa sta parlando?» disse Graham sorpreso. Non riusciva a credere che Trump pensasse anche solo lontanamente al golf. «Senta, non si preoccupi della partita. Un sacco di gente annulla le partite con me» rise cercando di sollevargli il morale, «però mai in questo modo.»

Trump disse che avrebbe passato il giorno successivo con il figlio più giovane Barron, che ora aveva diciott'anni. «Barron è molto spaventato» disse. «Barron e Melania.»

Graham disse che si sarebbero visti comunque la domenica seguente. Dovevano volare a Milwaukee per la convention repubblicana.

Sull'aereo, Trump si presentò con una grossa garza rettangolare all'orecchio e di ottimo umore. Raccontò la vicenda, di quando aveva voltato la testa per guardare le statistiche sull'immigrazione, aveva sentito un sibilo e qualcosa colpirlo forte all'orecchio. Poi il sangue.

«Era dispiaciuto perché una persona era morta» disse Graham.

I consiglieri di Trump iniziarono a discutere la strategia per la campagna elettorale.

«È impossibile che Biden rimanga in corsa» disse Graham. «Non è possibile.» Gli altri presenti erano in disaccordo. Biden non avrebbe mollato e i democratici sarebbero rimasti al suo fianco.

Trump era tranquillo. Tutti si voltarono verso di lui.

Disse che non sapeva.

Le persone più vicine all'ex presidente capivano che il tentativo di assassinio l'aveva scosso. Si era salvato per un pelo. Era cambiato. Trump e i consiglieri riscrissero il suo discorso per la convention repubblicana per mandare un «messaggio di unità».

Alle 22.30 del 19 luglio, Trump salì sul palco con la garza all'orecchio mandando baci alla folla.[2] Il suo discorso cominciò con un invito alla calma.

«Dobbiamo curare le discordie e le divisioni della nostra società» esordì. «Come americani, siamo tutti legati da un unico fato e da un destino comune. Cresciamo insieme. O andiamo in pezzi. Sono in corsa per diventare il presidente di tutta l'America, non di mezza America, perché non c'è nessuna gloria nel conquistare mezza America.» Frasi di unità quasi poetiche.

Ma non durò a lungo. Dopo venti minuti, Trump ripiombò nella sua solita retorica da gladiatore e proseguì sulla stessa linea per altri settanta minuti.

«Sarà l'elezione più importante di tutta la storia del nostro Paese» dichiarò Trump. «In questo momento la guerra infuria in Europa e in Medio Oriente, e il crescente spettro del conflitto aleggia su Taiwan, Corea, Filippine e tutta l'Asia, e l'intero pianeta è sull'orlo della Terza guerra mondiale.

«Gli armamenti non sono più fatti di carri armati che muovono avanti e indietro sparandosi addosso. Gli armamenti di oggi significano l'annientamento... È ora di un cambiamento. Quest'amministrazione non è in grado di risolvere i problemi. Abbiamo a che fare con gente molto brutale e molto spietata.

«Prendete i dieci peggiori presidenti della storia degli Stati Uniti. Rifletteteci sopra. I peggiori dieci. Se li sommate, non avranno fatto il danno compiuto da Biden. Il danno che ha inflitto a questo Paese è inimmaginabile. Inimmaginabile.»

Due giorni dopo, un nuovo terremoto scosse la competizione elettorale. Domenica 21 luglio il presidente Biden, in isolamento a Rehoboth a causa del Covid, annunciò il suo ritiro dalla corsa per la rielezione.[3] Diede il suo endorsement alla vicepresidente Kamala Harris perché lo sostituisse come candidato alla presidenza. Sarebbe rimasto in carica fino all'insediamento di inizio 2025.

Il presidente aveva parlato con Harris quella mattina, lasciandole soltanto poche ore per prepararsi a entrare in gara.

Quando la verità emerge in modo così chiaro, la politica americana sa muoversi molto rapidamente. A differenza di Trump, Biden mostrava di saper accettare la dura realtà e, nonostante le ambizioni personali, di comprendere quale fosse l'interesse pubblico. Era troppo vecchio per condurre quella campagna elettorale fino in fondo.

Restava da capire quando si sarebbe conclusa quell'estate di sconquassi politici.

«Sono incredibilmente orgoglioso di ciò che hai fatto» disse Blinken a Biden. «Non mi vengono in mente molte altre persone nella tua posizione che avrebbero fatto la stessa cosa.» Rinunciare al potere presidenziale in quelle circostanze era un gesto quasi shakespeariano. «Penso sia la cosa giusta da fare per te, per il tuo lascito e per il futuro del Paese.»

Blinken in seguito disse a un amico che pensava che il gesto più significativo di Biden quel giorno fosse stato l'immediato endorsement di Harris. «Ha evitato terribili lotte intestine nel partito. Ha unificato tutti dietro di lei e ha imposto il suo imprimatur.

«E penso che probabilmente si sia ricordato di come si era sentito nel 2016, quando non aveva ottenuto l'endorsement del presidente Obama» disse Blinken. «Ne era rimasto deluso. Pensava che in quanto suo vicepresidente quello fosse nell'ordine naturale delle cose.»

Ora toccava a Harris.

72

Il direttore della CIA Bill Burns era soggetto a quello che definiva un regolare «sonno interrotto». Era turbato dalla possibilità che in Medio Oriente scoppiasse un vasto conflitto regionale, dai complotti russi, e dall'elevato rischio di un attacco terroristico negli Stati Uniti prima delle elezioni di novembre.

A luglio 2024, i Servizi mostrarono che uno dei più potenti gruppi terroristici attivi in quel momento a livello mondiale, l'ISIS-K, stava pianificando attacchi negli Stati Uniti.

«Sappiamo che stanno organizzando attentati all'estero» disse il direttore Burns. «Molti di questi sono diretti all'Europa. Alcuni, però, agli Stati Uniti.»

Piani di attacchi violenti collegati all'ISIS-K erano già stati sventati senza clamore in Germania, Svezia e altrove, fatto che indicava la crescente portata e pericolosità di un gruppo terroristico dello Stato islamico che aveva radici in Asia centrale e sudoccidentale.

L'ISIS-K era anche responsabile del massacro del 22 marzo presso una sala da concerti di Mosca, dove aveva ucciso più di 130 persone e ne aveva ferite varie centinaia.[1] La CIA aveva intercettato i piani dei terroristi prima dell'attacco e avvertito la Russia. L'ambasciata americana a Mosca aveva diffuso un'allerta di sicurezza il 7 marzo in cui si diceva che gli Stati Uniti stavano «esaminando informazioni secondo cui degli estremisti hanno piani imminenti per colpire grandi assembramenti a Mosca, concerti compresi».[2] La CIA aveva persino indicato il Crocus City Hall come uno dei possibili target. Il presidente Vladimir Putin non aveva dato peso all'allerta. Era stato l'attacco terroristico più grave mai avvenuto in Europa negli ultimi vent'anni. Putin cercò di scaricare la colpa sull'Ucraina.

L'intelligence americana sapeva essere straordinariamente efficiente. Il direttore Burns era consapevole che a volte loro sapevano ciò che sarebbe successo in Russia molto più chiaramente di Putin. La CIA, per esempio, aveva previsto l'ammutinamento di Prigožin almeno «due settimane prima» che il capo della Wagner ordinasse ai suoi raffazzonati ammutinati di marciare su Mosca.

Un mese dopo l'attacco terroristico a Mosca, la polizia americana che si occupava di immigrazione e dogane arrestò otto persone provenienti dal Tagikistan a New York, Philadelphia e Los Angeles, dopo che la CIA, in stretta collaborazione con l'FBI, aveva identificato i loro legami con l'ISIS-K.[3] Gli otto individui erano entrati negli Stati Uniti dal confine sud e avevano richiesto asilo.

Le agenzie di intelligence americane erano anche preoccupate delle minacce provenienti dalla regione del Sahel in Africa occidentale, dove estremisti affiliati ad al-Qaida e all'ISIS stavano pianificando attacchi terroristici. I recenti colpi di Stato in Burkina Faso, Mali e Niger avevano costretto l'esercito americano ad andarsene dalla regione, ostacolando così la raccolta di informazioni. La CIA oggi opera in quei Paesi senza il livello o il genere di capacità di cui disponeva prima dei colpi di Stato.

Burns era anche impensierito da altri punti deboli nel quadro complessivo, compreso il pericolo rappresentato dagli individui radicalizzati, gli attacchi dei «lupi solitari», che potevano comparire all'improvviso e far detonare esplosivi o mettersi a sparare.

Le minacce agli Stati Uniti, comprese quelle agli americani residenti all'estero, non si limitavano ai gruppi terroristici. All'indomani dell'attacco del 7 ottobre di Hamas a Israele, Paesi come l'Iran stavano già manifestando quella che Burns definiva una crescente «propensione al rischio».

Il conflitto tra Israele e Gaza era ancora in una «situazione altamente esplosiva» che poteva trasformarsi in qualsiasi momento in una guerra conclamata in tutto il Medio Oriente, Burns ammoniva regolarmente. Il rischio maggiore era l'apertura di un secondo fronte lungo la frontiera nord di Israele, ai confini con il Libano. Esisteva anche la possibilità di apertura di un terzo fronte in Cisgiordania.

«Una delle cose per me più sorprendenti degli ultimi nove mesi» osservava Burns «è il fatto che la Cisgiordania non sia esplosa.»

E un quarto fronte poteva aprirsi con l'Iran. Il massiccio attacco a Israele con missili balistici dimostrava la nuova propensione al rischio del regime iraniano e del suo leader supremo.

«È la portata della risposta [iraniana] che credo provochi una certa quantità di sonno interrotto» commentò.

Tornando all'anno precedente, il direttore dell'FBI Christopher Wray aveva testimoniato a ottobre al comitato per la sicurezza nazionale del Senato, dichiarando che Teheran continuava a complottare contro esponenti dell'«attuale o precedente» governo americano dopo l'assassinio del leader militare iraniano Qasem Soleimani, avvenuto durante la presidenza Trump nel gennaio 2020.[4] I servizi segreti erano stati allertati dall'amministrazione Biden di una minaccia non specificata a Donald Trump prima del suo comizio del 13 luglio. L'Iran aveva negato qualsiasi coinvolgimento nel tentativo di assassinio dell'ex presidente.

Anche il consigliere per la sicurezza nazionale Jake Sullivan era in costante ansia per le minacce riguardanti il territorio interno. «Una cosa che senza dubbio mi tiene sveglio la notte è la possibile convergenza di intelligenza artificiale e armamenti avanzati. Di ciò che potrebbe significare per gli Stati nostri avversari e per la loro capacità di infliggere danni, e di ciò che può significare per le bande di terroristi» affermava. «La rivoluzione dell'intelligenza artificiale offre enormi opportunità, ma anche molti rischi, e *molto profondi*.»

I Servizi americani stavano anche indagando con attenzione per capire se i russi avrebbero lanciato un secondo satellite Cosmos 2576, la loro ultima arma spaziale, stavolta però dotato di una testata nucleare. Anche se l'intenzione di Putin era quella di utilizzarla come ultima risorsa, «sarebbe stato qualcosa di terrificante per tutti noi» disse Burns.

Durante un viaggio in Cina a giugno, Burns avvisò le sue controparti cinesi. «Si tratterebbe di un intervento indiscriminato» li aveva avvertiti. «Tutti i satelliti che si trovano in un'orbita bassa intorno alla Terra verrebbero distrutti, siano essi cinesi, russi, nostri o europei... A livello teorico, il Cosmos è in grado di infliggere notevoli danni a tutti i sistemi GPS.»

Burns non pensava si trattasse di una minaccia molto probabile, ma era comunque una delle cose che lo facevano trasalire quando il telefono suonava nel cuore della notte.

In un lungo rapporto segreto per il presidente Biden riguardante i suoi incontri in Cina, Burns mise in evidenza che «la solida, crescente partnership nella difesa tra Russia e Corea del Nord ha turbato sensibilmente i cinesi, perché imbaldanzisce Kim Jong Un». I cinesi temevano che ciò rendesse il leader nordcoreano più sconsiderato, specialmente se Kim pensava di non ricevere abbastanza attenzione. Il suo programma missilistico era cresciuto notevolmente, ma dipendeva ancora dal reperimento di materiali al di fuori del Paese. Ciò dava comunque alla CIA la possibilità di interferire in tale commercio.

D'altro canto, il programma nucleare della Corea del Nord era ormai largamente autonomo, e non dipendeva più da tecnologie e supporto stranieri. Kim non disponeva ancora della capacità di dispiegare un'arma nucleare efficiente e accurata su un missile balistico intercontinentale (ICBM) per raggiungere gli Stati Uniti, ma si stava avvicinando al traguardo. Era stato uno degli obiettivi di Kim negli ultimi anni. Parte del rischio della partnership difensiva tra Russia e Corea del Nord, riteneva Burns, era che il flusso di forniture d'armi e risorse poteva scorrere in entrambe le direzioni.

Il direttore della CIA era preoccupato dal fatto che Kim fosse prossimo a raggiungere quel tipo di capacità. «Da un punto di vista logico e razionale non lo farebbe» scriveva Burns, intendendo il lancio di un ICBM con testata nucleare contro gli Stati Uniti. «Sarebbe scoraggiato dal farlo. Ma anche solo la possibilità che sia in grado di farlo è piuttosto allarmante.»

Burns descrisse il pericolo come l'esito di una «involontaria e non pianificata escalation».

Era un momento estremamente pericoloso per gli Stati Uniti e la stabilità globale, pensava Burns. Le luci rosse dei sistemi d'allarme stavano tutte lampeggiando.

73

«È passata appena una settimana dal tentativo di assassinio e la gente se n'è già dimenticata» disse furioso Jason Miller, assistente principale e direttore della comunicazione di Trump. Miller, un veterano delle campagne 2016 e 2020, era uno degli assistenti più fedeli e uno dei più convinti sostenitori del Make America Great Again. Nei giorni immediatamente successivi alla sparatoria, Trump era stato trattato dai suoi sostenitori quasi come un messia, e la cosa aveva dato un forte impulso alla raccolta fondi e ai sondaggi.

Ma l'uscita di scena di Biden aveva dirottato i titoli dei giornali e l'attenzione di tutti sulla vicepresidente. Alcuni dei media, che secondo Miller appartenevano a una vasta cospirazione progressista di sinistra, l'avevano già incoronata.

«I democratici in pratica l'hanno spedito al crematorio politico» disse Miller di Biden. «Non è molto carino! Hanno messo da parte quel tizio, ed è come se gli avessero dato un paracadute d'oro per altri sei mesi come leader del mondo libero.

«Come farà a combinare qualcosa nel campo dell'economia, dell'immigrazione o altro, anche a livello internazionale? Non puoi concentrarti sugli affari internazionali quando tutti sanno che tra sei mesi sarai fuori dalla partita. Perché pensate che Netanyahu e tutta quella gente, o Zelensky, vogliano incontrare e parlare con il presidente Trump? Perché sanno che Biden tra un po' sarà fuori gioco. Come puoi ottenere un qualsiasi risultato in politica estera quando in pratica ti sei affossato da solo?»

In realtà Biden si era appena liberato le mani, e in teoria poteva ottenere molti più risultati in sei mesi affidando la campagna alla vicepresidente e al suo compagno nella competizione Tim Walz, governatore del Minnesota, per concentrarsi sull'azione di governo.

La missione numero uno per la campagna di Trump era quella di etichettare Harris. Il suo stile era quello di un fuoco diretto e pesante. «Agire in fretta per definire Harris un'incompetente e una progressista radicale» disse Miller. «Il presidente ha battuto più o meno dieci volte su quel tasto nel discorso di ieri sera.»

A un raduno tenuto il 24 luglio a Charlotte, in North Carolina, Trump dichiarò: «Adesso abbiamo una nuova vittima da sconfiggere, la mentitrice Kamala Harris»,[1] definendola anche una «pazza della sinistra radicale», «la vicepresidente più incompetente e di estrema sinistra della storia americana» e «il motore ultra-liberal dietro a ogni singola catastrofe di Biden».

«Nel mondo di Trump, l'arte della sottigliezza non è proprio la nostra specialità» disse Miller.

Ma avevano una strategia?

«La maggior parte degli elettori» spiegò Miller, «la vede [Harris] come una persona poco seria, impreparata, e nei nostri termini incompetente.» La strategia della campagna elettorale dell'ex presidente consisteva nel presentare Trump in netto contrasto: se sei preoccupato per qualcosa – l'economia, l'immigrazione, la criminalità nelle città, il caos globale – vota Trump. «Tornate da me.»

Tutto ciò che avevano preparato per attaccare Biden l'avrebbero tirato addosso a Harris.

«Tieni a mente» disse Miller «che lei era quella che avrebbe dovuto risolvere le cause di fondo dell'immigrazione illegale nel Triangolo del Nord dell'America centrale. Non ha funzionato. Doveva andare da Putin per fare in modo che non invadesse l'Ucraina. Non ha funzionato. Per cui non è che Kamala Harris abbia quest'enorme autorità in materia di politica estera.

«Non credo sia pronta per il grande pubblico» aggiunse Miller.

«Se non sei pronta a partire, se non sei pronta a rispondere ai colpi o a dispiegare una visione, sei destinata a farti sbranare molto in fretta. Non penso che Harris sia pronta per un ruolo di quel tipo. È molto duro.

«Questa competizione elettorale sarà una lotta accanita fino all'ultimo» concluse.

A una convention dell'Associazione nazionale dei giornalisti neri, l'ex presidente Trump ribadì la sua convinzione di essere il miglior presidente per i neri degli Stati Uniti.[2] Lasciando il suo pubblico scioccato e a bocca aperta, Trump dichiarò che Kamala Harris aveva adottato «di colpo» un'identità nera.

«La conosco da parecchio tempo, indirettamente, direttamente non molto» disse Trump, «e lei era sempre di discendenza indiana, e promuoveva soltanto l'eredità indiana. Non ho scoperto che era nera fino a un po' di anni fa, quando di colpo è diventata nera, e adesso vuole essere riconosciuta come nera. Per cui non so, è indiana o nera?»

La madre di Harris proveniva dall'India, e suo padre dalla Giamaica.[3] Kamala è stata allieva della Howard University di Washington, una delle più prestigiose università e college storicamente neri, ed è stata iscritta a una delle più antiche associazioni di studentesse nere del Paese, l'Alpha Kappa Alpha.

«Io le rispetto entrambe» continuò Trump, «ma lei ovviamente no. Perché è sempre stata indiana, e poi di colpo ha cambiato direzione ed è diventata... è diventata nera. E penso che qualcuno dovrebbe esaminare a fondo anche questa questione.»

Dopo l'intervista, Trump è stato sommerso da un'ondata di critiche democratiche e repubblicane.[4] Ha scritto su Truth Social: «Le domande sono state Scortesi e Sgradevoli, spesso sotto forma di affermazioni, ma li abbiamo DISTRUTTI!».

La vicepresidente non ha dato molto peso alle parole di Trump davanti alle telecamere. «È sempre lo stesso vecchio show, argomenti divisivi e mancanza di rispetto» ha dichiarato durante un discorso tenuto quella sera. «Il popolo americano merita di meglio.»

74

Il 25 luglio, il primo ministro israeliano Bibi Netanyahu seguì Kamala Harris attraverso le grandi porte in legno nell'ufficio di rappresentanza della vicepresidente. Sapeva di essere in procinto di incontrare non solo la candidata democratica alle elezioni presidenziali, ma anche, almeno per il momento, la probabile prossima presidente.

Nell'elegante sala in stile europeo dell'Executive Office Building che guarda sull'Ala Ovest, la vicepresidente, i suoi collaboratori di livello più alto e Brett McGurk, il coordinatore per il Medio Oriente della Casa Bianca, sedevano tutti di fronte a Netanyahu, Ron Dermer e l'ambasciatore israeliano Herzog. Su un lato della sala campeggiava la scrivania originale del presidente Teddy Roosevelt. La stessa utilizzata da Nixon durante il Watergate, quella in cui aveva nascosto un registratore. Il mobile contiene anche un cassetto segreto con la firma di tutti i vicepresidenti. Quella di Biden è un grosso scarabocchio.

Harris accolse gli israeliani ribadendo il suo «incessante sostegno allo Stato di Israele» e il suo «ferreo impegno per la sicurezza di Israele».

«Questo punto dev'essere sempre tenuto presente nelle nostre conversazioni» Harris rassicurò Netanyahu. La vicepresidente raccontò che da bambina aveva usato delle scatole azzurre per raccogliere fondi per piantare alberi in Israele. Osservò anche che il marito Doug Emhoff, ebreo, guidava gli sforzi dell'amministrazione per combattere l'antisemitismo.

Ma ciò che stava succedendo a Gaza, continuò Harris, le sofferenze palestinesi e la loro percezione esterna, era molto pericoloso per Israele. «Non date per scontato che gli americani, e in particolare i giovani americani dell'ultima generazione, saranno solidali con Israele come la mia generazione e quella precedente» li avvertì Harris. Il persistente conflitto e la situazione umanitaria a Gaza stavano creando un crescente sentimento anti-israeliano. «Oggi l'opinione pubblica si nutre di informazioni visive» disse. «Vedono le foto provenienti da Gaza e questo incide sul loro modo di pensare.»

Gli israeliani ebbero l'impressione che il tono della vicepresidente riflettesse più un'osservazione che un giudizio negativo. Non si trattava di «una critica diretta» disse l'ambasciatore Herzog. La vicepresidente aveva dichiarato: «Questi sono i briefing e i rapporti che mi arrivano».

«Sono turbata dalla situazione umanitaria a Gaza» continuò la donna fissando Netanyahu. «È una situazione inammissibile. La gente sta patendo la fame. Le condizioni igieniche sono intollerabili. Quattromila persone con un solo bagno nella parte occidentale di Gaza.»

Netanyahu riconobbe il problema igienico. «Ho dato ordine di occuparsene» disse. Negò che i palestinesi di Gaza stessero patendo la fame.

«Nessuno sta patendo la fame a Gaza e non abbiamo nessuna intenzione di affamare la popolazione» disse Netanyahu. «La quantità di cibo che entra a Gaza, comprese le calorie per persona, rispecchia gli standard. Ma non tutto il cibo che entra arriva a destinazione, perché Hamas mette le mani sull'assistenza umanitaria. Hamas razzia il cibo. Hamas...»

«Ok, possiamo discutere dei dettagli, ma qui la percezione resta la stessa» disse Harris.

«Israele ha acquistato a proprie spese tende per la popolazione di Gaza» aggiunse Netanyahu.

Harris passò alle questioni che riguardavano la Cisgiordania, ossia il territorio palestinese sulla riva ovest del fiume Giordano, annessa e occupata da Israele fin dal 1967. Tra due e tre milioni di palestinesi abitano in quella zona, oltre a 400.000 ebrei israeliani che vivono negli insediamenti e negli avamposti.

«È una bomba a orologeria» disse Harris. «Alcuni degli insediamenti israeliani si stanno espandendo notevolmente. La terra viene assegnata agli insediamenti. Avete appena legalizzato cinque avamposti illegali. La violenza dei coloni è in aumento.»

Phil Gordon, il consigliere per la sicurezza nazionale della vicepresidente, notò che Netanyahu negava le accuse.

«Gli insediamenti non si stanno espandendo» disse Netanyahu in tono sprezzante. «Hanno costruito, non si sono espansi. La gente attacca gli ebrei in Cisgiordania. Questa dovrebbe essere la questione principale.»

«Abbiamo un quadro diverso della situazione rispetto a voi» disse l'ambasciatore Herzog. «L'Iran sta cercando di fomentare disordini e attività terroristiche in Cisgiordania. Fanno entrare di nascosto grosse quantità di armi, anche dentro Israele.»

«Sono impegnato a salvare gli ostaggi e ad arrivare a un cessate il fuoco» disse Netanyahu dirottando di nuovo la conversazione sul conflitto a Gaza. «Ma non possiamo concedere una vittoria ad Hamas. Se resta al potere a Gaza, sarà una vittoria di Hamas. Sarà una sconfitta per Israele. Nessun governo israeliano, di destra o di sinistra, accetterà mai una cosa del genere. Nessuno. Non solo io.

«Vogliamo un accordo che porti alla liberazione degli ostaggi, e per ottenerlo siamo disposti a concedere un cessate il fuoco per un certo tempo» disse Netanyahu. «La vostra amministrazione dice di volere un cessate il fuoco, in pratica la fine della guerra, e contestualmente il rilascio degli ostaggi.» Questo non era accettabile per gli israeliani.

Harris ribadì le posizioni di Biden. Nessuno voleva Hamas al potere. «Dare ai palestinesi un orizzonte politico e alla fine uno Stato, ecco quella che la nostra amministrazione ritiene la soluzione giusta. È nostro reciproco interesse non compromettere l'Autorità palestinese» disse, «e iniziare a lavorare sulla governance, sulla sicurezza e sui piani per il giorno dopo.»

«Be', sono cose che oggi non possiamo fare, perché sembrerebbe che stiamo premiando chi ci ha attaccato» rispose Netanyahu.

«È una sfida per Israele» aggiunse. Era convinto che ci fossero ancora trenta ostaggi vivi, tra cui alcuni israeliano-americani. Chiedeva potere di veto su quali prigionieri di Hamas venivano scambiati con gli ostaggi e insisteva sul fatto che in base all'accordo Hamas rilasciasse il maggior numero di prigionieri vivi.

«Capisco, si tratta di questioni importanti» disse Harris, «ma evitate che il meglio diventi nemico del bene. Se continuate a insistere sulla soluzione perfetta per ogni possibile argomento, compresi tutti gli ostaggi, alla fine gli ostaggi saranno morti e la situazione peggiorerà ulteriormente.»

Netanyahu ribatté dicendo di essere a favore di un accordo. «Nessuno può accusarmi di non volere un accordo.»

Dopo circa quaranta minuti, l'incontro si concluse in un clima di cordialità e in buoni rapporti. Harris non si discostò dalla politica di Biden.

«Non ci sono state tensioni. È andata bene, sì, direi che è andata bene» commentò l'ambasciatore Herzog. «Non abbiamo trovato accordo su tutto, ma è stato gestito in modo tale da favorire un dialogo. Ci siamo ascoltati, abbiamo risposto. È stata una discussione politica di routine. Niente da segnalare.»

Quella sera si tenne un incontro con i giornalisti, e la vicepresidente criticò aspramente il trattamento di Israele nei confronti dei civili a Gaza e invocò ancora un cessate il fuoco.[1]

«Non possiamo far finta che queste tragedie non stiano accadendo» disse Harris. «Non possiamo permetterci di assuefarci a questa sofferenza. Io non resterò in silenzio.»

Fu come se avesse lanciato una bomba.

Gli israeliani la interpretarono come un cambio di rotta. «Vuole fare la dura in pubblico» commentò Herzog. «Ma in privato non è stata così tosta.»

Quando Netanyahu vide la sua dichiarazione pubblica, andò su tutte le furie.

«Era piuttosto alterato» disse l'ambasciatore israeliano, «e ne aveva più di una ragione. Se l'opinione pubblica comincia a ritenere che ci sia discordia tra Israele e gli Stati Uniti, questo potrebbe avere un impatto negativo sull'accordo di rilascio degli ostaggi e potrebbe cambiare i piani di Hamas.

«Hamas è convinta che il tempo giochi a suo favore. Credono che Stati Uniti e Israele stiano cominciando a non andare più d'accordo e che a lungo andare gli USA e la comunità internazionale si stuferanno e porranno fine alla guerra a Gaza.» Herzog sosteneva che l'unico modo per tenere sotto scacco Hamas «è la pressione militare sul campo, oltre al fatto che ci siamo impossessati del confine tra Gaza e l'Egitto e abbiamo bloccato significative entrate dal contrabbando».

L'avvertimento che Biden aveva rivolto a Netanyahu dopo il 7 ottobre si stava concretizzando: è molto difficile distruggere un'ideologia. Hamas si stava ridiffondendo nelle regioni di Gaza che Israele aveva distrutto e che aveva dichiarato di aver bonificato. Rischiava di trasformarsi in una spirale di violenza senza fine.

Quello stesso giorno, nel corso di un altro incontro con il primo ministro israeliano tenutosi nello Studio Ovale e durato novanta minuti, il presidente Biden adottò un approccio diametralmente opposto a quello di Harris. Non criticò Netanyahu di fronte ai giornalisti. «Abbiamo molto di cui discutere» disse semplicemente, e Netanyahu lo ringraziò per il suo continuo sostegno a Israele.

«Signor presidente, ci conosciamo da quarant'anni e lei ha incontrato tutti i primi ministri israeliani degli ultimi cinquant'anni, a partire da Golda Meir» dichiarò Netanyahu davanti ai giornalisti.

Biden sorrise. «A proposito di quel primo incontro con il primo ministro Golda Meir... c'era un suo assistente seduto vicino a me, un tizio di nome Rabin.» Yitzhak Rabin era poi diventato a sua volta primo ministro. «Ecco quanto indietro bisogna andare» disse Biden. «All'epoca avevo solo dodici anni» scherzò.

«Il presidente Biden è ancora fortemente coinvolto, ed è lui a prendere le decisioni. Non c'è alcun dubbio» disse l'ambasciatore Herzog.

«Finora non avevo mai avuto l'impressione che l'opinione della vicepresidente Harris avesse alcun impatto sulle nostre questioni. Era sempre presente, certo, ma non ha mai esercitato la sua influenza. Forse ora che si è candidata alla presidenza si sente un po' più coinvolta, quantomeno dal punto di vista pubblico» ragionò Herzog. «Insomma, direi che lei si è schierata più di Biden a favore della linea più – come dire – "progressista" delle critiche mosse a Israele sulla situazione umanitaria o sulla sofferenza delle persone, e via dicendo. Non che Biden non se ne sia occupato, o non gliene importasse o non ne parlasse, ma, vede, alla fine dipende tutto da come si inquadrano le cose, da dove si pone l'accento.»

Le autorità sanitarie palestinesi riportavano che le operazioni aeree e di terra a Gaza avevano causato la morte di oltre 39.000 persone, perlopiù civili, e costretto la maggior parte dei 2,2 milioni di abitanti dell'enclave ad abbandonare le proprie abitazioni.

L'approccio di Harris era diplomatico in privato ma aggressivo in pubblico. E chiaramente aveva un impatto sugli israeliani.

75

Erano i primi mesi del 2024, e un assistente di Trump indugiava fuori dall'ufficio dell'ex presidente a Mar-a-Lago.

Trump gli aveva chiesto di uscire perché desiderava fare una telefonata in privato con il presidente russo Vladimir Putin. Secondo quell'aiutante diverse chiamate erano già intercorse tra Trump e Putin, forse nella misura di sette, da quando Trump aveva lasciato la Casa Bianca nel 2021.

Quando a luglio chiesi al primo assistente per la campagna elettorale di Trump, Jason Miller, se era a conoscenza delle telefonate tra l'ex presidente e Putin, la sua risposta fu: «Ehm, ah, non che... ehm, non che io sappia».

Allo stato attuale, Trump è in grado di comunicare direttamente con Putin?

«Immagino che sappiano come mettersi in contatto tra loro» disse Miller.

Stanno discutendo di come porre fine alla guerra in Ucraina?

«Be', voglio dire, il presidente Trump ha affermato che avrebbe agito in quel senso, e credo che possa farlo. Penso che possa riuscirci anche prima di essere eletto» rispose Miller. Combaciava con quello che Trump stava dichiarando pubblicamente nei comizi.

Il Logan Act vieta ai privati cittadini di negoziare sui conflitti senza l'esplicita autorizzazione del governo statunitense in carica.

«Ma alla fine l'ultima parola spetta a Putin» ricordai a Miller. Non è così?

«No» disse lui «credo che la persona che deciderà sarà il presidente Trump, perché sa bene quali tasti premere sia con Putin sia con Zelensky.

«Delle telefonate non so nulla, quindi respingerei questa ipotesi» aggiunse. «Ma, d'altra parte, si conoscono dai quattro anni alla Casa Bianca. Comunque respingerei questa ipotesi» ribadì a proposito delle chiamate «e farei molta attenzione a dire che adesso sono in contatto o altro.»

«Allo scopo di porre fine a una guerra?»

«Ma questo non accadrà, in fin dei conti non accadrà prima che il presidente Trump vinca il 5 novembre e che sia inequivocabile che riassumerà la carica» disse Miller. «Credo che dopo il 5 novembre il presidente Trump sarà in grado di risolvere la questione, o che l'avrà in buona parte risolta entro il giuramento.»

I conti non tornavano. Trump dichiarava pubblicamente che sarebbe riuscito a risolvere la guerra con una telefonata prima di riassumere la carica?

«Una a ciascuno dei due leader» disse Miller. «Credo che potrebbe riuscirci. Sa dove mettere pressione. Sa cosa motiverà entrambe le parti e credo che possa riuscirci con una telefonata ciascuno.» Intendeva a Putin e Zelensky.

Qualsiasi iniziativa da parte di Trump di comunicare con Putin prima della cerimonia di insediamento il 20 gennaio 2025 scatenerebbe un altro terremoto. Il suo più stretto collaboratore, tuttavia, mi stava spiegando come Trump avrebbe potuto farlo, e che sembrava intenzionato ad agire.

Trump continuò a incontrarsi con altri leader mondiali e, il giorno successivo, venerdì 26 luglio, ricevette a Mar-a-Lago il primo ministro israeliano Netanyahu.

La direttrice dell'intelligence nazionale Avril Haines, incaricata della supervisione di tutte e sedici le agenzie d'intelligence americane, tra cui la National Security Agency, evitò accuratamente di rispondere alla domanda sui sette presunti contatti tra Trump e Putin: «Non posso affermare di essere a conoscenza di tutti i contatti con Putin» riferì. «Né posso sostenere di essere a conoscenza di quanto il presidente Trump abbia o non abbia fatto.»

Durante le mie interviste con Trump, nel 2020, l'allora presidente non era restio a vantarsi della sua affinità con uomini forti come il presidente russo Putin e il presidente cinese Xi, e mi aveva consegnato le «lettere d'amore» che si era scambiato con il leader nordcoreano Kim Jong Un.

La relazione di Trump con Putin era un argomento che aveva lasciato perplesso anche Dan Coats, uno dei direttori dell'intelligence nazionale sotto l'amministrazione Trump, in carica per due anni e mezzo, dal marzo 2017 all'agosto 2019.

«Per me resta un mistero su come avvengano le trattative con Putin e cosa gli dica» affermò Coats nel maggio 2024. «È un enigma ancora irrisolto.»

Coats aveva lavorato con la squadra della sicurezza nazionale più vicina a Trump, all'apice del sistema nervoso centrale dell'establishment dello spionaggio americano, ed era a conoscenza dei suoi segreti più intimi. Aveva un posto in prima fila per tutto ciò che riguardava le parole e le azioni del presidente.

«Non dice mai nulla di negativo su Putin, ne parla solo bene. Per come la vedo io» disse Coats «fa un po' paura.

«Ci sono dei ricatti di mezzo?» si era chiesto. Non era mai riuscito a scoprirlo. Ma c'era sotto qualcosa, ne era sicuro.

«Putin è un grande manipolatore» sentenziò il direttore della CIA Burns. «È stato addestrato a farlo.» Tutti i leader mondiali ne riconoscevano la maestria in quel campo.

Prima delle elezioni del 2016, Putin aveva fatto un commento su Trump in russo, che era stato tradotto in inglese come se avesse detto che riteneva Trump «brillante».

«In realtà la parola in russo era "pittoresco", che non è esattamente lo stesso tipo di complimento» chiarì Burns.

«Ci sono alcuni aspetti del trumpismo che piacciono a Putin» disse Burns ai suoi colleghi. «Di sicuro, per quanto riguarda l'Ucraina, ha capito che è molto più probabile che volterà le spalle agli ucraini e a Zelensky. Quindi, da quel punto di vista, gli piace.» Molto più difficile era dedurre l'opinione di Putin sull'inaffidabilità e la natura imprevedibile della leadership di Trump, che non piaceva né al presidente russo né a Xi.

«Ma anche adesso Putin ha il suo piano per gestirlo» disse il direttore della CIA, «proprio come è accaduto quando Trump era presidente.»

Il 23 maggio, Trump dichiarò che, se fosse stato eletto presidente a novembre, Putin avrebbe rilasciato il giornalista del «Wall Street Journal» Evan Gershkovich, che si trovava in una prigione russa.

Trump scrisse su Truth Social: «Evan Gershkovich, il reporter del "Wall Street Journal" che è trattenuto in Russia, verrà rilasciato immediatamente dopo le elezioni, sicuramente prima che io assuma l'incarico. Tornerà a CASA, SANO E SALVO, E CON LA SUA FAMIGLIA.

«Vladimir Putin, il presidente della Russia, farà questo per me, e per nessun'altro, e NON PAGHEREMO UN DOLLARO!»

Trump non incluse le motivazioni che sottendevano a questo accordo.

Il portavoce del Cremlino Dmitrij Peskov fu interpellato a proposito di quelle affermazioni e dichiarò che Putin «naturalmente non aveva avuto alcun contatto con Donald Trump».

Il 1° agosto, dopo mesi di negoziati riservati condotti dal presidente Biden e Sullivan, che coinvolgevano almeno sette Paesi, Evan Gershkovich venne scarcerato assieme agli americani Paul Whelan e Alsu Kurmasheva. Il loro rilascio faceva parte del più importante scambio di prigionieri dalla Guerra fredda, e coinvolse ventiquattro individui.

Durante il dibattito presidenziale, l'ex presidente Trump affermò che il presidente Putin «non avrebbe mai invaso l'Ucraina» se ci fosse stato Trump allo Studio Ovale.[1] «Vi dirò cos'è successo, [Biden] è stato così incapace in Afghanistan, è stato un episodio talmente imbarazzante, il momento più imbarazzante nella storia del nostro Paese, che quando Putin ha visto cos'è successo e l'incompetenza dimostrata... Quando Putin l'ha visto, sapete cos'ha detto? Credo proprio che ci muoveremo e forse mi prenderò la mia... Questo era il suo sogno. Gliene ho parlato, del suo sogno. La differenza sta nel fatto che non avrebbe mai invaso l'Ucraina. Mai.»

Dopo aver scritto tre libri sul mandato presidenziale di Trump e condotto oltre otto ore di interviste con lui, posso affermare con tranquillità che è il tipo di persona che dice e fa qualsiasi cosa ritiene sia nei suoi interessi.

Paura, il mio primo libro su Trump, svelava i retroscena di «un esaurimento nervoso» della sua amministrazione, nel corso del quale alcuni alti funzionari avevano sottratto documenti dalla sua scrivania per evitare che Trump sottoscrivesse azioni che avrebbero innescato crisi economiche o riguardanti la sicurezza nazionale.

Nel libro avevo riportato un'affermazione del capo dello staff della Casa Bianca John F. Kelly, un generale della Marina a quattro stelle in pensione, che dell'allora presidente aveva dichiarato: «È un idiota. Cercare di convincerlo su qualsiasi argomento è fatica sprecata. È uscito dai binari. Siamo in una gabbia di matti».

Gary Cohn, il primo consigliere economico di Trump, lo descrisse come «un bugiardo di professione».

John Dowd, l'avvocato personale di Trump nelle indagini condotte da Robert Mueller sulle ingerenze da parte della Russia nelle elezioni del 2016, disse a Trump che era così in malafede che se avesse testimoniato di persona avrebbe finito per indossare «una tuta arancione» e che era «un fottuto bugiardo».

Maggie Haberman del «New York Times» ha scritto che il mio libro *Paura* «descrive la Casa Bianca di Trump come un'organizzazione bizantina, subdola e spesso fuori controllo» e che la sua pubblicazione «ha turbato l'amministrazione e il presidente in parte perché risulta evidente che l'autore ha parlato con molti funzionari in carica e dimissionari».

Il senatore Lindsey Graham assicurò all'allora presidente Trump che io non avevo messo in bocca a lui né a nessun altro parole inventate. Con mia grande sorpresa, Trump acconsentì a essere intervistato per il mio secondo libro sul suo mandato, *Rage*.

«Avrei voluto incontrarla già per l'altro libro» mi disse il presidente Trump da dietro la Resolute Desk, accomodato su una sedia bordeaux, il 5 dicembre 2019. «Ma ci rifaremo, ci rifaremo.»

Trump aveva fatto sistemare sulla scrivania tutta una serie di arredi di scena. Al centro c'era una pila di ordini di comparizione; su un lato, la corrispondenza che Trump si era scambiato con il presidente nordcoreano Kim Jong Un; mentre sull'altro trovavano posto grandi foto che lo ritraevano mentre stringeva la mano e sorrideva a Kim.

All'epoca, la guerra di Trump era la pandemia da coronavirus, e la sua performance tradiva il suo carattere.[2] Quelle interviste mostravano un uomo completamente distaccato dalla verità, fissato sulla sua rielezione e incapace di gestire una vera crisi.

Trump era stato messo in guardia dai suoi consiglieri per la sicurezza nazionale sulla pericolosità del virus e su quanto esso costituisse una grave minaccia per il Paese, ma lui non aveva sviluppato alcun piano di risposta. Non sapeva come usare gli straordinari poteri esecutivi di cui era investito per dare priorità a salvare le vite degli americani. Dichiarazione sprezzante dopo dichiarazione sprezzante, aveva minimizzato e sviato ogni responsabilità nella gestione del problema. In generale non dimostrò alcuna compassione. Nessun coraggio.

«Oh, ce l'ho un piano, Bob» mi disse Trump a proposito del coronavirus ad aprile 2020. «Voglio dire, sa che è quel che è.»[3]

Durante una crisi nazionale, i cittadini cercano una guida nel loro presidente.

«Questa è una guerra» mi disse Trump.

Gli chiesi se si era confrontato con il dottor Anthony Fauci, il nostro massimo esperto sulle malattie infettive. Fauci era il suo Eisenhower?

«Non abbiamo molto tempo a disposizione per fare queste cose, Bob. La Casa Bianca è molto impegnata» rispose Trump.

Giunta l'estate del 2020, già circa 140.000 persone erano morte negli Stati Uniti a causa del virus. Il bilancio finale avrebbe superato 1,1 milioni.

«Vedrà il piano, Bob. Ho centosei giorni a disposizione»[4] mi disse Trump a luglio 2020. Tra centosei giorni si sarebbero tenute le elezioni presidenziali.

Secondo i suoi sondaggisti, quasi certamente il suo mancato intervento riguardo al coronavirus gli costò l'elezione del 2020.

Una volta gli chiesi: «Qual è il compito del presidente?».

Mi rispose: «Proteggere i cittadini».

È una buona risposta, ma Trump non era riuscito a onorarla.

Donald Trump non solo è l'uomo sbagliato a ricoprire la carica di presidente, ma è anche inadatto a guidare il Paese. Trump è stato ben peggiore di Richard Nixon, il presidente che, come la storia ha dimostrato, era un criminale. Come ho già sottolineato, Trump ha governato con la paura e la rabbia. E l'indifferenza verso l'interesse pubblico e nazionale.

Trump è stato il presidente più impulsivo e imprudente della storia americana e sta dimostrando lo stesso temperamento nella sua corsa alle presidenziali del 2024.

76

La pressione locale in Medio Oriente raggiunse un nuovo picco alla fine di luglio. «Bibi, ma che cazzo?!» sbraitò Biden al telefono con Netanyahu. Israele era riuscito a eliminare il comandante militare supremo di Hezbollah, Fuad Shukr, nel corso di un attacco in un sobborgo densamente popolato di Beirut, in cui però erano rimasti uccisi almeno tre civili, mentre la conta dei feriti ammontava a 74.[1] Israele riteneva che Shukr fosse responsabile dell'attacco missilistico sulle Alture del Golan, avvenuto tre giorni prima, che aveva ucciso dodici bambini israeliani che giocavano su un campo da calcio.

«Hezbollah ha superato la linea rossa»[2] aveva spiegato il ministro della Difesa israeliano Gallant in una dichiarazione pubblicata sui social media dopo l'attacco in Libano.

«Un conto sarebbe stato se lo aveste preso vicino al confine» disse Biden a Netanyahu. «Ma in piena Beirut!»

Meno di dodici ore dopo, Israele assassinò uno dei principali leader di Hamas, Ismail Haniyeh, mentre si trovava a Teheran per la cerimonia di insediamento del presidente iraniano Masoud Pezeshkian. Poche ore prima di essere ucciso, Haniyeh era stato fotografato nell'atto di stringere la mano di Pezeshkian. Stando alle informazioni, Israele aveva installato una bomba nella stanza della pensione in cui alloggiava Haniyeh già mesi prima dell'operazione.[3]

In risposta, il leader supremo Khamenei ordinò all'Iran di colpire Israele.

«Il mondo comincia a ritenere che Israele sia uno Stato bandito, che compie atti criminali» rincarò Biden.

«Stiamo parlando di Haniyeh» replicò Netanyahu, «uno dei principali terroristi al mondo. Una persona orribile. Ci si è presentata un'occasione e l'abbiamo sfruttata.»

Haniyeh, che risiedeva in Qatar, era stato una delle figure più coinvolte nella negoziazione e nelle decisioni di Hamas riguardo al cessate il fuoco.

«Più forte si colpisce, più si avrà successo nei negoziati» dichiarò Netanyahu.

Gli attacchi israeliani a Beirut e Teheran di fatto mandarono all'aria mesi di estenuanti trattative per un accordo sul cessate il fuoco.

«Come si può riuscire in una mediazione quando una parte ha assassinato il negoziatore dell'altra parte?» postò sui social media il ministro degli Esteri e primo ministro del Qatar Mohammed bin Abdulrahman bin Jassim Al Thani, a sua volta impegnato nelle trattative.

«Ha ragione» osservò Blinken rivolto a Biden. Questa volta Israele era andato a disturbare non uno, ma due nidi di vespe.

«Ci troviamo ad affrontare non solo Hamas a Gaza, ma anche l'Iran e l'intero asse iraniano, con tutti i suoi agenti» disse privatamente l'ambasciatore israeliano Mike Herzog in difesa delle azioni del suo Paese. «Tutti stanno facendo fuoco su di noi, su Israele.»

«Gli Houthi si sono scatenati. Hezbollah ci attacca quotidianamente sin dall'8 ottobre. Poi ci sono le milizie sciite in Iraq e Siria» aggiunse Herzog. «L'Iran stesso. Con l'enorme attacco missilistico, e potrebbero ritornare. L'Iran sta cercando di aprire un fronte in Cisgiordania. E stanno tentando di fomentare disordini in Giordania e far cadere il regime anche là.

«Siamo aggrediti da tutti i fronti» rincarò. «Gli israeliani possono dirvi che stiamo affrontando l'asse iraniano su sette fronti. Io aggiungerei anche un fronte internazionale. Quello dell'antisemitismo, di coloro che delegittimano Israele, che non riconoscono il nostro diritto di esistere. Lo vediamo nei campus universitari, sui social media, alla Corte penale internazionale o alla Corte internazionale di giustizia, nelle dichiarazioni diffamatorie che ci accusano di usare la fame come arma, che è una sanguinosa calunnia, questo lo posso dire. Ho indossato l'uniforme dell'IDF per molti anni.

«È una questione esistenziale per Israele, perché ci troviamo attaccati *su tutti i fronti*. Sembra essere molto di moda prendersela con Israele» ribadì Herzog.

«Alcune persone, non appena sentono l'odore del sangue, ti saltano addosso.»

Nel corso delle prime due settimane di agosto, Sullivan, Austin e Blinken lavorarono assiduamente nel tentativo di limitare possibili rappresaglie contro Israele.

«Sfortunatamente, il presidente ha acquisito una buona memoria muscolare su come si gestiscono queste impennate» disse Sullivan, alludendo alle minacce dell'11 ottobre e del 13 aprile che avevano portato la regione sull'orlo di una guerra totale. «Stiamo trasferendo le risorse statunitensi, scambiando messaggi con gli iraniani e comunicando indirettamente con Hezbollah; ci stiamo anche coordinando con gli israeliani per cercare di persuadere tutti a concentrarsi sul fatto che l'unica via d'uscita è il cessate il fuoco.»

Il segretario Austin ordinò diverse modifiche dell'assetto statunitense per consolidare la difesa di Israele. Collocò due gruppi da battaglia di portaerei, rafforzò la presenza di incrociatori e cacciatorpediniere e assegnò un'ulteriore squadriglia di caccia al Medio Oriente per assistere le operazioni nei cieli di Israele. Ora dovevano solo restare in attesa della reazione dell'Iran.

«Nei prossimi giorni potremmo assistere a un attacco importante contro Israele» disse Sullivan a metà agosto. «È una possibilità concreta.

«L'unica via d'uscita è il cessate il fuoco» concluse.

77

In *I comandanti*, il mio libro dedicato alla Guerra del Golfo del 1991, scrissi: «La scelta di entrare in guerra è una di quelle decisioni che delineano l'immagine di una nazione, sia agli occhi del mondo, sia, cosa forse ancora più importante, ai propri occhi. Non c'è questione più seria per un governo nazionale, né parametro più accurato della leadership nazionale».[1]

Questo libro, *War*, descrive gli sforzi fatti e le decisioni prese per prevenire il conflitto e, nelle circostanze in cui la guerra è scoppiata, per evitare un'escalation.

Ritengo che oggi, più che mai, le decisioni relative alla guerra siano il riflesso del temperamento dei leader nazionali. I soldati statunitensi caduti in Vietnam furono 52.880. Il Vietnam fu un evento di portata colossale per la generazione di Biden, per la mia generazione. Biden non partecipò né alla guerra né alle proteste contro di essa. Mentre era senatore, affermò ripetutamente che, nella pratica, si era trattato solo di «pessima politica».

Non era pervaso da sentimenti bellici o antibellici. Da senatore Biden sostenne che le sue obiezioni alla guerra in Vietnam non erano di natura morale, bensì pratica. C'erano state moltissime vittime, che tuttavia non avevano portato a nulla.

Nel 2009, quando era vicepresidente, Biden tentò assiduamente, ma senza successo, di dissuadere il presidente Obama dall'inviare ulteriori 30.000 soldati americani in Afghanistan. In sostanza, pensava che l'Afghanistan avrebbe finito per assomigliare al passato, a quando gli Stati Uniti erano «impantanati in Vietnam». Evitare di impegnare gli Stati Uniti e le truppe americane in una guerra inutile è diventato un punto fermo per Biden.

All'epoca della sua elezione alla Casa Bianca, nel 2021, Biden era ormai fermamente convinto che, a meno che gli Stati Uniti non venissero attaccati, l'invio di truppe americane per risolvere i problemi di politica estera andasse contro l'interesse degli Stati Uniti. Era evidente, dall'esperienza in Vietnam, Afghanistan e Iraq, che cercare di mettere una pezza sopra ogni questione con l'invio dell'esercito fosse una politica fallimentare.

L'8 dicembre 2021 fu uno dei giorni più importanti del mandato di Biden. Mesi prima dell'invasione russa in Ucraina, il presidente sedeva nello Studio Ovale in compagnia di Jake Sullivan, e dichiarò: «Non invierò truppe americane in Ucraina». Successivamente rese la decisione pubblica.

«*Non è un'opzione che stiamo considerando*»[2] disse mentre attraversava il prato della Casa Bianca prima di salire sul Marine One, gettando le basi di una nuova politica estera.

Quando la guerra scoppiò e la Russia invase l'Ucraina, Biden mantenne la sua parola.[3] Gli Stati Uniti garantirono agli ucraini un massiccio supporto d'intelligence e miliardi di dollari in assistenza militare. Fornirono sostegno morale e condannarono pubblicamente l'invasione. Biden autorizzò il dispiegamento di ulteriori truppe americane in Europa e garantì agli alleati NATO la sua protezione in caso di attacco, in virtù dell'articolo 5. Mobilitò la NATO – l'alleanza militare più forte del mondo – per sostenere l'Ucraina senza di fatto inviare un singolo soldato.

«Gli Stati Uniti, assieme ai nostri alleati, ne usciranno più forti, più uniti, più determinati e più risoluti»[4] dichiarò Biden a febbraio 2022. «E la Russia pagherà a caro prezzo, economicamente e strategicamente, l'aggressione di Putin nei confronti dell'Ucraina. Ci adopereremo affinché sia così. Emargineremo Putin a livello internazionale.»

«Joe Biden è il primo presidente del XXI secolo che possa affermare di non aver impiegato soldati americani in guerra» disse Sullivan. «Certo, ci sono delle guerre. Ma noi non le stiamo combattendo.

«Biden ha sempre ritenuto che avrebbe potuto sostenere l'Ucraina, che li avrebbe potuti aiutare con armi e livelli notevoli di assistenza, ma solo se fosse riuscito a rassicurare gli americani che il loro Paese non sarebbe stato trascinato in quella guerra» aggiunse Sullivan. «A tutti gli effetti, il presidente ha creato le condizioni necessarie per assicurare all'Ucraina il supporto continuo degli americani.

«Se qualcuno mi chiedesse se oggi ci sarebbe una guerra in Ucraina se Trump fosse stato presidente, risponderei probabilmente di no. Perché? Non ci sarebbe una guerra perché Putin sarebbe già seduto a Kyiv» sentenziò Sullivan. «Trump gli avrebbe aperto le porte. Perché, quando parliamo di dittatori, Trump pensa sia bene lasciargli fare ciò che vogliono.»

«Mettere dei soldati in pericolo comporta sempre una decisione difficile» spiegò il segretario della Difesa Lloyd Austin. «Prima di tagliare prendo sempre le misure almeno otto volte. Cerco di comprendere quali siano le difficoltà. Cerco di comprendere le competenze necessarie. Ma decidere di mandare delle truppe in combattimento è sempre difficile.»

«Biden è guidato dal desiderio di essere efficiente» aggiunse Austin. «E vuole ottenere il miglior risultato possibile. Se si trovasse costretto a mandare dei soldati a combattere, lo farebbe. Ma se non è necessario, se si può raggiungere l'obiettivo in un altro modo, allora ritengo che abbia competenze sufficienti per percorrere un'altra via, e anche il coraggio.»

Austin riteneva che Biden mirasse sempre a trovare il modo migliore per raggiungere un risultato. «Fa sempre ciò che va fatto. Non è sempre necessario impiegare dei soldati per avere successo, e lui l'ha ampiamente dimostrato.»

Quando Hamas attaccò Israele il 7 ottobre 2023, con uno dei più scioccanti e crudeli atti di terrorismo, gli Stati Uniti non si tirarono indietro. Mobilitarono navi e portaerei, misero a disposizione le proprie risorse d'intelligence, ma neanche un soldato americano mise piede a Gaza. L'esercito americano abbatté i missili balistici e i droni lanciati contro Israele dall'Iran nell'aprile 2024. La difesa di Israele, grazie a una coalizione di forze provenienti da Regno Unito, Francia, Arabia Saudita e Giordania, fu efficace. Ma nessuna forza americana ingaggiò in combattimento diretto l'Iran. Queste decisioni furono prese sulla base dell'esperienza di Biden.

Biden ha consolidato una politica estera che ha tenuto la fanteria statunitense lontana dalla guerra. E, almeno per il momento, il mondo non è scivolato in una guerra di grandi potenze.

«Credo sia doveroso fare questa affermazione, anche se non dovesse essere vera domani, ma oggi corrisponde alla realtà» disse il consigliere per la sicurezza nazionale Jake Sullivan. «Il presidente ha protetto la sicurezza della patria. Non vogliamo gloriarci anzitempo di questo. Ma qual è il dovere del comandante in capo? È quello di far sì che la patria sia al sicuro, e il presidente l'ha onorato.»

Epilogo

La stesura di questo libro sul presidente Biden si è rivelata un'esperienza radicalmente diversa. Molte delle scene di cronaca nei miei libri precedenti raccontano di fallimenti, cattiva gestione, disonestà e corruzione del potere esecutivo, come dimostrato dalle vicende dei presidenti Nixon e Trump.

Spesso dico scherzosamente, ma non del tutto, che quando mi sveglio al mattino il mio primo pensiero è: «Dove si annidano i bastardi?». L'esperienza mi ha insegnato che ciò che viene tenuto nascosto è spesso significativo, se non addirittura di portata monumentale.

Con questo libro incentrato su Biden, invece, ho spesso avuto l'impressione di godere di un posto in prima fila, quasi in presa diretta, per assistere agli sforzi genuini e guidati dalla buona fede, tanto del presidente quanto della sua squadra per la sicurezza nazionale, di azionare le leve del potere esecutivo in modo responsabile e finalizzato all'interesse nazionale. Come testimoniato in queste pagine, al centro del buon governo c'è il lavoro di squadra.

L'eredità della presidenza Biden sarà il team per la sicurezza nazionale che ha costruito e mantenuto in carica per quasi quattro anni. I suoi membri hanno portato la loro esperienza ultradecennale, arricchita da un senso di umanità. *War* illustra tanto i metodi tradizionali quanto quelli inediti grazie ai quali Biden e il suo team di collaboratori hanno perseguito una politica estera sostenuta dall'intelligence per mettere in guardia il mondo sull'imminente conflitto in Ucraina, per fornire a quest'ultima le armi necessarie per difendersi dalla Russia e per cercare di arginare l'aggravarsi della guerra tra Israele e Gaza.

Il team includeva il consigliere per la sicurezza nazionale Jake Sullivan e il suo vice, Jon Finer, il direttore della CIA Bill Burns e la direttrice dell'intelligence nazionale Avril Haines, il segretario di Stato Tony Blinken, il segretario della Difesa Lloyd Austin e l'ex capo di Stato maggiore congiunto Mark Milley.

Come emerge da queste pagine, sono stati commessi errori e ci sono stati fallimenti. Naturalmente non ci è ancora dato sapere quale sarà l'epilogo della storia. Ma, basandoci sulle prove a nostra disposizione, ritengo che il presidente Biden e la sua squadra diventeranno oggetto di studio come esempio di leadership solida e risoluta.

Nota per i lettori

Tutte le interviste raccolte per questo libro sono state condotte secondo la regola giornalistica del «segreto della fonte». Ciò significa che avevo il permesso di utilizzare tutte le informazioni in mio possesso, purché avessi mantenuto la riservatezza sulla loro provenienza.

Il libro è frutto di centinaia di ore di interviste a partecipanti e testimoni diretti di questi eventi. Quasi tutti mi hanno permesso di registrare i nostri colloqui. Quando ho attribuito citazioni, pensieri o conclusioni puntuali ai partecipanti, quelle informazioni provengono dalla persona stessa, da un collega con conoscenza diretta degli eventi in questione o da documenti governativi o personali, come calendari, agende, email, appunti di riunioni, trascrizioni e altri archivi.

Il presidente Biden e l'ex presidente Trump hanno rifiutato di essere intervistati per questo libro.

Ringraziamenti

La guerra di cui non ho parlato è stata quella che mi ha visto impegnato a concludere questo libro per tempo in un periodo dominato da così tanti scossoni politici. Jonathan Karp, CEO di Simon & Schuster, è stato una fonte inesauribile di saggezza e stabilità, e i suoi consigli mi hanno aperto la mente e aiutato a riorientare l'inchiesta e la riscrittura costante di questa enorme avventura durata due anni e mezzo.

Sono estremamente fortunato ad avere Jon come caporedattore. Non ho mai conosciuto un redattore così esperto e brillante, che dirige e analizza tutto, dalle più piccole scelte lessicali alle più ampie questioni di ritmo, tono e interesse pubblico. È rimasto al mio fianco con incrollabile fiducia durante le montagne russe dei più recenti cambiamenti politici, dal tentato assassinio di Trump al ritiro di Biden, fino all'inaspettata ascesa della vicepresidente Kamala Harris.

Senza esitazione, Karp mi ha sempre esortato ad affrontare qualsiasi evento, spingendomi a raccogliere più informazioni, a consultare nuove fonti. Riformulare. Riscrivere. Segue tutte le notizie e possiede una capacità di comprensione raffinata e sofisticata che non ha nulla da invidiare ai migliori consulenti politici di professione che io conosca. Da ragazzo prodigio si è trasformato nel più esperto e affidabile statista dell'editoria. Gli devo molto. È sempre disponibile a una telefonata, anche quando si trova lontano, in viaggio.

Mia moglie Elsa, ex giornalista del «Washington Post» e collaboratrice del «New Yorker», ha dedicato buona parte degli ultimi due anni ad aiutarmi nella stesura di questo libro e, a dirla tutta, buona parte della sua vita a lavorare assieme a me a venti dei miei ventitré libri. Non sarei riuscito a completare *War* senza di lei. Ha letto centinaia di trascrizioni delle mie interviste. Mi ha spronato continuamente a rivedere i dettagli. «Parla di nuovo con questa persona.» «Queste sono le domande a cui non abbiamo ancora risposta.» «Sposta questa scena. Si collega a quest'altra, non lo vedi?» Dotata com'è di un istinto naturale nel riconoscere cos'è importante, mi invia regolarmente email che raccolgono una sorta di rassegna stampa delle ultimissime dal web, chiedendomi: «L'hai visto questo?». Mi conosce bene e sa che cerco sempre un riassunto, quindi talvolta è costretta a specificare: «Questo leggilo fino in fondo».

Il suo istinto in fatto di notizie non ha rivali. Corregge delle sezioni non una, ma molte volte. Spesso mi trovo pagine intere di suoi suggerimenti scritti a mano. Non mancano mai di perspicacia. Ha una riserva infinita di pazienza.

Elsa non fa che leggere libri seri. Legge più di qualsiasi altra persona io conosca. Se provo a suggerire che è ora di cena, spesso mi risponde: «Lascia che finisca questo capitolo». Potrebbe essere il libro di memorie di Netanyahu. Oppure Colm Tóibín. A prescindere, significa che di cena non se ne parla finché non avrà concluso il capitolo, tra cinque o dieci minuti. O anche di più, se è lungo. Non si scende a compromessi. A volte mi sono chiesto se, nel caso in cui dovesse scoppiare un incendio, penserebbe comunque a terminare il capitolo prima di chiamare il 911.

Elsa segue fermamente il motto di Henry James: «Tre cose sono importanti nella vita umana. La prima è essere gentili. La seconda è essere gentili. La terza è essere gentili».

E lei lo è: così gentile. Così tosta. Ma anche così affettuosa.

Stiamo assieme dal 1980, quarantaquattro anni. È la colonna portante della nostra vita insieme e di tutto il mio lavoro.

La mia famiglia è un pensiero costante nel quotidiano. Da padre, mi riempie di gioia vedere quanta intelligenza, passione e impegno tutti loro infondono in ciò che fanno. Mia figlia Diana sta studiando per ottenere un dottorato in psicologia clinica in California. E l'altra mia figlia Tali gestisce The Trace, un'organizzazione newyorkese che indaga sulla violenza con le armi da fuoco. Suo marito, Gabe Roth, e i miei nipoti Zadie e Theo sono una costante fonte di meraviglia per me. Grazie anche a Rosa Criollo per la sua energia instancabile e la generosità di spirito nel prendersi cura di tutti noi.

Fred Chase, straordinario revisore, è venuto a Washington dalla sua casa in Texas e si è trasferito in casa mia per dieci giorni, alzandosi ogni mattina alle 5.30 per leggere e rileggere il manoscritto e applicare le sue abilità linguistiche e la sua conoscenza del mondo, spesso a ogni singolo paragrafo. Fred è una forza della natura, con un «fiuto» instancabile per gli errori e le imprecisioni.

Robert B. Barnett, avvocato e consulente, è il re dell'editoria di Washington. La nostra amicizia dura da trentacinque anni. Di lui elogio sempre, non facendo che ripetermi, la saggezza, la lealtà e la disponibilità. Io spesso devo rimettermi in riga, mentre lui non lascia mai il lavoro o una consulenza a metà. L'oggetto delle sue email è spesso: «Posso chiamarti?».

Julia Prosser, direttrice del marketing da Simon & Schuster, è un genio assoluto nel trovare modi creativi per diffondere i contenuti dei miei libri nel mondo, in televisione, alla radio, nei podcast, sui social media. Quando elabora un piano per promuovere e pubblicizzare un libro, pensa sempre in grande e mi libera dall'onere di qualsiasi strategia operativa. E per fortuna!

Sono estremamente grato a Kimberly Goldstein, che ha supervisionato ogni fase del processo editoriale e produttivo e ha collaborato assiduamente con il team di S&S e con la mia assistente Claire McMullen per assicurarsi che questo libro arrivasse in tipografia nei tempi più brevi che abbia mai visto.

Ho parlato della mia assistente Claire McMullen all'inizio del libro, ma la mia gratitudine va reiterata. Ha sopportato un carico di lavoro enorme. *War* non esisterebbe senza di lei. Un milione di grazie.

Lavoro al «Washington Post» dal 1971, ben cinquantatré anni. Rivesto il ruolo di redattore associato, frutto di un atto di generosità da parte della direzione, dato che ormai faccio ben poco di quello che un redattore o un associato dovrebbe fare. Amo il «Washington Post», incarnazione moderna del Primo emendamento. Il mio contatto più assiduo è con il redattore nazionale Phil Rucker, un giornalista e un essere umano straordinario. Il suo livello di conoscenza delle dinamiche politiche di Washington è sbalorditivo.

Siamo molto fortunati ad avere Matt Murray, uomo di grande esperienza e spessore giornalistico, come direttore esecutivo. La direttrice generale Matea Gold, Rucker e la loro forte squadra di redattori e giornalisti stanno inaugurando una nuova epoca d'oro per il giornalismo del «Washington Post».

Un ringraziamento sentito va anche all'archivio fotografico del «Washington Post». Il vicedirettore Robert Miller e il photo editor Troy Witcher hanno passato ore a lavorare con la mia assistente Claire per individuare le foto più adatte a dare vita ai personaggi e ai temi principali di questo libro. Inoltre, ringrazio Jennifer Rockwood e Kaitlyn Dolan per la parte operativa.

Voglio anche ringraziare ed esprimere profondo apprezzamento per Robert Costa. Assieme abbiamo scritto il libro *Pericolo* nel 2021. Costa ora è il corrispondente responsabile per le elezioni e le campagne elettorali di CBS News. Nessuno riesce a seguire le notizie elettorali con la stessa profondità e raffinatezza. Non solo, fa anche notizia a sua volta. Ha attirato l'attenzione di tutto il mondo con la sua intervista di agosto 2024 a Biden, in cui il presidente gli ha confidato che era preoccupato per le sorti della democrazia americana e che non si aspettava un passaggio di testimone pacifico dopo le prossime elezioni se Trump avesse perso. Pensateci un po'. Il presidente in carica che ci mette in guardia sul fatto che la democrazia potrebbe essere compromessa da queste elezioni.

Infine voglio rivolgere un ringraziamento anche agli altri responsabili ed esperti di S&S che mi hanno sostenuto e aiutato instancabilmente: l'avvocata statunitense Elisa Rivlin per avermi tenuto lontano dai guai; i direttori esecutivi Priscilla Painton e Jonathan Jao per aver dedicato i loro fine settimana alla lettura, così da potermi fornire una revisione precisa e ponderata; l'editore associato Irene Kheradi; Stephen Bedford per il marketing; Maria Mendez per la redazione; e Amanda Mulholland per la gestione editoriale.

Grazie al team dell'indice, il fidatissimo Richard Shrout e la talentuosa Pilar Wyman; ai correttori di bozze Debbie Friedman, Gregory Lauzon e Rob Sternitzky; alle produttrici audio Karen Pearlman ed Elisa Shokoff; all'art director Jackie Seow; al grafico Paul Dippolito; al cartografo David Lindroth; alla direttrice di produzione Beth Maglione, all'editor di produzione Lisa Healy e, per l'ebook, a Mikaela Bielawski.

Un libro è frutto di un lavoro di squadra. E io ho la fortuna di avere molte persone generose e di talento che lavorano con me.

Note

Le informazioni contenute in questo libro provengono principalmente dalle mie interviste a protagonisti e testimoni diretti, oppure da rapporti e documenti contemporanei. Qui a seguire si trovano note relative a fonti ulteriori, tra cui consigli di lettura per approfondire gli argomenti trattati.

Prologo

[1] Bob Woodward, Carl Bernstein, trascrizione dell'intervista a Donald J. Trump alla Trump Tower, 1989.

[2] Bob Woodward, *The Trump Tapes: Bob Woodward's Twenty Interviews with President Donald Trump*, Simon & Schuster, New York 2022, p. 46.

Capitolo 1

[1] Bob Woodward, Robert Costa, *Peril*, Simon & Schuster, New York 2021, pp. 244-258; trad. it. Bob Woodward, Robert Costa, *Pericolo*, Solferino, Milano 2022.

[2] *Final Report of the Select Committee to Investigate the January 6th Attack on the United States Capitol*, «House Report 117-663», 22 dicembre 2022, p. 577.

[3] Aaron Blake, *What Trump Said Before His Supporters Stormed the Capitol, Annotated*, in «The Washington Post», 11 gennaio 2021.

[4] *Final Report of the Select Committee to Investigate the January 6th Attack on the United States Capitol*, «House Report 117-663», 22 dicembre 2022, p. 100.

[5] Ivi, p. 3.

[6] Bob Woodward, Robert Costa, *Peril*, Simon & Schuster, New York 2021, p. 288.

[7] Chris Whipple, *The Fight of His Life*, Simon & Schuster, New York 2023, p. 53.

[8] Jonathan Karl, *Tired of Winning: Donald Trump and the End of the Grand Old Party*, Dutton, New York 2023, p. 41.

[9] *Ibid.*

[10] Dominick Mastrangelo, *Trump supporters in DC "should send a message" to GOP "this isn't their party anymore"*, in «The Hill», 6 gennaio 2021.

[11] Bob Woodward, Robert Costa, *Peril*, Simon & Schuster, New York 2021, pp. 301-305.

Capitolo 2

[1] Isabelle Khurshudyan, David L. Stern, Loveday Morris, John Hudson, *On Ukraine's Doorstep, Russia Boosts Military and Sends Message of Regional Clout to Biden*, in «The Washington Post», 10 aprile 2021.

[2] Jeffrey Gettleman, *The "Wild Field" Where Putin Sowed the Seeds of War*, in «The New York Times», 17 settembre 2022; International Crisis Group, *Conflict in Ukraine's Donbas: A Visual Explainer*, crisigroup.org.

[3] *Transcript: ABC News' George Stephanopoulos Interviews President Joe Biden*, in «ABC News», 16 marzo 2021.

[4] Sarah Rainsford, *Putin on Biden: Russian President Reacts to US Leader's Criticism*, in «BBC News», 18 marzo 2021.

[5] *Telephone Conversation with President Zelensky of Ukraine*, 25 luglio 2019, trascrizione resa pubblica il 24 settembre 2019, whitehouse.gov.

[6] Seung Min Kim, *In Historic Vote, Trump Acquitted of Impeachment Charges*, in «The Washington Post», 5 febbraio 2020.

[7] *Readout of President Joseph R. Biden, Jr. Call with President Vladimir Putin of Russia*, «Briefing Room», 13 aprile 2021, whitehouse.gov; *Telephone Conversation with US President Joseph Biden*, «The Kremlin», 13 aprile 2021, en.kremlin.ru.

[8] *Fact Sheet: Imposing Costs for Harmful Foreign Activities by the Russian Government*, «Briefing Room», 15 aprile 2021, whitehouse.gov.

[9] Evan Osnos, *The Biden Agenda*, in «The New Yorker», 20 luglio 2014.

[10] Hans M. Kristensen, Matt Korda, *Russian Nuclear Weapons, 2021*, in «Bullettin of the Atomic Scientists 77», n. 2, 18 marzo 2021, pp. 90-108.

[11] *Statement by White House Press Secretary Jen Psaki on the Meeting between President Joe Biden and President Vladimir Putin of Russia*, «Briefing Room», 25 maggio 2021, whitehouse.gov.

[12] George Packer, *The Quiet German*, in «The New Yorker», 24 novembre 2014; *Vladimir Putin: I Didn't Mean to Scare Angela Merkel with My Dog*, in «CNN», 12 gennaio 2016.

[13] *Ibid.*

[14] *Grand Jury Indicts 12 Russian Intelligence Officers for Hacking Offences Related to the 2016 Election*, Office of Public Affairs, Department of Justice, 13 luglio 2018, justice.gov.

[15] *Transcript: Trump and Putin's Joint Press Conference*, in «NPR», 16 luglio 2018.

[16] @realDonaldTrump, «Come ho detto oggi e molte altre volte, "ho GRANDE fiducia nei MIEI servizi segreti". Sono comunque convinto che per costruire un futuro più luminoso non ci si possa focalizzare esclusivamente sul passato – siamo le due più grandi potenze nucleari al mondo, dobbiamo andare d'accordo! #HELSINKI2018», 15:40, 16 luglio 2018, Twitter.com.

[17] Bob Woodward, *The Trump Tapes: Bob Woodward's Twenty Interviews with President Donald Trump*, Simon & Schuster, New York 2022, p. 35.

Capitolo 3

[1] Dr.ssa Fiona Hill, *Mr. Putin: Operative in the Kremlin*, Brookings Institution Press, Washington D.C. 2015; Dr.ssa Fiona Hill, *There Is Nothing for You Here: Finding Opportunity in the 21st Century*, Mariner Books, Boston 2021.

[2] Martin Pengelly, *Trump "Would've Lost Mind Completely" if Putin Admitted Interference, Fiona Hill Says*, in «The Guardian», 24 febbraio 2024.

[3] *Full Transcript of Testimony of Fiona Hill, Former Top Russia Adviser to the White House*, in «The Washington Post», 8 novembre 2019; John Cassidy, *The Extraordinary Impeachment Testimony of Fiona Hill*, in «The New Yorker», 21 novembre 2019.

[4] *Fiona Hill Reflects on Impeachment Testimony, Trump Presidency and Opportunity in America*, in «PBS», 8 ottobre 2021.

[5] Anton Troianovski, *"A Threat from the Russian State"; Ukrainians Alarmed as Troops Mass on Their Doorstep*, in «The New York Times», 20 aprile 2021.

Capitolo 4

[1] Vladimir Putin, *Presidential Address to the Federal Assembly*, 21 aprile 2021, en.kremlin.ru.

[2] Anton Troianovski, *As Evidence Mounts that Navalny Was Poisoned by State, Russians Just Sigh*, in «The New York Times», 23 dicembre 2020.

[3] Vladimir Putin, *Presidential Address to the Federal Assembly*, 21 aprile 2021, en.kremlin.ru.

[4] Vladimir Isachenkov, *Russia Orders Troop Pullback but Keeps Weapons Near Ukraine*, in «Associated Press», 22 aprile 2022; Matthew Funaiole, *Unpacking the Russian Troop Buildup Along Ukraine's Border*, Center for the Strategic and International Studies, 22 aprile 2021, csis.org.

[5] Helene Cooper, Julian E. Barnes, *80.000 Russian Troops Remain at Ukraine Border as U.S. and NATO Hold Exercises*, in «The New York Times», 5 maggio 2021.

[6] Dmytro Kuleba, *Withdrawal of Troops without Withdrawal of Troops*, intervista televisiva, DW Ukraine, 17 maggio 2021.

[7] Cooper, Barnes, *80.000 Russian Troops Remain at Ukraine Border as U.S. and NATO Hold Exercises*, in «The New York Times», 5 maggio 2021.

Capitolo 5

[1] Per le informazioni pubbliche in merito alla gestione del coronavirus da parte di Putin: Alexey Kovalev, *The Pandemic Is Beating Putin*, in «The New York Times», 8 dicembre 2021; David E. Sanger, Anton Troianovski, *U.S. Intelligence Weighs Putin's Two Years of Extreme Pandemic Isolation as a Factor in His Wartime Mind-set*, «The New York Times», 5 marzo 2022.

Capitolo 6

[1] Isabella Kwai, *An 18th-Century Villa Was Again a Stage for History*, in «The New York Times», 16 giugno 2021; *In Photos: Biden Meets with Putin*, in «CNN», 16 giugno 2021.

[2] Antonia Noori Farzan, *How Biden's Meeting with Putin Differed from Trump's*, in «The Washington Post», 16 giugno 2021.

[3] *Ibid.*

[4] Isabelle Khurshudyan, Loveday Morris, *Ransomware's Suspected Russian Roots Point to a Long Détente between the Kremlin and Hackers*, in «The Washington Post», 12 giugno 2021; *Biden and Putin Agree to Resume Nuclear Talks, Return Ambassadors to Posts*, in «CNBC», 16 giugno 2021.

[5] Franklin Foer, *The Last Politician: Inside Joe Biden's White House and the Struggle for America's Future*, Penguin, New York 2023, p. 135.

[6] *Ibid.*

[7] *Watch: Putin Holds News Conference After Meeting with Biden*, in «Associated Press», 16 giugno 2021; *News Conference Following Russia-US Talks*, trascrizione, 16 giugno 2021, en.kremlin.ru.

[8] C. Todd Lopez, *Defender Europe 21 Exercises Multinational Interoperability, Readiness, Transparency*, «U.S. Department of Defense News», 3 maggio 2021, defense.gov.

[9] *News Conference Following Russia-US Talks*, trascrizione, 16 giugno 2021, en.kremlin.ru.

[10] *News Conference Following Russia-US Talks*, trascrizione, 16 giugno 2021, en.kremlin.ru; Eric Lutz, *Putin, After Spending the Day with Joe Biden: "There Is No Happiness in Life"*, in «Vanity Fair», 16 giugno 2021.

[11] *Remarks by President Biden in Press Conference*, Hôtel du Parc des Eaux-Vives, Ginevra, Svizzera, 16 giugno 2021, whitehouse.gov.

[12] *Transcript: Hannity on Biden-Putin Summit, Trump's Reaction*, in «Fox News», 16 giugno 2021.

Capitolo 7

[1] *53% of Republicans View Trump as True U.S. President – Reuters/Ipsos*, in «Reuters», 24 maggio 2021.

[2] Bob Woodward, *The Trump Tapes: Bob Woodward's Twenty Interviews with President Donald Trump*, Simon & Schuster, New York 2022, p. 33.

[3] Philip Bump, *The Obvious Goal of the Arizona Recount: Injecting More Doubt into the 2020 Results*, in «The Washington Post», 3 maggio 2021.

[4] *In More than 60 Cases, Judges Looked at the Allegations that Trump Was Making and Determined They Were Without Any Merit*, in «PolitiFact», The Poynter Institute, 8 gennaio 2021, politifact.com/factchecks.

[5] *Final Report of the Select Committee to Investigate the January 6th Attack on the United States Capitol*, «House Report 117-663», 22 dicembre 2022, p. 19.

[6] Philip Bump, *As on Jan. 6, Trump Won't Accept the Reality of His Loss*, «The Washington Post», 2 giugno 2021.

[7] Quinn Scanian, Madison Burinsky, *Trump Was Privately Enthralled by Baseless Theory He Could Be Reinstated as President: New Book*, in «ABC News», 12 novembre 2023; Jonathan Karl, *Tired of Winning: Donald Trump and the End of the Grand Old Party*, Dutton, New York 2023.

[8] Joe Walsh, *GOP Rep. Mo Brooks Claims Trump Asked Him to Reinstate Trump Presidency*, in «Forbes», 23 marzo 2022.

Capitolo 8

[1] Vladimir Putin, *On the Historical Unity of Russians and Ukrainians*, 12 luglio 2021, en.kremlin.ru. Per saperne di più sulla storia della Russia e dell'Ucraina, si veda: Serhii Plokhy, *The Russo-Ukrainian War: The Return of History*, Norton, New York 2023; Michael Kimmage, *Born in the Bloodlands*, in «Foreign Affairs», 22 agosto 2023.

[2] Gal Beckerman, *How Zelensky Gave the World a Jewish Hero*, in «The Atlantic», 27 febbraio 2022; Anton Troianovski, *Why Vladimir Putin Invokes Nazis to Justify His Invasion of Ukraine*, in «The New York Times», 17 marzo 2022.

Capitolo 9

[1] Barack Obama, *A Promised Land*, Crown, New York 2020, pp. 318-19.

[2] *Agreement for Bringing Peace to Afghanistan between the Islamic Emirate of Afghanistan which Is not Recognized by the United States as a State and Is Known as the Taliban and the United States of America*, U.S. Department of State, 29 febbraio 2020.

[3] Per saperne di più, si veda: Bob Woodward, Robert Costa, *Peril*, Simon & Schuster, New York 2021, pp. 334-40, 376-91.

[4] *Remarks by President Biden on the Way Forward in Afghanistan*, «Treaty Room», 14 aprile 2021, whitehouse.gov.

[5] Anna Gearan, Karen DeYoung, Tyler Page, *Biden Tells Americans "We Cannot Continue the Cycle" in Afghanistan as He Announces Troop Withdrawal*, in «The Washington Post», 14 aprile 2021.

[6] Kylie Atwood, *Bush Calls Afghanistan Withdrawal a Mistake, Says Consequences Will Be "Unbelievably Bad"*, in «CNN», 14 luglio 2021, cnn.com.

[7] *Donald Trump, Wellington, Ohio, Rally Speech Transcript: First Rally since Leaving Office*, rev.com.

[8] Michael D. Shear e altri, *Miscue After Miscue, U.S. Exit Plan Unravels*, in «The New York Times», 21 agosto 2021; Jonathan Swan, Zachary Basu, *Scoop: Milley's Blunt Private Blame for the State Department*, in «Axios», 29 settembre 2021; Mark Mazzetti, Julian E. Barnes, Adam Goldman, *Intelligence Warned of Afghan Military Collapse, despite Biden's Assurances*, in «The New York Times», 17 agosto 2021.

[9] Kathy Gannon, *U.S. Left Afghan Airfield at Night, Didn't Tell Commander*, in «Associated Press», 6 luglio 2021; Oren Liebermann, Michael Conte, *Top Generals Who Oversaw U.S. Withdrawal from Afghanistan*

Slam State Department for Delaying Emergency Evacuation, in «CNN», 19 marzo 2024.

[10] *Excerpts of Call between Joe Biden and Ashraf Ghani July 23*, in «Reuters», 31 agosto 2021.

[11] Andrew Stanton, *Trump Calls on Biden to "Resign in Disgrace" After "Tragic Mess in Afghanistan"*, in «Newsweek», 15 agosto 2021.

[12] *Remarks by President Biden on Afghanistan*, «East Room, White House», 16 agosto 2021, whitehouse.gov.

[13] Ruby Mellen, *Two Weeks of Chaos: A Timeline of the Pullout of Afghanistan*, in «The Washington Post», 15 agosto 2022.

[14] *Ibid.*

[15] *Remarks by President Biden on the End of the War in Afghanistan*, «State Dining Room, White House», 31 agosto 2021, whitehouse.gov.

[16] The Wall Street Journal Editorial Board, *A Dishonest Afghanistan Accounting*, in «The Wall Street Journal», 31 agosto 2021; Jonathan Swan, Hans Nichols, *Scoop: Leaked Document Reveals Biden's Afghan Failures*, in «Axios», 1 febbraio 2022.

[17] Joseph Choi, *Ex-Obama Adviser Argues Biden Should Fire Sullivan over Afghanistan*, in «The Hill», 16 agosto 2021.

Capitolo 10

[1] *Live: Ukraine Celebrates 30 Years of Independence amid Tensions with Russia*, in «Euronews», 24 agosto 2021.

[2] *President Took Part in the Festive Parade of Troops on the Occasion of the 30th Anniversary of Ukraine's Independence*, Presidente dell'Ucraina, 24 agosto 2021, president.gov.ua.

[3] *Andrew Hammond, Historian and Curator, International Spy Museum, Interview with British Defense Attaché, USA, Rear Admiral Tim Woods, SpyCast*, episodio 612, 21 novembre 2023, thecyberwire.com/podcast.

Capitolo 11

[1] *Putin's Road to War, Frontline* (episodio 18), in «PBS», 15 marzo e 18 aprile 2022.

[2] Serhii Plokhy, *The Russo-Ukrainian War: The Return of History*, Norton, New York 2023, pp. 118-134; Wojciech Konończuk, *Russia's Aims in Crimea*, Carnegie Endowment for International Peace, 13 marzo 2014.

[3] Kylie Atwood, *Blinken Becomes Biden's Top Diplomat After a Friendship Forged over Decades*, in «CNN», 26 gennaio 2021.

[4] *A Memorandum on the Delegation of Authority Under Section 506(a) (1) of The Foreign Assistance Act of 1961*, «The White House», 27 agosto 2021; *Joint Statement on the U.S.-Ukraine Strategic Partnership*, «Briefing Room», 1 settembre 2021, whitehouse.gov.

[5] Eric Tucker, *US Commits $60 Million in Aid to Ukraine Before WH Visit*, in «Associated Press», 31 agosto 2021.

Capitolo 12

[1] *Remarks by President Biden and President Zelensky of Ukraine Before Bilateral Meeting*, «Briefing Room», 1 settembre 2021, whitehouse.gov.

[2] *Ukraine Election: Comedian Zelensky Wins Presidency by Landslide*, in «BBC», 22 aprile 2019.

[3] Ashley Fetters Malory, *What Zelensky's TV Show, "Servant of the People", Reveals About Him, and Ukraine*, in «The Washington Post», 22 marzo 2022; James Poniewozik, *Volodymyr Zelensky Is Playing the Role of His Life*, in «The New York Times», 22 giugno 2023.

[4] David L. Stern, Anton Troianovski, *He Played Ukraine's President in TV. Now He Has Taken Office as the Real One*, in «The Washington Post», 20 maggio 2019.

[5] *Volodymyr Zelenskyy's Inaugural Address*, Presidente dell'Ucraina, 20 maggio 2019.

[6] *Full Document: Trump's Call with the Ukrainian President*, in «The New York Times», 30 ottobre 2019.

[7] Bob Woodward, *The Trump Tapes: Bob Woodward's Twenty Interviews with President Donald Trump*, Simon & Schuster, New York 2022, p. 136.

[8] Simon Shuster, *The Showman: Inside the Invasion that Shook the World and Made a Leader of Volodymyr Zelensky*, William Morrow, New York 2024, pp. 138-39.

[9] Ivi, p. 139.

[10] Woodward, *The Trump Tapes*, p. 157.

[11] Ashley Parker, Anne Gearan, *Biden Backs Lasting Support for Ukraine as Both Nations Move on from the Trump-Era Obsession with Kyiv*, in «The Washington Post», 1 settembre 2021.

[12] William J. Burns, *The Back Channel*, Random House, New York 2019, pp. 232-33.

Capitolo 13

[1] Steven Pifer, *How Ukraine Views Russia and the West*, in «Brookings», 18 ottobre 2017, brookings.edu.

[2] Olga Onuch, Javier Pérez Sandoyal, *A Majority of Ukrainians Support Joining NATO. Does This Matter?*, in «The Washington Post», 4 febbraio 2022; Pifer, *How Ukraine Views Russia and the West*; *Ukraine's President Signs Amendment on NATO, EU Membership*, in «Associated Press», 19 febbraio 2019.

[3] Erin Banco, Garrett M. Graff, Lara Seligman, Nahal Toosi, Alexander Ward, *"Something Was Badly Wrong": When Washington Realized Russia Was Actually Invading Ukraine*, in «Politico», 24 febbraio 2023; Avril Haines, *A Conference on Today's Competitive Geopolitical Landscape – In Honor of Robert Jervis*, 17 febbraio 2023, dni.gov.

[4] Vladimir Putin, *Annual Address to the Federal Assembly of the Russian Federation*, «The Kremlin», 25 aprile 2005, en.kremlin.ru.

[5] Si veda: Fred Kagan, Institute for the Study of War, understandingwar.org.

[6] Yaroslav Trofimov, Jeremy Page, *In Leaving Afghanistan, U.S. Reshuffles Global Power Relations*, in «The Wall Street Journal», 1 settembre 2021.

Capitolo 14

[1] *Remarks by President Biden in Press Conference: Rome, Italy*, Briefing, La Nuvola, 31 ottobre 2021, whitehouse.gov.

Capitolo 15

[1] Julian E. Barnes, Pranshu Verma, *William Burns, a Career Diplomat, Is Biden's Choice to Head the C.I.A.*, in «The New York Times», 11 gennaio 2021; Nahal Toosi, *The Putinologist: CIA Chief's Long History with Putin Gives Him Special Insight*, in «Politico», 30 maggio 2022; Robert Daper, *William Burns, a C.I.A. Spymaster with Unusual Powers*, in «The New York Times», 9 maggio 2023.

[2] Si veda: William Burns, *A World Transformed and the Role of Intelligence*, Ditchley Annual Lecture, 1 luglio 2023, cia.gov.

[3] Si veda anche: Natasha Bertrand, Jim Sciutoo, Kylie Atwood, *CIA Director Dispatched to Moscow to Warn Russia over Troop Buildup Near Ukraine*, in «CNN», 5 novembre 2021; William J. Burns, *The Global Threat Landscape*, Georgetown University, 2 febbraio 2023.

[4] Per maggiori informazioni sul sistema SWIFT: Christian Perez, *Future of Global Commerce? Removing Russian Banks from the SWIFT System Is Accelerating a Global Economic Realignment*, in «Foreign Policy», 8 marzo 2022.

[5] Erin Banco, Garrett M. Graff, Lara Seligman, Nahal Toosi, Alexander Ward, *"Something Was Badly Wrong": When Washington Realized Russia Was Actually Invading Ukraine*, in «Politico», 24 febbraio 2023.

[6] Joe Biden, *Why I Chose Lloyd Austin as Secretary of Defense*, in «The Atlantic», 8 dicembre 2020.

[7] Simon Shuster, *The Showman*, William Morrow, New York 2024, p. 211.

Capitolo 16

[1] Sarah Kolinovsky, *Harris Heads to Paris to Soothe Tensions with French After "Submarine Snub"*, in «ABC News», 8 novembre 2021; *France Deplores "Stab In The Back" By U.S., Australia over Subs Contract*, in «France24», 16 settembre 2021.

[2] Chris Whipple, *The Fight of His Life*, Simon & Schuster, New York 2023, p. 213.

Capitolo 17

[1] *Secretary Antony J. Blinken at a Press Availability at the Organization for Secutirty and Cooperation in Europe (OSCE)*, Stoccolma, Svezia, 2 dicembre 2021, state.gov; *Secretary Blinken: Remarks to the First Session of the OSCE Ministerial Council Meeting*, 2 dicembre 2021, osce.usmission.gov.

[2] *Who is Sergei Lavrov, Russia's Foreign Minister?*, in «Reuters», 14 novembre 2022.

[3] *Statement by Mr. Sergey Lavrov, Minister of Foreign Affairs of the Russian Federation at the 28th Meeting of the OSCE Ministerial Council*, Stoccolma, 2 dicembre 2021, osce.org.

[4] *Ibid.*

[5] *What Are the Minsk Agreements on the Ukraine Conflict?*, in «Reuters», 6 dicembre 2021; Marie Dumoulin, *Ukraine, Russia and the Minsk Agreements: A Post-Mortem*, European Council on Foreign Relations, 19 febbraio 2024, ecfr.eu.

[6] *Ibid.*

[7] *Secretary Antony J. Blinken at OSCE, Session 1 Remarks*, Stoccolma, Svezia, 2 dicembre 2021, state.gov.

Capitolo 18

[1] *PDNSA Jon Finer's Remarks at the 2023 Intelligence and National Security Summit*, trascrizione, 14 luglio 2023.

[2] Massimo Calabresi, *Inside the White House Program to Share America's Secrets*, in «Time», 29 febbraio 2024.

[3] Si veda anche: Julian Barnes, Helen Cooper, *U.S. Battles Putin by Disclosing His Next Possible Moves*, in «The New York Times», 12 febbraio 2022.

[4] Shan Harris, Paul Sonner, *Russia Planning Massive Military Offensive Against Ukraine Involving 175.000 Troops, U.S. Intelligence Warns*, in «The Washington Post», 3 dicembre 2021. Altri esempi:

Natasha Bertrand, Jeremy Herb, *First on CNN: US Intelligence Indicates Russia Preparing Operation to Justify Invasion of Ukraine*, in «CNN», 14 gennaio 2022;

Katie Bo Lillis, Natasha Bertrand, Kylie Atwood, *How the Biden Administration Is Aggressively Releasing Intelligence in an Attempt to Deter Russia*, in «CNN», 11 febbraio 2022;

Secretary Antony J. Blinken on Russia's Threat to Peace and Security at the U.N. Security Council, U.S. Department of State, 17 febbraio 2022;

Bill Chappell, *The U.S. Warns that Russia Has a "Kill List" of Ukrainians to Be Detained or Killed*, in «NPR», 21 febbraio 2022;

Aamer Madhani, Josh Boak, Matthew Lee, *U.S. Warns Chinese on Support for Russia in Ukraine War*, in «Associated Press», 14 marzo 2022;

Aamer Madhani, Josh Boak, *U.S. Official: Russia Seeking Military Aid from China*, in «Military Times», 14 marzo 2022;

Eric Schmitt, *More Russian Mercenaries Deploying to Ukraine to Take on Greater Role in War*, in «The New York Times», 25 marzo 2022;

Steve Holland, Michelle Nichols, *Exclusive – Photos Show Russian Attacks on Ukraine Grain Storage – U.S. Official*, in «Reuters», 1 aprile 2022;

Shane Harris, *U.S. Intelligence Document Shows Russian Naval Blockade of Ukraine*, in «The Washington Post», 24 maggio 2022;

Natasha Bertrand, *U.S. Assesses Russia Now in Possession of Iranian Drones, Sources Say*, in «CNN», 30 agosto 2022.

[5] Mark Trevelyan, *Putin Says Russia Has "Nowhere to Retreat" over Ukraine*, in «Reuters», 22 dicembre 2021.

Capitolo 19

[1] Paul Sonne, Ashley Parker, Isabelle Khurshudyan, *Biden Threatens Putin with Economic Sanctions if He Further Invades Ukraine*, in «The

Washington Post», 7 dicembre 2021; Ben Gittleson, Molly Nagle, Sarah Kolinovsky, *Biden Confronts Putin over Ukraine in High-Stakes Meeting*, in «ABC News», 7 dicembre 2021.

[2] Patrick Reevell, *Russia Makes Sweeping Demands for Security Guarantees from US amid Ukraine Tensions*, in «ABC News», 17 dicembre 2021; Hibai Arbide Aza, Miguel Gonzalez, *US Offered Disarmament Measures to Russia in Exchange for De-esclation of Military Threat in Ukraine*, in «El País», 2 febbraio 2022.

[3] Bob Woodward, *The Trump Tapes*, Simon & Schuster, New York 2022, pp. 172-73.

[4] Robert Burns, Aamer Madhani, Hope Yen, *AP Fact Check: Trump Distorts Obama-Biden Aid to Ukraine*, in «Associated Press», 27 marzo 2022.

Capitolo 20

[1] John Wagner, Ashley Parker, *Biden Says U.S. Ground Troops "not on the Table" for Ukraine*, in «The Washington Post», 8 dicembre 2021.

[2] Institute for the Study of War, understandingwar.org.

[3] Amy Mackinnon, Jack Detsch, *Ukraine's Military Has Come a Long Way since 2014*, in «Foreign Policy», 23 dicembre 2021.

Capitolo 21

[1] David Smith, *Biden and Putin Exchange Warnings During Phone Call amid Rising Ukraine Tensions*, in «The Guardian», 30 dicembre 2021.

[2] David E. Sanger, Andrew E. Kramer, *Putin Warns Biden of "Complete Rapture" of U.S.-Russian Relationship over Ukraine*, in «The New York Times», 30 dicembre 2021.

[3] Steven Pifer, *Watch Out for Little Green Men*, in «Brookings», 7 luglio 2014, brookings.edu.

Capitolo 22

[1] Erin Banco, Garrett M. Graff, Lara Seligman, Nahal Toosi, Alexander Ward, *"Something Was Badly Wrong": When Washington Realized Russia Was Actually Invading Ukraine*, in «Politico», 24 febbraio 2023.

[2] Simon Shuster, *the Showman*, William Marrow, New York 2024, p. 11.

[3] Margaret Brennan, *New Details About Russian "False Flag" Plan Prompts U.S. to Prepare for Worst in Ukraine*, in «CBS News», 12 febbraio 2022.

[4] *Pentagon Press Secretary John Kirby Holds Briefing on Russia's Activities in Ukraine*, in «PBS» 14 gennaio, 2022.

Capitolo 23

[1] Paul Sonne, *Biden Predicts Putin Will "Move In" to Ukraine Because "He Has to Do Something"*, in «The Washington Post», 20 gennaio 2022.

[2] *Remarks by President Biden in Press Conference*, «Briefing Room», 19 gennaio 2022, whitehouse.gov.

[3] @ZelenskyyUa, 9:29, 20 gennaio 2022, Twitter.com.

[4] Asma Khalid, *How Biden Is Trying to Clean Up His Comments About Russia and Ukraine*, in «NPR», 20 gennaio 2022.

[5] Per la rendicontazione pubblica: Max Seddon, Christopher Miller, Felicia Schwartz, *How Putin Blundered into Ukraine – Then Doubled Down*, in «Financial Times», 23 febbraio 2023.

Capitolo 24

[1] Si veda anche: Bob Woodward, *The Trump Tapes: Bob Woodward's Twenty Interviews with President Donald Trump*, Simon & Schuster, New York 2022, p. 16.

Capitolo 25

[1] *Press Briefing by Press Secretary Jen Psaki and National Security Adviser Jake Sullivan*, «James S. Brady Press Briefing Room», 11 febbraio 2022, whitehouse.gov.

[2] *Putin Gave No Indication in Macron Call He's Preparing Invasion*, in «Reuters», 12 febbraio 2022; *Ukraine Crisis: Macron Says Putin Pledges No New Ukraine Escalation*, in «BBC News», 8 febbraio 2022.

[3] Erin Banco, Garrett M. Graff, Lara Seligman, Nahal Toosi, Alexander Ward, *"Something Was Badly Wrong": When Washington Realized Russia Was Actually Invading Ukraine*, in «Politico», 24 febbraio 2023.

[4] Simon Shuster, *The Showman*, William Morrow, New York 2024, pp. 219-220.

[5] Ivi, p. 221.

[6] *Ibid.*

Capitolo 26

[1] *The President Held a Meeting of the Russian Federation Security Council at the Kremlin*, «The Kremlin», 21 febbraio 2022, en.kremlin.ru.

[2] Si veda anche: Shaun Walker, *Putin's Absurd, Angry Spectacle Will Be a Turning Point in His Long Reign*, in «The Guardian», 21 febbraio 2022.

[3] *Fact Sheet: Executive Order to Impose Costs for President Putin's Action to Recognize So-Called Donetsk and Luhansk People's Repulics*, 21 febbraio 2022, whitehouse.gov.

[4] *Full Interview: President Trump with C&B from Mar-a-Lago*, in «Clay & Buck», 22 febbraio 2022, clayandbuck.com; Joseph Gedeon, *Trump Calls Putin "Genius" and "Savvy" for Ukraine Invasion*, in «Politico», 23 febbraio 2022.

Capitolo 27

[1] *Special Report: Russia's War on Ukraine, One Year On*, in «CNN» 23 febbraio 2023, edition.cnn.com/interactive.

[2] Andrew Osborn, Polina Nikolskaya, *Russia's Putin Authorizes "Special Military Operation" Against Ukraine*, in «Reuters», 24 febbraio 2022.

[3] Isabelle Khurshudyan, *An Interview with Ukrainian President Volodymyr Zelensky*, in «The Washington Post», 23 agosto 2022.

[4] Simon Shuster, *The Showman*, William Morrow, New York 2024, p. 7.

[5] *Ibid.*

[6] Si veda anche: Erin Banco, Garrett M. Graff, Lara Seligman, Nahal Toosi, Alexander Ward, *"Something Was Badly Wrong": When Washington Realized Russia Was Actually Invading Ukraine*, in «Politico», 24 febbraio 2023.

[7] Andrew Restuccia, *Trump Calls Putin's Invasion of Ukraine Smart, Blames Biden for not Doing Enough*, in «The Wall Street Journal», 24 febbraio 2022.

[8] Shuster, *The Showman*, pp. 16-17.

[9] Ivi, p. 18.

[10] Si veda anche Banco e altri, *"Something Was Badly Wrong": When Washington Realized Russia Was Actually Invading Ukraine.*

[11] *Ibid.*

[12] *Full Transcript of Zelensky's Emotional Appeal to Russians*, in «Reuters», 23 febbraio 2022.

[13] *Special Report: Russia's War on Ukraine, One Year On*, in «CNN».

[14] Valerie Hopkins, *In Video, a Defiant Zelensky Says, "We Are Here"*, in «The New York Times», 25 febbraio 2022.

[15] Banco e altri, *"Something Was Badly Wrong": When Washington Realized Russia Was Actually Invading Ukraine.*

[16] Paul Sonne, Isabelle Khurshudyan, Serhiy Morgunov, Kostiantyn Khudov, *Battle for Kyiv; Ukrainian Valor, Russian Blunders Combined to Save the Capital*, in «The Washington Post», 24 agosto 2022.

[17] *Ukrainian Soldier on the Battle that "Changed the Course of the War", and What He Fears Russia Will Do Next*, in «CBS», 7 aprile 2022.

[18] Liam Collins, Michael Kofman, John Spencer, *The Battle of Hostomel Airport: A Key Moment in Russia's Defeat in Kyiv*, *War on the Rocks*, 10 agosto 2023, warontherocks.com.

[19] Simon Shuster, *2022 Person of The Year: Volodymyr Zelensky*, in «Time», 7 dicembre 2022.

[20] *Unprotected Russian Soldiers Disturbed Radioactive Dust in Chernobyl's "Red Forest", Workers Say*, in «Reuters», 29 marzo 2022.

[21] Nicole Werbeck, *Satellite Images Show 40-Mile-Long Russian Military Convoy Nearing Kyiv*, in «NPR», 28 febbraio 2022; Luke McGee, *Here's What We Know About the 40-Mile-Long Russian Convoy Outside Ukraine's Capital*, in «CNN», 3 marzo 2022.

[22] Paul Sonne, Isabelle Khurshudyan, Serhiy Morgunov, Kostiantyn Khudov, *Battle for Kyiv; Ukrainian Valor, Russian Blunders Combined to Save the Capital*, in «The Washington Post», 24 agosto 2022; Michael Schwirtz e altri, *Putin's War*, in «The New York Times», 16 dicembre 2022, nytimes.com/interactive.

[23] Adam Shreck, *As Russians Retreat from Outskirts of Kyiv, Ukrainians Documents Atrocities*, in «Associated Press», 6 aprile 2022; Yousur Al-Hlou e altri, *Caught on Camera, Traced by Phone: The Russian Military Unit that Killed Dozens in Bucha*, in «The New York Times», 22 dicembre 2022; Simon Shuster, *A Visit to the Crime Scene Russian Troops Left Behind at a Summer Camp in Bucha*, in «Time», 13 aprile 2022.

Capitolo 28

[1] Steve Bannon, *War Room*, 23 febbraio 2022; Jackson Richman, *Steve Bannon and Erik Prince Praise Putin and Russia for LGBTQ Intolerance: "Putin Ain't Woke"*, in «Mediaite», 24 febbraio 2022.

[2] Dan Spinelli, *Putin Invaded Ukraine, and Steve Bannon Says that's a Good Reason to Impeach Biden*, in «Mother Jones», 25 febbraio 2022.

[3] *Ibid.*

[4] Tucker Carlson, *Americans Have Been Trained to Hate Putin, and Will Suffer Because of It*, in «Fox News», 23 febbraio 2022.

Capitolo 29

[1] David Vergun, *Russia's Grand Strategy for Ukraine Takeover Unmet, DOD Official*, «U.S. Department of Defense News», 14 giugno 2022, defense.gov; Seth G. Jones, *Russia's Ill-Fated Invasion of Ukraine: Lessons in Modern Warfare*, Center for Strategic & International Studies, 1° giugno 2022, csis.org.

[2] *Support for NATO Membership Soars to 76 Percent*, in «Yie Poll», 9 maggio 2022; Stine Jacobsen, Johan Ahlander, *Russian Invasion of Ukraine Forces Swedes to Rethink NATO Membership*, in «Reuters», 4 marzo 2022.

[3] Jonathan Masters, *How NATO Will Change if Finland and Sweden Become Members*, Council on Foreign Relations, 29 giugno 2022, cfr.org.

[4] Jason Horowitz, *He Knows Putin Well. And He Fears for Ukraine*, in «The New York Times», 13 febbraio 2022.

[5] Colleen Long, Aamer Madhani, *Finnish Leader Meets Biden, Weighs NATO as War Deepens*, in «Associated Press», 4 marzo 2022.

[6] Emily Rauhala, Adela Suliman, *Russia Threatens to Move Nukes to Baltic Region if Finland, Sweden Join NATO*, in «The Washington Post», 14 aprile 2022.

[7] *Sweden Says It Received U.S. Security Assurances if It Hands in NATO Application*, in «Reuters», 4 maggio 2022.

[8] *Statement by Denmark, Iceland and Norway on Finland and Sweden's Decision to Apply for NATO Membership*, Ministry of Foreign Affairs, 18 maggio 2022.

[9] *Prime Minister Signs New Assurances to Bolster European Security*, U.K. Government, 11 maggio 2022, gov.uk.

[10] *Russia Threatens to Retaliate over Membership Move*, in «BBC», 12 maggio 2022.

[11] *Remarks by President Biden, President Niinistö of Finland, and Prime Minister Andersson of Sweden After Trilateral Meeting*, 19 maggio 2022.

[12] *Long-Planned NATO Exercises across Europe Get Underway*, North Atlantic Treaty Organization, 13 maggio 2022.

[13] *NATO Secretary General: We Will Welcome Finland as the 31st Member of Our Alliance*, North Atlantic Treaty Organization, 4 aprile 2023, nato.int.

[14] Krisztina Than, Niklas Pollard, *Sweden Clears Final Hurdle to Join NATO as Hungary Approves Accession*, in «Reuters», 26 febbraio 2024.

Capitolo 30

[1] *Lindsey Graham Calls for Russian to Assassinate Putin*, in «The Wall Street Journal», 4 marzo 2022.

[2] Mary Clare Jalonick, *White House Disavows Graham's Call for Putin Assassination*, in «Associated Press», 4 marzo 2022.

[3] Rebecca Shabad, *Sen. Lindsey Graham Defends Calling for Russians to Assassinate Putin*, in «NBC News», 4 marzo 2022.

[4] Josh Dawsey, *Trump Muses on War with Russia and Praises Kim Jong Un*, in «The Washington Post», 6 marzo 2022.

Capitolo 31

[1] *Secretary Antony J. Blinken and Secretary Lloyd Austin Remarks to Traveling Press*, U.S. Department of State, 25 aprile 2022.

[2] *Austin Meets with Nations to Intensify Support for Ukraine*, U.S. Department of Defense, 26 aprile 2022.

[3] Simon Shuster, *The Showman*, William Morrow, New York 2024, p. 242.

Capitolo 32

[1] Si veda anche: Hunter Biden, *Beautiful Things*, Gallery Books, New York 2021; trad. it. Hunter Biden, *Cose belle*, Solferino, Milano 2021; Bob Woodward, Robert Costa, *Peril*, Simon & Schuster, New York 2021, pp. 36-38.

Capitolo 33

[1] Patrick Kingsley, Isabel Kershner, *Israel's Government Collapses, Setting Up 5th Election in 3 Years*, in «The New York Times», 20 giugno 2022.

[2] Andrew Carey, Amir Tal, *Trump Accuses Netanyahu of Disloyalty for Congratulating Biden after 2020 Win: "F**k him"*, in «CNN», 11 dicembre 2021.

[3] Patricia Zengerle, *After Delay, U.S. Senate Overwhelmingly Approves $40 Billion in Ukraine Aid*, in «Reuters», 19 maggio 2022.

[4] Si veda anche: Valerie Hopkins, *Tending Russia's Dead as They Pile Up in Ukraine*, in «The New York Times», 29 maggio 2022.

[5] Lisa Mascaro, *GOP Splinters over $40 Billion Supplmental Funding For Ukraine*, «PBS News», 16 maggio 2022.

[6] *Ibid.*

Capitolo 34

[1] *Coalition Government, CDU Agree Military Spending Hike*, in «DW», 30 maggio 2022; Peter Hille, Nina Werkhäuser, *The German Military's New Shopping List*, in «DW», 3 giugno 2022.

[2] *Leopard 2 Main Battle Tank, Germany*, in «Army Technology», 24 aprile 2024, army-technology.com; Jack Picone, *Everything you Need to Know About the Leopard 2 Battle Tank*, in «SlashGear», 20 gennaio 2024.

[3] Lara Seligman, Paul Mcleary, Erin Banco, *"These Are not Rental Cars": As Ukraine Pleads for Tanks, the West Holds Back*, in «Politico», 22 settembre 2022.

[4] David Martin, Eleonor Watson, *U.S. Poised to Send Tanks to Ukraine*, in «CBS», 25 gennaio 2023.

[5] Matthew Mpoke Bigg, *"Tragedies Are Outpacing Life": In a Video Address at Davos, Zelensky Mourns the Dead and Pleads for Help*, in «The New York Times», 18 gennaio 2023.

[6] *Remarks by President Biden on Continued Support for Ukraine*, «Briefing Room», 25 gennaio 2023, whitehouse.gov.

Capitolo 35

[1] Huw Dylan, David V. Gioe, Joe Littell, *The Kherson Ruse: Ukraine and the Art of Military Deception*, Modern War Institute, 12 ottobre 2022; Julian Barnes, Eric Schmitt, Helene Cooper, *The Critical Moment behind Ukraine's Rapid Advance*, in «The New York Times», 13 settembre 2022.

[2] *Basic Principles of State Policy of the Russian Federation on Nuclear Deterrence*, 2 giugno 2020, n. 355.

[3] *Read Putin's National Address on a Partial Military Mobilization*, in «The Washington Post», 21 settembre 2022.

[4] Joshua Berlinger, Anna Chernova, Tim Lister, *Putin Announces Annexation of Ukrainian Regions in Defiance of International Law*, in «CNN», 30 settembre 2022.

[5] *Remarks by President Biden at Democratic Senatorial Campaign Committee Reception*, New York, 6 ottobre 2022; David Sanger, James McKinley Jr., *Biden Warned of a Nuclear Armageddon. How Likely Is a Nuclear Conflict with Russia?*, in «The New York Times», 9 ottobre 2022.

[6] Alex Horton, *U.S. Russian Defense Chiefs Hold First Talks in Months*, in «The Washington Post», 21 ottobre 2022; *Senior Military Official Holds a Background Briefing*, 24 ottobre 2022, Defense.gov.

[7] Sophia Ankel, Tom Porter, *How Sergei Shoigu, Putin's Embattled One-Time Bestie, Rose to the Top of Russia's Military and Survived the Wagner Rebellion that Called for His Head*, in «Business Insider», 26 giugno 2023.

[8] *Readout of Secretary of Defense Lloyd J. Austin III's Phone Call with Russian Minister of Defense Sergey Shoygu*, Defense Release, 21 ottobre 2022; Horton, *U.S., Russian Defense Chiefs Hold First Talks in Months.*

[9] Andrei Soldatov, Irina Borogan, *The Man behind Putin's Military*, in «Foreign Affairs», 26 febbraio 2022.

[10] Eric Schlosser, *What if Russia Uses Nuclear Weapons in Ukraine?*, in «The Atlantic», 20 giugno 2022.

[11] Guy Faulconbridge, *Analysis: What Is Russia's Policy on Tactical Nuclear Weapons?*, in «Reuters», 17 ottobre 2022; Karoun Demirjian, *Here Are the Nuclear Weapons Russia Has in Its Arsenal*, in «The Washington Post», 6 ottobre 2022.

[12] Si veda anche: *Joint Statement by Foreign Ministers of France, the United Kingdom and the United States – Ukraine*, 24 ottobre 2022.

[13] Si veda anche: *Russia's Shoigu Holds Second Call with U.S. Defense Secretary in Three Days*, in «Reuters», 23 ottobre 2022.

[14] *IAEA Says No Sign of "Dirty Bomb" Work at Ukrainian Sites; Kyiv Hails Report*, in «Reuters», 3 novembre 2022.

[15] David Sanger, *Biden Says Russian Use of a Nuclear Weapon Would Be a "Serious Mistake"*, in «The New York Times», 25 ottobre 2022.

[16] Maroosha Muzaffar, *Nuclear Weapons Must not Be Used over Ukraine, China's President Says in Clear Response to Russia*, in «The Independent», 5 novembre 2022.

[17] Peter Beaumont, Luke Harding, Pjotr Sauer, Isobel Koshiw, *Ukraine Troops Enter Center of Kherson as Russians Retreat in Chaos*, in «The Guardian», 11 novembre 2022; Steve Rosenberg, *Putin Can't Escape Fallout from Russians Retreat in Ukraine*, in «BBC», 11 novembre 2022.

[18] *CIA Chief William Burns Meets with Russian Spy Boss Sergey Naryshkin*, in «Al Jazeera», 14 novembre 2022.

Capitolo 36

[1] Bess Levin, *Report: Donald Trump Is Blaming Everyone but Himself for the Midterms. And, Yes, that Includes Melania*, in «Vanity Fair», 9 novembre 2022.

[2] Chris Cillizza, *Donald Trump Said the Trumpiest Thing Possibile About the Election*, in «CNN», 9 novembre 2022.

[3] Caroline Vakil, *Trump: Midterms "Somewhat Disappointing" but Still "Very Big Victory"*, «The Hill», 11 novembre 2022.

[4] *Former President Trump Announces 2020 Presidential Bid*, 15 novembre 2022, rev.com.

[5] *Ibid.*

Capitolo 37

[1] *Fact Sheet: One Year of Supporting Ukraine*, 21 febbraio 2023, whitehouse.gov; *U.S. Security Assistance to Ukraine*, Congressional Research Service, 27 febbraio 2023, crsreports.congress.gov.

[2] Max Hunder, Jonathan Landay, *Russia Launches Biggest Air Strikes since Start of Ukraine War*, in «Reuters», 11 ottobre 2022.

[3] Chris Gordon, *NASAMS Arrive in Ukraine in US Bid to Bolster Air Defense*, «Air & Space Forces Magazine», 7 novembre 2022.

[4] *PATRIOT Air and Missile Defense System for Ukraine*, Congressional Research Service, 18 gennaio 2023, crsreports.congress.gov.

[5] Kevin Liptak, Maegan Vazquez, *Zelensky Delivers Impassioned Plea for More Help Fighting Russia on the "Frontline of Tyranny"*, in «CNN», 21 dicembre 2022.

[6] John Ismay, Thomas Gibbons-Neff, *Artillery Is Breaking in Ukraine. It's Becoming a Problem for the Pentagon*, in «The New York Times», 25 novembre 2022.

[7] Charlie D'Agata, Agnes Reau, Tucker Reals, *Meet Ukraine's "Sappers", Working to Clear Ground Retaken from Russian Troops Who "Mine Everything"*, in «CBS Mornings», 18 luglio 2023.

Capitolo 38

[1] Si veda anche: David Sanger, Jim Tankersley, Michael Crowley, Eric Schmitt, *In a Sharp Reversal, Biden Opens a Path for Ukraine to Get Fighter Jets*, in «The New York Times», 19 maggio 2023.

Capitolo 39

[1] Devlin Barrett, Perry Stein, *Garland Names Special Counsel for Trump Mar-a-Lago, 2020 Election Probes*, in «The Washington Post», 18 novembre 2022.

[2] *Ibid.*

[3] *Former President Trump: "I Am Your Justice... I Am Your Retribution*, in «C-SPAN», 4 marzo 2023.

[4] Carrie Johnson, *Trump Indicted in Case of Alleged Mishandling of Government Secrets*, in «NPR», 8 giugno 2023.

[5] Anders Hagstrom, *Bill Barr Says Trump's Indictment Is "Very Damning" if "Even Half of It Is True"*, in «Fox News», 11 giugno 2023.

[6] Ken Bredemeier, *Biden Embarking on Late June Fundraising Effort*, in «VOA News», 19 giugno 2023.

Capitolo 40

[1] Si veda: Victoria Kim, Gaya Gupta, John Ismay, *Here's What Cluster Munitions Do and Why They Are so Controversial*, in «The New York Times», 6 luglio 2023.

[2] Si veda anche: Aaron Blake, *Biden's Complicated History on Cluster Munitions*, in «The Washington Post», 7 luglio 2023; David Smith, Luke Harding, *Joe Biden Defends "Difficult Decision" to Send Cluster Munitions to Ukraine*, in «The Guardian», 8 luglio 2023.

[3] *Cluster Munitions Use in Russia-Ukraine War*, Human Rights Watch, 29 maggio 2023.

[4] Si veda anche: Mstyslav Chernov, *20 Days in Mariupol*, in «Associated Press/PBS *Frontline*», 2023; Katharina Krebs, *At Least 290 Civilian Bodies Found in Irpin since Russian Withdrawal, Mayor Says*, in «CNN», 3 maggio 2022; *Commission of Inquiry Finds Further Evidence of War Crimes in Ukraine*, in «U.N. News», 20 ottobre 2023; Masha Gessen, *The Prosecution of Russian War Crimes in Ukraine*, in «The New Yorker», 1 agosto 2022.

[5] Deborah Amos, *Russia Deports Thousands of Ukrainian Children. Investigators Say that's a War Crime*, in «NPR», 14 febbraio 2023; Yousur Al-Hlou, Masha Froliak, *46 Children Were Taken from Ukraine. Many Are Up for Adoption in Russia*, in «The New York Times», 2 giugno 2024; *Situation in Ukraine: ICC Judges Issue Arrest Warrants Against Vladimir Vladimirovich Putin and Maria Alekeyevna Lvova-Belova*, comunicato stampa, 17 marzo 2023.

[6] Si veda anche: Mike Stone, Trevor Hunnicutt, Simon Lewis, *Tortured Path to U.S. Decision to Send Ukraine Cluster Munitions*, in «Reuters», 10 luglio 2023; John Hudson, Anastacia Galouchka, *How Ukraine Is Exploiting Biden's Cluster Bomb Gamble*, in «The Washington Post», 21 agosto 2023.

Capitolo 41

[1] Jim Heintz, *Russian Mercenary Boss Yevgeny Prigozhin Challenged the Kremlin in a Brief Mutiny*, in «Associated Press», 27 agosto 2023.

[2] Christian Esch, Christina Hebel, Alexander Chernyshev, *Yevgeny Prigozhin's Meat Grinder: A Moment of Truth for Russia's Wagner Group in Bakhmut*, 17 maggio 2023, in «Der Spiegel», spiegel.de/international.

[3] Lazaro Gamio, Marco Hernandez, Josh Holder, *How a Rebellion in Russia Unfolded over 36 Hours*, in «The New York Times», 24 giugno 2023.

[4] *Ibid.*

[5] Si veda anche: Simon Segab-Montefiore, *What Prigozhin's Death Reveals About Putin's Power in Russia*, in «Time», 24 agosto 2023.

[6] Paul Sonne, Michael C. Bender, *Putin, Citing Trump "Persecution", Wades Back Into U.S. Politics*, in «The New York Times», 12 settembre 2023.

[7] Phil McCausland, *Trump Says He's Pleased by Putin's Praise: "I Like that He Said that"*, in «NBC News», 15 settembre 2023, nbcnews.com.

Capitolo 42

[1] Mark Landler, *Viewed Warily by Democrats, a Netanyahu Ally Is a Key Conduit to U.S.*, in «The New York Times», 7 novembre 2023.

[2] Si veda: *Maps and Videos Show How the Deadly Surprise Attack on Israel Unfolded*, in «The Washington Post», 8 ottobre 2023; Andrés Martínez, *Here's a Timeline of Saturday's Attacks and Israel's Retaliation*, in «The New York Times», 8 ottobre 2023.

[3] Eliza Mackintosh e altri, *How a Rave Celebrating Life Turned into a Frenzied Massacre*, in «CNN», 14 ottobre 2023, cnn.com.

[4] Bret Stephens, *Sheryl Sandberg Screams Back at the Silence*, in «The New York Times», 30 aprile 2024; Jeffrey Gettleman, Anat Schwartz, Adam Sella, *"Screams Without Words": How Hamas Weaponized Sexual Violence on October 7*, in «The New York Times», 28 dicembre 2023; Lucy Williamson, *Hamas Raped and Mutilated Women on 7 October, BBC Hears*, in «BBC», 5 dicembre 2023.

[5] *Screams Before Silence*: Anat Stalinsky/Sheryl Sandberg, YouTube 2024, screamsbeforesilence.com.

[6] *Remarks by President Biden on the Terrorist Attacks in Israel*, «Briefing, State Dining Room», 7 ottobre 2023, whitehouse.gov.

[7] Si veda anche: *Israel Sends Hundreds of Gazan Laborers Held since Oct. 7 Back into Strip*, in «The Times of Israel», 3 novembre 2023.

[8] Ronen Bergman, Adam Goldman, *Israel Knew Hamas' Attack Plan More than a Year Ago*, in «The New York Times», 30 novembre 2023.

[9] Si veda anche: *Israeli-Palestinian Conflict Timeline*, Council on Foreign Relations, 13 novembre 2023, education.cfr.org.

Capitolo 43

[1] *U.S. Moves Carrier Strike Group to Eastern Mediterranean*, comunicato stampa «CENTCOM», 8 ottobre 2023.

Capitolo 44

[1] Joel Simon, *How Qatar Became the World's Go-To Hostage Negotiator*, in «The New Yorker», 16 novembre 2023.

[2] Aya Batrawy, *Freeing Hostages, Hosting Hamas: Qatar's Influence in Israel-Gaza War, Explained*, in «NPR», 2 novembre 2023.

[3] Michael D. Shear, *Political Pressures on Biden Helped Drive "Secret Cell" of Aides in Hostage Talks*, in «The New York Times», 21 novembre 2023.

[4] Nima Elbagir e altri, *Qatar Sent Millions to Gaza for Years – With Israel's Backing. Here's What We Know About the Controversial Deal*, in «CNN», 12 dicembre 2023; Batrawy, *Freeing Hostages, Hosting Hamas: Qatar's Influence in Israel-Gaza War, Explained.*

[5] Mark Mazzetti, Ronen Bergman, *Buying Quiet: Inside the Israeli Plan that Propped Up Hamas*, in «The New York Times», 10 dicembre 2023.

Capitolo 45

[1] Si veda anche: Nicholas Casey, Euan Ward, *What Is Hezbollah, the Group that Poses a Threat to Israel from the North?*, in «The New York Times», 19 ottobre 2023; Kali Robinson, *What Is Hezbollah?*, Council on Foreign Relations, 14 ottobre 2023; Rund Abdeifatah e altri, *A History of Hezbollah*, in «NPR», 28 marzo 2024.

[2] Bob Woodward, *Obama's Wars*, Simon & Schuster, New York 2010; Bob Woodward, Robert Costa, *Peril*, Simon & Schuster, New York 2021.

[3] Benjamin Netanyahu, *Bibi*, Threshold Editions, New York 2022.

[4] Ivi, p. 428.

[5] John Wagner, Ashley Parker, *Biden Says U.S. Ground Troops "not on the Table" for Ukraine*, in «The Washington Post», 8 dicembre 2021; Zachary

Wolf, *Here's What Biden Has Said About Sending U.S. Troops to Ukraine*, in «CNN», 24 febbraio 2022.

[6] Allison Hoffman, *Bibi's Brain: Meet Ron Dermer, Israel's New Ambassador to the U.S.*, in «Tablet», 20 settembre 2011.

[7] Emanuel Fabian, Amy Spiro, *90 Minute Panic over Mass Drone Invasion in Northern Israel Proves to Be False Alarm*, in «The Times of Israel», 11 ottobre 2023.

[8] *Ibid.*

[9] Soo Rin Kim, Lalee Ibssa, Kendall Ross, Mary Bruce, Adam Carlson, *Trump Criticized for Calling Hezbollah "Very Smart" as He Talked of Potential Risk to Israel*, in «ABC News», 12 ottobre, 2023.

[10] Isaac Arnsdorf, *Trump Faults Netanyahu, Calls Hezbollah "Very Smart" amid Israel War*, in «The Washington Post», 12 ottobre 2023.

Capitolo 46

[1] Jim Garamone, *U.S. Flowing Military Supplies to Israel, as Country Battles Hamas Terrorists*, U.S. Department of Defense News, 10 ottobre 2023.

[2] Oren Liebermann, Natasha Bertrand, *U.S. Eyes Weapons Stockpiles as Concern Grows About Supporting Both Ukraine and Israel's Wars*, in «CNN», 11 ottobre 2023; Eric Schmitt, Adam Entous, Ronen Bergman, John Ismay, Thomas Gibbons-Neff, *Pentagon Sends U.S. Arms Stored in Israel to Ukraine*, in «The New York Times», 17 gennaio 2023.

[3] Jiachuan Wu, Joe Murphy, Nigel Chiwaya, *The Gaza Strip's Density Visualized*, in «NBC News», 10 ottobre 2023.

[4] Per le foto si veda: Humeyra Pamuk, *U.S. Secretary of State Blinken Meets Jordanian King in Amman*, in «Reuters», 13 ottobre 2023.

[5] Altre violente propaggini dei Fratelli musulmani includono: il Movimento di resistenza islamica volto all'eliminazione di Israele; Hezbollah, il gruppo militante sciita in Libano; al-Qaida, l'organizzazione militante islamica guidata da jihadisti sunniti responsabili dell'attacco agli Stati Uniti dell'11 settembre; lo Stato islamico in Iraq e Siria noto come ISIS o Daesh.

Capitolo 47

[1] Si veda anche: Yasmeen Abutaleb, Tyler Pager, John Hudson, *Biden to Travel to Israel on Wednesday*, in «The Washington Post», 16 ottobre 2023.

[2] Si veda anche: Vera Bergengruen, *For Antony Blinken, the War in Gaza Is a Test of U.S. Power*, in «Time», 11 gennaio 2024.

Capitolo 48

[1] Julian Borger, *Hundreds Feared Dead After Blast at Gaza Hospital as Biden Set to Fly In*, in «The Guardian», 17 ottobre 2023.

[2] Franklin Foer, *Inside Biden's "Hug Bibi" Strategy*, in «The Atlantic», 17 ottobre 2023; David Leonhardt, Ian Prasad Philbrick, *Biden's Trip to Israel*, in «The New York Times», 17 ottobre 2023.

[3] *Remarks by President Biden and Prime Minister Netanyahu of Israel Before Bilateral Meeting, Tel Aviv, Israel*, «The White House», 18 ottobre 2023, whitehouse.gov.

[4] *Ibid.*

[5] *President Biden and Prime Minister Netanyahu Meet with Israeli War Cabinet*, in «C-SPAN», 18 ottobre 2023; Isabel Kershner, *To Fight Hamas, Israel's Leaders Stopped Fighting One Another. For Now*, in «The New York Times», 14 dicembre 2023.

[6] *Remarks by President Biden on the October 7th Terrorist Attacks and the Resilience of the State of Israel and Its People*, Tel Aviv, Israele, 18 ottobre 2023, whitehouse.gov.

[7] Si veda anche: Tamara Keith, *Biden Says His Tel Aviv Trip Was a Gamble. Tonight, He Has Another High-Stake Moment*, in «NPR», 19 ottobre 2023.

[8] Nidal Al-Mughrabi, Aidan Lewis, *First Aid Convoy Enters Gaza Strip from Egypt*, in «Reuters», 21 ottobre 2023.

[9] Christian Bouri, Diana Roy, *Analysis: How Bad Is the Humanitarian Crisis in Gaza amid the Israel-Hamas War?*, in «PBS», 19 novembre 2023; *Israel: Unlawful Gaza Blockade Deadly for Children*, Human Rights Watch, 18 ottobre 2023.

Capitolo 49

[1] Luis Martinez, *U.S. Navy Destroyer in Red Sea Shoots Down Cruise Missiles Potentially Headed toward Israel: Pentagon*, in «ABC», 20 ottobre 2023; Matina Stevis-Gridneff, Aaron Boxerman, *Yemen's Houthis Hijack a Ship in the Red Sea*, in «The New York Times», 19 novembre 2023.

Capitolo 50

[1] *Remarks by Vice President Harris on the Conflict between Israel and Hamas*, Dubai, 2 dicembre 2023, whitehouse.gov.

[2] Humeyra Pamuk, *Blinken Pushes Arab States to Discuss the Future of Gaza*, in «Reuters», 1 dicembre 2023.

[3] Si veda anche: TOI staff, *VP Harris: Suffering in Gaza "Devasting"; Israel Must Do More to Protect Civilians*, in «The Times 238 Israel», 3 dicembre 2023.

[4] Si veda anche: Nandita Bose, Steve Holland, *US VP Harris Urges Israel to Protect Gaza Civilians*, in «Reuters», 2 dicembre 2023.

[5] Meg Wagner, *"Blood and Soil": Protesters Chant Nazi Slogan in Charlottesville*, in «CNN», 12 agosto 2017.

Capitolo 51

[1] Si veda anche: Davide Nakamura, *Biden Hails Freed U.S. Hostages as Family Awaits Reunion*, in «The Washington Post», 21 ottobre 2023.

[2] Per la rendicontazione pubblica: Alexander Ward, *How a Secret Cell Got Hamas to Release 50 Hostages*, in «Politico», 21 novembre 2023; Aaron Poris, Miriam David-Hay, *Freed from Hell: Timeline of Hostage Releases During the Israel-Hamas War*, in «The Jerusalem Post», 3 dicembre 2023.

Capitolo 52

[1] Meghann Myers, *U.S. Troops in Iraq and Syria Have Faced over 100 Attacks since October*, in «Military Times», 21 dicembre 2023.

[2] *Biden Orders Strike on Iranian-Aligned Group After 3 U.S. Troops Injured in Iraq*, in «NPR», 25 dicembre 2023.

[3] *Letter to the Speaker of the House and President Pro Tempore of the Senate Consistent with the War Powers Resolution (Public Law 93-148)*, «Briefing Room», 12 gennaio 2024, whitehouse.gov.

[4] *U.S. Says It Shot Down 2 Missiles Launched from Houthi-Controlled Areas*, in «Reuters», 30 dicembre 2023.

[5] Lisa Friedman, *Biden Begins Weeklong Vacation in Carribean to Ring in the New Year*, in «The New York Times», 27 dicembre 2023.

[6] Christian Edwards, *Who Are the Houthis and Why Are They Attacking Ships in the Red Sea?*, in «CNN», 4 febbraio 2024; Agnes Chang, Pablo Robles, Keith Bradsher, *How Houthi Attacks Have Upended Global Shipping*, in «The New York Times», 21 gennaio 2023.

[7] Farnaz Fassihi, Eric Schmitt, *Iran and U.S. Held Secret Talks on Proxy Attacks and Cease-Fire*, in «The New York Times», 15 marzo 2024.

[8] Joseph Clark, *U.S., Partners' Forces Strike Houthi Military Targets in Yemen*, «U.S. Department of Defense News», 12 gennaio 2024, Defense.gov;

Statement from President Joe Biden on Coalition Strikes in Houthi-Controlled Areas of Yemen, «Briefing Room», 11 gennaio 2024, whitehouse.gov.

[9] Eric Schmitt, *3 American Soldiers Killed in Drone Strike in Jordan, U.S. Says*, in «The New York Times», 28 gennaio 2024.

[10] *Statement from President Joe Biden on Attack on U.S. Service Members in Northeastern Jordan Near the Syria Border*, «Briefing Room», 28 gennaio 2024, whitehouse.gov.

[11] *U.S. Strikes Over 85 Targets at 7 Sites in Iraq and Syria Against Iran's Forces and Proxies*, in «The New York Times», 2 febbraio 2024.

[12] @SpeakerJohnson, *My Statement Regarding the U.S: Strikes in Syria and Iraq*, 18:34, 2 febbraio 2024, Twitter.com.

Capitolo 53

[1] Nick Allen, *Antony Blinken Meets MBS in Lavish Desert Tent and Says Saudi Crown Prince Is Determined to Keep Gaza Conflict from Spreading as Fears Grow of a Wider Middle East War*, in «Daily Mail», dailymail.co.uk.

[2] Stephen Kalin, Michael Gordon, *U.S. to Offer Landmark Defense Treaty to Saudi Arabia in Effort to Spur Israel Normalization Deal*, in «The Wall Street Journal», 9 giugno 2024.

Capitolo 54

[1] Benedict Vigers, *Life in Israel After Oct. 7 in 5 Charts*, in «Gallup», 22 dicembre 2023, gallup.com.

[2] Kevin Liptak, MJ Lee, *Biden Growing More Frustrated with Netanyahu as Gaza Campaign Rages On*, in «CNN», 12 febbraio 2024.

[3] Andrea Shalal, *Biden Urged Israel's Netanyahu to Protect Civilians in Rafah – White House*, in «Reuters», 11 febbraio 2024.

[4] Anna Oakes, Claudia Gohn, *Inside the Columbia University Student Encampment – And the Crackdown*, in «Rolling Stone», 1 maggio 2024.

[5] Jacey Fortin, *Campus Protests: Republicans Accuse University Leaders of "Giving In" to Antisemitism*, in «The New York Times», 23 maggio 2024.

[6] *Readout of President Biden's Call with Prime Minister Netanyahu of Israel*, 15 febbraio 2024.

[7] Anna Chernova, Christian Edwards, David Shortell, *Jailed Russian Opposition Figure Alexey Navalny Dies, Prison Services Say*, in «CNN», 16 febbraio 2024.

[8] *Remarks by President Biden on the Reported Death of Aleksey Navalny*, «Briefing Room», 16 febbraio 2024, whitehouse.gov.

Capitolo 55

[1] Amanda Tugade, *Birdcages and "New Blood": Tensions between Nikki Haley, Donald Trump Boil Over After Republican Debate*, 1 ottobre 2023.

[2] Tenente generale Keith Kellogg, *After Action Report: My Visit to Israel*, America First Policy Institute, 15 marzo 2024.

[3] Omer Lachmanovitch, Ariel Kahana, *Trump to Israel Hayom: Only a Fool Would Have not Acted Like Israel on Oct. 7*, in «Israel Hayom», 25 marzo 2024.

Capitolo 56

[1] Niels Lesniewski, *Lindsey Graham Wants to "Sanction the Hell Out of Saudi Arabia" Until Crown Prince Is Ousted*, in «Roll Call», 16 ottobre 2018; Mariana Alfaro, *Lindsey Graham Meets with Saudi Crown Prince, Reversing Past Criticism*, in «The Washington Post», 11 aprile 2023.

Capitolo 57

[1] Jonathan Landay, Idrees Ali, *No U.S. Involvement in Strike on Iran's Damascus Mission, White House Says*, in «Reuters», 2 aprile 2024.

[2] *Readout of President Joe Biden's Call with Prime Minister Netanyahu of Israel*, «The White House», 4 aprile 2024, whitehouse.gov.

[3] Adam Rasgon, Aaron Boxerman, *What We Know About the Israeli Strike that Killed 7 Aid Workers in Gaza*, in «The New York Times», 2 aprile 2024.

[4] *Statement from National Security Council Spokesperson Adrienne Watson on Steps Announced by Israel to Increase Aid Flow to Gaza*, «The White House», 4 aprile 2024, whitehouse.gov.

[5] Neri Zilber, *"Dead Man Walking": How Yahya Sinwar Deceived Israel for Decades*, in «Financial Times», 5 novembre 2023; Jo Becker, Adam Sella, *The Hamas Chief and the Israeli Who Saved His Life*, in «The New York Times», 26 maggio 2024.

[6] Marco Hernandez, Josh Holder, *The Tunnels of Gaza*, in «The New York Times», 10 novembre 2023.

[7] *Vowing Revenge, Iran Pays Homage to IRGC Generals Killed in Strike Blamed on Israel*, in «The Times of Israel», 5 aprile 2024.

Capitolo 58

[1] Joseph Federman, Jon Gambrell, *Iran Fires Drones and Ballistic Missiles at Israel in Massive Retaliatory Attack*, in «PBS», 13 aprile 2024; Madiha Afzal e altri, *The Impact of Iran's Attack on Israel*, in «Brookings», 15 aprile 2024, brookings.edu.

[2] Kathleen Magramo, Elizabeth Wolfe, Aditi Sangal, *Iran Targeted in Aerial Attack*, in «CNN», 18 aprile 2024; Courtney Kube, Mosheh Gains, Dan De Luce, *Israel Carries Out Limited Strikes on Iran, with the Extent of Damage Unclear*, in «NBC News», 19 aprile 2024.

Capitolo 59

[1] Adam Entous, Michael Schwirtz, *The Spy War: How the C.I.A. Secretly Helps Ukraine Fight Putin*, in «The New York Times», 25 febbraio 2024.

[2] Carlotta Gall, Marc Santora, Constant Méheut, *Avdiivka, Longtime Stronghold for Ukraine, Falls to Russians*, in «The New York Times», 17 febbraio 2024; Julian E. Barnes, *Biden Administration Blames Congress for Fall of Ukrainian City*, in «The New York Times», 17 febbraio 2024.

[3] *Statement for the Record Senate Select Committee on Intelligence, Director of CIA Nominee William J. Burns*, 24 febbraio 2021, intelligence.senate.gov.

[4] William J. Burns, *The Back Channel*, Random House, New York 2019, p. 431.

Capitolo 60

[1] *CBP Releases December 2023 Monthly Update*, U.S. Customs and Border Protection, 26 gennaio 2024.

[2] Michael D. Shear, Hamed Aleaziz, Zolan Kanno-Youngs, *How the Border Crisis Shattered Biden's Immigration Hopes*, in «The New York Times», 30 gennaio 2024.

[3] *How Americans View the Situation at the U.S.-Mexico Border, Its Causes and Consequences*, Pew Research Center, 15 febbraio 2024.

[4] Jeffrey C. Mays, *Mayor Adams Criticizes Biden in Rare Public Rebuke over Migrant Crisis*, in «The New York Times», 19 aprile 2023; Emma G. Fitzsimmons, *In Escalation, Adams Says Migrant Crisis "Will Destroy New York City"*, in «The New York Times», 7 settembre 2023.

[5] Alex Nowrasteh, *The U.S. Labor Market Explains Most of the Increase in Illegal Immigration*, Cato Institute, 16 novembre 2023, cato.org.

Capitolo 61

[1] Michael Kranz, *How the Russia-Ukraine Crisis Is Turning Poland into a Strategic Player*, in «Foreign Policy», 23 febbraio 2022.

[2] Elisabeth Zerofsky, *Poland's War on Two Fronts*, in «The New York Times Magazine», 4 aprile 2023.

[3] Si veda anche: *In White House Visit, Polish President Pushes NATO to Ramp Up Spending, Calls On U.S. to Fund Ukraine*, in «Associated Press», 12 marzo 2024.

[4] Andrzej Duda, *NATO Members Must Raise Their Defense Spending to 3 Percent of GDP*, in «The Washington Post», 11 marzo 2024.

[5] Edward Helmore, *Trump Says He Would Encourage Russia to Attack NATO Allies Who Pay Too Little*, in «The Guardian», 11 febbraio 2024.

[6] *Ibid.*

[7] Duda, *NATO Members Must Raise Their Defense Spending to 3 Percent of GDP*.

[8] Derek Hawkins, *See which NATO Countries Spend Less than 2 Percent of Their GDP on Defense*, in «The Washington Post», 12 febbraio 2024.

[9] Jill Colvin, Monika Scislowska, *Poland's President Becomes the Latest Leader to Visit Donald Trump as Allies Eye a Possibile Return*, in «Associated Press», 18 aprile 2024.

[10] @realDonaldTrump, «Perché l'Europa non dà più soldi per aiutare l'Ucraina? Perché gli Stati Uniti si sono impegnati nella guerra in Ucraina per oltre cento miliardi di dollari più dell'Europa, e abbiamo un oceano che ci separa! Perché l'Europa non riesce a pareggiare o eguagliare il denaro investito dagli Stati Uniti d'America per aiutare un Paese che ne ha un bisogno disperato? Come tutti concordano, la sopravvivenza e la forza dell'Ucraina dovrebbero essere molto più importanti per l'Europa che per noi, ma sono allo stesso tempo importanti per noi! MUOVITI EUROPA! Inoltre, sono l'unico a parlare per "ME" e, sebbene ci sia un totale casino provocato da Joe Biden e dai democratici incompetenti, se fossi stato io il Presidente, questa guerra non avrebbe mai avuto inizio», 13:55, 18 aprile 2024, truthSocial.com.

[11] *Remarks by President Trump to the People of Poland*, «The White House», 6 luglio 2017, trumpwhitehouse.archives.gov.

[12] Si veda anche: Liz Goodwin, Yasmeen Abutaleb, Tyler Page, *Aid to Ukraine Seemed Dead. Then Secretive Talks Revived It*, in «The Washington Post», 24 aprile 2024; si veda anche: Vivian Salama, *Why Donald Trump Didn't Sink Mike Johnson's Ukraine-Aid Bill*, in «The Wall Street Journal», 22 aprile 2024.

[13] Mary Clare Jalonick, Stephen Groves, Farnoush Amiri, *Senate Overwhelmingly Passes Aid for Ukraine, Israel and Taiwan in Big Bipartisan Vote*, in «Associated Press», 23 aprile 2024.

[14] *Ibid.*

[15] *Remarks by President Biden on the Passage of H.R. 815, the National Security Supplemental*, «State Dining Room», 24 aprile 2024, whitehouse.gov.

Capitolo 62

[1] Ibrahim Dahman, Eyad Kourdi, *Hamas Releases Video of Hostage Hersh Goldberg-Polin in Proof He Survived Oct. 7 Injuries*, in «CNN», 25 aprile 2024.

[2] Emily Mae Czachor, *Abigail Mor Edan, the 4-Year-Old American Held Hostage by Hamas, Is Now Free. Here's What to Know*, in «CBS», 27 novembre 2023.

[3] Michelle Stoddart, Justin Gomez, Fritz Farrow, *Biden Says Meeting with 4-Year-Old Girl Orphaned and Held Hostage by Hamas a Reminder of Work Needed to Free Remaining Hostages*, in «ABC», 25 aprile 2024.

Capitolo 63

[1] Walter Pincus, *Russia Sanctions 101 – Via a Top White House Advisor*, in «The Cipher Brief», 4 giugno 2024.

[2] Si veda: Yoonjung Seo, Helen Regan, *North Korean Factories Making Arms for Russia Are "Operating at Full Capacity," South Korea Says*, in «CNN», 28 febbraio 2024.

[3] Vladimir Putin, *First Person*, PublicAffairs, New York 2000, p. 7.

[4] Ivi, p. 168.

Capitolo 64

[1] *Trump's Former Lawyer in the Docs Case Explains Why He Left*, in «Politico», 16 giugno 2023; Kaanita Iyer, *Former Key Trump Attorney Says He Left Because of Legal Team Infighting*, in «CNN», 20 maggio 2023, cnn.com.

[2] *Donald Trump Found Guilty on All Counts in N.Y. Hush Money Trial*, in «The Washington Post», 30 maggio 2024.

[3] Philip Bump, *Trump Insists His Trial Was Rigged ... Just Like Everything Else*, in «The Washington Post», 31 marzo 2024.

[4] Shane Goldmacher, *Trump Announces Nearly $53 Million Fund-Raising Haul After Guilty Verdict*, in «The New York Times», 31 maggio 2024.

[5] Sarah Burris, *"I'm a Very Innocent Man": Trump Attacks Rule of Law After "Rigged" Guilty Verdict*, in «RawStory», 30 maggio 2024.

Capitolo 65

[1] Hunter Biden, intervista con Moby, «Moby Pod», dicembre 2023.

[2] *Read the Full Hunter Biden Indictment over Federal Gun Charges*, in «PBS», 14 settembre 2023; *Grand Jury Returns Indictment Charging Robert Hunter Biden with Three Felony Tax Offenses and Six Misdemeanor Tax Offenses*, Department of Justice, 7 dicembre 2023.

[3] Hunter Biden, *Beautiful Things*, Gallery Books, New York 2021, p. 145.

Capitolo 66

[1] Per altri esempi: Michael Hirsh, *From "I Love You" to "Asshole": How Joe Gave Up on Bibi*, in «Politico», 22 marzo 2024.

[2] *The IDF Is Accused of Military and Moral Failures in Gaza*, in «The Economist», 11 aprile 2024.

[3] Raf Sanchez, *Israeli Leaders Lash Out at Biden's Criticism as Judicial Overhaul Plan Sparks a Rare Public Rift*, in «NBC News», 29 marzo 2023; Patrick Kingsley, *The Netanyahu Trial, Explained*, in «The New York Times», 8 febbraio 2021.

[4] Kevin Liptak, *Biden Hints Netanyahu Is Dragging Out Gaza War for Political Survival*, in «CNN», 4 giugno 2024.

[5] Bilal Shbair e altri, *Carnage and Contradiction: Examining a Deadly Strike in Rafah*, in «The New York Times», 14 giugno 2024.

[6] *Gaza Death Toll: How Many Palestinians Has Israel's Campaign Killed*, in «Reuters», 14 maggio 2024.

[7] Jake Lapham, *Israeli War Cabinet Minister Benny Gantz Quits Emergency Government*, in «BBC», 9 giugno 2024.

[8] Mohammad Jahjouh, Jack Jeffrey, Kareem Chehayeb, *How an Israeli Raid Freed 4 Hostages and Killed at Least 274 Palestinians in Gaza*, in «Associated Press», 10 giugno 2024.

Capitolo 67

[1] *Speech: Donald Trump Holds a Political Rally in Conway, South Carolina*, 10 febbraio 2024, rollcall.com.

[2] Si veda anche: Jake Traylor, *What Trump Is Promising Supporters He'd Do in a Second Term*, in «NBC News», 18 febbraio 2024.

Capitolo 68

[1] Si veda anche: Jeffrey Goldberg, *The Patriot: How General Mark Milley Protected the Constitution from Donald Trump*, in «The Atlantic», novembre 2023.

[2] Bob Woodward, Robert Costa, *Peril*, Simon & Schuster, New York 2021, p. xiii.

[3] Phil Stewart, Patricia Zengerle, *Under Fierce Republican Attack, U.S. General Milley Defends Calls with China*, in «Reuters», 28 settembre 2021.

[4] Brian Klaas, *Trump Floats the Idea of Executing Joint Chiefs Chairman Milley*, in «The Atlantic», 25 settembre 2023.

[5] Mark Esper, *A Sacred Oath*, William Morrow, New York 2022, p. 474.

[6] *Ibid.*

[7] Ivi, p. 1.

[8] Bob Woodward, *The Trump Tapes: Bob Woodward's Twenty Interviews with President Donald Trump*, Simon & Schuster, New York 2022, p. 329.

[9] Ivi, pp. 341-342.

[10] Woodward, Costa, *Peril*, pp. 88-89, 99-100; Esper, *A Sacred Oath*, pp. 333-340.

[11] Esper, *A Sacred Oath*, p. 338.

[12] *Ibid.*

[13] *Ibid.*

[14] Ivi, p. 5

[15] Ivi, p. 6

[16] Isaac Arnsdorf, Nick Miroff, Josh Dawsey, *Trump and Allies Planning Militarized Mass Deportations, Detention Camps*, in «The Washington Post», 21 febbraio 2024.

[17] *Read the Full Transcripts of Donald Trump's Interviews with TIME*, in «TIME», 30 aprile 2024.

[18] *Ibid.*

[19] Esper, *A Sacred Oath*, p. 5.

[20] Bob Woodward, *Rage*, Simon & Schuster, New York 2020, p. 76.

[21] Woodward, *The Trump Tapes: Bob Woodward's Twenty Interviews with President Donald Trump*, p. 62.

Capitolo 69

[1] Si veda: Anne Linksey, Siobhan Hughes, *Behind Closed Doors, Biden Shows Signs of Slipping*, in «The Wall Street Journal», 4 giugno 2024.

[2] *Report on the Investigation Into Unauthorized Removal, Retention, and Disclosure of Classified Documents Discovered at Locations Including the Penn Biden Center and the Delaware Private Residence of President Joseph R. Biden, Jr.*, 5 febbraio 2024, justice.gov.

[3] Si veda: *Transcript of President Joe Biden's Interview with Special Counsel Robert Hur*, in «CNN», 12 marzo 2024.

[4] Si veda anche: Charlie Savage, *How the Special Counsel's Portrayal of Biden's Memory Compares With the Transcript*, in «The New York Times», 12 marzo 2024.

[5] *Report on the Investigation Into Unauthorized Removal, Retention, and Disclosure of Classified Documents Discovered at Locations Including the Penn Biden Center and the Delaware Private Residence of President Joseph R. Biden, Jr.*, 5 febbraio 2024, justice.gov, p. 220.

[6] *Remarks by President Biden*, «Briefing Room», 8 febbraio 2024, whitehouse.gov.

[7] Kevin O'Connor, *Memorandum: President Biden's Current Health Summary*, 28 febbraio 2024, whitehouse.gov.

[8] *Ibid.*

[9] *Remarks by President Biden in State of Union Address*, U.S. Capitol, 7 marzo 2024, whitehouse.gov.

[10] Zach Montague, *Biden Courts Wealthy Donors on West Coast Fund-Raising Trip*, in «The New York Times», 10 maggio 2024.

[11] *Cross-Tabs: February 2024 Times/Siena Poll of Registered Voters Nationwide*, in «The New York Times», 2 marzo 2024.

[12] Si veda: *Department of Defense Releases the President's Fiscal Year 2024 Defense Budget*, 13 marzo 2023.

[13] *Remarks by President Biden and NATO Secretary General Jens Stoltenberg Before Bilateral Meeting*, 17 giugno 2024, whitehouse.gov.

[14] Peter Baker, Michael Shear, *Biden's Surreal and Secretive Journey into War Zone*, in «The New York Times», 20 febbraio 2023; David Sanger, Peter Baker, *Biden Faces Risks in Wartime Visit to Israel*, in «The New York Times», 16 ottobre 2023.

Capitolo 70

[1] *Biden-Trump Debate Transcript*, in «CNN», 28 giugno 2024.

[2] *Ibid.*

[3] *"Political H-bomb": Trump-Biden debate scored by Bob Woodward, legendary Pulitzer-Watergate reporter*, in «MSNBC», 28 giugno 2024.

[4] *Read the Letter President Biden Sent to House Democrats Telling Them to Support Him in the Election*, in «Associated Press», 8 luglio 2024.

Capitolo 71

[1] Si veda anche: Renée Rigdon, Amy O'Kruk, Marco Chacon e altri, *Minute-by-minute: Visual Timeline of the Trump Assassination Attempt*, in «CNN», 26 luglio 2024, cnn.com; Michael Levenson, *What we Know about the Assassination Attempt Against Trump*, in «The New York Times», 30 luglio 2024.

[2] *Read the Transcript of Donald J. Trump's Convention Speech*, in «The New York Times», 19 luglio 2024.

[3] Si veda: @JoeBiden, 13:46. 21 luglio 2024, Twitter.com; Katie Rogers, Michael Shear, Peter Baker, Zolan Kanno-Youngs, *Inside the Weekend When Biden Decided to Withdraw*, in «The New York Times», 21 luglio 2024.

Capitolo 72

[1] Jessie Yeung, *Who Are ISIS-K, the Group Linked to the Moscow Concert Hall Terror Attack?*, in «CNN», 26 marzo 2024.

[2] *Security Alert: Avoid Large Gatherings over the Next 48 Hours*, U.S: Embassy & Consulates in Russia, 7 marzo 2024; Guy Faulconbridge, *US Embassy Warns of Imminent Attack in Moscow by "Extremists"*, in «Reuters», 8 marzo 2024.

[3] Josh Campbell, *Eight Tajikistan National Arrested in Los Angeles, New York and Philadelphia. Some May Have ISIS Ties, Sources Say*, in «CNN», 12 giugno 2024.

[4] Graham Allison, Michael J. Morrell, *The Terrorism Warning Light Are Blinking Red Again*, in «Foreign Affairs», 10 giugno 2024.

Capitolo 73

[1] *Fact-Checking Donald Trump's Rally in Charlotte, N.C.*, in «PolitiFact», 24 luglio 2024.

[2] Daniel Dale, *Fact Check: Trump's Lie that Harris "All of Sudden" Embraced a Black Identity*, in «CNN», 31 luglio 2024.

[3] *Ibid.*

[4] Stephen Fowler, *Trump Attacks Kamala Harris' Racial Identity at Black Journalism Convention*, in «NPR», 31 luglio 2024.

[5] *Ibid.*

Capitolo 74

[1] Aamer Madhani, *Watch: Harris Outlines Steps in Gaza Ceasefire Proposal After Meeting with Israel's Netanyahu*, in «PBS News», 25 luglio 2024.

Capitolo 75

[1] *Read: Biden-Trump Debate Transcript*, in «CNN», 28 giugno 2024.

[2] Bob Woodward, *Rage*, Simon & Schuster, New York 2020.

[3] Bob Woodward, *The Trump Tapes*, Simon & Schuster, New York 2022, p. 276.

[4] Ivi, p. 397.

Capitolo 76

[1] Ronan Bergman, Adam Rasgon, Euan Ward e altri, *Israel Says It Killed Hezbollah Commander in Airstrike Near Beirut*, in «The New York Times», 30 luglio 2024.

[2] *Israel Says Its Beirut Strike Killed Hezbollah's Top Military Commander, Who It Blames for Golan Heights Attack*, in «CNN», 30 luglio 2024.

[3] Ronan Bergman, Mark Mazzetti, Farnaz Fassihi, *Bomb Smuggled into Teheran Guesthouse Months Ago Killed Hamas Leader*, in «The New York Times», 4 agosto 2024.

Capitolo 77

[1] Bob Woodward, *The Commanders*, Simon & Schuster, New York 1991, p. 34.

[2] John Wagner, Ashley Parker, *Biden Says U.S. Ground Troops "not on the Table" for Ukraine*, in «The Washington Post», 8 dicembre 2021.

[3] Joseph R. Biden Jr., *President Biden: What America Will and Will not Do in Ukraine*, in «The New York Times», 31 maggio 2022.

[4] *Remarks by President Biden on Russia's Unprovoked and Unjustified Attack on Ukraine*, «The White House», 24 febbraio 2022, whitehouse.gov.

Crediti fotografici

AFP via Getty Images: foto n. 19
Amanda Andrade-Rhoades (per «The Washington Post»): foto n. 15
Associated Press: foto n. 8
Loay Ayyoub (per «The Washington Post»): foto n. 21
Arthur Bondar (fotografo freelance): foto n. 10
Jabin Botsford («The Washington Post»): foto n. 3, 4, 11, 25, 26
Andrew Caballero-Reynolds (Getty Images): foto n. 27
Demetrius Freeman («The Washington Post»): foto n. 9
Wojciech Grzedzinski (per «The Washington Post»): foto n. 14
Andrew Harnik (Associated Press): foto n. 24
Haiyun Jiang («The Washington Post»): foto n. 6
Nicholas Kamm (Getty Images): foto n. 23
Heidi Levine (per «The Washington Post»): foto n. 13
Jacquelyn Martin («Associated Press»): foto n. 16
Jonathan Nackstrand («Associated Press»): foto n. 5
Alexey Nikolsky (AFP via Getty Images): foto n. 12
Adam Schultz (Official White House Photo): foto n. 20
Adam Schultz (Official White House Photo via «Associated Press»): foto n. 7
Patrick Semansky («Associated Press»): foto n. 1
Brendan Smialowski (AFP via Getty Images): foto n. 2
Trump Campaign Office Handout (Anadolu via Getty Images): foto n. 28
Megan Varner (Getty Images): foto n. 29
Evan Vucci («Associated Press»): foto n. 17, 18
Alex Wong (Getty Images): foto n. 22

Indice dei nomi

Indice

Questo libro è stampato fabbricato da Grafica Veneta S.p.A.
con un processo di stampa e rilegatura certificato 100% carbon neutral
in accordo con PAS 2060 BSI

Finito di stampare nel mese di settembre 2024
per conto di RCS MediaGroup S.p.A.
da Grafica Veneta S.p.A., Via Malcanton 2, Trebaseleghe (PD)
Printed in Italy